KB206874

儀禮爲王者治國之典

秀軒 趙英俊

「수헌秀軒 조영준趙英俊」

예학禮學강의

『의례(儀禮)』편

공병석 지음

學古房

| 머리말 |

인류 사회가 지속적으로 유지되고 발전해 온 원동력 중 하나는 질서를 확립하고 도덕적 기준을 세우며, 이를 실천하는 체계를 구축하는 데 있다. 그중에서도 '예禮'는 단순한 형식적 절차를 넘어, 인간의 삶과 사회를 조화롭게 운영하는 근본 원리로 자리 잡아 왔다. 특히 유가儒家 전통에서 예는 단순한 의례적 관습이 아니라, 도덕적 수양과 사회적 질서를 조율하는 필수적인 요소로 간주되었다.

예제禮制는 결코 단순한 형식적 절차가 아니라, 공동체 내에서 인간관계를 정립하고, 존중과 책임의 의미를 일깨우는 중요한 요소이다. 이를 통해 가족과 친족 간의 관계를 명확히 하고, 사회적 질서를 유지하는데 기여하며, 개인의 역할과 책임을 규정하는 기능을 수행한다. 따라서 우리가 예제를 이해하고 실천하는 것은 단순한 전통의 계승을 넘어, 올바른 인간관계를 형성하고 도덕적 가치를 지켜나가는 과정이라 할 수 있다. 이를 가장 체계적으로 정리한 경전이 바로 『의례儀禮』이다.

『의례』는 선진先秦 시기에 성립된 고전 중 하나로, 고대 문헌 가운데서도 비교적 이른 시기의 저작에 속한다. 이 책을 연구하는 과정에는 단순한 문자 해독의 어려움뿐만 아니라, 당시의 명물名物 제도, 예절 의식, 사회구조 등에 대한 폭넓은 배경지식이 요구된다. 게다가 시간이 흐르면서 예제禮制와 관습이 변하고 단절되는 과정이 반복되었기에, 『의례』의 내용을 완전히 이해하는 것은 더욱 어려운 과제가 되었다.

『의례』는 예학禮學의 근본이 되는 경전으로, 국가의 통치 원리이자 후대 예제禮制 제정의 근거가 되었으며, 동시에 도덕적 교화敎化의 역할을 수행해 왔다. 그러나 학계에서는 주로 『예기禮記』를 중심으로 예학을 연구하는 경향이 많으며, 이에 비해 『의례』에 담긴 예학적 사상과 철학적 의미는 상대적으로 덜 조명되었다. 이는 『의례』가 주로 구체적인 절차와 형식을 서술하고 있어, 그 내면에 담긴 철학적 가치가 쉽게 간과되었기 때문일 것이다. 하지만 예의 본질을 보다 깊이 이해하기 위해서는 『의례』에 대한 연구가 필수적이며, 이를 통해 예가 지닌 본질적 의미를 탐구할 수 있다.

본질적으로 '예禮'는 단순한 의례적 규범이 아니라, 시대와 환경에 따라 변화하는 유동적인 개념이다. 즉, 예는 고정된 틀 속에 갇힌 것이 아니라, 실행되는 과정에서 '시時', '지地', '인人', '사事', '정情' 등의 다양한 요소에 따라 그 형태가 달라질 수 있다. 시대와 환경, 사람들의 상황에 따라 변형되지만, 이러한 변화 속에서도 예가 지켜야 할 보편적 원칙은 존재한다. 그것이 바로 내적으로는 '경敬, 공경'을 추구하고, 외적으로는 '화和, 조화'를 이루는 것이다.

'경敬'은 도덕적 수양의 핵심 요소로, 『예기 · 대학大學』 편에서 강조한 인간 수양의 과정과도 일맥상통한다. 인간이 도덕적으로 완성된 인격을 형성하기 위해서는 '경敬'의 태도가 필수적이며, 이는 예를 실천하는 핵심적인 동기가 된다.

반면, '화和'는 사회 발전과 조화로운 공존을 이루는 근본적인 원리이며, 예禮의 궁극적인 목적이기도 하다. 예는 단순히 개인의 도덕적 완성을 위한 것이 아니라, 사회 질서를 확립하고 더 나아가 왕도王道를 실현하는 역할을 한다. 『예기 · 예운禮運』 편에서 추구하는 '대동세계大同世界' 또한 이러한 '화和'의 개념을 바탕으로 형성된다.

결국, 예禮는 개인의 수양과 사회적 조화를 동시에 이루는 도구이며, 『의례』는 이러한 예의 본질과 실천 방식을 구체적으로 제시하는 중요한 경전이다. 따라서 『의례』에 대한 연구는 단순한 예법의 절차를 이해하는 것을 넘어, 인간이 어떻게 도덕적 성장을 이루고, 사회가 어떻게 이상적인 조화를 형성할 것인가에 대한 근본적인 해답을 제공한다.

본서는 이전의 『예학강의—공자편』, 『예학강의—주례편』에 이어 세 번째로 『예학강의—의례편』을 출간하며, 『의례』를 보다 체계적으로 분석하여, 예학禮學의 본질과 그 실천적 의미를 조명하는 데 중점을 두고 있다. 특히, 단순한 예법의 기록이 아니라 사회 질서를 형성하고 유지하는 원리로서의 예禮를 탐구함으로써, 현대적 시각에서 예가 지니는 가치를 재조명하고자 한다.

우선, 『의례』의 명칭과 성립 과정을 살펴보고, 시대에 따라 그 명칭이 어떻게 변화해 왔으며, 어떤 방식으로 후대에 전수되었는지를 고찰한다. 또한, 『의례』의 성립 배경과 저자에 관한 탐구를 통해, 이 경전이 형성된 시대적 맥락과 당시 사회에서 지닌 의미를 분석한다.

다음으로, 『의례』의 체재와 내용을 분석하며, 『의례』가 어떤 방식으로 구성되었고, 각 의례 항목이 어떤 핵심적인 의미를 지니는지를 살펴본다. 이를 통해 『의례』가 단순한 절차를 기록한 의례서가 아니라,

고대 사회에서 실질적으로 작용했던 법과 규범의 총체적 체계였음을 밝힌다.

또한, 『의례』와 유가 사상의 관계를 다루며, 유가에서 예악禮樂이 교육적 측면에서 어떠한 비중을 차지했는지, 예와 덕德의 관계가 어떻게 설정되었는지, 그리고 예악이 정치 체계와 어떻게 연결되었는지를 심층적으로 분석한다. 이를 통해 유가에서 예가 단순한 도덕규범을 넘어, 정치적 통치 수단이자 이상적인 사회를 실현하는 기제機制로 기능했음을 조명한다.

이와 함께, 예의 원칙과 사회 질서를 살펴보며, 당시 사회에서 귀족 혈연 중심으로 예법이 정립되었음을 설명하고, 친소親疏, 존비尊卑, 장유長幼, 남녀男女 관계에 따라 예법이 어떻게 적용되었는지를 구체적으로 분석한다. 이를 통해 예가 사회적 위계를 규정하고 질서를 유지하는 데 어떤 역할을 했는지를 밝히며, 이러한 원칙들이 후대 예법 체계에 미친 영향을 살펴본다.

아울러, 예와 문명의 관계를 탐구하며, 예가 단순한 규범을 넘어 문화적 요소로서 문명 발전에 기여한 측면을 고찰한다. 특히, 예악禮樂과의 관계, 주대周代 귀족의 일상생활에서 예가 어떻게 실천되었는지, 예물禮物, 예의禮儀, 그리고 예의禮意와 같은 요소가 어떤 의미를 지니는지를 구체적으로 살펴본다. 이를 통해 예가 단순한 관습이 아니라, 문명과 사회 질서 형성에 기여한 본질적 요소였음을 밝힌다.

마지막으로, 『의례』 속 혈연관계와 상복 제도를 분석하며, 부자父子, 모자母子, 적서嫡庶, 장유長幼 관계 속에서 예가 어떻게 작용했는지를 탐구한다. 또한, 상복 제도의 기원과 변천 과정, 그리고 삼년지상三年之喪의 철학적 의미를 분석하며, 상례喪禮가 단순한 장례 절차가 아니라,

사회적 관계와 도덕적 가치의 실천 방식으로 기능했음을 조명한다.

예제禮制는 단순한 형식적 규범이 아니라, 인간의 생활과 사회 질서를 유지하기 위해 마련된 체계이다. 비록 인위적으로 정립된 것이지만, 그 근본은 인간의 본성과 사회적 필요에 깊이 뿌리를 두고 있다. 따라서 예제는 시대의 변화에 따라 조정되고 발전하면서, 문명의 진보와 함께 새로운 사회적 요구에 부응할 수 있도록 정립되어야 한다.

특히, '예禮'란 단순한 의례儀禮나 외형적인 형식에 그치지 않는다. 그것은 사람의 내면적 덕성德性을 함양하고, 인간관계를 조화롭게 유지하며, 공동체가 원활하게 기능하도록 돕는 중요한 가치이다. 즉, 예는 단순히 개인의 수양만을 위한 것이 아니라, 사회적 질서를 유지하고 인간관계를 조율하는 역할을 수행한다. 이를 통해 개인은 올바른 도덕적 가치를 확립할 수 있으며, 사회는 조화와 균형을 이루고 안정적인 구조를 형성하게 된다.

예는 시대에 따라 변화하지만, 그 본질은 언제나 인간을 존중하고 사회적 조화를 이루는 데 있다. 본서는 이러한 연구를 통해 『의례』의 본질을 보다 깊이 이해하고, 예가 단순한 전통이 아니라, 사회 질서와 도덕적 가치를 구현하는 실천적 체계였음을 밝히고자 한다. 이를 통해 현대 사회에서도 예禮의 가치를 재조명하는 계기를 마련하고, 전통 속에서 현대적 가치를 발견하는 계기가 되기를 바란다.

2025년 5월

光正齋에서 孔 炳奭 삼가 쓰다.

| 목차 |

I

『의례』의 명칭과 성립

1. 『의례』의 명칭과 전수

『의례』는 '삼례三禮' 가운데 가장 먼저 등장한 책으로 경經의 지위를 가장 먼저 획득한 예의 본경本經이다. 원래 『의례』의 명칭은 『예禮』였으며, 『한서 · 경십삼왕전景十三王傳』에 다음과 같은 기록이 전해지고 있다.

> 하간헌왕河間獻王 유덕劉德이 모은 책들은 모두 선진시대의 고문 고서들로, 『주관周官』 · 『상서尙書』 · 『예禮』 · 『예기禮記』 · 『맹자孟子』 · 『노자老子』 같은 것이다. 모두 경서와 경서를 주석한 책으로, 공자의 칠십 제자들이 저술한 것이다.
>
> 獻王所得書皆先秦古文舊書, 『周官』 · 『尙書』 · 『禮』 · 『禮記』 · 『孟子』 · 『老子』 之屬, 皆經傳說記, 七十子之徒所論.

여기에서 언급된 『예』는 바로 『의례』를 의미한다. 『한서 · 예문지』에서도 『예』라는 명칭만 사용 되었고, 『의례』라고는 언급되지 않았다.

한나라 사람들 또한 『의례』를 매번 『예기』라고 칭했다. 예를 들면, 『사기 · 공자세가孔子世家』에서 "그렇기 때문에 『서전書傳』과 『예기』는 모두 공자가 편찬 수정한 것이다.(故『書傳』 · 『禮記』自孔氏,)"라고 언급한 것이 있는데, 여기에서 『예기』라고 한 것은 『의례』를 가리킨다. 『후한서後漢書 · 노식전盧植傳』에서도 『의례』를 『예기』라고 칭했다. 또한, 곽박郭璞이 『이아爾雅』에 주를 달면서 『의례』의 문장을 인용할 때마다 번번이 『예기』라고 칭했다. 이는 『의례』의 경문 뒤에 대부분 '기記'가 첨부되어 있기 때문으로 추측된다. 하휴何休 역시 『공양전』의 주를 달면서 『의례』의 경문經文이나 기문記文을 인용할 때, 매번 명칭을 구분하지 않고 혼용하였다. 청나라 유학자 단옥재段玉裁의 고증에 의하면, 한나라 때 『예』 17편의 표제 앞에 '의儀' 자가 없었다고 한다. 그리고 동진東晉 원제元帝 시대, 순숭荀崧이 『의례』 박사를 설치할 것을 건의하면서 비로소 『의례』라는 명칭이 생겼으나, 이는 널리 사용되지는 않았다고 한다. 예를 들면 당나라의 장삼張參은 『오경문자五經文字』에서 『의례』의 문장을 자주 인용하면서도 모두 "『예경』을 참고했다(見『禮經』)"라고 말하고 있다. 당나라 문종文宗 개성開成 연간(836~840)에는 구경九經을 돌에 새기면서 『의례』라는 이름을 사용해 『예경』을 표기했는데, 이 명칭이 점차 일반화되어 오늘날까지 사용되고 있다. 그러나 『예경』이라는 명칭도 여전히 사용되었다.

학자들은 또한 『의례』를 『사례士禮』라고도 칭했는데, 선진시대 때 문장 첫머리의 몇 글자를 따서 편명 또는 서명으로 삼는 경우가 많았기 때문에, 『의례』 17편의 첫 편인 「사관례士冠禮」의 첫머리 글자를 따서 『사례』라고 명칭 한 것이다. 또 학자들은 『사례』의 명칭은 분명 책의 내용에서 유래한 것이라고 여겼는데, 이는 『의례』에 기록된 내용이 주로 사士 신분의 예법을 중심으로 다뤄졌기 때문이다. 이를 좀 더 구체적으로 설명해 보자.

『의례』는 본래 『예禮』라고 불렸으며, 한漢나라 사람들은 이를 『사례士禮』라고 불렀다. 『예기』에 비해 『예경禮經』이라고도 불렸으며, 『의례』라는 명칭은 진晉나라 시대에야 생겨났다. 『진서晉書 · 순숭전荀崧傳』에는 정현鄭玄이 『의례』 박사를 세우자고 한 기록이 있다. 그러나 당시에는 이 명칭이 널리 유행하지 않았다. 『의례』라는 명칭이 공식적으로 정해져 오늘날까지 전해지게 된 것은 당나라 문종文宗 시대의 석각石刻 『구경九經』[1]에서 비롯되었다. '의儀'는 '의식儀式', '의절儀節'을 의미한다. '예禮'는 반드시 의절이 있어야 하고, 의절이 있으면 위엄이 있으며, 위엄이 있으면 경외심이 생기고, 경외심이 생기면 예禮를 중히 여기는 풍조가 형성된다.

서한西漢 무제武帝는 유교를 존숭尊崇하고, 오경박사를 세우며 『사례士禮』 17편, 즉 오늘날 전해지는 『의례』를 유통시켰다. 당시, 이 경전을 전수한 사람은 노魯 고당생高堂生이었으며, 그 책은 예서隸書로 쓰여 오늘날 '금문학今文學'이라 불린다. 『사기 · 유림열전儒林列傳』에 따르면,

> 한라가 일어난 후, 유학자들이 비로소 그들의 경전을 익힐 기회를 얻었고, 대사大射와 향음鄕飮의 예를 강습할 수 있었다.……, 학자들이 예를 많이 말했으나, 노魯의 고당생이 가장 근본에 가까웠다. 예는 본래 공자 시대부터 전해졌지만, 그 경전이 갖추어지지 못했고,

1) 『구경九經』 : 『주례』 · 『의례』 · 『예기』 · 『좌전』 · 『공양전』 · 『곡양전』 · 『주역』 · 『상서』 · 『시경』을 말한다.

진秦나라가 서적을 불태워 많은 서적이 유실되었다. 오늘날 남아 있는 것은 『사례』뿐인데, 고당생이 이를 말할 수 있었다.

漢興, 然後諸儒始得脩其經藝, 講習大射 · 鄉飮之禮.……, 諸學者多言禮, 而魯高堂生最本. 禮固自孔子時, 而其經不具. 及至秦焚書, 書散亡益多. 於今獨有『士禮』, 高堂生能言之.

또한, 『한서 · 예문지藝文志』에 다음과 같이 말하고 있다.

고당생이 『사례士禮』 17편을 전했다. 효선(孝宣. BC 74~BC 48) 시대에 이르러 후창后蒼이 이 예禮에 가장 밝았다. 대덕戴德 · 대성戴聖 · 경보慶普가 모두 그 제자이다. 세 사람이 모두 학관에서 활동하였다.

高堂生傳士禮十七篇, 迄孝宣世, 后倉最明, 戴德 · 戴聖 · 慶普皆其弟子, 三家立於學官.

여기에서의 '예'는 바로 『의례』를 의미한다. 후창后倉은 맹경孟卿에게서 예를 전수 하였고, 맹경은 소분蕭奮에게서 수업하였다. 모두 고당생으로 그 연원이 귀결된다. 후창은 한나라 선제 때 '예'를 연구한 유명한 예학자로 그의 제자 중 가장 유명한 사람은 대덕大戴 · 대성小戴 · 경보이다. 이들이 바로 한나라 예학의 오전제자五傳弟子이다. 그 중 대대와 소대는 학관의 교육과목으로 채택되었지만, 사실 경보는 학관의 교육과목으로 채택되지 못했다.

한무제는 또 고서들을 구하는 작업을 시작하여, 옛 궁전과 공자의 옛 집터에서 많은 고서들을 찾아내었다. 그중 예서禮書 관련 책으로 『예고경禮古經』, 『주관周官』, 『고문기古文記』가 있다. 『예고경』은 56편으로 모두 고문으로 되어 있으며, 하간헌왕河間獻王이 이를 찾아 헌상

했다. 그중 17편은 고당생이 전수한 금문과 같고, 나머지 39편은 『일례逸禮』라 불리며, 진晉나라 시기 이미 망실 되었다. 서한西漢 말기, 유향劉向과 유흠劉歆은 비부도적祕府圖籍을 교감하여 『칠략七略』에 『예고경』 56권과 『예』 17편(고당생이 전한 금문今文 『사례士禮』 17편)을 기재했다.

왕충王充의 『논형論衡 · 사단謝短』에 의하면, 고조高祖가 숙손통叔孫通에게 『의품儀品』 16편(『후한서』에 따르면 12편)을 제작하게 했으나 전하지 못하고, 다시 『의례』를 확정하여 현재의 16편이 남아 있다고 기록하고 있다. 이는 진나라 분서焚書 이후 남은 것이다. 여기에서 『의례』라는 명칭이 처음 나타나며, 16편이라는 것은 고본古本에서 「소뢰궤사례少牢饋食禮」와 「유사철有司徹」이 하나로 이어져 있어 한 편이기 때문이다. 그러나 황이주黃以周는 『독한서예악지讀漢書禮樂志』에서 이 16편이 고당생이 전한 『의례』가 아니라고 주장했다. 그러나 주하周何 선생은 "이것이 곧 『의례』이며, 한대漢代 학자들이 「상복喪服」 한 편을 추가하여 현재의 17편이 된 것이다."[2]라고 말하고 있다.

양한兩漢 시대에 『예』 혹은 『예경』이라 불린 것은 모두 『의례』를 지칭하는 것이다. 예를 들어, 『예기 · 예기禮器』에서 말한 '경례삼백經禮三百'의 경례 역시 『예경』을 의미하며, 『예기 · 중용中庸』에서 언급한 '예의삼백禮儀三百'의 예의도 『의례』이다. 그리고 『후한서 · 정현전鄭玄傳』에 "정현이 주석한 『의례』가 있다(玄所注有『儀禮』)."고 했는데, 여기에서 비로소 『의례』라는 정식 명칭을 얻게 되었다. 그리고 마단림馬端臨의 『문헌통고文獻通考』에서 장순張淳의 말을 인용하였다.

2) 『禮學概論』, 周何著, 三民書局, 1998년, p73~p74, 참고.

> 한漢 초에 『의례』라는 명칭은 없었다. 아마도 후학자들이 17편 속에 의儀가 있고 예禮가 있음을 보고 합하여 이름 지은 듯하다.
>
> 漢初未有『儀禮』之名, 疑後學者見十七篇中有儀有禮, 遂合而名之.

위 내용을 보면, 이 17편은 모두 예禮의 의문儀文을 기록한 것이어서 명칭을 『의례』 또는 『예의禮儀』라고 하였으며, 이를 높여 경經이라 부르기도 하여 『예경禮經』이라 칭한 듯하다.

동한東漢 시기는 금문과 고문의 경계가 서한西漢 시기처럼 엄격하지 않았으며, 일부 경학 대가들은 두 가지 문헌을 모두 연구했다. 그중 가장 유명한 인물이 바로 정현鄭玄이다. 정현은 태학에 입학하여 『경씨역京氏易』, 『공양춘추』 등 금문을 학습한 후, 장공조張恭祖에게 『주관周官』, 『예기』, 『좌씨춘추』, 『한시韓詩』, 『고문상서』를 배우며, 금문과 고문을 모두 섭렵하였다. 또한 마융馬融에게 「삼례三禮」를 배우며, 금문과 고문을 함께 다루었다. 그의 강학과 주석은 문파의 경계를 넘어 금문과 고문의 장점을 모두 취합하고 통합하며 정통한 식견을 가지고 있었다. 따라서 그의 학문적 성과는 전대前代 학자들을 뛰어넘어 한대漢代의 가장 유명한 경학 대가로 자리 잡았다.

정현 이전에는 『의례』에 대한 주석이 없었고, 마융이 「상복」 편에 주석을 단 것처럼 몇몇 사람들이 『의례』의 일부 편에만 주석을 달았을 뿐이었다, 정현은 『의례』 전편에 처음으로 주석을 달았다. 정현의 주석은 금문과 고문을 구분하지 않고, 다양한 학문을 참고하여 문장이 빈틈없이 간단명료하며, 여러 학파의 주장을 폭넓게 종합하였기 때문에 광범위한 환영을 받아, 『의례』 연구의 훌륭한 시조가 되었다. 현재 통용되는 많은 주석본은 정현의 주석을 바탕으로 하고 있다. 정현 이후에는 왕숙王肅의 주석이 있었고, 이는 금문과 고문을 모두 연구한 것으로, 한때 정현의 주석과 경쟁했으나, 당나라 시기에 이르러 이미 유실되었다. 그 후 북제北齊의 황경黃慶과 수隋나라의 이맹철李孟悊은 정현의 『의례』 주석에 소疏를 달았고, 당나라의 가공언賈公彦은 이들 두 주석을 바탕으로 『의례주소儀禮注疏』을 완성하였다.

북송北宋 신종神宗 희녕熙寧 4년(1071) 왕안석王安石은 과거 제도를 개혁하면서 일부 과목을 폐지하였고, 『의례』도 그 폐지 목록에 포함되었기 때문에 『의례』에 대한 학문은 소홀히 다루어졌다. 그러나 송나라 사람들은 「삼례」에 대한 전체적인 인식과 연구 방법에서 일정한 혁신을 이루었다. 의례도儀禮圖를 그리거나 문자 교정, 및 경經의 의미를 풀어내는데 기여했다. 예를 들어, 주희는 『의례경전통해儀禮經傳通解』를 저술하여 해석 방법에서 혁신을 선보였다. 그의 체계는 『의례』 17편을 경전으로 삼고, 『예기』와 기타 경전들에 나오는 의례 관련 자료를 분류하여 각 경문의 관련 항목에 부가하고, 여러 유학자의 주석과 해설을 자세히 나열하는 방식이었다. 원문을 절節마다 구분하고, 각 절 뒤에 해당 절의 중심 내용을 요약하였다. 이 방법은 창의적이며 후대에 많은 이들이 이를 모방했다. 또, 예를 들어, 섭숭의聶崇義는 『신정삼례도新定三禮圖』를 저술하여 이전 시대의 의례도 6종을 모아 상호 검토하고 주석을 달아 고례古禮 연구에 가치 있는 참고가 되었다. 양복陽復은 『의례도儀禮圖』를 저술하였는데, 205점의 그림을 수록하였으며, 비록 다소 간략하지만, 첫 창작으로 후대에 큰 영향을 미쳤다. 또한, 이여규李如珪는 『의례집석儀禮集釋』 30권을 저술하여 교감校勘 방면에 독특한 방법을 제시하였고, 위료옹魏了翁의 『의례요의儀禮要義』는 경의經義를 해석하는데 기여하였다.

원대元代와 명대明代 두 시기의 예학 연구 성과는 많지 않았으나, 원元초에 오계공敖繼公은 『의례집설儀禮集說』 17권을 저술하였다. 그는 정현鄭玄의 주注에 의존하지 않고 경문을 철저히 연구하여 그 뜻을 명확히 하려고 했으며, 많은 창의적인 해석을 제시하였다.

청대淸代는 예학이 번성하면서 『의례』학이 가장 왕성했던 시기로, 많은 인재가 배출되었고 저서 또한 풍부하게 출간되어 학문 수준도 월등히 뛰어났다. 청나라의 『의례』 연구는 고염무顧炎武에서부터 비롯되었다. 강희康熙 연간(1662~1722) 초에 고염무는 당나라 개성 석경으로 명나라 북감본北監本 '십삼경十三經'을 교정하면서 『의례』에 오탈자가 많은 것을 발견하고, 이를 『구경오자九經誤字』에 자세히 열거하였다. 그 이후에 장이기張爾岐는 『의례정주구독儀禮鄭注句讀』을 저술하였는데, 『감본정오監本正誤』와 『석경정오石經正誤』 2권을 첨부하여 『의례』 주석의 오류를 상세히 교정했다. 이는 주희의 『의례경전통해儀禮經傳通解』를 바탕으로 『의례』의 분절分節과 구독 문제를 해결하였으며, 절을 더 합리적으로 나누고, 절 뒤에 표제를 달아 중심 내용을 더 명확하게 요약하였다. 그 후에 많은 학자들이 『의례』의 교감과 연구에 힘썼고, 부단한 노력으로 『의례』의 원형이 거의 복원되어, 깊이 있게 『의례』를 연구하기 위한 기반이 마련되었다. 또 청나라의 대표적인 예학자, 호배휘胡培翬은 『의례정의儀禮正義』 40권을 저술하였다. 이 책은 청대 『의례』 연구의 집대성이라 할 수 있다. 그는 본서를 4가지로 개괄하였다. 첫째, 「보주補注」이다. 이는 정현鄭玄의 주注에 부족한 부분을 보완한 것이다. 둘째, 「신주申注」이다. 정현의 주에 미진한 부분을 상세히 설명하여 확대 발전시킨 것이다. 셋째, 「부주附注」이다. 정현의 주注와 다른 의견을 제시하여 여러 학설을 덧붙여 연구의 자료로 삼았다. 넷째, 「정주訂注」이다. 정현 주의 오류를 분석하여 바로잡은 것이다. 이 책은 이전 연구를 종합하고, 난제를 해결하였을 뿐만 아니라, 새로운 견해도 제시하여 『의례』 연구를 완전히 새로운 단계로 격상시켰다. 장혜언張惠言은 『의례도』 6권을 저술하여 궁실宮室과 의복 등을 그림으로 표현하였다. 그리고 『의례』 17편에 따른 각각의 그림을 넣어 설명하여 독자들이 실제 물건에 대한 이해를 돕고, 의례를 행할 때 필요한 도구와 인물의 배치, 동선 등을 상세히 설명하였다. 청나라의 이러한 연구와 뛰어난 저술은 예학禮學 및 『의례』 연구의 점진적인 발전으로 이어졌다.

2. 『의례』의 성립과 저자

『의례』 17편은 모두 구체적인 예의禮儀의 상세한 기록으로, 그 명칭이 『의례』로 지어진 것은 '의儀'는 의절과 절차의 서술에 중점을 두고 있음을 설명하며, '예禮'는 이 의절이 '예'의 요구를 따르는 것임을 나타내기 때문이다. 즉, 그 내용과 성격이 명확히 구분되어 있어 명칭과 실제가 일치하는 것이다. 그래서 사람들이 기꺼이 이를 따르며 오늘날까지도 변하지 않고 있다. 남송 시기 주희朱熹는 "『의례』는 고대 사람들이 미리 저술한 책이 아니다. 처음에는 의義에 따라 시작되었고, 점차적으로 이어져 실행되었으며, 정교해지고 형태화되어 성인聖人이 이 뜻이 좋다는 것을 알고 책으로 기록되었다.(『朱子語類』에 보임.)"라고 하였다. 이 말은 『의례』에 기록된 구체적인 예절과 세부 사항들이 책이 만들어지기 이전에 이미 생활 속에서 유행하고 있었으며, 이후에 점차 보완되고 체계화되어 책으로 정리되었다는 의미이다. 이러한 관점은 실제 역사 상황에 부합된다. 『의례』는 사실상 동주東周 및 그 이전 시대 사람들의 예의와 풍속을 귀납하고 종합한 것으로서 그 형성이 문자화된 것은 동주 시기이다.

그러나, 한나라 시대에는 『의례儀禮』가 두 가지 형태로 존재했었다. 하나는 '금문의례今文儀禮'이고, 다른 하나는 '고문의례古文儀禮'였다. '금문의례'는 서한西漢 초기부터 노魯나라 지역을 중심으로 한 민간 유자儒者들에 의해 전수된 것으로, 하간헌왕河間獻王이 이를 발굴하여 헌상한 것이다. 그러나 이것은 진秦나라와 한漢나라 간의 전쟁으로 인해 망실 되었으며, 지방의 유자儒者들에 의해 예서체隸書體로 필사되어 '금문의례'라고 불렸다. 이 '금문의례'는 총 17편으로 이루어져 있으며, 그 편목은 현재의 『의례』와 동일하다.

'고문의례'는 『한서漢書 · 예문지藝文志』에 언급되어 있는 예고경禮古經 56권을 말하며, 한무제漢武帝 때 처음으로 알려졌다. 이 '고문의례'는 전체 56편 중에서 17편만이 '금문의례'와 편명이 동일하고, 나머지 39편은 내용이 대체로 유사하나 '금문의례'에는 없는 항목들로 구성되어 있다. 이 '고문의례'는 선진先秦 시대에 유행한 전서체篆書體로 기록되었기에 '고문의례'라고 하였다. 이 '금문의례'와 '고문의례'는 한나라 시대에 큰 논쟁을 일으켰으나 정현鄭玄에 이르러서 집대성하여 오늘날의 『의례』로 굳어졌다.

『의례』의 저자와 그 시기에 대해서는 예로부터 이견이 있었다. 예를 들면 고문 경학자는 주공周公이 지은 것으로 여겼고, 금문 경학자는 공자孔子가 지은 것으로 보았다. 고대 학자들은 대부분 이 두 가지 설을 따랐다. 먼저 주공 저작설을 살펴보자. 공영달孔穎達의 『예기정의禮記正義』「서문」에 다음과 같은 기록이 있다.

> 武王이 별세한 뒤 成王이 어렸기 때문에 周公이 대신하여 섭정하였는데, 6년 만에 태평성대를 이룩하자, 문왕과 무왕의 덕을 기술하고 예를 제정하였다. 그러므로 『서경』「낙고洛誥」에 이르기를 "우리 밝은 군주의 본보기를 이루어 문왕의 덕을 다할 것입니다."라고 하였고, 또 『예기』「명당위明堂位」에서는 주공이 섭정한 지 6년이 되었을 때 예를 제정하고 음악을 만들었으며 도량형을 천하에 반포하였다고 하였다. 다만 이때 만든 예는 『주관』과 『의례』였다.
>
> 武王沒後, 成王幼弱, 周公代之攝政, 六年致太平, 述文武之德而制禮也. 故『洛誥』云 : 「考朕招子刑, 及單文祖德.」 又『禮記 · 明堂位』云 : 「周公攝政六年, 制禮作樂, 頒度量於天下.」 但所制之禮, 則『周官』·『儀禮』也.

그리고 가공언賈公彦은 그의 『의례주소儀禮注疏』「서문」에서 다음과 같이 말하고 있다.

> 『주례』와 『의례』는 하나에서 나왔다. 이치에 시작이 있고 끝이 있어 나뉘어 두 책이 되었다. 모두 주공이 섭정한 태평 시대의 책이다.
>
> 至於『周禮』·『儀禮』, 發源是一, 理有終始, 分為二部, 並是周公攝政大平之書.

이상을 근거로 하여 최영은崔靈恩, 육덕명陸德明, 가공언賈公彦, 정초鄭樵, 주희朱熹, 호배휘胡培翬 등은 모두 주공의 저작설을 주장하였다. 그들은 『의례』 문사文辭의 의미가 간결하면서도 빈틈이 없고, 의식 예절이 상세하고 완전하여 주공이 아니면 지을 수 없다고 여겼다. 그러나 이 주장은 후대 사람들에 의해 크게 믿어지지 않았다.

반면, 사마천司馬遷과 반고班固 등은 『의례』를 공자가 지은 것으로 여겨, 공자가 주나라 왕실이 쇠퇴하고, 예악禮樂이 붕괴한 것을 개탄하며, 삼대의 예를 추종하여 이 책을 지었다고 하였다. 사마천은 다음과 같이 말하고 있다.

> 공자 시대에는 주 왕실이 쇠약해져 예악은 무너지고 『시詩』와 『서書』가 온전치 못했다. 공자는 하·은·주 3대의 예의 제도를 추적하여 『서전書傳』의 차례를 정리하여 위로는 요·순으로부터 아래로는 진秦나라 목공繆公까지의 일들을 순서대로 정리하였다. 공자가 말하기를, "하夏나라의 예는 내가 말할 수 있지만 그 후손인 기杞나라는 증거를 댈 수가 없다. 은나라의 예는 내가 말할 수 있지만 그 후손인 송宋나라는 증명해 볼 수가 없다. 만약 문헌이 충분하다면 내가 증명할 수 있다."라고 하였다. 은나라와 하나라의 〈예의〉 손익損益을 살피고는 말했다. "훗날 비록 백세가 지난다 해도 알 수 있는데, 은나라는 문채를 중시하고 하나라는 질박함이 중시되었기 때문이다. 주나라는 하나라와 은나라 2대를 거울로 삼아서 그 문채文采가 풍부하고 다채로웠다. 나는 주나라를 좇아서 행하겠다." 이렇게 해서 『서전』과 『예기』가 공자에게서 나왔다.
>
> 孔子之時, 周室微而禮樂廢, 詩書缺. 追跡三代之禮, 序書傳, 上紀唐虞之際, 下至秦繆(穆), 編次其事. 曰 :「夏禮吾能言之, 杞不足徵也. 殷禮吾能言之, 宋不足徵也. 足, 則吾能徵之矣.」觀殷夏所損益, 曰 :「後雖百世可知也, 以一文一質. 周監二代, 郁郁乎文哉! 吾從周.」故『書傳』·『禮記』自孔氏.
>
> 『史記·孔子世家』

또한 반고 역시 다음과 같이 말하고 있다.

> 〈공자께서〉 시를 논할 때는 주남을 우선으로 하고, 주나라의 예를 이어갔다.
>
> 論詩則首周南, 綴周之禮.
>
> 『漢書 · 儒林傳』

그리고 『예기 · 잡기하雜記下』에 다음과 같은 기록이 있다.

> 휼유라는 사람의 상에 애공이 유비를 시켜 공자께 가서 사상례를 배우게 하셨으니 〈魯 나라가〉 사상례를 이 때문에 쓰게 되었다.
>
> 恤由之喪, 哀公使孺悲之孔子, 學士喪禮, 士喪禮於是乎書.

이상의 두 가지 견해 중, 공자가 『의례』를 저술했다는 주장이 상대적으로 합리적이라고 평가할 수 있다. 『예기 · 잡기』의 기록에 따르면, 『의례』의 「사상례」는 공자가 전수한 내용을 기반으로, 정식으로 편찬된 것으로 추정된다. 소의진邵懿辰의 『예경통론禮經通論』[3]과 양계초梁啓超의 『고서진위급기연대古書眞僞及其年代』는 이러한 점을 근거로 삼아 『의례』가 공자의 저작임을 입증하며, 더 나아가 『의례』의 나머지 16편 또한 공자의 손에서 비롯되었다고 주장했다. 이들은 또한 『의례』의 문체가 『논어』와 놀라울 만큼 유사하며, 그 내용 또한 공자의 예학

3) 『禮』十七篇蓋孔子所定, 「檀弓」云 : "恤由之喪, 哀公使孺悲學「士喪禮」于孔子, 「士喪禮」於是乎書. 據此則「士喪」出於孔子, 其餘篇亦出於孔子可知. 漢以十七篇立學, 尊為經, 以其為孔子所定也."

사상과 완벽히 부합한다고 평가했다. 이를 예로 들면, 공자는 관례 · 혼례 · 상례 · 제례, 조례朝禮 · 빙례聘禮 · 향례鄕禮 · 사례射禮 등 여덟 가지 의례를 중시하였고, 『의례』 17편은 바로 이러한 여덟 가지 예식과 의례를 상세히 기술하고 있다. 이는 단순한 우연으로 설명하기 어려운 일치점이다. 소의진 등은 『의례』의 17편이 진시황의 분서焚書 이후 남은 잔존물에 불과한 것이 아니라, 공자가 직접 제자들에게 전수한 원전이라고 주장하며, 17편의 내용이 이미 예법을 총체적으로 아우르는 체계를 이루고 있다고 단언했다. 그러나 일부 학자들은 『예기 · 잡기』편 기록의 신뢰성에 의문을 제기해 왔다. 청나라 학자 최술崔述은 「풍호고신록豐鎬考信錄」에서 "현존하는 「사상례」가 반드시 공자가 저술한 것이라고 단정할 수는 없다."[4]고 지적하였다. 더불어 주나라의 금문, 『상서』 · 『일주서逸周書』 · 『좌전』 · 『모시』 등의 문헌에 따르면, 이미 주나라 시기에는 비교적 체계적인 의례가 출현했음을 알 수 있다. 귀족들은 관례 · 근례覲禮 · 빙례 · 향례 · 상례 등 다양한 의례를 거행했으며, 이러한 의례는 『의례』의 내용과 일치하거나 유사한 점이 많다.

현대의 저명한 경학가인 심문탁沈文倬 선생은 『예기 · 잡기』에서 언급된 「사상례」가 실제로는 「상복」 · 「사상례」 · 「사우례」 · 「기석례」 등 네 편으로 구성되어 있다고 주장하였다. 그는 이들 중 후반부의 세 편이 상례의 연속 과정을 설명하고, 「상복」은 상례 중 복식을 다루며 내용이 상호 유기적으로 연결된다는 점을 들어, 이 네 편의 저술 시기가 서로 유사하다고 보았다. 심문탁은 이를 통해 이편들이 노나라 애

4) 今「喪禮」未必卽孔子之所書.

공哀公 말년에서 도공悼公 초년, 즉 주나라 원왕元王과 정왕定王 교체기에 저술된 것으로 추정했다. 나아가 『의례』는 기원전 5세기 중기에서 기원전 4세기 중기까지 약 100년에 걸쳐 공자 문하의 제자들과 후학들에 의해 지속적으로 편찬된 것으로 보았다. 이러한 그의 주장은 비교적 공정하고 타당한 해석으로 평가받고 있다.

『의례』 17편 중 「사상견례」·「대사례」·「소뢰궤사례」·「유사철」을 제외한 나머지 편의 끝에는 '기記'가 있다. 일반적으로 '기'는 공자의 문하 70 제자들에 의해 저술된 것으로 간주된다. 특히 「상복」은 그 체계가 독특하여 경문과 기문이 장章과 절節로 나뉘고, 그 아래에 '전傳'이 추가로 실려 있다. 전통적으로 '전'은 공자의 문인 자하가 작성한 것으로 알려져 있으나, 일부 학자들은 자하가 공자의 제자가 아닌 후대 한나라 시기의 동명이인일 가능성을 제기하며 이를 반박하고 있다.

이상의 근거를 종합할 때 『의례』가 이미 읽고 배울 만한 가치가 있으며, 선진시대와 공자 시대에 널리 통용되었다면, 이를 공자가 찬정撰定했다고 보는 것도 충분히 가능하다. 또는 주공이 은례殷禮를 취하여 정리해 놓은 것을 바탕으로 공자가 편찬했다는 것이 불가능한 것도 아니다. 일부는 후대의 한나라 유학자들에 의해 보완되었을 수도 있다. 이는 이 책이 오랜 기간 축적된 예법의 집대성이라는 특성과도 부합한다.

『의례』는 선진시대에 성립된 고대 문헌으로, 그 기원과 자료의 출처는 매우 오래되었으며, 예절 체계의 형성은 민속과 예속을 거쳐 점진적으로 발전하여 예법으로 정립되었다. 이러한 발전 과정은 긴 역사적 과정을 거쳐 이루어졌다. 『의례』에서 다루는 예법은 주나라 시대에 비로소 체계화되었지만, 그 발전의 기원은 하夏와 상商 왕조를 넘어 고대 선민 사회까지 거슬러 올라갈 수 있다. 예를 들어, 관례冠禮는 씨족 사회의 성인식과 밀접한 관계가 있고, 향음주례鄕飮酒禮는 씨족 시대 향인鄕人들의 공식의사共食議事 의식에서 발전한 것이다. 『의례』는 예의 형식을 통해 고대인의 의식주와 생활상을 상세히 서술하고 있으며, 이는 고대 사회의 다양한 측면을 연구하는 데 있어 귀중한 사료로서의 가치를 지닌다.

『의례』의 중심 내용은 예禮의 형식과 의식, 절차이다. 이들은 매우 구체적이고 세밀하게 기록되어 있지만, 실제로 실행하기에는 그만큼 복잡하고 까다롭다. 『의례』의 복잡한 의식은 시대적 변화에 따라 예식의 양상도 크게 변했기 때문에, 후세와는 큰 차이를 보인다. 따라서 오늘날 많은 예법은 실용적 가치가 떨어지게 되었다. 『예기 · 예기禮器』 편에서는 "예는 시時가 가장 중대하고 순順이 그다음이고, 체體가 또 그다음이며, 의宜가 또 그다음이고, 칭稱이 그다음이다."[5]라고 하였다. 후대 사람들은 고대의 복잡한 예법을 그대로 실행할 수 없으며, 당시의 필요에 맞게 예법을 취사선택하고 수정해야 한다는 것이다. 송나라의 유학자 주희는 "예는 고정된 것이 있고, 변할 수 있는 것도 있다. 고정된 것은 변하지 않지만, 변할 수 있는 것은 변한다."[6]고 말했다. 즉, 예의 형식은 계속해서 바뀔 수 있지만 그 의義는 항구 불변의 것이다. 그렇지만 고대 예의 형식도 전혀 가치가 없는 것은 아니다. 왜냐하면, '의義'는 '형식儀'에 의해 실현되기 때문이다. 고대 예법 형식은 오늘날 사람들에게는 적합하지 않지만, 예의 내적 의미를 밝혀주는 중요한 근거가 된다. 다시 말해 고대 예의 형식을 명확히 이해하여야

5) '禮, 時為大, 順次之, 體次之, 宜次之, 稱次之.'

6) '禮有經有變, 經者常也, 變者常之變也. 『朱子語類』 卷八五.

그 내면의 의미를 연구할 수 있고, 보편적인 의미를 파악할 수 있다. 이 보편적인 의미는 고대 사회를 이해하는 데 중요한 가치를 지니며, 현대인의 도덕적 의식을 향상시키고, 인간 행동을 규범화하며, 인성교육 함양에 긍정적인 영향을 미친다.

예를 들어, 「상복喪服」 편에서는 참최斬衰, 자최齊衰, 대공大功, 소공小功, 시마緦麻의 다섯 가지 복식 제도와 관련된 세부 사항 및 적용 대상을 매우 세밀하게 분석하고 있다. 이 내용은 복잡하고 혼란스럽기까지 하여, 쉽게 파악하기 어렵다. 하지만 『예기 · 대전大傳』과 「상복소기喪服小記」를 읽고 「상복」을 다시 생각해 보면, 이 다섯 가지 복식 제도는 하나의 일관된 원칙을 따른다는 것을 알 수 있다. 그 원칙은 종법宗法 제도로, 상복의 정밀도, 형식, 상기喪期의 기간 등은 모두 종법 제도의 정신을 반영한 것이다. 이러한 이해를 바탕으로 「상복」에 대한 인식을 한층 깊이 있게 할 수 있다. 또 다른 예인 「사관례士冠禮」는 씨족 사회의 성인식에서 유래한 것으로, 이 의례의 목적은 남자가 성년이 된 후, 강화된 훈련과 특정 의식을 통해 자신이 성인이 되었음을 인식하고 가정과 사회에 대한 책임을 져야 한다는 것이다. 이 예법은 청년들의 자립적인 정신을 함양하고, 부모와 가정에 대한 의존 심리에서 벗어나는 데 보편적이고 항구적인 가치를 지니며, 현대 사회에도 긍정적인 의미가 있다. 또한 「향음주례鄕飮酒禮」는 노인을 봉양하고 공경하는 정신을 함양하고, 존노애유尊老愛幼의 전통 미덕을 담고 있으며, 이는 노령화 사회에 진입하는 국가에서 노인을 어떻게 공경하고, 노후를 보장할 것인가에 대한 현실적인 의미를 포함하고 있다.

3. 『의례』의 가치

『의례』는 동아시아 전통문화의 핵심 사상인 '예禮'를 체계적으로 보존하고 구체화한, 가장 오래된 기록물로, 개인의 내적 덕성을 함양하는 동시에 외적으로는 사회적 행위를 규범화하는 제도로서 유가의 국가 통치와 경세치민經世治民을 위한 중요한 경전 중 하나이다.

예禮와 의절儀節은 제도화되어 인간의 행위를 규율하고 사회적 질서를 유지하는 데 필수적인 역할을 하며, 시간이 흐르면서 고전으로 자리 잡았다. 『의례』는 고대 사회에서 실천된 예의 규범과 운영 방식을 상세히 기록함으로써, 시대와 공간을 초월해 전해지는 인류 지혜의 결정체로 남았다. 이는 단순한 의례 절차를 기록한 것이 아니라, 전통문화의 정수를 집대성한 저작으로, 수천 년 동안 중국 예의禮儀의 원형과 전범典範으로 이어져 왔다.

특히 『의례』는 개인의 삶 전반에 걸쳐 관례冠禮, 혼례婚禮, 상례喪禮, 제례祭禮와 같은 주요 전환점을 중심으로 각 단계에서 준수해야 할 예절과 세부 사항을 규정하여, 인간의 도덕적 성숙과 사회적 화합을 돕는 실질적 역할을 수행하였다. 이러한 내용은 예가 단순히 형식적 의식이 아니라, 인간과 사회의 근본적인 가치와 윤리를 체현하는 핵심 원리임을 보여준다.

또한, 『의례』는 단순히 의례서儀禮書의 역할을 넘어, 경학經學, 사학史學, 문학文學, 언어학言語學, 문헌학文獻學, 고고학考古學 등 다양한 학문 분야에서 연구와 탐구의 귀중한 자료로 평가받고 있다. 이 책은 당시 사회의 정치, 경제, 문화적 구조와 관습을 이해하는 데 필수적인 사료를 제공하며, 고대인의 사고방식과 세계관을 재구성하는 데 중요한 단서를 제공한다. 더 나아가, 『의례』가 오랜 세월 동안 변함없이 전해져 온 것은, 예문禮文과 형식이 시대의 요구와 환경에 따라 변할 수 있음에도 불구하고, 예禮의 본질은 시대를 초월하여 변하지 않는 가치를 지니고 있음을 보여준다. 이러한 특성은 『의례』가 전통문화의 지속성과 시대적 적응력을 동시에 증명하는 고전임을 강조한다.

결론적으로, 『의례』는 고대 사회의 지혜와 문화적 유산을 보존하는 동시에, 전통의 현대적 활용 가능성을 열어주는 고전 중의 고전으로, 인간과 사회를 이해하고 발전시키는 데 지속적으로 기여하고 있다. 이는 고대의 이상과 현대적 실천을 연결하는 교량橋梁으로서, 그 가치는 오늘날에도 여전히 유효하며 깊은 영감을 제공한다.

(1) 『의례』는 나라를 다스리는 규범規範이다

『예기 · 표기表記』에 다음과 같은 내용이 기재 되어 있다.

> 하夏나라 도는 군주의 명령을 높여서 귀鬼를 섬기고 신神을 공경하여 멀리하며 사람을 가까이하고 충성스럽게 해서 녹祿을 먼저 하고 위엄을 뒤에 하며, 상賞을 먼저 하고 형벌을 뒤에 하여 친애하기는 하나 높이지는 않으니, 백성들의 폐단이 미련하여 어리석고, 교만하여 촌스럽고, 질박하여 문채가 나지 않았다. 은殷나라 사람은 신神을 높여 백성을 거느리고 신을 섬겨서 귀鬼를 먼저하고 예禮를 뒤에 하며, 형벌을 먼저하고 상을 뒤에 하여 높이기는 하나 친애하지는 않으니, 백성들의 폐단이 방탕하고 안정하지 못하며, 남을 이기기만을 힘쓰고 부끄러움이 없었다. 주周나라 사람은 예를 높이고 베푸는 것을 숭상해서 귀鬼를 섬기고 신神을 공경하여 멀리하며, 사람을 가까이

하고 충성스럽게 해서 상과 벌이 작위의 서열을 따라 친애하기는 하나 높이지는 않으니, 백성들의 폐단이 약삭빠르고 공교로우며, 문식文飾을 하고 부끄러워하지 않으며, 남을 해쳐서 〈이치를〉 가렸다.

夏道尊命, 事鬼敬神而遠之, 近人而忠焉, 先祿而後威, 先賞而後罰, 親而不尊 ; 其民之敝 : 蠢而愚, 喬而野, 樸而不文. 殷人尊神, 率民以事神, 先鬼而後禮, 先罰而後賞, 尊而不親 ; 其民之敝 : 蕩而不靜, 勝而無恥. 周人尊禮尚施, 事鬼敬神而遠之, 近人而忠焉, 其賞罰用爵列, 親而不尊 ; 其民之敝 : 利而巧, 文而不慚, 賊而蔽.

하대夏代의 국정 운영은 군주의 명령을 존숭하는 데 초점을 맞추었으며, 귀신과 신령을 공경하되 이를 국정의 중심 정책으로 삼지는 않았다. 인간의 정서를 중시하며 타인을 대할 때 충직하고 두터운 태도를 취하였고, 녹봉을 먼저 지급한 뒤 위엄을 드러내며, 상賞을 중시하며 형벌을 경시하는 방식으로 통치하였다. 이러한 정책은 백성들에게 친근함을 느끼게 했으나, 통치의 권위와 위엄이 부족하다는 단점이 있었다. 이로 인해 하인夏人은 군주에 대한 존중 의식이 희박하고, 어리석으며 무지하고, 거칠며 문화적 소양이 부족하다는 폐단을 초래하였다.

상대商代의 국정 운영은 신령을 숭배하고 백성들과 함께 신을 섬기는 데 중점을 두었다. 조상의 영혼과 만물의 정령을 먼저 제사한 후에 예의를 논하며, 형벌을 중시하고 상賞을 경시하는 통치 방식을 채택하였다. 이러한 정책은 국가 통치에 위엄을 부여하였으나, 백성들에게 친근함을 느끼기 어렵게 하였다. 그 결과 상인商人은 방탕하고 안정되지 못하며, 형벌을 피하기 위해 경쟁하면서도 수치심을 가지지 못하는 폐단을 지니게 되었다.

주대周代의 국정 운영은 예제禮制를 숭상하며 은혜를 베푸는 데 치중하였다. 귀신을 제사하고 신령을 공경하되, 이를 정치와 교육의 핵심 내용으로 삼지는 않았다. 인간의 정서를 중시하며 타인을 대할 때 충직하고 두터운 태도를 보였으며, 작위의 등급을 상벌의 기준으로 삼았다. 이러한 정책은 백성들에게 친근함을 느끼게 했으나, 위엄이 부족하다는 한계를 지녔다. 이로 인해 주인周人은 이익을 탐하고 편법을 추구하며, 외형적 치장에 치중하고 수치심이 결여된 태도를 가지며, 타인을 해치면서도 이치를 분별하지 못하는 폐단을 초래하였다.

하夏대에서 은상殷商을 거쳐 주周대로 이어지는 과정에서, 귀신을 중시하던 시대에서 인간 중심의 통치로 변화가 이루어졌다. 무속巫俗 문화와 제사 문화를 거쳐 예악禮樂 문화로 발전하였으며, '존명尊命'에서 '존신尊神', 다시 '존례尊禮'로 진화하였다. 이를 통해 예禮는 중국 고대 정치에 없어서는 안 될 중요한 정치 제도의 핵심 요소임을 확인할 수 있다.

『좌전 · 은공隱公 11년』에서 다음과 같이 말하고 있다.

> 예는 국가를 경영하고, 사직을 안정시키고, 백성을 질서 있게 하고, 후사를 이롭게 하는 것이다.
>
> 禮, 經國家, 定社稷, 序民人, 利後嗣者也.

그리고 공소孔疏에서 다음과 같이 설명하고 있다.

> 국가는 예禮가 아니면 다스릴 수 없고, 사직은 예를 통해서만 안정될 수 있다. 그러므로 예는 국가를 경영하고 사직을 안정시키는 것이다. 예로써 백성을 교화하면 친척 간에 화목함이 이루어지고, 예로써 자

신의 위치를 지키면 그 혜택이 자손에게까지 미친다. 따라서 예는 백성들의 질서를 잡고, 후손들에게 이익되게 하는 것이다.

國家非禮不治, 社稷得禮乃安, 故禮所以經理國家, 安定社稷. 以禮教民, 則親戚和睦 ; 以禮守位, 則澤及子孫, 故禮所以次序民人, 利益後嗣.

예禮는 국가를 다스리고 사회를 안정시키며, 백성의 조화를 이루기 위해 사용된 중요한 통치 수단이었다. 이는 단순히 당시의 필요를 충족시킨 제도가 아니라, 후대인들에게도 유익한 지속적이고 보편적인 체계로 자리 잡았다. 예제禮制의 본질은 사회 질서를 유지하고, 공동체 내에서 조화와 안정의 중심 역할을 하는 데 있다. 역사적으로, 주공周公이 예를 제정하고 음악을 창작한 사례는 이러한 예제의 중요성을 가장 잘 보여주는 대표적인 예이다. 주공은 예절과 의식을 체계화하고 제도화하여 국가 통치의 기틀을 확립하였으며, 이를 통해 정치적 안정과 사회적 조화를 유지하는 데 성공하였다. 이러한 사례는 예가 단순한 규범을 넘어, 국가와 사회의 질서를 유지하는 근본 원리로 작용했음을 입증한다.

『예기 · 예운禮運』에 다음과 같이 기록하고 있다.

예는 선왕이 하늘의 도道를 받들고, 사람의 정情을 다스리는 도구였다. …… 이 때문에 예는 반드시 하늘에 근본하고 땅을 본받으며 귀신에 나열되고, 상례와 제사, 활쏘기와 말 몰기, 관례와 혼례, 조회朝會와 빙문聘問에까지 미친다. 그러므로 성인이 예의 공용功用을 천하의 사람들에게 보인 것이니, 그러므로 〈예는〉 천하와 국가를 바로잡을 수 있는 것이다.

夫禮, 先王以承天之道, 以治人之情. …… 是故夫禮, 必本於天, 殽於地, 列於鬼神, 達於喪 · 祭 · 射 · 御 · 冠 · 昏 · 朝 · 聘. 故聖人以禮示之, 故天下國家可得而正也.

예禮는 하늘에서 비롯되어 인간에게 실천되며, 천지와 귀신, 그리고 통치자가 동등한 위치에 놓여 있다. 따라서 예는 나라를 다스리는 근본 원리로, 생사生死, 제사, 전쟁, 국가 경영, 그리고 개인의 성년, 결혼, 관직 임명, 조회, 사신 파견 등 모든 사회적 활동의 기준이 되어야 한다. 예는 단순한 의식이 아니라, 국가 통치의 기본 원칙으로, 이를 준수해야만 천하와 사직을 바르게 다스릴 수 있음을 강조한다. 『의례』는 이러한 예의 중요성을 극명히 드러내는 고전으로, 인간의 처신과 행동에 있어 지켜야 할 예의범절을 체계적으로 규정하였다. 또한, 『의례』는 군주가 백성을 다스리고, 각자가 자신의 위치와 역할을 충실히 수행함으로써 천하를 올바르게 세우는 법칙을 제공한다. 나아가, 『의례』는 예학 발전의 핵심 저술로서, 예절을 제정하고 준수하는 의의를 담고 있다. 예제는 사회 행위를 규율하며, 사회 질서를 안정시키는 데 필수적인 요소이다. 이는 개인에게 행위의 기준을 제공하고, 집단 간의 관계를 조화롭고 원활하게 만드는 데 기여한다.

역대 통치자들은 사회 질서를 유지하고 정권을 공고히 하기 위해 『의례』를 기반으로 예전禮典을 신중히 검토하고, 시대적 필요에 따라 보완하여 권위 있는 예의 제도로 발전시켰다. 이를 통해 『의례』는 점차 국가 통치와 백성 교화의 핵심 방침으로 자리매김하였으며, 오늘날까지도 그 가치를 잃지 않고 전통문화의 핵심으로 남아 있다.

(2)『의례』는 후대 예제禮制 제정의 근거가 되었다

『의례』는 고대 중국의 다양한 의례를 체계적으로 기록한 저작으로, 후대 예제禮制 제정의 중요한 근거가 되었다. 또한, 주대周代 귀족 사회에서 시행되던 관례, 혼례, 상례, 제례, 향례鄕禮, 조례朝禮, 빙문聘問 등 다양한 의례의 규범과 절차를 면밀하게 담아내고 있다.

이러한 의례들은 단순히 당시의 생활 방식을 반영하는 데 그치지 않고, 후대의 예제와 사회 규범의 기틀을 마련하는 데 중추적인 역할을 하였다. 중국 역사에서 각 왕조가 제정한 예제는『의례』에 기록된 원칙과 절차를 기반으로 하였으며, 시대의 요구와 환경 변화에 따라 일부 수정과 보완이 이루어졌다. 그러나 고대 예제의 본질은 변함없이 유지되었으며,『의례』에 담긴 사상과 규범은 시대를 초월하여 지속적으로 계승되었다.

특히 상례喪禮의 경우, 진秦·한漢 이후 조정의 공식 의식과 민간의 가례家禮에서도 상장례 의식, 오복五服 제도, 상기喪期의 효행, 제사 절차 등은『의례』에 기록된 내용과 큰 차이를 보이지 않는다. 이는『의례』와『예기』가 후대 예제의 설계와 실행에 있어 청사진 역할을 했음을 입증하는 대표적 사례라 할 수 있다.

따라서『의례』는 고대부터 현대에 이르기까지 역대 예제禮制와 사회 규범 형성의 초석을 제공한 고전으로써, 그 역사적 가치와 영향력은 실로 지대하다. 이는 단순한 의례서에 머무르지 않고, 전통문화의 정수를 보존하면서도 시대적 요구에 부응하여 발전하는 데 필수적인 원천으로 자리 잡았다.『의례』는 예제의 이론적 토대를 확립하고, 후대의 문화적·사회적 규범 형성에 지속적으로 기여하며, 동아시아 문화권의 역사적 맥락 속에서도 독보적인 위상을 지니고 있다.

(3) 『의례』는 도덕적 교화의 의미를 내포하고 있다

『의례』는 단순히 예식과 규범을 기록한 고전에 그치지 않고, 그 이면에 도덕적 교화의 깊은 의미를 함축하고 있다. 예禮는 인간의 행위를 규율하고 사회 질서를 유지하는 동시에, 이를 통해 개인의 덕성을 함양하고 공동체의 화합을 도모하는 데 본질적인 역할을 한다.

『의례』에서 규정된 다양한 의식과 절차는 단순한 형식적 규범을 넘어, 개인에게는 도덕적 수양의 기회를 제공하고, 사회 전체에는 윤리적 기반을 확립하는 역할을 하였다. 이러한 과정을 통해 예는 인간의 내면을 정화하고, 사회의 조화와 안정을 실현하는 중요한 수단으로 기능하였다. 또한, 『의례』는 인간과 인간, 인간과 자연, 그리고 인간과 신령 사이의 관계를 조화롭게 정립하며, 그 관계 속에서 도덕적 이상을 구현하려는 의도를 담고 있다.

이는 단순한 법제나 규칙의 차원을 넘어, 백성들을 교화하고 이상적인 사회를 실현하려는 고대의 깊은 지혜와 사상을 반영한 것이다. 따라서 『의례』는 단순한 의례집이 아니라, 도덕적 가치와 교화의 본질 및 그 실천 방식을 체계적으로 제시하는 고전으로서, 이상적인 사회 구현을 위한 필수적인 도구로 자리 잡으며, 후대에 이르기까지 깊은 영향을 미쳤다.

(4) 『의례』는 매우 중요한 사료적 가치가 있다

『의례』는 단순한 고대 의식과 예절의 기록을 넘어, 고대 사회의 정치, 경제, 문화, 그리고 생활상을 깊이 이해할 수 있는 귀중한 사료로서의 가치를 지닌다. 또한 주대周代 귀족 사회에서 시행된 다양한 의례와 제도를 상세히 기록하고 있으며, 이를 통해 당시의 사회 구조, 계층 간 관계, 권력 체계, 종교 신앙, 그리고 인간관계에 대한 풍부한 정보를 제공한다.

특히 관례冠禮, 혼례昏禮, 상례喪禮, 제례祭禮 등과 같은 주요 의례는 단순한 의식 절차를 넘어, 당대 사회의 규범과 윤리적 가치관을 반영하고 공동체의 연대감을 드러내는 생활문화의 축소판이라 할 수 있다. 이러한 의례들은 당시 사람들의 일상과 사회적 역할, 윤리적 태도를 이해하는 데 중요한 단서를 제공하며, 나아가 시대적 가치관과 도덕적 규범의 형성을 엿볼 수 있게 한다.

더불어, 『의례』에 기록된 복식服飾, 기물器物, 의식 장소, 언어, 절차 등은 고대의 물질문화와 정신문화를 복원하는 데 있어 귀중한 자료로 활용될 수 있다. 이는 단순한 과거의 재현을 넘어, 후대 예제禮制와 의례 제정에도 중요한 참고 자료가 되어 예학禮學의 발전에 지속적인 영향을 미쳤다.

따라서, 『의례』는 단순히 고대의 예법을 기록한 문헌을 넘어, 고대 사회의 다양한 측면을 연구하는 데 필수적인 사료로서의 역할을 하며, 그 가치와 의의는 매우 크고도 심오하다. 이는 전통문화와 역사적 지혜를 밝히는 데 없어서는 안 될 고전으로, 시대를 초월해 연구자와 학자들에게 중요한 통찰을 제공한다.

(5) 『의례』 연구를 통해 근원과 본질을 탐구할 수 있다

『의례』는 고대 예제禮制의 원형을 가장 체계적으로 기록한 문헌으로, 예학禮學의 기원을 탐구하고 그 본질을 이해하는 데 있어 필수적인 자료로 평가된다. 『의례』를 연구함으로써 고대 예제의 형성과 발전 과정을 추적할 수 있을 뿐만 아니라, 그 안에 담긴 문화적·철학적 의미를 심층적으로 탐구할 수 있다. 『의례』는 단순히 의례의 절차와 규범만을 기록하는 데 그치지 않고, 고대인의 생활 방식, 가치관, 사회 구조, 그리고 인간관계를 종합적으로 반영하고 있어, 고대 사회의 질서와 규범을 이해하는 데 중요한 단서를 제공한다. 이는 현대 사회에서도 예의 본질과 역할을 성찰하는 계기가 되며, 더 나아가 과거의 지혜를 바탕으로 현대 사회의 문제를 분석하고 해결하는 데 새로운 통찰을 제시할 수 있다.

『의례』에 대한 연구는 단순히 고대의 역사를 재구성하는 작업에 그치는 것이 아니라, 전통과 현대를 연결하고 문화적 정체성과 지속성을 확인하는 중요한 과정이다. 이를 통해 우리는 고대 예제禮制의 본래 의미를 재발견할 수 있을 뿐만 아니라, 그것이 오늘날 우리의 삶과 문화에 미치는 영향을 깊이 이해할 수 있다.

결론적으로, 『의례』를 연구하는 것은 예의 근원으로 돌아가 전통문화의 본질을 파악하고, 이를 현대적으로 계승할 방안을 모색하는 중요한 학문적 작업이다. 이는 단순히 고대 문화를 보존하는 데 그치는 것이 아니라, 과거와 현재를 유기적으로 연결하여 미래를 위한 지속 가능한 전통을 구축하는 데 기여하는 의미 있는 시도라 할 수 있다.

Ⅱ

『의례』의 체재와 내용

1. 『의례』의 체재

정현의 『삼례목록三禮目錄』과 가공언의 『의례주소儀禮注疏』 소疏의 기록에 따르면 전해지고 있는 현행본 『의례』의 목차 이외에 한대漢代에 전승되어 오던 판본은 대덕본戴德本[1], 대성본戴聖本[2], 경보본慶普本, 유향(劉向, BC 77~BC 6)의 『별록別錄』본이 있다. 이 중 경보본慶普本은 동한東漢 시기 이미 망실亡失 되어 버렸다. 그리고 1959년 감숙성甘肅省의 무위武威현에서 출토된 한간漢簡 『의례』의 잔본인 무위본武威本[3]이 있어 모두 4종의 판본이 있다. 이들 4종 판본의 17편 순서는

1) 대대본大戴本이라고도 함.

2) 소대본小戴本이라고도 함.

3) 1957년 감숙성甘肅省 무위현(武威현(縣)) 마취자磨嘴子 6호 한나라 무덤에서 서한西漢 후기에 『의례』를 필사한 죽간과 목간 496매 27,298자字가 출토되었다. 간簡의 형태와 내용을 근거로 갑, 을, 병 3종의 문건으로 구분한다. 갑본 목간은 「사상견례士相見禮」·「복전服傳」·「희생犧牲」·「소뢰小牢」·「유사有司」·「연례燕禮」·「태사泰射」 등 7편이고, 을본 목간은 「복전」 1편만 있고,

「사관례士冠禮」와 「사혼례士婚禮」, 「사상견례士相見禮」 3편만 현행본과 일치하고, 나머지 편은 순서가 일치하지 않는다. 현행본 목차는 유향의 『별록』본 목차와 같으며, 대체로 가례嘉禮, 빈례賓禮, 흉례凶禮, 길례吉禮로 유형화하여 편차한 형태이다. 판본 모두 군례軍禮가 없는 점이 공통적이다. 각 판본의 목차를 현행본과 비교해 보면 다음과 같다.

목차	정주본鄭注本, 현행본	대대본 大戴本	소대본 小戴本	별록본 別錄本	무위본 武威本
1	사관례士冠禮	사관례士冠禮	사관례士冠禮	사관례士冠禮	
2	사혼례士昏禮	사혼례士昏禮	사혼례士昏禮	사혼례士昏禮	
3	사상견례 士相見禮	사상견례 士相見禮	사상견례 士相見禮	사상견례 士相見禮	사상견례 士相見禮
4	향음주례 鄕飮酒禮	사상례 士喪禮	향음주례 鄕飮酒禮	향음주례 鄕飮酒禮	
5	향사례鄕射禮	기석례旣夕禮	향사례鄕射禮	향사례鄕射禮	
6	연례燕禮	사우례士虞禮	연례燕禮	연례燕禮	
7	대사의大射儀	특생궤사례 特牲饋食禮	대사의大射儀	대사의大射儀	

병본은 죽간으로 「상복喪服」 1편만 있다. 편목 순서가 요즘 통행되는 『의례』와 다를 뿐만 아니라 대덕본 · 대성본과도 달라, 몇몇 학자들은 동한東漢 시기에 이미 실전失傳된 후창后蒼의 경보본慶普本일 가능성이 있다고 보기도 한다. 문자적 측면에서 보면, 병본의 「상복」은 단경본單經本으로, 경문 아래에 전문傳文이 없다. 그리고 갑본과 을본의 「복전」은 모두 전문만 있고 경문이 없는 단전본單傳本으로, 요즘의 경經과 전傳이 함께 있는 문헌들과는 다르다. 이는 서한西漢 시기에 경문과 전문이 각각 독립적으로 한 권의 책이 되었다는 것을 증명한다. 『중국 고대 예의 문명』 펑린 저, 노은정, 오수현, 최학승 역. 학고방, 2024, p155.

목차	정주본鄭注本, 현행본	대대본 大戴本	소대본 小戴本	별록본 別錄本	무위본 武威本
8	빙례聘禮	소뢰궤사례 少牢饋食禮	사우례士虞禮	빙례聘禮	상복喪服 · 전傳
9	공사대부례 公食大夫禮	유사철有司徹	상복喪服	공사대부례 公食大夫禮	
10	근례覲禮	향음주례 鄕飮酒禮	특생궤사례 特牲饋食禮	근례覲禮	특생궤사례 特牲饋食禮
11	상복喪服	향사례鄕射禮	소뢰궤사례 少牢饋食禮	상복喪服	소뢰궤사례 少牢饋食禮
12	사상례士喪禮	연례燕禮	유사철有司徹	사상례士喪禮	유사철 有司徹
13	기석례旣夕禮	대사의大射儀	사상례士喪禮	기석士喪禮下	연례燕禮
14	사우례士虞禮	빙례聘禮	기석례旣夕禮	사우례士虞禮	태사泰射
15	특생궤사례 特牲饋食禮	공사대부례 公食大夫禮	빙례聘禮	특생궤사례 特牲饋食禮	
16	소뢰궤사례 少牢饋食禮	근례覲禮	공사대부례 公食大夫禮	소뢰궤사례 少牢饋食禮	
17	유사철有司徹	상복喪服	근례覲禮	유사철少牢下	

가공언은 이들 판본 사이의 편차 배치가 다른 것에 대하여, "유향의 『별록』본 편차가 곧 이 17편의 편차 그것으로, 모두 존비尊卑와 길흉吉凶에 따라 목차가 정연하다. 그러므로 정현이 이를 이용하였다. 대대본과 소대본에 이르러 모두 존비와 길흉이 뒤섞여 정연하지 못하다. 그러므로 정현이 일절 따르지 않았다"[4]라고 하여 『별록』의 편차가 정

4) 李學勤 主編, 『儀禮注疏』, p4, "其劉向『別錄』, 卽此十七篇之次是也, 皆尊卑吉凶次第倫敘, 故鄭用之. 至於大戴 … 小戴 … 皆尊卑吉凶雜亂, 故鄭玄皆不從之矣."

연하다고 평가하였다. 일반적으로 현대학자들은 가공언의 이 설에 동의하지 않는다. 가령 「소뢰궤사례少牢饋食禮」와 「유사철有司徹」은 길례에 속하지만, 흉례 뒤에 배치되어 있기 때문이다. 오히려 대대본의 편차가 합리적이라고 여기는 학자들이 많은데, 실제로 판본 사이의 편차가 다른 것이 함의하는 바가 무엇인지에 대해서는 아직 일정한 정론이 없다.5)

1959년 7월 감숙성甘肅省 무위현武威縣 한묘漢墓에서 『의례』 죽간 469매, 27,298자가 출토되었다. 내용과 죽간의 크기로 볼 때, 갑, 을, 병 세 종류로 구분된다. 갑본은 한척漢尺 2척 4촌의 크기로, 「사상견례士相見之禮」 제3, 「복전服傳」 제8, 「특생特牲」 제10, 「소뢰小牢」 제11, 「유사有司」 제12, 「연례燕禮」 제13, 「태사泰射」 제14 등이 있다. 을본은 한척 2척 1촌의 크기로 「복전服傳」을 수록하고 있다. 병본은 크기는 갑본과 같고 「상복喪服」 경문 1편을 수록하고 있다.

갑본 7편은 각 편 앞에 편명과 편차를 싣고 있는데, 목차는 「사상견례」만 제외하고 나머지 편들은 위에서 제시한 네 가지 판본, 즉 현행본, 대대본, 소대본, 유향의 『별록』본 목차와 다르다. 내용의 경우 「복전」만 현행본과 다르고, 나머지 6편은 현행본과 대동소이하다. 갑본의 「복전」과 을본의 「복전」은 내용이 서로 같고, 현행 「복전」과도 같다. 병본의 「상복」 경문은 현행본 「상복」의 경문과 동일하다.

병본의 「상복」이 경經만 있고 전傳이 없는 점과 갑·을본의 「복전」을 통해서, 전한前漢 시대에는 「상복」과 「복전」이 서로 독립되어 유포되었음을 알 수 있다. 후한後漢 시대에 이루어진 희평熹平 석경石經

5) 『의례』 판본 사이의 편차 차이에 대해서 許清雲, 『儀禮概述』, p51~p53 ; 楊天宇, 『儀禮譯注』 p15 참고.

(175)에 간각된 『의례』에도 「상복」의 경문만 있고 전문은 없다. 한편, 『수서隋書』 「경적지經籍志」에는 "「상복경전喪服經傳」 1권, 마융馬融 주注", "「상복경전喪服經傳」 1권, 정현鄭玄 주"라고 기록되어 있다. 이것은 정현과 마융이 활동하던 시기에는 「상복」의 경과 전을 병합하여 주석하는 방식이 행해졌음을 보여 준다. 「복전」의 저자, 저작 시기 등과 관련하여 학계에는 전한 선제 때 개최된 석거각회의石渠閣會議 이후 경보慶普가 지은 것으로 금문가의 텍스트라는 설[6]과 석거각회의 이전에 지어진 고문가의 텍스트라는 상반된 설[7]이 존재한다.

현존하는 『의례』 17편을 기술한 내용에서 보면, 제13편인 「기석례」

6) 이 설은 陳夢家의 주장으로, 그 근거로는 a) 「石渠議奏」(『通典』에 수록됨)에서 經文 "庶人爲國君"과 기문記文 "宗子孤爲殤"을 인용하였는데 무위武威 한간漢簡 「服傳」에는 이것이 없어 「服傳」의 저자가 산삭刪削한 것으로 추정되는 점, b) 「石渠議奏」와 大戴, 小戴가 「喪服」을 해설한 뜻과 「服傳」의 뜻은 같은 점도 있지만 차이도 있어 이대二戴 이외의 家法을 보여 준다는 점이다.

7) 이설은 沈文倬의 주장으로, 그 근거로는 a) 『白虎通義』에서 「喪服」 경문을 인용할 때는 「喪服經」 또는 「禮 · 服經」이라고 하고 전문傳文을 인용할 때는 「喪服傳」, 「禮 · 服傳」이라고 명확히 구분하고 있어, 갑 · 을본에서 칭하는 「服傳」이 바로 이「喪服傳」에 해당한다고 추정된다는 점, b) 석거각회의에 참가한 학자들은 모두 금문가로서 이대二戴와 聞人通漢 등이 「服傳」에 대하여 무시, 곡해, 비난하는 태도로 볼 때 「服傳」은 고문가의 텍스트로 간주된다는 점, c) 정현의 『儀禮注』는 「服傳」에서 금문과 고문에 대해 교감한 것이 없지만, 다른 편의 교감에 근거해서 보면 갑 · 을본의 문자 모두 고문과 같다는 점이다. 가령 「士虞禮 · 記」에서 정현은 "고문에서는 '期'가 모두 '基'로 되어 있다"(古文期皆爲基)고 하였는데, 갑 · 을본 모두 '期'가 '基'로 되어 있다. 沈文倬은 「服傳」의 『예기』 인용에 「喪服小記」, 「大傳」, 「雜記」, 「喪大記」, 「問喪」, 「服問」, 「間傳」, 「三年問」, 「檀弓」, 「喪服四制」에서의 문장이 들어 있는 것에 의거하여, 인용한 이들 편을 칠십자七十子의 후학이 기록한 그것으로 이해할 때, 「服傳」의 저작 시기는 周 愼靚王 이전으로 거슬러 올라가지 않고 기원전 320년 전후일 것이며 진秦이 통일하기 이전 시기일 것으로 추정한다.

는 제12편 「사상례」에 이어지는 상례喪禮 의절의 후반부 내용이고, 제17편 「유사철」은 제16편 「소뢰궤사례」에 이어지는 제례祭禮 의절의 후반부 내용에 해당한다. 따라서 전체가 15편으로 분류될 수도 있다.

『의례』 본문에는 경經, 전傳, 기記 세 가지 형태의 기술이 들어 있다. '전傳'과 '기記'는 '경經'의 의미를 밝히고 설명한 부분이다. 전통적으로 예학자들은 '경'은 주공周公이 지었으며, '전'과 '기'는 후대에 지어진 것이라고 여겼다.[8] '전'은 「상복」에만 나타난다. 가공언은 자하子夏의 저작이라고 하였지만, 신빙성이 결여된 주장이다. '기'의 형태는 「사상견례」, 「대사의」, 「소뢰궤사례」, 「유사철」 등의 편에는 나오지 않고, 나머지 편들에 보인다. 「사상례」와 「기석례」의 '기'는 「기석례」 뒤에 부가되어 있어 두 편이 상례喪禮의 연속되는 내용임을 보여 준다.[9] 「상복」의 경우 '기'에 대해서도 '전'이 부가되어 있다. 이것은 '기'가 '전' 이전에 성립되었다는 해석의 근거가 된다. 그러나 '기'의 작자에 대해서는 알려져 있지 않다.

이상에서 살펴본 바와 같이, 『의례』 17편의 배열순서는 일관되지 않으며, 각 학파에서 정한 편명에도 약간의 차이가 존재한다. 위에서 언급한 네 가지 배열 순서를 비교해 본 결과, 학자 대부분은 대대본大戴本의 편수 배열이 더욱 합리적이라고 평가한다. 『예기 · 혼의昏義』에서는 "예는 〈동자童子가 성인이 되는 의식인〉 관례冠禮에서 시작하고 〈남편과 부인이 있고 난 뒤에 아버지와 자식이 있고 군주와 신하가 있게 되므로〉 혼례에서 근본하고 〈인도人道의 마지막 예인〉 상례喪禮

8) 이 관점은 한대 이래 청대에 이르기까지 가장 일반적인 견해였다.

9) 「旣夕禮」 뒤에 부가된 '士虞適寢'이후가 「士喪禮」의 '記'에 해당하고, '啓之昕' 이후가 「旣夕禮」의 '記'에 해당한다.

와 제례祭禮에서 중해지고 〈군신 간의 의리를 밝히는〉 조빙朝聘에서 높아지고 〈인정人情의 기쁨을 표현하는〉 향사례와 향음주례에서 화합하니, 이는 예의 대체이다."[10]라고 밝히고 있다. 대대본大戴本의 편수 배열은 「혼의」에서 언급된 순서와 대체로 일치한다. 청대淸代의 학자 소의진邵懿辰은 그의 『예경통론禮經通論』에서 "관, 혼, 상, 제, 사射, 향鄕, 조朝, 빙聘 8가지는 예의 근본이며, 관冠은 성인을 명확히 하고, 혼昏은 남녀를 결합시키며, 상喪은 부모와 자식의 인륜을 확립하고, 제祭는 신령을 엄숙히 대하며, 향음鄕飮은 향리鄕里의 화합을 이루고, 빙聘과 사食는 국가 간의 유대를 강화하며, 조朝와 근覲은 상하를 분별한다."[11]라고 하여, 대대본大戴本의 편수 배열에 대한 지지를 나타냈다. 나진옥羅振玉의 『한희평석경잔자집록漢熹平石經殘字集錄』에는 "향음주제십鄕飮酒第十"이라고 기록되어 있는데, 이는 대대본의 편수와 일치하며, 한漢나라 예학禮學 박사들이 대대본의 배열 순서를 따랐음을 시사한다. 장백잠蔣伯潛의 『십삼경개론十三經概論』 또한 대대본의 순서가 가장 체계적이라고 평가하였다. 일부는 경보본慶普本의 편수 배열이 가장 체계적이라고 주장하기도 하지만, 소대본小戴本의 순서는 대체로 혼란스럽고 체계가 결여되어 있다고 여겨진다. 정현鄭玄이 사용한 유향劉向의 편수에서는, 관, 혼, 향, 사, 조, 빙 등 10편이 앞에 배치되고, 상, 제 등의 7편이 뒤에 배열된다. 전 10편은 길례吉禮와 가례嘉禮이고, 후 7편은 흉례凶禮로 구분되며, 길흉吉凶과 인신人神을

10) 『禮記 · 昏義』: 『夫禮始於冠, 本於昏, 重於喪祭, 尊於朝聘, 和於射鄕, 此禮之大體也.』

11) 『冠昏喪祭射鄕朝聘八者, 禮之經也. 冠以明成人, 昏以合男女, 喪以仁父子, 祭以嚴鬼神, 鄕飮以合鄕里, 聘食以睦邦交, 朝覲以辨上.』

기준으로 배열되는 체계가 뚜렷하다. 관례와 혼례를 포함한 사회적 활동, 낮은 것에서 높은 것, 생에서 죽음에 이르기까지 배열되어 있으며, 그 자체로 일정한 논리적 흐름을 따른다. 우리가 현재 접하고 있는 『의례』의 편목은 바로 이러한 순서대로 배열된 것이다. 이 버전이 오늘날까지 전해질 수 있었던 것은, 정현의 주석이 덧붙여졌기 때문만이 아니라, 그 배열의 논리성과 체계성 덕분이라 할 수 있다.

현행 『의례』 17편은 그 내용 면에 있어서 4개의 그룹으로 나눠 볼 수 있다.

	『의례』 편명
관혼冠昏의 예禮	「士冠禮」, 「士昏禮」, 「士相見禮」
향사鄕射의 예禮	「鄕飮酒禮」, 「鄕射禮」, 「燕禮」, 「大射儀」
조빙朝聘의 예禮	「聘禮」, 「公食大夫禮」, 「覲禮」
상제喪祭의 예禮	「喪服」, 「士喪禮」, 「旣夕禮」, 「士虞禮」, 「特牲饋食禮」, 「少牢饋食禮」, 「有司徹」

또한, 오례五禮[12]로 구분하여 분류하면 다음과 같다.

12) 오례五禮는 예를 다섯 범주로 나눈 것으로 길례吉禮 · 흉례凶禮 · 군례軍禮 · 빈례賓禮 · 가례嘉禮를 가리킨다. 『주례』 「춘관 · 소종백」에 "오례의 금령과 그 기물의 차등을 관장한다"(掌五禮之禁令與其用等)라고 한 것에 대해 정현은 鄭司農의 말을 인용하여 "오례는 길례 · 흉례 · 군례 · 빈례 · 가례를 말한다"(五禮, 吉 · 凶 · 軍 · 賓 · 嘉)라고 하였다. 『수서』 「예의지」에서는 "길례로 귀신을 공경하고, 흉례로 나라의 흉사를 애도하고, 빈례로 빈객을 친애하고, 군례로 위반자를 주벌하고, 가례로 인척과 화합한다. 이것을 오례라고 한다"(以吉禮敬鬼神, 以凶禮哀邦國, 以賓禮親賓客, 以軍禮誅不虔, 以嘉禮合姻好, 謂之五禮)라고 하였다. 『의례』 17편은 길례 3편, 흉례 4편, 빈례 3편, 가례 7편으로 구성되어

	『의례』 편명
길례吉禮	「特牲饋食禮」, 「少牢饋食禮」, 「有司徹」
흉례凶禮	「喪服」, 「士喪禮」, 「旣夕禮」, 「士虞禮」,
빈례賓禮	「士相見禮」, 「聘禮」, 「覲禮」
가례嘉禮	「士冠禮」, 「士昏禮」, 「鄕飮酒禮」, 「鄕射禮」, 「燕禮」, 「大射儀」, 「公食大夫禮」

이제 『의례』와 『예기』의 관계에 대해 논하고자 한다.

앞서 잠시 언급하였듯이, "기記"는 "경經"의 의미를 해설하고 보충하는 성격을 지닌다. 따라서 『예기』라는 서명의 의미는 『의례』를 비롯한 예경禮經을 보완하고 설명하는 서책이라는 점을 나타낸다. 이와 관련하여 주목할 만한 점은, 경서들이 재발견되고 재정립되기 시작한 한대漢代까지만 해도 『예기』는 주로 『의례』를 해설하거나 접근하는 보조 자료로 인식되고 활용되었다는 점이다. 실제로 『예기』와 『의례』의 편목과 내용을 비교해 보면, 양자 간의 밀접한 연관성을 확인할 수 있다. 『예기』 49편 가운데 『의례』 17편의 경문을 직접적으로 해설하거나 보완한 것으로 보이는 편목을 표로 정리하면 다음과 같다.

『의례』 의 편목	『예기』 의 편목
「士冠禮」	「冠義」
「士昏禮」	「昏義」
「士喪禮」	「問喪」
「鄕飮酒禮」	「鄕飮酒義」

있으며, 군례는 없다.

『의례』의 편목	『예기』의 편목
「鄕射禮」, 「大射儀」	「射義」
「燕禮」	「燕義」
「聘禮」	「聘義」
「覲禮」	「朝事(『大戴禮記』)」
「少牢饋食禮」, 「有司徹」	「祭義」, 「祭統」
「喪服」	「喪服四制」

이처럼 편목篇目 명을 기준으로 『예기』의 구성과 『의례』와의 관계를 분석해 보면, 『예기』 47편 중 11편이 『의례』를 직접적으로 해설하거나 보충하는 내용을 담고 있다. 여기에 원래 『일례逸禮』, 즉 『고문의례』에 속해 있던 「분상奔喪」과 「투호投壺」를 포함하면, 전체 47편 중 13편이 『의례』와 직접적으로 연결된 편목이라 할 수 있다. 그뿐만 아니라, 직접적인 경經—기記의 관계는 아니지만 넓은 의미에서 그러한 관계성을 상정할 수 있는 편목도 존재한다. 예를 들어 「증자문曾子問」, 「상복소기喪服小記」, 「잡기雜記」, 「상대기喪大記」, 「상복대기喪服大記」, 「문상問喪」, 「복문服問」, 「간전間傳」, 「삼년문三年問」 등의 편목은 『의례』에서 상제喪制와 관련된 「상복喪服」, 「사상례士喪禮」로부터 「유사철有司徹」에 이르기까지 일곱 편의 내용을 해설하고 보충하는 성격을 지닌다. 이러한 편목들까지 포함하면, 『예기』에서 『의례』를 직 · 간접적으로 설명하거나 보완하는 편목의 수는 총 22편에 달하게 된다.

결과적으로 『예기』의 거의 절반에 해당하는 내용이 『의례』와 직 · 간접적으로 연관되어 있다는 점은 매우 중요한 의미를 갖는다. 이러한 사실 때문에 『예기』가 『의례』라는 경經에 대한 기記로 기능한다는 인식이 등장하게 되었다. 물론 『예기』가 『의례』의 해설서로만 존재하는 것은 아니며, 독립적인 사유 체계를 담고 있는 문헌이지만, 양자 간의 밀접한 관계를 고려할 때 『의례』를 연구하는 과정에서 『예기』를 함께 고찰하는 것은 필수적인 학문적 과제라 할 수 있다.

2. 『의례』의 내용

『의례』 17편을 간략히 소개하면 다음과 같다.

(1) 「사관례士冠禮」 : 예禮의 시작

예禮의 시작을 알리는 관례冠禮는 고대 귀족 사회에서 청년이 20세가 되면 성년이 되었음을 공식적으로 인정하는 의식으로 '가관加冠' 의식을 통해 관을 씌우고 별호別號인 '자字'를 부여하여 성인의 권리를 누리는 동시에 의무를 지게 되는 유가儒家의 성인식을 기술한 내용이다.

고대 씨족 사회에서는 성인식인 '성정례'가 중요한 문화적 의식으로 자리잡고 있었다. 당시 미성년자는 생산 활동이나 전쟁, 수렵 등에 직접 참여하지 않았으며, 씨족 전체가 이들을 양육하고 보호하는 책임을 맡았다. 그러나 성년이 되면, 씨족은 다양한 방법을 통해 이들의 체력, 생산 능력, 그리고 전쟁에 대한 준비 상태를 시험하여 정식 구성원으로서의 자격을 평가하였다. 시간이 흐르며 사회가 발전함에 따라, 대부분 지역에서는 '성정례'가 사라졌지만, 유가儒家는 이 전통 속에서 합리적인 요소들을 발굴하여 이를 '관례冠禮'라는 새로운 형태로 정리하고 제도화하였다. 관례는 개인이 성년이 되는 과정에서 반드시 거쳐야 할 중요한 통과 의례로 자리 잡았으며, 『의례』의 「사관례士冠禮」에서는 사士의 아들이 관례를 거행할 때의 의식 절차가 상세히 기록되어 있다. 또한, 『예기』의 「관의冠義」 편에서는 관례의 내재적 의미를 깊이 있게 설명하고 있다.

관례를 거행하는 것은 성인이 되었음을 의미하며, 이때부터 개인은 반드시 성인의 예를 갖추어야 한다. 유가는 인간의 성장이 학습과 분리될 수 없다고 보았기에, 연령에 따른 학습의 중요성을 강조하였다. 『예기 · 내칙內則』에 따르면, 6세에는 숫자와 사방四方 방위의 명칭을 익히고, 8세에는 예의를 배우며 공손함과 염치를 중시하는 태도를 습득한다. 9세에는 삭망朔望과 육십갑자六十甲子를 익히고, 10세에는 집을 떠나 외부에서 학문을 배우기 시작하며, 13세에는 음악을 배우고 『시경』을 소리 내어 읽으며, 문무文舞를 연습한다. 15세에는 활쏘기와 수레 몰기 등의 무예를 익히며, 20세에는 성인의 예를 갖추어 독립적인 사회생활을 시작한다.[13] 이렇듯 관례는 단순한 성년 선언을 넘어, 개인이 도덕적 · 사회적 책임을 인식하고 성인으로서의 역할을 수행하는 전환점이자, 유가 사상에서 강조하는 학문과 인격 수양의 연장선상에서 중요한 의미를 지닌 의식이라 할 수 있다. 또한, 『예기 · 곡례曲禮』에서 "남자는 20세가 되면 관례를 행하고 자字를 받는다"[14]라고 하여, 이 시점에서 성년례를 거행할 수 있는 자격이 주어짐을 명시하고

13) '六年教之數與方名. 七年男女不同席, 不共食. 八年出入門戶及即席飲食, 必後長者, 始教之讓. 九年教之數日. 十年出就外傅, 居宿於外, 學書計, 衣不帛襦褲, 禮帥初, 朝夕學幼儀, 請肄簡諒. 十有三年學樂, 誦『詩』, 舞『勺』, 成童舞『象』, 學射御. 二十而冠, 始學禮, 可以衣裘帛, 舞『大夏』, 惇行孝弟, 博學不教, 內而不出.

14) '男子二十冠而字'

있다.

그렇다면 성인식이 왜 필요할까? 성인식은 단순한 연령에 따른 통과 의례를 넘어, 한 개인이 사회적·문화적으로 성숙한 존재로서 공식적인 자격을 부여받는 중요한 순간이다. 『예기·관의冠儀』에서는 관례가 단순한 의식이 아니라, 성년이 된 사람이 사회적 책임과 역할을 감당할 준비가 되었음을 의미한다고 설명한다. 이는 단순한 형식적 절차가 아니라, 성인으로서의 자각을 촉진하고 공동체 내에서 자신의 역할을 수행할 수 있도록 하는 중요한 제도적 장치였음을 보여 준다.

> '그를 성인成人으로 여긴다.'는 것은 장차 성인의 예를 책임지게 하려는 것이고, '성인의 예를 책임지게 한다.'라는 것은 장차 남의 자식이 되고 남의 아우가 되고 남의 신하가 되고 남의 젊은이가 된 예와 행실을 책임지게 하려는 것이니, 장차 네 가지의 행실을 남에게 책임지게 하려는데 이 예(관례)를 소중히 하지 않을 수 있겠는가?
>
> 成人之者, 將責成人禮焉也. 責成人禮焉者, 將責爲人子, 爲人弟, 爲人臣, 爲人少者之 禮行焉, 將責四者之行於人, 其禮可不重與?

관례는 어린 시절 가정에서 어떠한 책임도 지지 않던 자가 정식으로 사회의 일원인 성인으로 거듭나는 중요한 전환점을 의미한다. 이 의식을 통해 그는 효孝, 제悌, 충忠, 순順과 같은 미덕을 실천해야만, 비로소 자식, 아우, 신하, 후배로서 그 사회적 역할을 다할 수 있는 기준을 충족하게 된다. 결국, 이러한 과정을 통해 한 사람은 단순한 '개인'이 아닌, 사회 속에서 책임을 지고 타인을 이끌 자격을 갖춘 '성인'으로 인정받게 된다. 따라서 관례는 단순한 의례를 넘어, 성인으로서의 예의를 요구하는 중요한 사회적 기준을 제시하는 의식이라 할 수 있다.

이 의식에서 관을 세 번 씌우는 절차가 중심을 이루기 때문에 '관례冠禮'라고 부르며, 오례五禮 가운데 가례嘉禮에 속한다. 정현의 『삼례목록三禮目錄』에서는 「사관례」의 의절을 천자와 제후에게 벼슬하는 사士 계층이 행하는 형식으로 설명하고 있다.[15] 이 편에서 기술하고 있는 주요 의절은, 먼저 관례의 날짜를 정하는 점을 치는 의절(筮日), 빈賓에게 관례의 거행 날짜를 알리는 의절(戒賓), 관을 씌워주는 주빈主賓을 점치는 의절(筮賓), 주인이 빈賓과 찬贊의 집으로 찾아가 다시 알리는 의절(宿賓, 宿贊冠者), 관례 하루 전, 의식을 거행할 시간을 정하는 의절(爲期)이 있다. 관례 당일에는 먼저 의식을 거행할 물품을 진설하는 의절, 참여자들이 복장을 갖추고 자기 위치로 나아가는 의절, 빈을 맞이하는 의절(迎賓), 치포관緇布冠, 피변皮弁, 작변爵弁 등 세 차례에 걸쳐 관을 씌우는 의절이 진행되며, 관을 씌울 때 하는 축사祝辭, 이어 빈이 관례를 치른 아들에게 예주醴酒를 따르는 의절, 빈이 자字를 지어주는 의절이 행해지며, 그 후 빈을 대접하고 전송하는 절차가 이루어진다. 마지막으로, 관례를 치른 아들은 어머니를 비롯한 가족들에게 예를 올리고, 이후 군주, 경대부, 향선생鄕先生 등에게 인사드리는 의절을 거친다. 이 모든 과정은 성인이 된 자가 이제 사회의 일원으로서 책임을 다할 준비가 되었음을 공식적으로 인정하는 중요한 상징적 절차로 기능한다.

15) 李學勤 主編, 『儀禮注疏』, p2, "主人玄冠朝服, 則是於諸侯, 天子之士, 朝服皮弁素積. 古者四民世事, 士之子恒爲士."

(2) 「사혼례士昏禮」: 이성지합二姓之合

옛날에는 남자가 관례를 치르면 비로소 혼인할 자격이 주어졌다. 『의례』에는 「사혼례婚禮」 편이 있어 선진先秦시대 사士 계층의 혼례 의식을 상세히 기록하고 있으며, 또 『예기』의 「혼의昏義」 편에서는 혼례의 인문학적 의미를 깊이 논의하고 있다. 이 두 편의 기록은 선진시대의 혼례 문화를 이해하고 연구하는 데 있어 중요한 자료로 평가된다. 혼례는 성姓이 다른 두 집안이 혼인 관계를 맺는 중요한 의미를 지니며, 그 질적 안정성과 지속 가능성은 물론, 후손의 번영과도 밀접한 관련이 있다. 그러므로 「혼의」 편에서는 혼례의 본질과 중요성을 다음과 같이 설명하고 있다.

> 혼례婚禮는 장차 두 성姓의 우호를 합하여 위로는 종묘宗廟를 섬기고 아래로는 후대를 이어가게 하는 것이다. 그러므로 군자가 이것을 중히 여기다. 이 때문에 혼례에 납채納采, 문명問名, 납길納吉, 납징納徵, 청기請期를 모두 주인이 사당에 자리를 펴고 안석을 진열하고서 문밖에서 절하고 맞이하며 들어와 읍하고 사양하고 올라가서 사당에서 명령을 들으니, 이로써 혼례를 공경하고 삼가고 중히 여기고 바르게 하는 것이다.
>
> 昏禮者, 將合二姓之好, 上以事宗廟, 而下以繼後世也. 故君子重之. 是以昏禮納采·問名·納吉·納徵·請期, 皆主人筵几於廟, 而拜迎於門外, 入揖讓而升, 聽命於廟, 所以敬慎·重正昏禮也.

고대 귀족 사회에서 결혼은 매우 중요한 일로 여겨졌으며, 복잡한 절차와 정교한 의례를 따랐다. 사士가 아내를 맞이하는 예식은 저녁(昏)

에 행해졌기 때문에 '혼례昏禮'로 편명을 삼은 것이다. 해가 지고 삼각三刻이 되는 시점이 '혼(昏, 저녁)'에 해당하므로, 이때 혼례를 거행하는 것이 전통적인 관습이었다.

이 편의 예문禮文에는 결혼 당사자들이 가장家長의 주관하에 납채納采에서부터 결혼 후 조상의 사당에 제사하는 절차에 이르기까지 일련의 예법이 상세히 기록되어 있다. 주周나라의 왕과 공公·후侯 및 일반 귀족들 간의 결혼 의례는 기본적인 틀에서 같지만, 지위가 높을수록 예물과 절차, 그리고 규모가 더욱 화려하고 정교하게 구성되었다.

혼례는 오례五禮 가운데 가례嘉禮에 속하며, 정현鄭玄의 『삼례목록三禮目錄』에 따르면, 사士가 아내를 맞이하는 의례가 저녁에 행해졌기 때문에 '사혼례士昏禮'라고 한다. 혼례의 주요 절차는 신부를 채택하는 의절(納采), 신부의 이름을 묻는 의절(問名), 신부 측에서 신랑 측의 사자에게 예례醴禮를 행하는 의절, 길조를 신부 측에 알리는 의절(納吉), 신부 측에 예물을 보내 혼사가 성사되었음을 알리는 의절(納徵), 혼례 날짜를 정하는 의절(請期)이 있다. 혼례 당일에는 신랑과 신부가 음식을 함께 음식을 먹는 '동뢰同牢' 의식에 사용될 예찬禮饌을 진설하는 의절, 신랑이 신부의 집으로 가서 신부를 맞이해 오는 의절(親迎), 혼례식 의절, 신랑과 신부가 예찬을 함께 나누어 먹는 절차를 진행한다. 이어서 신방 침소에 음식을 준비해 놓고 신랑과 신부가 들어가는 의절, 신랑과 신부를 따라온 이들이 남은 음식을 먹는 의절(餕)이 있다. 그 후 신부가 시어머니에게 인사드리는 의절, 시어머니가 신부에게 예례醴禮를 행하는 의절, 신부가 시부모에게 음식을 차려 올리는 의절, 시부모가 신부에게 향례를 행하는 의절, 시부모가 신부를 따라온 빈객들에게 향례를 행하는 의절이 진행된다. 마지막으로, 신부가 묘廟에 인사드리는 의절(廟見)을 거행하며 혼례의 모든 절차가 마무리된다.

(3) 「사상견례士相見禮」: 예는 오고 감을 숭상한다

예禮는 오고 가는 것을 숭상하는 가치이다.[16] 즉, 예는 상호 교감을 중시하며, 타인의 감정을 배려하고 사리를 분별하여 마음에서 우러나와 자연스럽게 남에게까지 미치는 것이다. 만약 이러한 내적 진정성이 없다면, 예는 마치 향기 없는 꽃과도 같다.

사람들 간의 만남과 교류는 삶에서 가장 일반적인 사회적 활동 중 하나이다. 고대 중국의 지식인들은 서로를 만날 때 단순히 친밀감을 표현하는 것에 그치지 않고, 일정한 규범에 따라 내면의 정성과 경의를 외적으로 드러내었다. 『의례 · 사상견례士相見禮』 편에는 처음 벼슬길에 오른 관리가 비슷한 지위의 동료를 만날 때 지켜야 할 예절과 귀족 간의 만남에서 수행해야 할 다양한 의식들이 상세히 기술되어 있다. 또한, 『예기 · 곡례상曲禮上』에서는 "예는 자신을 낮추고 남을 높이는 것이다."[17]라고 정의하며, 예란 스스로를 겸손하게 하고 타인을 존중하는 방식임을 강조하고 있다. 이러한 사고는 「사상견례」에서 더욱 두드러지며, 의식과 절차가 다소 번거롭고 복잡하게 보일 수 있지만, 그 속에는 점잖고 우아한 분위기가 깃들어 있다.

사상견례는 귀족 간의 첫 만남에서 한쪽은 선물을 가지고 방문하면, 상대방이 이에 예를 갖추어 맞이하는 의례를 기록한 것이다. 처음 벼

16) "禮尚往來. 往而不來, 非禮也; 來而不往, 亦非禮也." 『예기 · 곡례상曲禮上』.
17) "夫禮者, 自卑而尊人. 雖負販者, 必有尊也, 而況富貴乎?"

슬에 올라 사士가 된 사람은 직위를 바탕으로 서로 친교를 맺으며, 예물(摯)을 들고 먼저 사士가 된 사람을 찾아가 만남의 예(相見禮)를 행한다. 이 의례는 오례五禮 가운데 빈례賓禮에 속하며, 양자 사이에서 전달자로서 예를 돕는 개介, 방문자가 준비하는 예물(摯), 의식의 절차 등을 상세히 기술하고 있다. 또한, 본문에서는 사士가 대부大夫를 만나는 경우, 대부 간의 만남, 그리고 사士와 대부가 군주를 알현하는 경우의 절차도 기록되어 있다. 이를 통해 고대 중국 사회에서 예가 단순한 형식이 아니라, 신분과 관계를 조화롭게 유지하는 데 있어 중요한 사회적 규범이었음을 알 수 있다.

(4) 「향음주례鄕飮酒禮」 : 존현양로尊賢養老의 예

향음주례는 주周나라 시대부터 시작되었다. 초기에는 향민鄕民들 사이에서 이루어지는 단순한 모임의 형태에 불과하였으나, 유가儒家가 어진 이를 존경하고 노인을 공경하는 존현양로尊賢養老 사상을 접목하면서, 백성들이 모임과 연회를 통해 자연스럽게 교화를 받을 수 있도록 하였다. 진한秦漢 시대 이후, 향음주례는 오랫동안 사대부들에 의해 계승되었으나, 청淸나라 도광道光 23년(1843)에 이르러 각지의 향음주례 비용을 군비로 충당하기 위해 폐지되었다. 그럼에도 불구하고, 향음주례는 약 3천 년에 걸쳐 중국 역사에 깊은 영향을 미쳤으며, 사회적 교화와 윤리적 가치관 형성에 중요한 역할을 하였다.

향음주례는 고대 향鄕 단위의 행정조직이 주관하는 경로敬老를 중심으로 한 주연酒宴의 의례이다. 고증에 따르면, 이는 씨족 사회에서 고령자를 공경하고 양로養老를 위한 회식會食 제도로부터 유래 되었다. 향학鄕學에 모여 음주의 예를 행하는 의식을 기술한 것으로, 오례五禮 가운데 가례嘉禮에 속한다. 향음주례의 절차는 빈賓을 정하고, 물품을 진설하며, 빈을 맞이하여 음주의 예를 행하고, 마지막으로 빈을 전송하는 의례로 이루어진다. 음주의 예는 빈賓, 개介, 중빈衆賓에게 술을 따라 올리는 의절(獻賓, 獻介, 獻衆賓), 음악을 연주하는 절차, 여수旅酬의 예를 행하는 절차, 무산작과 무산악을 행하는 의절(無算爵, 無算樂) 등으로 구성된다. 이처럼 향음주례는 단순한 연회가 아니라, 유교적 가치관을 반영한 사회적 교화의 장이자, 어진 이를 존경하고 노인을 공경하는 전통을 실천하는 중요한 의례이다.

(5) 「향사례鄕射禮」: 덕을 세우고 몸을 바르게 하는 예

활은 인류가 중석기 시대에 발명한 수렵 도구이자 무기로서, 사회생활에서 매우 중요한 역할을 해왔다. 활쏘기의 역사는 매우 오래되었으며, 황제黃帝가 활과 화살을 발명했다는 전설이 전해지며, 하夏나라 시대에는 예羿가 열 개의 태양을 쏘았다는 이야기도 전해진다.

'후侯'라는 글자는 갑골문에서 '후(矦)'로 표기되었는데, 학자들의 연구에 따르면, 이 글자는 과녁을 향해 활을 쏘는 형상을 본뜬 것으로 해석된다. 상고 시대에는 용맹함과 무력을 숭상하였기 때문에, 표적을 정확하게 명중시키는 자가 수령이 되었고, 이것이 '제후諸侯'를 뜻하는 '후侯'의 기원이 되었다.

춘추 시기에는 제후 간 전쟁이 빈번해지면서 활쏘기는 전쟁에서 필수적인 기량으로 여겨졌으며, 양유기養由基처럼 백 보 밖에서도 과녁을 명중시키는 궁술의 대가들이 등장했다. 흥미롭게도 유가儒家는 이러한 무력 중심의 시대 속에서 활과 화살을 예악禮樂과 교화의 도구로 전환하여 평화롭고 조화로운 사회를 이끌어 나갔는데, 이것이 바로 '사례射禮'이다.

향鄕 단위에서 거행되는 활쏘기 대회는 고대 씨족 사회에서 외부 방어와 수렵 활동을 위해 장려되었던 상무尙武 정신을 계승한 것으로, 향대부鄕大夫가 사士와 제자弟子를 향학鄕學에 모아 활쏘기를 시행하는 의례이다. 『의례儀禮』에 기록된 바에 따르면, 이는 오례五禮 가운데 가례嘉禮에 속하며, 의식은 크게 세 부분으로 구성된다. 먼저 사례射禮 전에 향음주례鄕飮酒禮를 행하고, 이어 사례를 진행한 후, 사례가 끝난 뒤 다시 음주의 예를 행하는 과정으로 구성된다.

'사례'는 세 사람이 짝을 이루어 세 번 활을 쏘는 방식으로 진행되며, 향학의 제자가 1차 활쏘기를 시작하고, 주인 · 빈賓 · 중빈衆賓이 함께 참여하여 2차, 3차 활을 쏜다. 1차 사례는 먼저, 사정司正을 세우는 의절(立司正), 사사司射가 활쏘기를 청하는 의절(司射請射), 제자가 활 쏘는 도구를 들여오는 의절(弟子納射器)이 진행된다. 이후, 사사司射가 재주가 비슷한 사람들을 선발하여 세 짝(三耦)을 이루어 주는 의절(司射比三耦)이 있고, 사마司馬가 과녁을 펼치고 깃발을 기대 놓으라는 명령하는 의절(司馬命張侯倚旌)이 이어진다. 그다음으로 악정樂正이 악기를 옮기도록 명령하면, 그에 따라 악공이 악기를 옮기는 의절(樂正遷樂)이 진행된다. 이후 세 짝이 활과 화살을 가지고 활쏘기를 기다리는 의절(三耦取弓矢俟射), 사사司射가 시범을 보이며 활쏘기를 지도하는 의절(司射誘射)이 진행된다. 이어 세 짝이 활을 쏘는 의절(三耦射), 그리고 화살을 가져와 화살꽂이 통楅에 놓고 제1차 활쏘기를 마치는 의절(取矢委楅第一番射事竟) 등으로 절차가 마무리된다. 이처럼 사례射禮

는 단순한 궁술 연습이 아니라, 활쏘기를 통해 인격을 수양하고 예禮를 실천하는 중요한 사회적 · 교육적 의례로 자리 잡았다.

(6) 「연례燕禮」 : 상호 존중을 표하는 의식

'연燕'은 곧 '연宴'과 같은 뜻으로, 편안하고 여유롭게 휴식을 취하는 의미를 담고 있다. 연례는 제후와 신하가 상호 존중을 표하는 의식으로, 고대 귀족들이 정무를 잠시 멈추고 하속下屬들의 마음을 달래기 위해 마련한 연회 의식이다. 이 연회는 특정한 대상을 위해 개최되기도 했으며, 예를 들어 사신으로 파견되었던 관료나 신하, 공을 세운 관리, 또는 초청된 귀빈들을 위한 연회가 있었다. 또한 특별한 이유 없이 여러 신하를 초대하여 연회를 베풀기도 하였다.

연례는 천자와 제후, 그리고 족인族人 사이에서 각기 다른 형태로 존재하였으나, 많은 부분이 산실 되었다. 『의례』의 연례는 주로 제후가 신하들을 위해 주최한 연례를 중심으로 다루고 있다.

연례의 의식과 절차는 비교적 간단하며, 음주가 중심이 된다. 고기는 먹기 쉽게 잘게 잘라 제공하는 절조折俎는 있으나, 밥은 제공되지 않으며, 기본적인 예인 일헌一獻의 예만 행해진다. 이는 빈과 주인이 함께 즐기는 데 의미를 두었기 때문이다. 『의례 · 연례』는 연례의 예법이 기록되어 있으며, 『예기 · 연의燕義』 편에는 연례의 의식에 관한 상세한 기록이 담겨 있다. 연례의 의식 절차는 매우 정교하고 복잡하며, 연회에는 전용 악단이 배치되어 음악이 연주되었다.

연례는 제후가 경卿 · 대부大夫가 근로勤勞의 공을 세웠을 때 여러 신하를 접대하는 의례로, 오례五禮 가운데 가례嘉禮에 속한다. 가공언

賈公彦에 따르면, 국내의 경대부뿐만 아니라 외국에서 빙문聘問하러 온 경대부에게도 연례를 행한다. 의식 절차는 먼저, 연례 참가자에게 통지하고 물품을 진설하는 의절(告戒, 設具)이 있으며, 빈과 덮개 보를 잡을 사람을 정하는 의절(命賓, 命執役者)이 진행된다. 이후 빈을 맞이하는 의절(納賓), 술을 따라주는 의절(獻酒, 媵爵, 旅酬), 그리고 음악을 연주하는 의절(作樂, 升歌, 奏笙, 間歌, 合樂)이 포함된다. 또한, 빈객의 음주를 돕는 의절(立司正安賓), 술과 음악을 더하는 의절(無算爵, 無算樂), 그리고 마지막으로 빈을 전송하는 의절로 마무리된다. 이처럼 연례는 단순한 연회를 넘어, 신하를 예우하고 노고를 위로하는 중요한 예식으로 기능하였으며, 궁정 및 정치적 교류의 중요한 부분을 형성하였다.

(7) 「대사의大射儀」: 관덕觀德의 예

군주가 주관하는 활쏘기 대회의 의례를 규정한 것으로, 이 대회에는 여러 제후들이 참가하며, 전국적인 대규모 행사와 유사한 성격을 지닌다. '대사大射'라는 명칭이 붙은 것은, 제후가 큰 제사를 지낼 때, 여러 신하들과 함께 활쏘기를 하여 그 예禮를 살피는 데서 비롯되었다. 대사에서 자주 명중시키는 자는 제사에 참여할 수 있는 자격이 주어지며, 반면 활을 자주 명중시키지 못하는 자는 제사에 참여할 수 없었다. 이는 단순한 궁술의 평가가 아니라, 활쏘기를 통해 신체적 능력뿐만 아니라 예법과 덕성을 겸비한 자를 선별하는 과정이기도 했다. 대사는 오례五禮 가운데 가례嘉禮에 속한다.

'사례射禮'는 본래 '연례燕禮'의 한 부분에 속한다. 경문經文은 '대사지의大射之儀'로 시작된다. 여기서, '예禮'가 아닌 '의儀'라는 표현을 사용한 것에 대해 가공언은 “사례는 성대하고 예를 갖추는 동작이 많기 때문에 ‘의(儀 : 용모 동작)’라고 하였다.(以射禮盛, 威儀多, 故以儀言之)” 라고 설명한다. 즉, 대사에 참여하여 제사 진행을 돕는 사람들을 선발할 때, 단순한 궁술 실력뿐만 아니라 품행과 용모, 행동거지가 중시되었음을 의미한다.

의식의 진행은 향사례鄉射禮와 기본적으로 유사하지만, 몇 가지 중요한 차이점이 있다. 우선, 주관자의 신분이 향대부鄉大夫가 아닌 군주이며, 참여자의 신분 또한 향사례에 비해 높은 지위의 인사들로 구성된다. 또한, 사용하는 과녁(侯)과 악기 등도 더욱 정교하고 규모가 크며, 행사 자체의 위엄과 격식이 향사례보다 훨씬 중시되었다. 이처럼 대사는 단순한 궁술 대회가 아니라, 신체적 능력과 예법을 동시에 평가하는 중요한 국가적 행사이자, 제사 참여자의 자격을 검증하는 의례로 기능하였다.

(8) 「빙례聘禮」 : 공경과 겸양의 교류 의례

빙례聘禮는 제후들이 공경恭敬과 겸양謙讓의 덕목을 바탕으로 상호 교류하는 의례이다. 각 제후국 간의 외교적 방문에서 이루어지는 구체적인 의절이 기재되어 있다. ‘빙聘’은 성대하게 예방禮訪한다는 의미를 내포하며, 이는 제후들이 서로의 우의를 다지는 중요한 외교적 의례이다. 특히, 오랫동안 회맹會盟 등의 공식적인 외교 행사가 없을 경우, 제후들은 경卿을 보내어 상대국을 방문하는 빙문의 예를 행하였다.

고대에는 천자와 제후, 그리고 제후 간의 직접적인 접견이 특정한 연맹 모임이나 공식적인 장소에서만 이루어졌다. 따라서 오랫동안 서로 만날 기회가 없을 경우, 경대부卿大夫를 사신으로 파견하여 상대국의 안부를 묻는 것이 관례였다. 이러한 의례가 바로 빙례이다. 빙례는 고귀한 귀족들 사이에서 이루어진 고급 접견 의례로, 천자와 제후 간의 빙례에 대한 구체적인 문헌은 현재 전해지지 않아 확인할 수 없으나, 『의례·빙례』 편에는 대빙의 의식 절차가 상세히 기록되어 있으며, 『예기·빙의聘義』 편에서는 빙례의 의의와 목적에 관해 서술하고 있다.

빙례는 제후가 타국에 경대부 등 사신을 보내 방문하는 의례를 기술한 것으로, 오례五禮 가운데 빈례賓禮에 속한다. 빙례는 파견하는 사신의 지위에 따라 경卿을 파견하는 대빙大聘과 대부大夫를 파견하는 소빙小聘으로 구분된다. 의식의 주요 진행 절차는, 사신 일행을 선정하는 의절, 예물을 준비하는 의절(授幣), 사행을 출발하는 의절(出行), 경유국을 통과할 경우, 길을 빌리는 의절(過國假道), 상대국에 도착할 때의 의절(豫習, 展幣, 郊勞, 致館, 設飧), 주국主國의 군주에게 예물을 바치는 의절(聘, 享), 사신이 개인적으로 주국 군주를 알현하는 의절(私覿), 주국이 사신단의 체류 동안 음식과 숙소를 제공하는 의절(歸饔餼), 사신 측이 주국의 종묘와 궁실을 관람하는 의절(請觀), 주국이 사신을 예우하여 향례饗禮, 사례食禮, 연례燕禮 등을 제공하는 의절(君臣饗賓介), 사신이 주국의 경대부를 방문하는 의절(賓介問卿大夫), 주국이 사신단에게 규圭와 장璋을 돌려주는 의절(環玉), 주국이 사신 측에 답례 예물을 전하는 의절(賄와 禮), 사신 일행을 전송하는 의절(送賓), 사신이 귀국하여 본국의 군주에게 결과를 보고하는 의절(返國復命), 사행을 마친 관원이 자신의 묘廟에 예물을 바치고 보고하는 의절(釋幣奠禰) 순으로 진행된다.

빙례는 단순한 외교 방문을 넘어, 국가 간 우호 관계를 확인하고 신뢰를 증진하는 중요한 외교적 의례였다. 이를 통해 제후국 간의 정치적·문화적 연대를 강화하고, 국제 질서를 유지하는 기능을 하였다. 또한, 외교적 예법을 체계화하여 사대부 계층이 이를 엄격히 준수하도록 함으로써, 국가 간 예교禮交의 기반을 확립하는 데 중요한 역할을 하였다.

(9) 「공사대부례公食大夫禮」: 사신使臣에 제공하는 사례食禮의 의절

주국主國의 군주가 예를 갖추어 소빙小聘 온 대부大夫에게 음식을 대접하는 의례이다. 이는 주국 측이 사신 측에 제공하는 사례食禮의 절차를 상세히 기술한 것으로, 오례五禮 가운데 가례嘉禮에 속한다.

주국에서 사신 측에 접대하는 예는 향례饗禮, 사례食禮, 연례燕禮 등 세 가지가 있으며, 각각의 의미가 다르다. '연례'는 술을 중심으로 한 연회 의식이며, '사례'는 음식 대접에 중점을 두고, '향례'는 술과 음식을 겸하여 제공하는 의식이다. '사례'의 의식은 사신 측에 알리고 물품을 진설하는 의절(戒賓陳具), 사신 측을 맞이하여 당堂 위로 오르는 의절(迎賓), 음식을 담은 세발솥(鼎)과 희생제기(俎)를 뜰에 진설하는 의절(立鼎戴俎), 정찬正饌을 진설하고, 빈이 고수레하는 의절(設正饌, 賓祭正饌), 가찬加饌을 진설하고, 빈이 고수레하는 의절(設加饌, 賓祭加饌), 빈이 밥을 떠서 먹는 의절(賓食饌三飯), 빈에게 예물을 선사하는 의절(束帛賄賓), 빈이 식사를 마치고 나오는 의절(卒食, 禮畢賓出), 빈의 숙소에 음식을 보내고 빈이 답례로 인사하는 의절(歸俎, 賓拜賜) 등으로 진행된다. 이처럼 사례食禮는 단순한 음식 대접이 아니라, 사신을 존중하고 양국 간의 우의를 다지는 중요한 외교적 예법이었다. 이를 통해 주국은 예를 갖추어 사신을 맞이하고, 사신 또한 이에 대한 감사를 표하며 양국 간의 외교적 관계를 더욱 공고히 하였다.

(10) 「근례覲禮」 : 천자에 대한 예로서, 왕을 위한 일에 최선을 다하고 자 하는 제후의 충성과 정성을 표현하는 의례

제후가 천자를 알현하고 인사드리는(朝見) 예를 기록한 것으로, 오례五禮 가운데 빈례賓禮에 속한다. '근覲'은 '찾아가 뵙는다'는 뜻으로 본래 가을에 행하는 조견朝見의 예를 가리켰다. 그러나 후대에 봄·여름·겨울에 시행되던 조례朝禮·종례宗禮·우례遇禮 등의 조견 예가 점차 사라지고, 근례覲禮만이 남게 되면서 사계절 모두에 걸쳐 통용되는 의례가 되었다.

의식의 진행은 천자가 사자를 보내어 교郊에서 제후를 맞이하여 위로하는 의절(郊勞), 제후 측에 숙소를 정해 주는 의절(賜舍), 근례의 일정과 절차를 제후에게 알려 주는 의절(戒覲期), 근례를 공식적으로 행하는 의절(行覲禮), 제후가 천자에게 예물을 바치는 의절(三享), 제후가 육단(肉袒, 윗옷을 벗어 왼쪽 어깨를 드러냄)을 하고 천자에게 처벌을 청하는 의절(肉袒請罪), 천자가 제후에게 수레와 의복을 하사하는 의절(賜諸侯車服) 등으로 진행된다. 또한, 「근례」 후반부에는 제후들이 회동할 때의 절차, 그리고 천자가 순수巡狩할 때의 의례와 관련된 내용도 포함되어 있다.

근례는 단순한 조공의 형식을 넘어, 천자와 제후 간의 정치적 관계를 공고히 하고 신하로서의 충성을 재확인하는 중요한 의례이다. 이를 통해 천자는 제후의 정당성을 인정하고 은혜를 베풀며, 제후는 천자의 권위를 존중하고 예를 다하여 복종함으로써 고대 중국의 정치 질서가 유지되었다.

(11) 「상복喪服」: 정情을 헤아려 예를 세운 친친존존親親尊尊의 의절

비교적 선진적인 문화를 가진 민족들은 일반적으로 가까운 사람이 사망했을 때, 일정한 형식을 갖추어 내면의 애통함을 표현하곤 했다. 중국 고대 예제에서도 "예란 상례보다 더 중요한 것이 없다."라는 말이 전해질 정도로, 상례는 예절 가운데 가장 중요한 요소로 여겨졌다. 일반적인 예절 의식은 몇 시간 또는 하루 내에 마무리되지만, 상례는 무려 3년이라는 긴 기간 동안 이루어지며, 그 과정에서의 의식과 절차는 복잡하고 내용 또한 매우 풍부하다. 특히 상복喪服 제도는 상례에서 핵심적인 요소로, 고대의 종법宗法 제도와 밀접한 관련이 있으며, 고대 사회생활 속에서 친소親疏 관계를 반영하는 중요한 문화 현상 중 하나로 자리 잡았다. 『의례』의 「상복」 편은 고대 상복 제도를 규정한 가장 중요한 원전으로, 공자 제자인 자하子夏가 전수한 것으로 전해진다. 또한, 『예기』의 「잡기雜記」, 「상복소기喪服小記」, 「대전大傳」, 「상대기喪大記」, 「문상問喪」, 「복문服問」, 「삼년문三年問」, 「상복사제喪服四制」 등의 여러 문헌에서도 상복에 관한 예제가 다루어져 있으며, 역대 학자들은 이를 연구하고 논의하며 수많은 저술을 남겼다. 그만큼 상복 제도와 관련된 문제는 매우 정교하고 복잡한 체계를 이루고 있다.

「상복」은 천자天子 이하 모든 사람들의 죽음에 대해 친소親疏와 융

쇄隆殺의 원칙에 따라 상복의 종류와 기간을 규정한 의례이다. 당시 사람들은 죽음을 직설적으로 표현하는 것을 피하기 위해 '죽었다死'라고 말하는 대신 '상喪'이라는 표현을 사용하였다. 이 편에서는 사망한 이에 대한 친소親疏 관계에 따라 거상居喪 하는 오복五服의 체계를 기술하고 있으며, 이는 오례五禮 가운데 흉례凶禮에 속한다. 특히 『의례』의 여러 편 가운데 유일하게 '경經'뿐만 아니라 '전傳'이 함께 부가된 특징을 지니며, 한대漢代에는 『의례』의 다른 편들과 별도로 하나의 독립된 책으로 간행되어 유포되었다.

상복은 친소親疏 관계에 따라 참최복斬衰服, 자최복齊衰服, 대공복大功服, 소공복小功服, 시마복緦麻服 등 다섯 가지로 구분되며, 각각의 경중에 따라 상기喪期와 최복衰服의 방식이 달라진다.

문헌 기록에 따르면, 적어도 춘추 시대에는 상복 제도가 여러 나라에서 널리 시행되었으며, 상례의 중요성이 확립되어 있었다.[18]

(12) 「사상례士喪禮」·「기석례旣夕禮」: 고인의 혼백魂魄을 모시는 예

상례喪禮의 의절을 기술한 것으로, 오례五禮 가운데 흉례凶禮에 속한다.

「사상례」는 사士가 그의 부모를 여의었을 때, 고인이 사망한 날로부터 장례를 치르기까지의 절차, 즉 시사始死로부터 성빈成殯에 이르는 과정을 상세히 기록하고 있다. 주요 내용은 사망한 당일 행하는 초종

18) 이와 관련하여, 『좌전』에는 두 가지 중요한 기록이 남아 있어, 춘추 시대 상례의 실천과 그 문화적 의미를 확인할 수 있다. 『좌전·희공僖公 6년』, 『좌전·희공僖公 15년』 참고.

예(初終禮, 군주와 빈이 수의襚衣를 부의하는 의절, 목욕, 飯含, 襲, 設重), 사망한 다음 날 행하는 소렴小斂과 소렴전小斂奠의 의절, 사망한 지 3일째 되는 날 행하는 대렴大斂과 대렴전大斂奠의 의절, 군주가 직접 대렴에 임할 때의 의절, 사망한 지 4일째 되는 날 행하는 성복成服의 의절, 사망한 지 5일째 되는 날부터 행하는 조석곡朝夕哭의 의절, 삭월전朔月奠과 천신薦新의 의절, 묘소를 정하는 의절(筮宅), 장례일을 정하는 의절(卜葬日)까지 다루고 있다.

상례의 전반부는 주로 소렴과 대렴을 통해 시신을 처리한 후, 관에 안치하는 과정에 초점을 맞춘다. 후반부에서는 장례식 이후 관을 매장지에 안치하는 절차를 다루며, 이는 고대 장례 문화의 핵심을 이루는 부분이다.

『설문해자說文解字』에서 '장葬은 감춤藏이다'라고 정의하였듯이, 매장의 본질적인 목적은 고인의 시신을 땅속에 숨기는 것이었다. 상고시대에는 아직 묘지 매장 제도가 확립되지 않았기 때문에, 시신을 야외에 방치하거나, 섶이나 풀로 덮어두는 방식으로 장례를 치르는 경우가 많았다. 그래서 『설문해자』에는 "옛날 장례는 섶을 옷으로 삼아 두껍게 입히고, 사람들이 활을 가지고 모여 새를 쫓아냈다."[19]라고 했다. 이는 날짐승이나 들짐승이 시신을 훼손할 것을 염려하여, 장례 후에도 고인의 곁을 지키며 활로 짐승을 내쫓았음을 의미한다. 전해지는 바에 따르면, 황제黃帝 시대를 기점으로 관棺과 곽槨이 사용되기 시작하면서, 시신을 깊은 땅속에 묻는 매장 방식이 정립되었다고 하며, 이를 통해 문명의 발전을 엿볼 수 있다.

19) '古之葬者, 厚衣之以薪, 故人持弓, 會毆禽也.'

이후의 장례 과정은 「기석례」에서 다루며, 이 편에는 관련된 기문記文도 함께 부가되어 있어, 원래 두 편이 한 묶음이었음을 시사한다. 「기석례」의 명칭은 경문의 첫 문구인 '기석곡既夕哭'에서 유래되었다. 고대인들은 편명을 정할 때, 첫 문장의 두 글자를 선호하였기에, 상례 하편의 명칭을 '기석'으로 정한 것이다. 「기석례」의 '기既'는 '끝마쳤다已'는 의미이며, '기석곡'은 저녁마다 신주 앞에서 울음을 울며 고인을 기리는 의식인 '석곡夕哭'이 끝난 후의 절차를 의미한다. 대렴이 끝난 후, 상가는 빈소에서 조석곡을 올리며, 매장 전 이틀간 석곡을 마친 후 본격적인 매장에 관한 준비에 들어간다.

「기석례」에서는 계빈啓殯, 천구遷柩, 조묘祖廟의 의절, 장례에 필요한 물품을 준비하는 의절(戴柩, 飾柩車, 陳明器), 군주와 빈이 부의하는 의절(賵, 奠, 賦, 贈), 발인에서 하관하기까지의 의절(大遣奠, 發靷, 下棺), 장례 후 상제喪祭의 의절을 다루고 있다. 또한, 「기석례」 하단에는 기문記文과 보충 설명이 부가되어 있어, 상례의 체계적인 완결성을 높이고 있다.

(13) 「사우례士虞禮」: 영혼을 안정시키는 제사

상례는 고인의 시신形과 영혼魂을 다루는 두 가지 주요 의식으로 구성된다. 기석례가 "형체를 보내어 가도록 하는(送形而往)" 즉, 고인의 유해를 묘지에 안장하는 의식이라면, 사우례는 "영혼이 돌아오도록 맞이하는(迎魂而返)" 즉, 고인의 영혼이 빈궁殯宮으로 돌아오도록 맞이하는 제사를 의미한다.

고인의 모습은 이미 다시 볼 수 없는 상황이 되었음에도 후손들은 왜 다시 제사를 지내는 것일까? 유가에서는 부모의 정기精氣와 신명神明은 천지 사이에서 영원히 존재하며, 선을 돕고 악을 징벌하는 능력을 지닌다고 여겼다. 또한, 자녀의 부모에 대한 그리움은 시공간의 제약을 받지 않는 감정이라고 생각했다. 따라서 제사는 단순한 의례를 넘어, 산 자와 죽은 자가 소통하는 방식이자, 부모를 향한 자녀의 절절한 그리움을 표현하는 행위였다. 또한, 이를 통해 역대 선조의 가호를 기원하는 중요한 의식으로 자리 잡았다.

『의례 · 사우례』에는 사인士人이 우제虞祭의 정례正禮를 행하는 내용이 기록되어 있다. 정현鄭玄은 우제의 명칭과 시기에 대해 다음과 같이 풀이했다.

> 우는 안정시킨다는 뜻이다. 뼈와 살은 흙으로 돌아가지만, 정기는 이르지 않는 곳이 없기에 효자는 〈고인의 정기가〉 방황하는 것을 방지하기 위해 세 번의 제사를 지내 그들을 안정시킨다. 아침에 장례를 마친 후, 당일 정오에 우제를 지내는 것은 차마 하루라도 떨어지게 할 수 없기 때문이다.
>
> 虞, 安也. 骨肉歸於土, 精氣無所不之, 孝子為其彷徨, 三祭以安之, 朝葬, 日中而虞, 不忍一日離.

우제는 고인의 영혼을 안정시키고, 방황하여 이승을 떠돌지 않도록 하는 제사로, 망자의 혼이 편안히 안식할 수 있도록 돕는 의례이다. 우제를 장례 당일 정오正午에 올리는 것은, 하루라도 부모의 영혼과 이별할 수 없는 자식의 애절한 마음을 표현한 것이다.

우虞는 편안하다는 뜻이다. 즉, 사士가 이미 부모의 장례를 마친 후, 정기精氣를 맞이하고 돌아와, 한낮에 빈궁殯宮에서 제사를 올려 망자의 영혼을 안정시키는 의례가 바로 우제이다. 「사우례」는 우제虞祭의 의절을 기술한 것으로, 오례五禮 가운데 흉례凶禮에 속한다. 주요 내용은 우제에 필요한 물품을 진설하는 의절, 우제를 지낼 때 입는 복식을 갖추고 각자의 위치에 나아가는 의절, 방 안에 음식을 진설하고 음염陰厭의 예를 행하는 의절, 시동尸童을 맞이하고 구반九飯을 올리는 의절, 상주가 초헌初獻을 행하는 의절(獻尸, 獻祝, 獻佐食), 주부(主婦, 망자의 배우자 또는 집안의 여성 대표)가 아헌亞獻을 행하는 의절, 빈장賓長이 종헌終獻을 행하는 의절, 시동을 전송하고 음염을 행하는 의절, 빈을 전송하는 의절 등을 다루고 있다. 우제는 단순한 장례 절차의 일부가 아니라, 고인의 영혼을 이승에서 마지막으로 정성껏 모시는 의식이며, 후손의 도리를 다하는 중요한 예법으로 자리 잡았다. 이를 통해 유가儒家에서 강조하는 효孝의 의미가 더욱 깊어지며, 제사의 본질이 단순한 의례를 넘어 삶과 죽음의 연속성을 확인하는 중요한 의식임을 알 수 있다.

(14) 「특생궤사례特牲饋食禮」: 시제時祭의 예

제후의 사士가 할아버지와 아버지의 묘廟에 제사 지내는 예를 말하는 것으로, 천자의 사는 해당되지 않는다. 제후의 사士가 세시歲時에 종묘에서 선조에게 제사하는 의례를 기술한 것으로, 오례五禮 가운데 길례吉禮에 속한다. 내용은 제사 날짜를 점치는 의절(筮日), 시동尸童을 점치고 시동이 되어 줄 것을 청하는 의절(筮尸, 宿尸), 속리屬吏와 삼헌三獻을 행할 빈을 초청하는 의절(宿屬吏, 備三獻賓), 제사 전날 저녁, 제기와 희생을 점검하는 의절(視濯, 視牲), 제사 당일 이른 아침,

주인과 주부가 제물을 진설하고 제사 참여자가 각자의 위치로 나아가는 의절, 시동을 맞이하기 전, 주인·주부·축祝·좌식佐食이 음식을 진설하고 음염陰厭을 행하는 의절, 시동을 맞이하는 의절, 주인이 초헌을 행하는 의절(獻尸, 獻祝, 獻佐食), 주부가 아헌을 행하는 의절, 빈장이 종헌을 행하는 의절, 주인이 빈과 중빈에게 술을 올리는 의절(獻賓, 獻衆賓), 당堂 아래에 술동이를 진설하고 빈과 술을 주고받는 의절(酬賓), 장형제·중형제·고모·자매·종부宗婦에게 술을 올리는 의절(獻長兄弟, 獻衆兄弟, 獻姑姊妹, 獻宗婦), 추가로 시동에게 술을 올리는 의절(加獻尸), 사자嗣子가 내려놓았던 술잔의 술을 마신 후, 시동에게 술을 올리는 의절, 여수旅酬를 행하는 의절(旅酬, 作止爵, 無算爵), 좌식佐食이 시동에게 술을 올리고 제사를 마치는 의절, 사자가 장형제와 함께 대준對餕을 행하는 의절, 대나무 제기(籩), 나무 제기(豆)와 희생 제기(俎)를 치우고 서북쪽에 음식을 새롭게 진설하여 양염陽厭을 행하는 의절 등으로 이루어진다.

「특생궤사례」는 단순한 제사가 아니라, 선조를 향한 경건한 예를 갖추는 정교한 의례로서, 가족 간의 유대를 강화하고 혈통을 존중하는 유교적 가치관을 반영하는 중요한 제사 절차였다. 이를 통해 후손들은 조상의 은혜를 기리고, 가문의 안녕과 번영을 기원하는 동시에, 가정과 사회의 질서를 유지하는 핵심적인 윤리적 기반을 확립하였다.

(15)「소뢰궤사례少牢饋食禮」: 정제正祭의 예

제후의 경卿과 대부大夫가 할아버지와 아버지의 묘廟에서 제사 지내는 예를 기술한 것으로, 오례五禮 가운데 길례吉禮에 속한다. '소뢰'는 양과 돼지를 희생으로 사용하는 경우를 의미하며, '태뢰太牢'가 소까지 희생으로 사용하는 것에 비해 규모가 작은 의례를 뜻한다. 이 편과 「유사철有司徹」은 내용상 본래 하나의 편인데, 분량이 많아 두 편으로 나누어 놓은 것이다. 내용은 제사 지내기 10일 전, 제사 날짜를 점치는 의절(筮日), 제사 3일 전, 시동을 택하는 점을 치고 찾아가서 시동이 되어 줄 것을 청하는 의절(筮尸, 宿尸), 제사에 참여하는 축祝과 집사 등 제관祭官에게 제사 일정을 알리는 의절(宿諸官), 제사를 거행할 시간을 정하는 의절(祭期), 제사 당일, 희생을 잡고, 제기를 점검하는 의절(視殺, 視濯), 희생을 조리하여 옹인饔人이 이를 세발솥(鼎)에 담는 의절(羹定, 實鼎), 술동이와 대나무 제기(籩)·나무 제기(豆) 등의 제기를 진설하는 의절, 안석과 자리(几席)를 진설하고 제수를 진설하는 의절, 음염陰厭을 행하는 의절, 시동을 맞이하는 의절(迎尸, 妥尸), 시동이 밥을 떠서 먹는 의절(尸十一飯), 주인이 초헌을 행하는 의절(獻尸, 尸醋主人, 獻祝, 獻佐食), 주부가 아헌을 행하는 의절, 빈장이 삼헌을 행하는 의절, 제사가 끝난 후, 시동이 묘廟 밖으로 나가고, 축祝이 제사가 끝났음을 알리는 의절(尸出廟, 祝告利成), 시동이 남긴 음식을 올려놓은 기조肵俎를 거두고, 준餕을 행하는 의절 등을 주로 다룬다.

「소뢰궤사례」는 단순한 조상 제사를 기록한 문헌이 아니라, 제사의 정밀한 절차와 예법을 통해 후손이 선조에 대한 존경과 감사를 표현하는 방식을 규정한 중요한 의례이다. 이 의례를 통해, 제사란 단순히 희생을 바치는 행위가 아니라, 정성스러운 준비와 절차를 통해 선조를 모시는 후손의 신앙과 효심을 드러내는 행위임을 확인할 수 있다. 또한, 제사 후 준餕의 절차를 통해 신위神位 앞에서 바친 음식이 다시 인간의 삶으로 돌아오는 과정이 강조되며, 이는 제사가 단절이 아니라

산 자와 죽은 자가 소통하는 중요한 의례임을 시사한다.

(16)「유사철有司徹」: 소뢰少牢의 하편下篇

경과 대부가 묘廟에서 제사 지낼 때, 정제正祭의 과정을 마친 후, 당堂에서 시동을 빈객으로 모시고 대접하는 예를 기술한 것이다. 하대부下大夫의 경우에, 정제를 마친 후 실室 안에서 시동에게 예를 올린다. 천자와 제후의 제사에서는 정제를 지낸 다음 날, 별도로 역제繹祭를 지낸다. '유사철有司徹'이라는 제목은 이 편의 첫 구절에서 유래되었으며, 오례五禮 가운데 길례吉禮에 속한다. 주요 절차는, 제수를 거두고 시동의 식사를 도울 유侑를 뽑는 의절(選侑), 시동과 유를 맞이하고, 세발솥(鼎)과 희생제기(俎)를 진설하는 의절(迎尸, 迎侑, 設俎), 주인이 시동과 유에게 술을 올리는 초헌의 의절(主人獻尸, 主人獻侑, 尸酢主人), 주부가 시동과 유에게 술을 올리는 아헌의 의절(主婦獻尸, 主婦獻侑, 主婦致爵主人, 主婦受尸酢), 상빈上賓 즉 장빈이 시동에게 술을 올리는 삼헌의 의절(上賓三獻), 여수旅酬의 의절, 무산작無算爵의 의절, 이상의 빈시儐尸 의절을 마친 후, 시동과 유를 전송하는 의절 등으로 이루어진다.

이상으로 『의례』 17편을 간략히 소개하였다.

『의례』는 선진先秦 시기에 성립된 고전 중 하나로, 고대 문헌 가운데서도 비교적 이른 시기의 저작에 속한다. 이 책을 읽는 데는 단순히 문자 해독의 어려움뿐만 아니라, 당시의 명물名物 제도와 예절 의식, 사회구조 등 다양한 배경지식이 요구된다. 게다가 시간이 흐르면서 예제禮制와 관습이 변하고 단절되는 과정이 반복되었기에, 『의례』의 내용을 완전히 이해하는 것은 더욱 어려운 일이 되었다. 이러한 점에서 당대唐代의 고문학 대가 한유韓愈가 "『의례』는 읽기 어렵다."라고 평한 것은 결코 과장이 아니다.

앞서 논한 바와 같이, 『의례』는 예禮의 형식적 측면을 서술한 텍스트다. 그러나 그 형식 속에 담긴 본질적 의미는 단순히 표면적인 절차를 따라가는 것만으로는 파악할 수 없으며, 세심한 탐구와 해석을 통해서만 드러난다. 그렇다면 예제의 형식을 통해 내재된 의미를 어떻게 파악할 수 있을까? 이를 위해 『의례』를 『예기』와 병행하여 연구하는 것이 가장 효과적인 방법이다. 『예기』의 일부 편은 『의례』의 각 편에 담긴 의미를 직접적으로 해석하고 있다. 예컨대 「관의冠義」, 「혼의昏義」, 「향음주례鄉飲酒禮」, 「사의射義」, 「빙의聘義」 등의 편에서는 『의례』에 기록된 절차들의 이론적 배경과 목적을 더욱 심층적으로 설명하고 있다. 또한, 『예기』의 다른 편들도 각기 다른 시각에서 『의례』의 내용을 해석하며, 두 문헌은 긴밀한 상호 관계를 형성하고 있다.

남송南宋의 대학자 주희朱熹는 "『예기』를 읽으려면 반드시 『의례』를 겸하여 읽어야 한다. 관례冠禮, 상례喪禮, 향음주례鄉飲酒禮와 같은 내용은 『의례』에 그 의식 절차가 모두 기록되어 있고, 『예기』는 그 이치를 밝히고 설명하고 있다. 『예기』를 읽으면서 『의례』를 읽지 않는다면, 많은 이치가 근거를 잃게 된다."[20]라고 언급하였다. 즉, 『의례』는 예제의 절차를 상세히 기록한 반면, 『예기』는 그 절차의 철학적, 윤리적 배경을 설명하는 역할을 한다. 따라서 『의례』를 읽을 때 『예기』를

---

20) 『주자어류朱子語類』 권 87, 참고.

함께 참고해야 하며, 반대로 『예기』를 연구할 때도 『의례』를 간과해서는 안 된다. "예禮의 의절儀節을 떠나면 이치는 근거를 잃게 된다. 그리고 형식만 남아 의미를 깨닫지 못한다면 이는 단순한 연극에 불과하다." 이러한 관점에서 『예기』는 『의례』의 이론적 해설서이자 해석서의 역할을 한다.

『예기 · 교특생郊特牲』에서는 "예가 존귀한 것은 의義를 높일 만해서이니, 의를 잃고 단지 수(數 : 형식)만 진열함은 축관祝官과 사관史官의 일에 불과하다. 그러므로 수는 진열할 수 있으나 그 의는 알기 어렵다."[21]라고 말하였다. 공자 역시 "예가 어떻고 저렇고 한다고 해서 단순히 예물로 쓰이는 옥백玉帛만을 두고 한 말이겠는가? 음악이 어떻고 저렇고 한다고 해서 단순히 종과 북만을 두고 한 말이겠는가?"[22]라고 하였다. 즉, 예의 외형적인 측면만을 강조하고 그 내면적 의미를 간과해서는 안 된다는 가르침이다. 따라서, 『의례』에 기록된 절차를 단순한 형식적 규범으로 여겨서는 안 되며, 그 속에 담긴 본질적 의미와 철학적 이치를 탐구하는 것이 무엇보다 중요하다.

---

21) 禮之所尊, 尊其義也. 失其義, 陳其數, 祝史之事也. 故其數可陳也, 其義難知也.
22) 子曰 :「禮云禮云, 玉帛云乎哉? 樂云樂云, 鐘鼓云乎哉?」, 『논어 · 양화陽貨』

Ⅲ

『의례』와 선진先秦 유가 사상

유가儒家는 하夏·상商·주周 삼대三代에 걸친 예악禮樂 문화를 계승하고 발전시킨 사상적 주체로, 공자孔子, 맹자孟子, 순자荀子로부터 후대 학자들에 이르기까지 예학禮學에 새로운 도덕적 의미를 부여하며 이를 지속적으로 심화시켜 왔다. 그러나 유가의 예의禮義와 『의례』의 관계를 논할 때, 그 선후 관계를 명확히 하는 것이 무엇보다 선결과제라 할 수 있다. 이에 대한 논의는 두 가지 측면에서 우선적으로 검토될 필요가 하다. 첫째, 『의례』의 경문經文과 기문記文의 시대적 관계. 둘째, 유가 사상이 시대의 흐름에 따라 변모하는 과정과 각 학파가 지닌 특성을 고찰하는 것이다. 따라서 『의례』에 기록된 의문儀文과 유가의 예의禮義를 비교하기 위해서는 먼저 『의례』의 형성에 영향을 미친 유가 사상의 시대적 배경을 명확히 규정하는 것이 필수적이다.

일부 학자들은 『의례』의 의문儀文이 형성된 시기를 종주宗周 시대로 보며, 이에 따라 『의례』에 담긴 예의禮義 사상을 종주 시대의 산물로 해석한다. 그러나 종주 시대에 시행된 의문이 『의례』에 기록된 경문經文과 완전히 일치하지는 않는다는 점이 지적되기도 한다. 또한 『의례』와 유가儒家의 밀접한 연관성을 인정하면서도, 『의례』 속에는 유가의

주장과 사상이 포함되어 있음도 함께 고려해야 한다.[1)]

'예禮'는 선진先秦 유가 사상의 핵심 개념으로, 그 궁극적인 목표는 "복례復禮"와 "수례守禮"에 있다. 이른바 "복례"란 하夏·상商·주周 삼대의 의문儀文을 회복하는 것을 의미하며, "수례"는 모든 사람이 예절禮節을 엄격히 준수함으로써 예치禮治의 이상을 구현하고, 법치法治의 폐해를 배격하는 것을 의미한다.

사실상 예禮 관념의 발전은 주자朱子로부터 비롯된 것이 아니라, 공자孔子의 문하로부터 시작되었다고 할 수 있다. 즉 예의禮義는 공문孔門에서 비롯되었다는 것이 보편적인 인식이다. 따라서 『의례』儀禮에 기록된 의문儀文이 유가에 의해 계승된 예를 『논어』 및 『예기』 등의 유가 경서를 참고하여 『의례』와 선진先秦 유가 예학의 관계를 더욱 심층적으로 분석해야 할 필요가 있다.

1. 『의례』와 유가 교육 — 예악위중禮樂爲重

유가는 개인 수양에서 출발하여 '수신修身'에서 '제가齊家'로, 나아가 '치국治國'과 '평천하平天下'[2)]에 이르는 이상적인 통치 사상을 제시하였

1) 葉國良, 『禮學研究的諸面向』, 臺灣, 國立青華大學出版社, 2010년, p43~p49 참고.

2) 古之欲明明德於天下者, 先治其國；欲治其國者, 先齊其家；欲齊其家者, 先修其身；欲修其身者, 先正其心；欲正其心者, 先誠其意；欲誠其意者, 先致其知, 致知在格物. 物格而後知至, 知至而後意誠, 意誠而後心正, 心正而後身修, 身修而後家齊, 家齊而後國治, 國治而後天下平. 自天子以至於庶人, 壹是皆以修身為本.『大學』.

다. 이는 유가 지식인이 인격을 도야하여 이상적 인간상을 완성하고, 궁극적으로 관료로서 해야 할 역할을 실현하는 전통적인 경로이기도 하다. 그중에서도 '수신'은 유가 사상 체계의 근본이며, 이는 필연적으로 '예禮'에 의존한다. 예는 '수신'의 기본적인 방법으로, 개인의 도덕적 수양을 통해 이상적인 인간을 형성하는 데 필수적인 역할을 하였다.

공자는 교육에서 예의 역할을 매우 중시하였으며, 『논어』에는 공자가 제자들을 예로써 가르친 다양한 사례가 기록되어 있다. 이는 공자가 예를 단순한 형식적 규범이 아니라, 인간의 내면적 수양과 사회적 조화를 동시에 이루는 핵심적 요소로 인식하였음을 보여준다.

> 공자께서 평소 아언雅言으로 하시는 말은 시詩, 서書, 그리고 예禮를 집전할 때이다.
>
> 子所雅言, 詩 · 書 · 執禮, 皆雅言也. 『논어 · 술이述而』

> 공자께서 말하였다. "시詩에서 흥기시키며, 예禮에서 서며, 악樂에서 완성한다."
>
> 子曰 : 「興於詩, 立於禮. 成於樂.」 『논어 · 태백泰伯』

> 선생님공자께서는 차근차근 사람을 잘 이끄시어 문文으로써 나의 지식을 넓혀주시고, 예禮로써 나의 행동을 단속하게 해 주셨다.
>
> 夫子循循然善誘人, 博我以文, 約我以禮. 『논어 · 자한子罕』

> 내(鯉, 공자 아들)가 빠른 걸음으로 마당을 지나려 하자, 아버지께서 "예를 배웠느냐?"라고 물으시기에 "아직 배우지 못하였습니다."라고

대답하자 "예를 배우지 않으면 설 수가 없다."라고 하셨다. 그래서 나는 물러 나와 예를 배우게 되었다.

鯉趨而過. 曰 :「學禮乎?」 對曰 :「未也.」「不學禮, 無以立.」 鯉退而學禮.

『논어 · 계씨季氏』

이를 통해 볼 때 공자는 예를 익히는 것이 성숙한 인간이 되는 중요한 표지이자, 사회적 존재로서 자신의 위치를 확립하기 위해 반드시 습득해야 할 필수 덕목으로 간주하였다. 나아가 그는 예를 단순한 형식적 규범이 아니라, 인간 삶의 기반을 안정시키고 사회 질서를 조화롭게 유지하는 근본 원리로 보았다.

사람이 예가 있으면 편안하고 예가 없으면 위태롭다. 그러므로 "예는 배우지 않으면 안 된다."라고 한 것이다. 무릇 예는 자신을 낮추고 남을 높이는 것이다. 비록 등짐을 지는 노동자라나 물건을 파는 상인들 사이에도 반드시 상대방을 높이는 예가 있는데, 하물며 부귀한 자에 있어서랴. 부귀하고 신분이 높으면서 예를 좋아할 줄 알면 교만하지 않고 넘치지 않으며, 가난하고 신분이 낮으면서 예를 좋아할 줄 알면 마음에 두려워하지 않는다.

人有禮則安, 無禮則危. 故曰 :「禮者不可不學也.」 夫禮者, 自卑而尊人. 雖負販者, 必有尊也, 而況富貴乎? 富貴而知好禮, 則不驕不淫 ; 貧賤而知好禮, 則志不懾.

『예기 · 곡례상曲禮上』

"예禮와 악樂은 〈몸을 다스리는 도구이므로〉 잠시도 몸을 떠나서는 안 된다."

> 禮樂不可斯須去身. 『예기 · 제의祭義』

라고 하였다.

공자 이후의 유가 또한 예를 교육의 핵심 내용으로 삼았다. 『한서 · 예문지』에서는 『예』를 '육예六藝'의 하나로 분류하며 다음과 같이 설명하고 있다.

> 육예六藝의 문장으로, 『악樂』은 정신을 조화롭게 하는 것으로, 인仁을 상징하며, 『시詩』는 말을 규범화하는 전범典範으로, 의義의 기능을 갖추고 있으며, 『예禮』는 근본을 분명하게 하고, 분명한 것은 드러나므로 지나친 고증이 필요 없다. 『서書』는 견문을 넓히고 지智를 얻는 방법을 알려준다. 『춘추春秋』는 사리를 판단하는 것으로, 신뢰의 기준이 된다.
>
> 六藝之文 : 『樂』以和神, 仁之表也 ; 『詩』以正言, 義之用也 ; 『禮』以明體, 明者著見, 故無訓也 ; 『書』以廣聽, 知之術也 ; 『春秋』以繼事, 信之符也.

『예기 · 경해經解』는 성서成書시기가 다소 늦지만, 공자의 입을 빌려 다음과 같이 말하고 있다.

> 어느 나라에 들어가서 〈백성의 풍속을 보면〉 그 나라의 정교政教를 알 수 있다. 그 〈백성들의〉 사람됨이 〈얼굴빛이〉 온화하고 〈성정이〉 부드럽고 돈후한 것은 『시경』의 가르침이고, 통달하여 〈삼황오제의〉 먼 시대를 아는 것은 『서경』의 가르침이고, 화통하고 까다롭지 않고 선량한 것은 『악경』의 가르침이고, 〈올바르고 넘치는 행동을 하지 않아서〉 깨끗하고 〈이치를 궁구하여〉 정미한 것은 『역경』의 가르침

이고, 공손하고 검소하고 장중하고 공경한 것은 『예경』의 가르침이고, 말을 잘하고 비근한 일을 들어 포폄褒貶하는 것은 『춘추』의 가르침이다.

入其國, 其教可知也. 其為人也 : 溫柔敦厚, 『詩』教也 ; 疏通知遠, 『書』教也 ; 廣博易良, 『樂』教也 ; 潔靜精微, 『易』教也 ; 恭儉莊敬, 『禮』教也 ; 屬辭比事, 『春秋』教也.

유가儒家가 예禮의 교육적 역할을 중시하는 이유는 인간이 본질적으로 가변성을 지닌 존재라는 전제에 기반한다. 즉, 인간은 교육을 통해 악惡에서 선善으로 변화할 수 있으며, 이를 실현하는 핵심 도구가 바로 예이다. 예는 인간의 내면적 수양을 강조하는 동시에 외적 행위의 규범을 개인의 내적 자각과 신념으로 전환시키는 역할을 한다. 이는 교육의 본질과 맞닿아 있으며, 유가의 '인도'人道 사상과도 일치한다.

유가는 교육의 궁극적 목표를 인간을 '군자君子'로 양성하는 데 두었다. 군자는 인격의 완전성을 갖춘 이상적 인간상을 의미하며, 특히 덕행德行을 핵심 가치로 삼는다. 그중에서도 '예'는 다양한 덕목 가운데 가장 중요한 요소로 간주되며, 군자가 갖추어야 할 필수 덕목으로 강조된다. 『논어 · 위령공衛靈公』 편에서는 이에 대해 다음과 같이 설명하고 있다.

군자는 의를 바탕(본질)으로 삼고, 예로는 이를 실행하며, 공손함으로 이를 드러내어 말하며, 믿음으로 이를 이루어야 한다. 그렇게 하면 군자일 것이다.

君子義以為質, 禮以行之, 孫以出之, 信以成之. 君子哉!

또한, 『예기』와 『좌전』에서는 다음과 같이 강조하고 있다.

> 예는 사람의 몸과 같다. 몸이 온전하지 못하면 군자는 이를 성숙한 사람이라 하지 않는다.
>
> 禮也者, 猶體也. 體不備, 君子謂之不成人. 『예기 · 예기禮器』

> 예는 사람의 근간이며, 예가 없으면 설 곳이 없다.
>
> 禮, 人之幹也, 無禮, 無以立. 『좌전 · 소공 7년昭公七年』

군자는 덕행을 중시하며, 이를 실천(行)하는 것을 말(言)보다 중시한다. 이는 곧 '예'의 핵심 정신과도 일치한다. "예란 실천하는 것이다(禮者, 履也)."라는 말에서 알 수 있듯, 예의 가치는 단순한 이론적 이해에 있지 않고, 실질적이고 구체적인 실천(行)에 있다. 즉, 군자는 말한 바를 반드시 행동으로 옮겨야 하며, 실천을 통해 그 의미와 가치를 완성하는 것이다.

『의례』에 기록된 다양한 예의禮儀는 유가의 이상적 인간상이 갖추어야 할 '인仁', '의義', '충忠', '신信' 등의 덕목을 포함하고 있다. 이는 『논어 · 자한子罕』 편에서 안연顔淵이 언급한 "나를 예로 단속한다約我以禮"라는 내용과 일치한다. 따라서 『의례』는 유가가 추구하는 이상적 인간을 실현하는 데 필요한 덕목과 실천적 방식을 담고 있으며, 예의 본질적인 가치와 실천적 의미를 체계적으로 보여주는 경전이다.

예禮가 이처럼 교육적 역할을 담당했기에, 고대 사회의 관학官學에서는 『예禮』가 주요 학과목 중 하나로 자리 잡았다. 상商나라 시기부터 예악禮樂의 내용이 이미 학교 교육에 포함되었으며, 서주西周 시기에 이르러서는 '국학國學'과 '향학鄕學'이라는 두 교육체계로 더욱 발전하였다.

국학은 중앙의 관학으로, 태학大學과 소학小學으로 구분되었으며, 향학은 지방 관학으로서 교육을 담당하였다. 서주西周 청동기 명문銘文에 따르면, 당시의 '사로射廬', 즉 후대의 '사궁射宮'은 활쏘기를 배우고 대사례大射禮를 거행하던 장소로 기능했으며, 활쏘기뿐만 아니라 음악과 무용 또한 태학의 교육 과정에 포함되었다. 한편, 향학은 '상庠', '서序', '교校' 등의 명칭으로 불렸으며, 이 중 상庠과 서序는 향음주례鄕飮酒禮와 향사례鄕射禮를 거행하는 장소로도 활용되었다. 향학에서는 지역 내 덕망 있는 장로長老들이 직접 학생들을 지도하였으며, 이를 통해 학생들이 예제禮制를 준수하고, 명분名分을 명확히 하며, 사회적 역할과 책임을 자각할 수 있도록 하는 것이 교육의 핵심 목적이었다. 또한, 스승과 장로를 존경하는 덕성을 함양하는 것 역시 중요한 교육적 가치로 여겨졌다.

당시 교육의 기본 내용은 '육예六藝', 즉 예禮, 악樂, 사射, 어御, 서書, 수數로 구성되었다. 이 중에서도 예는 육예 가운데 가장 높은 위상을 차지하는 핵심 내용이었다. 예는 단순한 규범을 넘어 제사, 조회朝會, 전쟁, 연회, 혼례, 상례 등 다양한 상황에서 요구되는 의식적 절차를 포괄하며, 진퇴進退, 읍양揖讓과 같은 행동 규범을 포함하고 있다. 또한 예는 반드시 음악樂과 결합하여 실천되었으며, 이러한 예와 악樂의 상호 보완적 관계는 교육 과정에서도 중요한 요소로 작용하였다.

『사기 · 공자세가孔子世家』에 따르면, 공자는 제자들에게 "시詩, 서書, 예禮, 악樂으로 가르쳤다.(以詩 · 書 · 禮 · 樂教)"고 기록되어 있다. 이는 공자가 당시 실행되던 다양한 예제禮制의 구체적 의식을 직접 제자들에게 지도하였음을 보여준다. 특히 음악 교육에서는 '시詩'를 악장으로 삼아, 시와 음악이 결합함으로써 다양한 예제의 구성 요소가 되었다. 따라서 '예禮', '시詩', '악樂' 세 요소는 유기적으로 연결되어 있었으며, 예를 거행할 때는 시와 음악이 조화를 이루도록 하였다. 이러한 전통에 따라 교육에서도 예제禮制의 실습이 중심이 되었으며, 그 과정에서 '시'를 배우고 '악'을 익히면서 예의 본질을 체득하도록 하였다. 이에 대해 『예기 · 왕제王制』 편에서도 다음과 같이 언급하고 있다.

> 악정樂正이 네 가지 방도를 존숭하고 네 가지 가르침을 확립하여 선왕의 시 · 서 · 예 · 악을 따라 인재를 기르니, 봄과 가을에는 예와 악을 가르치고 겨울과 여름에는 시와 서를 가르친다.
>
> 樂正崇四術, 立四教, 順先王詩書禮樂以造士. 春 · 秋教以禮樂, 冬 · 夏教以詩書.

이를 통해 보면 '예'와 '악'은 유가 교육에서 결코 분리될 수 없는 핵심 요소임을 알 수 있다. 이는 단순한 형식적 절차를 넘어, 인간의 도덕적 함양과 사회적 조화를 실현하는 데 필수적인 역할을 담당한다.

『의례』에 수록된 다양한 예절의 목적을 분석하고 이를 『논어』와 『예기』 등 유가 경전과 비교해 보면, 『논어』에서 논하는 예禮가 단순히 외적인 형식이거나, 의례적 관행에 국한되지 않고 실질적인 실용적 목적을 지닌다는 점이 더욱 분명해진다. 이는 예가 단순한 전통적 관습이 아니라, 인간과 사회를 조화롭게 유지하고 질서를 확립하는 실천적 도구로 기능함을 의미한다. 『논어 · 양화陽貨』 편에서는 다음과 같이 말하고 있다.

> 공자가 말하였다. "예가 어쩌고, 저쩌고 한다고 해서 예물로 쓰이는 옥이나 비단만을 두고 한 말이겠는가? 악이 어쩌고, 저쩌고 한다고 해서 종이나 북만을 두고 한 말이겠는가?"
>
> 子曰 :「禮云禮云, 玉帛云乎哉? 樂云樂云, 鐘鼓云乎哉?」

이 구절은 예악禮樂 제도가 단순히 예기禮器와 음악적 도구에 국한되지 않으며, 그 이면에 보다 심오한 교화의 목적을 담고 있음을 분명히 보여준다. 즉, 예악은 단순한 형식적 절차나 기물器物의 운용을 넘어, 인간의 심성을 함양하고 사회 질서를 안정시키는 중요한 교육적 역할을 수행하였다.

서주西周 시대부터 공자에 이르기까지, 관학官學과 사학私學을 막론하고 학교의 설립과 운영 체계가 완비되기 시작하였다. 이 교육체계는 특히 '육예六藝'를 중심으로 한 교육 내용을 기반으로 하여 발전하였으며, 이는 이후 약 2,000년에 걸친 중국 봉건적 정통 교육의 기초를 확립하는 데 결정적인 역할을 하였다. 그중에서도 '예악禮樂' 교육은 유가가 이상적 인간을 길러내기 위한 핵심적이고 필수적인 과목으로 자리 잡았다. 예는 단순한 규범적 · 형식적 요소에 머무르지 않고, 인간의 내적 수양과 외적 실천을 아우르는 전인적全人的 교육 도구로 기능하였다. 이는 단순한 예법의 학습을 넘어 도덕적 함양과 인격 완성의 과정으로 작용하며, 유가 사상의 근본적 원리를 구현하는 것이었다. 나아가, 이상적 사회를 실현하는 데 있어서도 예악 교육은 필수적인 역할을 하였다.

따라서 예악 교육은 단순한 기술 습득이나 의례적 수행을 넘어, 인간의 도덕적 품성을 함양하고 사회적 조화를 형성하는 데 있어 중심적 역할을 담당하였다. 이는 유가가 강조한 이상적 인간상, 즉 '군자君子'를 양성하는 데 있어 없어서는 안 될 핵심 요소로 기능했음을 보여준다. 예악 교육은 군자의 덕성을 함양하는 동시에, 사회 질서를 조화롭게 유지하고 이상적인 국가 운영을 가능하게 하는 토대가 되었던 것이다.

2. 『의례』와 유가 윤리 — 덕례상응德禮相應

『의례』의 의문儀文과 『논어』 및 『예기』 등에서 논의되는 덕성德性 간의 상호 부합성을 비교해 보면, 현재 전해지는 『의례』의 의문이 선진先秦 유가 사상의 예의禮義를 암묵적으로 반영하고 있음을 알 수 있다. 그러나 이를 논하기에 앞서, 본 논의의 중심 개념인 '덕德'과 '예禮'의 내재적 의미를 먼저 규명할 필요가 있다.

만약 '예禮'를 『의례』에 기록된 의문儀文으로 정의한다면, 이는 외적인 행위의 표현에 해당한다. 여기에는 진퇴進退, 읍양揖讓, 예절, 예기禮器와 더불어 『의례』에서 규정하는 모든 응대 방식이 포함된다. 반면, '덕德'은 이러한 행위 이면에 자리하는 태도와 마음가짐을 의미하며, 나아가 보다 심층적인 도덕적 교화의 개념을 내포한다.

『의례』와 『논어』·『예기』 등을 면밀히 분석해보면, 이들 텍스트가 '덕'과 '예'의 표리관계를 형성하고 있음을 알 수 있다. 『의례』에서 제시하는 의문儀文은 『논어』와 『예기』에서 더욱 심화되어 예의와 도덕적 의미로 발전된다. 예를 들어 군신君臣 관계의 도리를 통해 이를 확인할 수 있다. 『논어』에서는 신하가 군주를 대할 때, 충忠을 근본적인 마음가짐으로 삼아야 하며, 태도에서는 겸손과 예를 요구한다. 반면,

『의례』는 이러한 겸손과 예를 구체적 행동 규범으로 명확히 규정하여 실천적 지침을 제공한다.

이처럼 『의례』와 『논어』·『예기』 등은 상호 보완적인 관계를 이루며, 덕과 예의 조화를 통해 유가 사상이 지향하는 본질적 가치를 구현한다. 이는 『의례』가 단순한 외적 규범의 집합체에 그치는 것이 아니라, 내면적 도덕과 윤리를 아우르는 선진 유가 사상의 핵심을 담고 있음을 잘 보여준다.

유가는 중국 사상사에서 가장 큰 영향을 미친 학파로, 윤리와 도덕을 그 중심적 특징으로 삼아 인간 본질의 핵심으로 간주하였다. 유가 사상에서 윤리와 도덕은 예禮를 통해 구체적으로 실현되며, 공자는 예를 인간과 동물을 구분하는 본질적 차이로 보았다. 순자荀子는 인간과 동물의 근본적 차이를 "유변有辨"으로 정의하였으며, 이 "변辨"은 바로 "별別"을 의미하는 것으로, 이는 곧 예의 핵심이자 본질이다. 예는 인간 행동의 규범을 제시하고, 사회적 질서를 확립하는 근본적 원리로 작용하며, 윤리적 행동을 체계화하고 도덕적 이상을 실현하는 기틀을 제공한다.

윤리와 도덕이 인간 본질의 핵심으로 간주되는 만큼, 인간 행위의 최고 기준은 도덕적 삶을 실현하는 데 있다. 도덕의 실현이란 곧 인륜人倫의 규범에 따라 몸과 마음을 수양하고, 올바른 인간관계를 형성하며, 조화로운 사회를 구축하는 것을 의미한다. 이에 따라 예는 다양한 인간관계의 기초로 작용하며, 개인의 도덕적 성숙과 사회적 조화를 이루려는 유가의 궁극적 목표를 실현하는 데 필수적인 역할을 담당한다. 이는 예가 단순한 형식적 의례를 넘어, 인간과 사회의 조화로운 발전을 이끄는 필수 요소임을 명확히 보여준다. 이에 순자는 다음과 같이 말하고 있다.

> 예란 존귀한 사람을 공경하고, 노인을 효심으로 받들고, 어른에게 공손하고, 어린 사람을 사랑하고, 미천한 사람에게 은혜를 베푸는 것이다.
>
> 禮也者, 貴者敬焉, 老者孝焉, 長者弟焉, 幼者慈焉, 賤者惠焉.
>
> 『순자 · 대략大略』

예禮는 단순한 형식적 의례를 넘어, 윤리적 원칙이자 도덕적 규범으로서 개인과 사회의 조화를 이루는 데 필수적인 역할을 한다. 예는 인간관계와 사회 질서를 체계화하는 근본적 원리로 작용하며, 이를 통해 유가 사상이 추구하는 이상적 사회를 구현하는 데 기여한다.

예의 핵심은 친친親親, 존존尊尊, 그리고 남녀유별男女有別의 원칙으로 요약될 수 있다. 친친親親은 가족 관계에서 친애親愛의 도리를 강조하며, 존존尊尊은 사회적 위계를 존중하는 질서를 의미한다. 남녀유별男女有別은 성별에 따른 역할과 예절을 구별하여 조화로운 사회 질서를 유지하는 원칙이다. 이 세 가지 원칙은 단순히 규범적 역할을 넘어 예의 본질을 형성하며, 개인의 도덕적 수양과 사회적 조화를 실현하는 데 중요한 토대를 제공한다. 이는 예가 외적 행위뿐 아니라 내적 윤리와 도덕적 이상을 아우르는 개념임을 보여주며, 인간과 사회의 조화로운 발전을 이끄는 핵심 요소로 작용함을 의미한다. 이에 대해 『예기 · 상복소기喪服小記』에서는 다음과 같이 설명하고 있다.

> 어버이를 친애함과 높은 자를 높임과 연장자를 연장자로 대함과 남

녀 사이에 구별이 있음은 인도人道 중에서 큰 것이다.

親親 · 尊尊 · 長長 · 男女之有別, 人道之大者也.

'친친親親'은 주로 부자父子 관계에서의 친애와 효도를 강조하며, 가족 관계의 도덕적 기초를 이루는 원칙이다. 이는 유가 사상에서 가장 중요한 인륜人倫으로 간주되며, 자식이 부모에게 효도하고 부모가 자식을 사랑하는 관계를 통해 가정의 화목과 안정이 이루어진다고 여긴다. '존존尊尊'은 군신君臣 관계에서 상하 간의 존중과 예의를 중시하며, 사회적 질서를 유지하는 핵심 원리이다. 이는 신하가 군주를 충忠으로 섬기고, 군주 또한 신하를 예로써 대해야 한다는 유교적 정치 윤리의 근간을 형성한다. '장장長長'은 형제 관계에서 장유유서長幼有序를 강조하며, 형제 간의 화목과 조화를 통해 가족 내 안정을 도모한다. 장자는 아우를 보살피고, 아우는 장자를 공경함으로써 자연스럽게 조화로운 가족 관계가 형성되며, 이는 사회 전체의 안정에도 기여한다. 마지막으로 '남녀유별男女有別'은 부부 관계에서의 역할과 책임을 명확히 하여, 가족과 사회의 조화로운 운영을 이루는 원칙이다. 이는 단순히 남녀의 차이를 구별하는 데 그치는 것이 아니라, 상호 보완적 역할을 통해 가정의 질서를 유지하고 사회적 안정성을 확보하는 데 초점을 둔다. 이처럼 예의 규범은 부부, 부자, 형제, 군신, 붕우 간의 관계를 올바르게 정립할 수 있는 기준을 제시하며, 이를 통해 조화롭고 안정된 사회를 구현하는 데 기여한다.

노魯나라 애공哀公이 공자에게 예를 묻자, 공자는 다음과 같이 대답하였다.

백성들이 의지하여 살아가는 것은 예가 가장 크다고 합니다. 예가 아니면 천지의 신神을 절도에 맞게 섬길 수 없으며, 예가 아니면 군신·상하·장유의 지위를 분별할 수 없으며, 예가 아니면 남녀·부자·형제의 친함과 혼인·소삭(疏數 : 드묾과 잦음)의 사귐을 분별할 수 없습니다.

民之所由生, 禮為大. 非禮無以節事天地之神也, 非禮無以辨君臣上下長幼之位也, 非禮無以別男女父子兄弟之親·昏姻疏數之交也.

『예기·애공문哀公問』

예禮는 인간이 생존과 사회 질서를 유지하는 데 의지하는 근본적 제도이다. 예가 없으면 귀신을 제대로 섬길 수 없을 뿐만 아니라, 군신君臣이나 상하上下, 장유長幼 간의 위계를 구별할 수 없으며, 남녀, 부자父子, 형제 간의 친정親情 관계를 유지할 수도 없다. 나아가, 혼인과 인간관계의 기본 질서를 확립하는 것 또한 불가능해진다. 따라서 예는 단순한 형식적 절차를 넘어, 인간 사회의 근본적인 질서를 구축하고 유지하는 핵심 원리로 작용한다.

유가가 인륜人倫과 윤리를 특히 강조한 이유는 고대 중국 사회의 종법宗法적 성격과 밀접한 관련이 있다. 유가 윤리는 본질적으로 종법 윤리로, '효제孝悌'를 기본으로 하며 친친존존親親尊尊의 종법적 신분 질서를 유지하려는 성격을 지닌다.

이러한 인간관계의 핵심은 바로 '효제孝悌'에 있다. 그중에서도 '친친親親'의 가장 기본적인 요구는 '효孝'이며, 이는 인간관계에서 가장 중요한 윤리적 덕목으로 간주 된다. 효가 없으면 인간 간의 관계를 논할 수 없으며, 이는 모든 인사人事의 출발점이자 사회 질서의 근본이 된다.

특히 고대 사회에서는 가족이 인사人事의 중심이었으며, 모든 윤리적 규범과 사회 질서가 가족을 중심으로 형성되었다. 초기 고대 사회에서는 씨족 공동체가 중심이 되었으며, 이 시기 종법宗法의 가장 중요한 규범이 바로 효孝였다. 이후 사회구조가 가족 중심으로 전환되면서, 가족을 유지하고 결속시키는 내적인 힘 역시 효로 작용하였다. 이에 따라 유가는 효를 천지의 보편적 원칙으로 간주하며, 부모를 섬기는 것을 하늘을 섬기는 것과 동일시하였다.

유가 사상에서 군자는 효를 단순한 개인적 덕목이 아니라, 결코 소홀히 해서는 안 될 도덕적 의무로 삼았다. 효는 개인 윤리의 핵심으로 자리 잡으며, 가정과 사회의 안정과 조화를 이루는 기본 원리로 작용하였다. 나아가, 효는 단순한 부모에 대한 공경을 넘어, 사회 전체의 질서를 유지하는 토대로 확장되었다.

효는 크게 세 가지 단계로 나뉘며, 이에 대해 『예기 · 제통祭統』 편에서는 다음과 같이 말하고 있다.

> 효자가 부모를 섬김에는 세 가지 도가 있으니, 살아 계시면 〈예에 맞게〉 봉양하고, 돌아가시면 〈예에 맞게〉 상을 치르고, 상이 끝나면 〈예에 맞게〉 제사를 지내는 것이다. 봉양할 때는 그 순함을 관찰하고, 상을 치를 때는 그 슬퍼함을 관찰하고, 제사를 지낼 때는 그 공경하고 때에 맞게 사모함을 관찰하니, 이 세 가지 도를 다하는 것은 효자의 행실이다.
>
> 孝子之事親也, 有三道焉 : 生則養, 沒則喪, 喪畢則祭. 養則觀其順也, 喪則觀其哀也, 祭則觀其敬而時也. 盡此三道者, 孝子之行也.

부모를 봉양養할 때는 부모의 뜻을 따르는 순順이 요구되며, 부모의 상喪에는 진심 어린 슬픔(哀)이, 부모의 제사에는 깊은 경의(敬)가 요구된다. 이러한 태도는 '효제孝悌'의 핵심 원칙을 구성하며, 이는 어른과 연장자에 대한 존경과 순종, 그리고 불평 없이 헌신하는 태도를 전제로 한다. 『논어 · 학이學而』 편에서는 다음과 같이 말하고 있다.

> 부모를 섬기되 능히 그 있는 힘을 다한다.
>
> 事父母, 能竭其力.

부모가 살아 계실 때는 예에 따라 극진히 섬기고 봉양해야 하며, 부모가 세상을 떠난 후에도 장례와 제사를 모두 예에 따라 행해야 한다. 『논어 · 위정爲政』 편에서는 이를 다음과 같이 설명하고 있다.

> 살아 계실 때는 예로써 이를 섬기고, 돌아가시게 되면 예로써 장례를 지내며, 제사를 예로써 모셔야 한다.
>
> 生事之以禮, 死葬之以禮, 祭之以禮.

『의례 · 상복喪服』 편에 따르면, 부모의 상기喪期는 3년으로 정해져 있으며, 이는 유가 윤리에서 가장 엄중하고 중요한 상복喪服 제도로 간주된다. 이는 단순한 장례 절차를 넘어, 부모에 대한 깊은 애도와 효孝의 실천을 강조하는 유가 사상의 핵심 요소로 자리 잡고 있다. 유가는 '후장厚葬'과 '구상久喪'을 강하게 주장하였으며, 이는 부모가 인간관계에서 가장 존귀한 존재로 여겨졌기 때문이다. 부모와 자식 간의 정情은 인간관계의 가장 근본적인 요소로 간주되었으며, 이에 따라 장례와 애도의 과정 또한 깊은 공경과 슬픔을 충분히 표현할 수 있도록 엄격하게 규정되었다. 유가는 짧은 상기喪期나 형식적으로만 치러지는 장례가 부모에 대한 진정한 애도와 경의를 드러내기에 부족하다고 여겼다. 따라서 부모의 장례와 애도 기간은 단순한 의례적 형식이 아니라, 자식이 부모를 공경하고 사랑하는 마음을 실천하는 필수적인 과정으로 인식되었다. 『논어』에는 이에 대한 상징적인 일화가 기록되어 있다. 공자의 제자 재아宰我는 부모의 복상服喪 기간인 3년이 지나치게 길다고 여기며 단축할 것을 제안하였으나, 공자는 이에 대해 단호히 반대하며 그를 꾸짖었다. 공자는 부모가 자식을 3년 동안 정성을 다해 기르듯이, 자식 역시 부모가 세상을 떠난 후 3년 동안 깊이 애도하며 예를 다해야 한다고 강조하였다. 나아가, 부모의 복상 기간을 단축하려는 재아의 태도를 '불인不仁'하다고 지적하며, 진정한 효孝의 의미를 간과한 것이라고 강하게 비판하였다.

> 재아는 어질지 못하구나! 자식은 태어난 지 삼 년이 지난 연후에야 부모의 품에서 벗어날 수 있는 것이다. 무릇 삼 년의 상기는 천하에 통용되는 상례이다. 재아는 삼 년 동안 부모의 사랑을 받은 자인가?
>
> 予之不仁也! 子生三年, 然後免於父母之懷. 夫三年之喪, 天下之通喪也. 予也, 有三年之愛於其父母乎?
>
> 『논어 · 양화陽貨』

이와 같이, 유가는 예禮의 혈연적 본질을 '효제孝悌' 위에 두었으며, '효제'를 일상생활에서 부모와 자식 간의 사랑을 기반으로 확립하였다. 공자는 상喪중의 슬픔과 애도의 감정이 진실해야 한다고 강조했다. 『논어 · 양화』에서는 이를 다음과 같이 말하고 있다.

무릇 군자의 거상居喪에는 맛있는 음식을 먹어도 달지 않으며, 음악을 들어도 즐겁지 않으며, 거처에도 편안을 느끼지 못하기 때문에 그러한 것은 하지 않는 것이다.

夫君子之居喪, 食旨不甘, 聞樂不樂, 居處不安, 故不為也.

이처럼 유가의 예는 혈연관계를 기반으로 한 도덕적 실천으로, 특히 효제孝悌의 가치를 일상에서 구현되는 것을 중시하였다. 이는 가족 관계를 통해 윤리적 가치와 사회적 질서를 형성하고 유지하려는 유가 사상의 핵심적인 특징을 보여준다. 유가는 가족을 중심으로 인간관계를 정립하고, 이를 확장하여 국가와 사회의 조화로운 질서를 확립하고자 하였다.

특히, 유가는 제례祭禮를 매우 중시하였으며, 그중에서도 종묘宗廟에서 선조를 제사 지내는 예를 중요하게 여겼다. 이는 제례가 혈연을 통한 효제孝悌의 정情을 지속시키는 역할을 하기 때문이다. 선조에 대한 제사를 통해 살아 있는 가족 구성원들은 혈연적 연대감을 유지하고, 효와 애도의 감정을 후대로 전승할 수 있었다.

공영달孔穎達은 『예기 · 제통祭統』 편의 소疏에서 언급한 "추생시지양追生時之養, 계생시지효繼生時之孝"는 제례를 통해 이미 세상을 떠난 부모에게도 상징적으로 생전에 행했던 봉양과 효의 의무를 지속하며, 애도의 감정을 표현하는 행위임을 잘 보여준다. 이는 제례가 단순히 의례적 형식이 아니라, 가족과 선조에 대한 존경과 사랑을 통해 혈연적 윤리를 강화하는 상징적 행위이다. 『예기』에서는 다음과 같이 말하고 있다.

무릇 사람을 다스리는 도는 예보다 더 급한 것이 없고, 예는 늘 행하는 〈吉禮 · 凶禮 · 軍禮 · 賓禮 · 嘉禮의〉 다섯 가지 예가 있는데 제사보다 더 중요한 것이 없다. 제사라는 것은 〈자신에게 이를 행하도록 다른 것이〉 밖에서 자신에게 이르는 것이 아니라 〈효자 자신의〉 안에서 나와 〈효자의〉 마음에 생겨나는 것이다.

凡治人之道, 莫急於禮. 禮有五經, 莫重於祭. 夫祭者, 非物自外至者也. 自中出生於心也. 『예기 · 제통祭統』

예는 단순히 외적 강제력을 가진 행위 규범에 그치는 것이 아니다. 예는 내적 심리 상태와 감정 요소, 즉 마음에서 우러나는 진정한 정서를 결합한 것으로, 감정과 의식이 고도의 조화를 이루며 통합된 상태를 의미한다. 『백호통白虎通 · 종족宗族』 편에서도 "살아서는 서로 친애親愛하고, 죽어서는 서로 애도한다(生相親愛, 死相哀痛)."라고 언급하고 있다. 이 구절은 생자生者와 사자死者 간의 관계에서 형성되는 친애와 애도의 감정이 단순한 사적인 감정을 넘어, 종법 사회의 기본 원칙임을 보여준다. 따라서, 존비尊卑, 귀천貴賤, 장유長幼 등 신분과 위계의 차이에 따라 마련된 다양한 상복喪服 제도와 제사 의식은 생자와 사자 간의 친애와 애도를 합리적이고 규범적인 행위로 구체화한 것이다. 이를 통해 개인은 자신의 감정을 절제된 방식으로 표현하면서도 윤리적 의무를 다할 수 있었으며, 사회는 질서와 규율을 확립하고 혼란과 갈등을 방지할 수 있었다.

이러한 예식과 제도의 존재는 사회적 위계와 역할을 명확히 규정하고, 공동체 내부의 조화를 유지하는 데 필수적인 요소였다. 동시에, 예는 가족과 사회 구성원들이 각자의 역할과 책임을 명확히 인식하며 조화로운 관계를 형성할 수 있었다. 이는 예가 단순히 외적 규범에 그치는 것이 아니라, 사회적 안정과 개인의 도덕적 성숙을 동시에 이루는 유가 사상의 근본 원리임을 잘 보여준다.

효부孝父 · 제형悌兄 · 효조孝祖에서 파생된 '효종孝宗'은 '효제孝悌'라는 종법宗法 윤리 사상의 또 다른 측면을 보여준다. 효종은 종실宗室과 대종大宗에 대한 효를 의미하며, 이는 조상을 공경하고 종묘에 제사하는 혈연적 관계에 기반한 예禮의 본질을 반영하고 있다. 따라서, 유가에서 제사는 반드시 자신과 직접적인 혈연관계가 있는 조상을 대상으로 하는 것이다(凡祭必己親). 이는 단순한 제례의 규범을 넘어, 종법적 질서를 유지하고, 가족과 가문의 유대를 강화하며, 나아가 국가의 안정을 도모하는 중요한 역할을 수행하였다.

동시에 공자의 '효제孝悌' 사상은 고대 종법宗法 사회의 전통을 계승하면서도, 이를 새로운 차원의 윤리로 확장하였다. 그는 '효孝'와 '제悌'의 개념을 국가적 윤리로 확장하면서, 여기에 '충忠'의 개념을 접목하였다. 이는 공자가 개인의 도덕적 수양에서 출발하여 가정을 넘어 국가와 천하를 다스리는 이상, 즉 '치국평천하治國平天下'를 실현하기 위해 모색한 윤리와 도덕적 경로였다.

공자는 가정에서는 부모에 대한 효를, 국가에서는 군주에 대한 충을 다할 것을 강조하며, '효'와 '충'을 하나의 통합된 덕목으로 여겼다. 그는 "효와 자애로움으로 행하면 충을 실천할 수 있다(孝慈則忠. 『논어 · 위정爲政』)."라고 말하며, "신하는 군주를 충으로 섬겨야 한다(臣事君以忠. 『논어 · 팔일八佾』)."는 원칙을 제시하였다. 그러나 공자의 '충' 개념은 후대의 '충군忠君', 즉 절대적 복종의 개념과는 차별된다. 예컨대 "군주가 신하를 부리되 예로써 해야 하고, 신하는 군주를 섬기되 충으로 해야 한다.(君使臣以禮, 臣思君以忠. 『논어 · 팔일八佾』)"

라는 구절에서 알 수 있듯이, 공자가 말한 충은 단순히 통치자에 대한 복종만을 의미하는 것이 아니라, 군주와 신하 간의 관계가 상호적인 윤리적 원칙을 따라야 함을 강조하는 개념이었다.

공자의 '충'은 군주에 대한 일방적인 충성이 아니라, 모든 대인 관계에서 요구되는 도덕적 성실함(與人忠)을 포함하는 보편적 윤리였다. 이는 개인과 공동체의 모든 관계를 조화롭게 유지하고자 하는 유가적 윤리 사상의 중요한 구성 요소로 작용하였다. 따라서, 공자는 가정에서의 윤리(孝悌)를 국가의 정치 윤리로 확장하며, 개인과 사회의 도덕적 조화를 실현하는 기반을 마련하였다.

효孝와 충忠은 유가 윤리와 도덕규범에서 가장 중요한 두 가지 범주로, 현실적 윤리 관계 속에서 매우 구체적인 역할을 수행한다. 종법宗法 사회에서 군신 관계와 부자 관계는 사회 질서의 근간을 형성하는 요소였으며, 이를 통해 국가와 사회의 안정이 유지되었다. 이에 대해 『예기 · 예기禮器』에서는 이를 다음과 같이 설명하고 있다.

> 〈왕은 하늘을 아버지로 섬기고 땅을 어머니로 섬기니〉 천지의 제사와 종묘의 일과 부자간의 도와 군신 간의 의는 〈자연의 차례를 順히 따르는 것이므로〉 윤倫이다.
>
> 天地之祭, 宗廟之事, 父子之道, 君臣之義, 倫也.

이러한 관점에서 볼 때, 군신君臣과 부자父子 간의 권리와 의무 관계를 규정하는 행동 규범, 즉 충忠과 효孝는 종법宗法 사회에서 가장 중요한 도덕적 율령律令으로 자리 잡았다. 예禮의 근원에서 살펴보면, 충과 효는 상호 밀접한 내적 연관성을 지니며, 이는 종법 사회에서 가정에서 국가로 확대되는 정치 관계의 연속성을 반영한다. 즉, 효는 가정 내에서 윤리적 기반을 형성하는 역할을 하며, 충은 이를 바탕으로 정치적 윤리로 발전하여 사회와 국가를 다스리는 도덕적 원칙으로 확장한 것이다.

고대 사회에서 '국國'과 '가家'의 관계는 매우 밀접하였으며, 가정은 국가의 기원과 발전 과정에서 중요한 역할을 하였다. 이는 단순한 혈연적 연결을 넘어 강력한 문화적 의미를 내포한다. 가정은 국가의 기초였고, 국가는 가정의 확장된 형태였다. 이러한 맥락에서 '조祖'와 '종宗'의 개념은 단순히 혈연적 관계를 나타내는 것이 아니라, 가정이 국가로 발전하는 과정에서 혈연적 기반이 정치적 구조로 전환되는 원리를 담고 있다. 고대 사회에서 천자天子는 자신의 형제와 친족을 각 지역의 제후로 삼아 봉토를 하사하였으며, 이들은 각기 독립된 제후국을 형성하였다. 천자의 지위는 대체로 적장자嫡長子에게 세습되었으며, 제후국의 지위 또한 적장자에게 세습되었다. 이와 같은 방식으로 가문에서 분가한 제후국의 군주는 '조祖'가 되었고, 그들의 계승자는 '종宗'이 되었다. 이에 따라 '조종祖宗'이라는 개념은 본래 혈연적 의미를 지닌 용어였으며, 점차 강한 정치적 색채를 띠게 되었다. 자급자족하던 '가家'는 완전한 '국國'으로 발전하였고, 가족 내의 가장家長과 구성원 간의 관계는 국가의 군주와 신하의 관계로 확대되었다.

이처럼 가정의 종법 윤리인 효는 정치 윤리로서의 충으로 확장되었다. 효는 충의 기초이며, 충은 효의 도덕적 승화이다. 따라서 유가는 가정에서 부모를 효성으로 섬기고 형제를 공경할 수 있는 사람은, 사회에서는 반드시 군주에게 충성을 다하고 어른을 공경할 수 있다고 보았다. 이는 가정에서의 도덕적 수양이 사회와 국가로 이어지는 연속적 윤리 체계를 보여준다. 유교 사상에서 '가제家齊'는 '국치國治'의 기초이다. 가정이 화목하면 국가가 안정될 수 있다는 이상적 원칙은, 국가의 정치 체제가 본질적으로 가정의 정치에서 기원하였음을 시사한다. 그리고 가정의 조화와 국가의 안정을 실현하는 최선의 방법은 바로 '예禮'의 실천에 있다. 예는 개인의 윤리적 수양을 바탕으로 가정을 조화롭게 이끌고, 이를 통해 사회와 국가 전체의 질서를 확립하는 핵심 원리로 기능하였다.

유가 경전 중 하나인 『의례』는 고대 귀족들의 일상 속에서 이루어진 다양한 예절을 체계적으로 기록한 전문 서적으로, 인간 윤리 관계에서 지켜야 할 다양한 규범과 절차를 명확히 제시하고 있다. 특히 부자父子와 형제兄弟의 관계를 다룬 「상복喪服」 편과 군신君臣 관계를 다룬 「연례燕禮」 및 「대사大射」 등은 인간의 행동을 단순한 감정적 반응이 아니라 이성적 규범 속에서 조율하고, 이를 내면의 도덕성과 조화시키는 방식으로 사회적 질서를 확립할 수 있음을 보여준다.

공자가 대표하는 유학은 '효제孝悌'를 종법적 사상의 기초로 삼아, 사람들이 예禮의 지도 아래 혼란스러운 사회에서 벗어나 조화로운 이상적인 사회로 나아가도록 하는 것을 목표로 하였다. 이러한 이상 사회란 조정에는 명확한 지위 질서가 확립되어 있고, 귀천에는 등급이 있으며, 장유長幼 간에는 위계가 존재하며, 남녀 간에는 역할의 구별이 있으며, 빈부 간에는 조화가 이루어진 사회를 의미한다. 여기에서 '예禮'는 한편으로 군신 · 상하 · 존비 · 장유 등의 엄격한 위계질서를 규정함으로써 당시 사회의 정치적 특성을 반영하는 동시에, 다른 한편으로는 강한 혈연적 색채를 띠며 가족 중심의 윤리 체계를 강조하고 있다.

공자는 '예가 무너지고 음악이 파괴된禮崩樂壞' 현실 속에서 '정명正

名'을 주장하며 주周나라의 '예禮'를 회복하는 것이 사회 질서를 바로잡는 핵심 과제라고 강조하였다. 이는 공자의 전통을 중시하는 보수적 성향을 보여주지만, 동시에 그가 치국평천하治國平天下를 실현하기 위해 모색한 유일한 방법이기도 하다.

공자는 '충忠'과 '효孝'를 실현하는 데 있어 예禮의 역할이 필수적임을 강조하였다. '충효忠孝'는 예禮 없이는 온전히 구현될 수 없다는 것이다. 『논어 · 안연顔淵』 편의 "비례물시非禮勿視, 비례물청非禮勿聽, 비례물언非禮勿言, 비례물동非禮勿動"이라는 격언은, 개인이 친친親親의 도리를 실천함으로써 '천하귀인天下歸仁'을 이루려는 자기 노력과 동시에, '제가치국齊家治國'이라는 이상을 실현하기 위한 정치적 전제 조건을 포함하고 있다.

공자가 언급한 '충'은 단순히 통치자에 대한 절대적 복종의 정치적 규범이 아니라, 윤리적 범주인 '효제孝悌'가 가정에서 국가로 확장된 윤리적 원칙으로 이해된다. 즉, 충은 효가 예를 통해 확대된 형태로서, 군주에 대한 충성뿐만 아니라 타인과의 관계에서 요구되는 도덕적 성실함(與人忠)까지 포괄하는 개념이었다.

결론적으로, 예禮가 규정하는 윤리적 강상綱常은 혈연적 윤리인 '효제孝悌'를 바탕으로 사람들로 하여금 정치적으로 충군忠君이라는 목적에 도달하게 한다. 이는 도덕 윤리가 정치 윤리로 전환되는 과정이며, 궁극적으로 중국 전통 정치 문화의 핵심 내용을 형성하였다. 이러한 관점에서 볼 때, 중국의 전통 정치 문화는 윤리倫理 · 강상綱常을 중심으로 전개된 정치 문화로 정의할 수 있다. 이는 가정의 윤리적 규범이 국가의 정치 윤리로 확장됨으로써, 도덕과 정치의 통합을 추구한 유가 사상의 본질을 잘 보여준다.

『의례』에 기록된 의문儀文과 『논어』의 경문을 비교해 보면, 두 텍스트 사이에 일정한 연관성이 있음을 발견할 수 있다. 『의례』는 서주西周 시대의 '예禮'를 일정 부분 반영하고 있으며, 『논어』는 이에 대한 태도와 감정적 요소를 보다 심화하여 해석하고 있다. 필자는 이를 '덕德'이라는 개념으로 명칭 한다.

즉, 『의례』의 '예'와 『논어』 및 『예기』에서 논의 되는 '덕'이 상호 호응함으로써, 『의례』의 의문은 단순한 형식적 규범을 넘어 도덕적 가치를 함축하고 있음을 보여준다. 예컨대, 군주를 섬길 때 단순히 절차적 의례를 준수하는 것이 아니라, 그 행위 속에 군주에 대한 존경과 정성을 담고 있다. 마찬가지로, 부모를 향한 예 또한 단순히 연장자에 대한 공경을 넘어, 부자父子 간의 깊은 자애와 친밀한 정을 표현하는 수단이 된다.

이처럼 『의례』와 『논어』·『예기』는 서로 유기적인 관계를 형성하며, 덕과 예가 상호 보완적으로 작용함을 보여준다. 이는 『의례』의 의문儀文이 단순한 외형적 규범을 넘어, 내면적 도덕성과 윤리를 조화롭게 아우르고 있음을 명확히 드러내는 것이다. 궁극적으로 『의례』는 유가 사상의 핵심 가치인 '예禮'를 구체적 규범으로 형상화한 동시에, 『논어』와 『예기』와의 상호 연계를 통해 도덕적 함의까지 포괄하는 종합적인 윤리 체계를 구축하고 있다.

3. 『의례』와 유가 예악禮樂 — 예본어정禮本於情

중국 고대 사회는 '법치法治'가 아닌 '인치人治'를 특징으로 하는 사회였다. 여기서 '인치'란 단순히 인간에 의한 통치를 의미하는 것이 아니라, '덕치德治'와 '예치禮治'를 포함한 개념이다. 유가儒家는 인간의 감정적 요소가 국가 정치에서 핵심적인 역할을 한다고 보았으며, 따라서 정치와 교화는 반드시 '인정人情'을 기반으로 이루어져야 한다고 주장하였다. 또한, 유가는 인간의 생리적 욕구의 합리성을 인정하며 다음과 같이 말한다.

> 그러므로 사람은 〈이치로써 말하면〉 천지의 마음이며, 〈기로써 말하면〉 오행의 단서이며, 맛있는 것을 먹고 소리를 구별하고 계절에 따라 옷을 입고 사는 존재이다.
>
> 故, 人者, 天地之心也, 五行之端也, 食味別聲被色而生者也.
>
> 『예기 · 예운禮運』

따라서 유가는 천도天道에 도달하기 위해서는 먼저 인정人情을 따르는 것이 중요하다고 보았다. 그러나 인간의 감정과 욕망은 무절제하게 표출될 것이 아니라, 반드시 '예의禮義'라는 규범적 질서 속에서 다스려질 때 비로소 합리적으로 충족될 수 있다고 강조하였다.

> 그러므로 성왕은 의義의 권병權柄과 예의 차례를 닦아서 인정을 다스린다.
>
> 故聖王修義之柄 · 禮之序, 以治人情. 『예기 · 예운禮運』

이른바 '순인정順人情'이란 인간의 기본적인 욕구를 충족시키는 것을 의미하며, '치인정治人情'은 이러한 욕구가 일정한 절제와 규율 속에서 조화롭게 실현되어야 함을 뜻한다.

성인聖人은 천지의 이치와 인간의 감정을 근거로 예禮를 제정하였다.

> 이 때문에 선왕이 〈음악을 만들 적에〉 사람의 성정性情에 근본하고 음률의 도수를 상고하고 예의로써 제정하며 〈악으로 천지 음양의〉 생기生氣의 조화로움에 합하며 오상五常의 행실을 인도 하셨다.
>
> 是故, 先王本之情性, 稽之度數, 制之禮義. 合生氣之和, 道五常之行.
>
> 『예기 · 악기樂記』

즉, 예는 성인이 백성을 교화하고 삶을 유지하며, 죽음을 정리하는 방법을 마련하는 것은 물론, 군신君臣 간의 관계를 올바르게 정립하고, 부모와 자식 간의 신의를 돈독히 하며, 형제간의 우애를 강화하고, 상하의 질서를 조화롭게 유지하며, 부부의 역할을 구분하고, 귀신을 섬기는 것을 위해 제정한 것이다.

따라서 예는 단순한 외형적 규범에 그치지 않고, 인간의 본성과 정情을 바탕으로 사회적 질서를 실현하는 동시에 국가와 개인의 조화를 이루기 위한 도덕적이고 실천적인 도구로 기능한다.

공자가 유가儒家를 부흥시킨 이후 '예禮'는 유가 사상의 핵심적인 요소로 자리 잡았다. 공자는 외적인 행위의 예제를 내면적인 도덕성과 연결하는 데 그치지 않고, 더 나아가 인정人情을 예禮의 내적 동력으로 승화시켜, 예가 단순히 외적인 행위 규범을 넘어 마음에서 우러나오는 합리적이고 자연스러운 행동으로 자리 잡게 되었다. 『논어 · 팔일八佾』 편에서 공자는 예의 근본에 대해 다음과 같이 언급한다.

> 임방이 예의 근본을 여쭙자, 공자가 말하였다. "훌륭하도다. 질문이여! 예란 사치스럽게 하기보다는 검소해야 할 것이며, 상喪은 형식적

으로 잘 치르기보다는 차라리 슬퍼함이 나을 것이다."

林放問禮之本. 子曰:「大哉問! 禮, 與其奢也, 寧儉; 喪, 與其易也, 寧戚.」

공자는 여기서 예禮의 본질을 직접적으로 언급하며, 단순히 외적인 형식에 치중하는 것이 아니라 내면의 슬픔에 더 집중할 것을 강조하였다. 이를 통해 상례喪禮의 핵심을 단순한 외형적인 의식에서 벗어나, 죽은 이를 향한 진심 어린 애도와 정서적 표현으로 전환시켰다.

이러한 개념은 『논어·양화陽貨』에서 더욱 명확하게 드러난다. 공자는 이에 대해 다음과 같이 말한다.

재아가 여쭈었다. "삼년상은 기간이 너무 깁니다. 군자가 3년 동안 예를 행하지 않으면 예가 반드시 무너지고, 3년 동안 음악을 익히지 않으면 음악이 반드시 무너질 것입니다. 1년이면 묵은 곡식이 이미 없어지고 새 곡식이 익으며 계절에 따라 불씨를 일으키는 나무도 바뀌니, 1년이면 그칠 만합니다."
공자께서 말씀하셨다. "상중喪中에 쌀밥을 먹고 비단옷을 입는 것이 네 마음에 편안하냐?" 재아宰我가 대답하였다. "편안합니다."
공자께서 말씀하셨다. "네 마음이 편안하거든 그리 하라. 군자가 거상居喪할 때는 맛있는 것을 먹어도 맛이 없으며 음악을 들어도 즐겁지 않으며 거처하는 것도 편안하지 않다. 이 때문에 하지 않는 것이니, 네가 편안하거든 그리 하라."
재아宰我가 밖으로 나가자, 공자께서 말씀하셨다. "재여宰予는 인하지 못하구나! 자식이 태어나서 3년이 된 뒤에야 부모의 품을 벗어난다. 3년의 상喪은 천하의 공통된 상례이니, 재여宰予도 그 부모에게 3년 동안의 사랑을 받았었는가?"

宰我問 :「三年之喪, 期已久矣. 君子三年不為禮, 禮必壞 ; 三年不為樂, 樂必崩. 舊穀既沒, 新穀既升, 鑽燧改火, 期可已矣.」子曰 :「食夫稻, 衣夫錦, 於女安乎?」曰 :「安.」「女安則為之! 夫君子之居喪, 食旨不甘, 聞樂不樂, 居處不安, 故不為也. 今女安, 則為之!」宰我出. 子曰 :「予之不仁也! 子生三年, 然後免於父母之懷. 夫三年之喪, 天下之通喪也. 予也, 有三年之愛於其父母乎?」

이 구절에서 재아宰我는 삼년상三年喪이 과연 필요한지에 대해 의문을 제기한다. 이에 대해 공자는 삼년상을 행하는 기준으로 '마음의 편안함'을 제시하며, 삼년상의 실행에 근거를 부모가 자녀를 기르는 과정에서 쏟는 헌신과 희생에 기인한다고 설명한다. 이는 상례 의식을 단순히 사회적 규범이나 행위를 제한하는 제도로 바라보는 것이 아니라, 인간의 감정적 필요에서 비롯된 자발적이고 자연스러운 행위로 이해했음을 보여준다.

『논어 · 술이述而』 편을 살펴보면, 공자가 예禮와 인정人情의 관계를 어떻게 바라보았는지 더욱 명확히 알 수 있다. 공자는 다음과 같이 말하고 있다.

공자께서는 상喪 중에 있는 사람 곁에서 음식을 먹을 적에는 배불리 먹은 적이 없으셨다. 공자께서는 곡을 하신 날에는 노래 부르지 않으셨다.

子食於有喪者之側, 未嘗飽也. 子於是日哭, 則不歌.

이 구절에서 『논어』는 공자가 상중喪中에 있는 사람 곁에서 함께 식사할 때 한 번도 배불리 먹지 않았음을 명확히 밝히고 있다. 이는 단순히 예禮의 의례적 규범에 명시된 행위를 기계적으로 따른 것이 아니다. 오히려 공자의 이러한 태도는 상중에 있는 사람에 대한 깊은 공감과 배려에서 비롯된 자연스러운 감정의 표현이었다. 이러한 행적은 공자가 예의 기초를 인정에 두었음을 분명히 보여준다. 즉, 예는 단순히 행동을 제한하는 규범적 장치가 아니라, 인간의 감정을 자연스럽게 드러내고 조화롭게 표현하는 역할을 한다는 점을 증명한다.

예를 인정에 기반한 것으로 이해하는 이러한 태도는 『의례』의 다양한 예식에서도 확인할 수 있다. 『의례 · 사상례士喪禮』에서는 다음과 같이 기록하고 있다.

> 사상례. 적실正寢에서 운명을 하면, 대렴大殮 때 사용할 이불로 시신을 덮는다. 복을 할 한 사람이 망자가 생전에 입었던 작변복爵弁服의 치마(裳 : 아래옷)를 웃옷(衣)에 연결해서 왼쪽 어깨에 메고, 작변복의 옷깃을 자신의 허리띠 사이에 꽂는다. 〈복을 할 사람은〉 동쪽 추녀 앞에서 사다리를 타고 지붕으로 올라가, 중앙까지 가 북쪽을 향해 옷을 흔들며 혼령을 부르는데, "아무개여, 돌아오라"라고 세 번을 외친 다음 옷을 당堂 앞으로 던진다. 옷을 받을 때는 상자를 사용하여 받고, 옷을 받은 뒤 조계(東階)로 올라가 옷을 시신 위에 덮어 놓는다. 복을 한 사람은 지붕 뒤쪽의 서쪽 추녀로 내려온다.
>
> 士喪禮. 死於適室, 幠用斂衾. 復者一人以爵弁服, 簪裳於衣, 左何之, 扱領於帶 ; 升自前東榮 · 中屋, 北面招以衣, 曰 : 「皋某復!」三, 降衣於前. 受用篋, 升自阼階, 以衣尸. 復者降自後西榮.
>
> 정의에서 말하였다 : "복復이라는 것은 자식이 부모의 죽음을 차마 받아들이지 못하여, 부모의 정기精氣가 돌아와 다시 살아나기를 바라는 마음에서 비롯된 것이다. 그러므로 이를 복復이라 부른다."

正義曰：「復者, 人子不忍死其親, 冀精氣之反而重生, 故云復.」

이것은 「사상례」에서, 망자亡者가 처음 세상을 떠난 후, 가족이 그의 옷을 지붕 위로 가져가 영혼을 부르는 의식을 행하는 대목이다. 이에 대해 「정의正義」에서는 이 의식을 설명하며, 그 근원이 단순한 전통적 관습이 아니라, 망자의 죽음을 차마 받아들일 수 없고, 다시 살아나기를 바라는 가족의 간절한 마음에서 비롯되었음을 설명한다. 「정의」의 해석에 따르면, 이러한 의식은 단순한 의례적 행위가 아니라, 망자를 떠나보내야 하는 가족이 느끼는 깊은 애도와 슬픔에 뿌리를 두고 있다. 이는 『논어』에서 공자가 언급한 예禮와 인정人情의 관계와 정확히 일치한다. 즉, 예는 단순한 규범적 의례를 넘어, 인정의 감정이 자연스럽게 표출되는 방식과 밀접하게 연결된 것이다.

『의례』와 선진先秦 유가儒家의 사상을 종합적으로 분석하면, 다음 세 가지로 요약할 수 있다.

첫째, 공자는 『의례』의 의문儀文을 실천하는 과정에서 그 근본적 기원을 인정人情으로 귀결시켰다. 인간의 감정적 필요에서 비롯된 의문은 단순한 형식적 절차에 머물지 않고, 자연스럽고 자발적인 표현으로 변모한다. 이를 통해 공자는 『의례』 의문이 단순한 고정적 규범이 아니라, 시대와 상황에 따라 생명력을 지닌 채 지속될 수 있는 강력하고 설득력 있는 근거를 제시하였다.

둘째, 『의례』의 의문儀文이 인정人情을 근원으로 하는 만큼, 그것은 단순히 정형화된 규칙이 아니라, 예禮를 실천하는 과정에서 상응하는 덕德을 창출해 내는 역할을 한다. 예컨대, 군주를 대할 때 『의례』에 명시된 의문을 따르는 것만으로 그치는 것이 아니라, 그 과정에서 '경

敬'과 '충忠'의 태도를 자연스럽게 형성하게 된다. 마찬가지로 부모를 대할 때도 상례喪禮의 의문, 예컨대, 참최斬衰와 같은 절차를 실천하는 과정에서 '효孝'와 '친애親愛'의 감정을 자연스럽게 발현하게 된다. 즉, 의문은 단순한 외형적 행위가 아니라, 인간의 도덕적 수양과 정서적 교감을 촉진하는 중요한 역할을 한다.

셋째, 『의례』는 외적인 행동만을 규정하는 데 그치지 않고, 예禮의 실천을 통해 내면의 덕성德性을 함양할 수 있는 기능을 지닌다. 이러한 덕성을 바탕으로 『의례』의 의문儀文을 준수하면, 그것은 단순한 개인의 도덕적 실천을 넘어 국가 차원의 교화敎化 기능까지 수행할 수 있다. 모든 사람이 의절儀節에 따라 예를 실천하고 이를 통해 자연스럽게 도덕적 교화를 받아들일 때, 국가는 안정되고 조화롭게 운영될 것이다.

『의례』와 『논어』·『예기』 및 기타의 경서와 비교해 보면, 『의례』와 공자의 사상 사이에 깊고 긴밀한 연관성이 있음을 분명히 확인할 수 있다. 『의례』는 공자의 철학적 토대를 뒷받침하며, 그의 예학禮學 체계를 구축하는 중요한 근거가 된다. 또한, 이는 공자가 추구한 인간과 사회의 도덕적 이상을 실현하는 핵심적인 토대로 기능하며, 공자의 사상이 단순한 이론에 머무르지 않고 실천적 차원에서 구체화될 수 있도록 한다.

4. 『의례』와 유가 정치—예치禮治

예禮는 '인정을 따르면서도(順人情)' 동시에 '인정을 다스린다(治人情).'는 점에서 정치 교화의 근본적인 토대가 되는 핵심 요소로 여겨졌다. 이에 따라 유가儒家는 예를 국가를 다스리는 근본 원리로 삼았다. 이러한 사상은 선진先秦시대와 양한兩漢 시기에 이르기까지 유가 경전과 문헌에 폭넓게 기록되어 있다. 이는 예가 단순히 인간 행동을 규율하는 도구에 머무르지 않고, 국가 운영과 사회 질서를 형성하고 유지하는 핵심 원리로 작용했음을 잘 보여준다.

> 나라는 예로서 다스리는 것이다.
>
> 爲國以禮. 『논어 · 선진先進』

> 능히 예양으로써 나라를 다스린다면 무슨 어려움이 있겠는가? 능히 예양으로써 나라를 다스리지 못한다면 예를 어디에 쓰겠는가?
>
> 能以禮讓為國乎, 何有? 不能以禮讓爲國, 如禮何!
>
> 『논어 · 이인里仁』

> 예는 국가를 경영하고, 사직을 안정시키고, 백성을 질서 있게 하고, 후사를 이롭게 하는 것이다.
>
> 禮, 經國家, 定社稷, 序民人, 利後嗣者也.
>
> 『좌전 · 은공隱公 11년』

> 무릇 예는 백성을 가지런히(바르게) 하는 것이다.
>
> 夫禮, 所以整民也. 『좌전 · 장공莊公 23년』

> 예는 나라의 근간이다.
>
> 禮, 國之幹也. 『좌전 · 희공僖公 11년』

예는 정치를 운용하는 도구이다.

禮, 政以輿也. 『좌전 · 양공襄公 21년』

무릇 예는 백성을 바르게 하는 것이다.

夫禮, 所以正民也. 『국어 · 노어상魯語上』

무릇 예는 나라의 기강이다.

夫禮, 國之紀也. 『국어 · 진어사晉語四』

예의가 없으면 상하가 어지러워진다.

無禮義, 則上下亂. 『맹자 · 진심하盡心下』

예라는 것은 정사를 이끌어가는 것이다. 정사를 다스리되 예로써 하지 않는다면 정사가 행해지지 않는다.

禮者, 政之輓也. 爲政不以禮, 政不行矣. 『순자 · 대략大略』

예가 나라를 바르게 하는 것은 저울이 경중을 헤아리고, 먹줄이 굽은 것과 곧은 것을 정하며, 원형자와 굽은자가 사각형과 원형을 가려내는 것과 같다.……그러므로 이를 통해 종묘에서 〈제사를〉 받들면 공경하게 되고, 이를 통해 〈관직에 나아가〉 조정에 들어가면 귀천이 자리하게 되고, 이를 통해 집안에서 처신하게 되면 부자가 친애하게 되며 형제가 화목하게 되고, 이를 통해 향리에서 처신하게 되면 장유가 질서 있게 된다. 공자는 "위정자를 편안하게 하고 백성을 다스리는 데에는 예보다 더 좋은 것이 없다."라고 했으니, 바로 이러한 것을 말한 것이다.

禮之於正國也, 猶衡之於輕重也, 繩墨之於曲直也, 規矩之於方圓也.……故以奉宗廟則敬. 以入朝廷, 則貴賤有位. 以處室家, 則父子親, 兄弟和. 以處鄕里, 則長幼有序. 孔子曰 : 『安上治民, 莫善於禮.』 此之謂也. 『예기 · 경해經解』

이 때문에 예는 군주의 큰 근본이다. 이로써 혐의스러운 일을 구별하고, 은미한 일을 밝히며 귀신을 대접하고 〈예악 · 의복 · 도량 따위의〉 제도를 상고하여 바로잡으며 〈사상을 위주로 삼는〉 인과 〈결단을 위주로 삼는〉 의를 구별하는 것이니, 〈예는〉 정사를 다스리고 군주를 안정시키는 수단이다.

是故, 禮者君之大柄也, 所以別嫌明微, 儐鬼神, 考制度, 別仁義, 所以治政安君也. 『예기 · 예운禮運』

정사를 행하는 것은 예를 가장 우선해야 하니, 예는 아마도 정사를 행하는 근본일 것이다.

為政先禮. 禮, 其政之本與! 『예기 · 애공문哀公問』

이러한 기록들은 '예禮'와 유가儒家 정치사상 간의 긴밀한 연관성을 생생히 보여준다. 예는 그 기원부터 정치와 밀접하게 연관되어 있었으며, 유가 사상이 지배적인 이념으로 자리 잡으면서 그 중요성은 더욱 강조되었다. 춘추전국시대에 예치禮治와 법치法治를 둘러싼 논쟁이 있었으나, 결국 예치 사상이 절대적인 우위를 점하게 되었고, 법률의 제정 또한 기본적으로 예의 정신을 토대로 이루어졌다. 이는 중국 고대 정치 체제가 타국의 정치와 구별되는 중요한 특징 중 하나로, 예가 단순한 도덕적 규범을 넘어 국가 통치의 근본 원리로 기능했음을 명확히 보여준다.

예禮를 통해 나라를 다스리는 가장 기본적이고 중요한 개념은 등급 관념이다. 예의 본질은 상하上下와 귀천貴賤을 구분하는 존비尊卑와 신분 질서에 있다. '구별別'이 있어야 비로소 '공경敬'이 생기며, 이는 아랫사람이 윗사람을 공경하고, 낮은 사람이 높은 사람을 존중하는 사회 질서를 형성하는데 기여한다. 『의례儀禮』는 이러한 예의 규범을 상세히 기록하고 있으며, 각종 의절 형식의 세부 사항을 규정함으로써 사람들이 예의 본질을 이해하고, 일상생활에서 각자의 신분과 역할을 준수하도록 한다. 내용적으로, 예는 상하 윤리와 존비尊卑, 신분 등급을 통해 사회 제도의 기본 기준을 정립한다. 형식적으로, 예는 고유한 상징적 방식을 통해 각종 의식과 의례의 과정을 규정하며, 단순한 규율을 넘어 질서 있고 조화로운 사회를 유지하는 필수적인 원리로 작용한다.

『논어 · 이인里仁』 편에서는 예禮의 본질적 목적을 명확히 드러내며, 예가 단순히 사당에 모셔진 형식적 의문儀文이 아니라, 나라를 다스리는 근본 원칙이자 제도임을 강조하고 있다. 공자는 다음과 같이 말한다.

> 능히 예양으로써 나라를 다스린다면 무슨 어려움이 있겠는가? 능히 예양으로써 나라를 다스리지 못한다면 예를 어디에 쓰겠는가?
>
> 能以禮讓為國乎, 何有? 不能以禮讓爲國, 如禮何!

이 구절에서 공자는 예를 단순한 관습적 절차나 형식적 의례가 아니라, 국가 통치의 가장 중요한 방침으로 간주하고 있음을 알 수 있다. 이는 공자가 예의 가치를 얼마나 깊이 인식하고 있었는지를 보여주는 동시에, 예가 단순한 행위 규범을 넘어 국가의 질서와 조화를 이루는 근본적인 원리로 기능했음을 드러낸다. 이러한 관점에서 볼 때, 예는 단순히 인간 행동을 규율하는 도구가 아니라, 사회와 국가를 안정시키는 핵심적인 축으로 자리 잡았다.

공자에게 있어 예제禮制의 근본은 '정명正名' 사상에 뿌리를 두고 있다. 『논어 · 자로子路』 편에서 다음과 같이 말하고 있다.

> 자로가 여쭈었다. "위나라 군주가 선생님을 모셔 정치를 하고자 하십니다. 선생님께서는 먼저 무엇부터 하시렵니까?" 공자가 이렇게 대답했다. "반드시 명분을 바로잡겠다." 자로가 다시 물었다. "그런 것이 있군요, 선생님도 참으로 우활하시군요! 어떻게 바르게 한다는 말씀입니까?" 공자가 말하였다. "비속하도다. 유由야! 군자는 모르는 것이 있으면 말하지 않고 가만히 있는 것이다. 명분이 바르지 못하면 말이 〈이치에〉 순하지 못하고, 말이 〈이치에〉 순하지 못하면 일이 이루어지지 못하며, 일이 이루어지지 못하면 예악이 일어나지 못하고, 예악이 일어나지 못하면 형벌이 알맞지 못하고, 형벌이 알맞지 못하면 백성들이 손발을 둘 곳이 없어진다. 그 때문에 군자는 명분을 정하면 반드시 그에 맞는 말이 있게 되고, 무엇을 말하면 반드시 그에 맞는 실행이 있게 되는 것이다. 그렇게 되어야 군자가 그 말에 있어서 구차스러움이 없어지게 되는 것이다."
>
> 子路曰 :「衛君待子而為政, 子將奚先?」子曰 :「必也正名乎!」子路曰 :「有是哉, 子之迂也! 奚其正?」子曰 :「野哉由也! 君子於其所不知, 蓋闕如也. 名不正, 則言不順 ; 言不順, 則事不成 ; 事不成, 則禮樂不興 ; 禮樂不興, 則刑罰不中 ; 刑罰不中, 則民無所措手足. 故君

子名之必可言也, 言之必可行也. 君子於其言, 無所苟而已矣.」

자로와의 대화에서 공자는 정치를 행함에 있어 가장 중요한 첫 번째 과제가 '정명正名'임을 강조하였다. 정명이란 각자가 자신의 지위와 역할을 명확히 이해하고, 이에 따른 책임과 의무를 다하는 것을 의미한다. 이는 단순한 명칭의 문제가 아니라, 사회 질서와 정치적 안정의 근간을 이루는 핵심 원리이다. 이러한 명분과 지위의 명확성은 바로 예禮가 규범 하는 핵심이자 사회 질서와 정치적 안정의 근간이다.

『논어 · 위정爲政』에서는 자장子張이 공자에게 미래의 정치적 방침에 관해 묻는 대목은 공자의 정치적 관념 속에서 예禮가 얼마나 중요한 역할을 하는지를 여실히 보여준다. 공자는 다음과 같이 말했다.

> 자장이 여쭈었다. "십 세대 후의 일을 미리 알 수 있습니까?" 공자가 말하였다. "은나라는 하나라의 예를 인습 하였으니, 손익(가감) 한 것을 알 수 있으며, 주나라는 은나라의 예를 인습 하였으니, 손익 한 것을 알 수 있다. 혹시라도 주나라를 잇는 자가 있다면 비록 백세 뒤라도 알 수 있을 것이다."
>
> 子張問 : 「十世可知也?」 子曰 : 「殷因於夏禮, 所損益, 可知也 ; 周因於殷禮, 所損益, 可知也 ; 其或繼周者, 雖百世可知也.」

공자는 은殷의 정치 제도가 하夏의 예로부터 이어졌으며, 주周의 제도 또한 은상殷商으로부터 계승되었음을 언급하며, 하, 상, 주 세 시대 모두가 예禮로 세상을 다스렸음을 강조하였다. 그는 이를 근거로, 주나라를 계승하는 자들 역시 예를 기반으로 정치를 펼친다면, 백세百世 이후라도 예측할 수 있다 한 것이다. 공자가 언급한 "백세百世를 알 수 있다."라는 말은, 그의 관념 속에서 예제禮制와 치세治世의 도道가 불가분의 관계임을 명확히 보여준다. 이는 예가 단순히 과거의 유산이 아니라, 미래의 사회와 정치 질서를 형성하는 필연적 원리로 간주하였음을 시사한다.

『의례』의 장별 주제를 면밀히 살펴보면, 『의례』 17편 중에서 「사관례士冠禮」, 「사혼례士昏禮」, 「상복喪服」, 「사상례士喪禮」, 「기석례既夕禮」, 「사우례士虞禮」, 「특생궤사례特牲饋食禮」, 「소뢰궤사례少牢饋食禮」, 「유사철有司徹」을 제외한 나머지 의례들은 모두 조정에서 이루어지는 정치적 교류와 상호 접견에 관련된 의례로 분류된다. 이는 『의례』가 단순히 개인의 윤리적 실천을 규정하는 데 그치는 것이 아니라, 국가의 정치적 운용과 외교적 교류에서도 중요한 역할을 수행했음을 보여준다. 예를 들어, 『의례 · 사상견례士相見禮』에 대해 정현鄭玄은 주注에서 그 주제를 다음과 같이 설명한다.

> 士相見禮第三
>
> 처음 벼슬을 하여 사가 된 사람은 직위를 가지고 서로 친교를 맺으니, 비로소 예물(摯)을 들고 이전에 사가 된 사람을 찾아가 서로 뵙는 예를 행한다.
>
> 鄭注 : 士以職位相親, 始承摯相見之禮.

정현은 이 구절에서 「사상견례」가 사士가 직위와 신분에 따라 서로 만날 때 준수해야 할 예절을 명확히 규정한 것이라고 지적한다. 이 의례는 사士가 다른 사를 만날 때, 사가 대부大夫를 만날 때, 사가 군주君主를 만날 때 등 다양한 상황에서의 의식 절차와 준비해야 할 예물을 상세히 설명하고 있다. 이러한 의례는 단순히 만남의 형식을 정하는 데 그치지 않고, 상호 교류와 존중을 중시하는 '예는 왕래를 귀히 여긴다(禮尙往來)'라는 원칙을 기반으로 하고 있다. 여기서 말하는 왕래의 대상에는 군주 · 대부 · 사 등 다양한 사회적 계층이 포함되며, 표면적으로는 단순한 상견례로 보이지만, 실제로는 예치禮治 아래에서 신분과 역할에 따라 사람들이 교류하고 응대하는 방식을 규범화한 제도로 작용한다. 이는 단순한 형식적 절차가 아니라, 예악禮樂 제도가 실제 사회에서 어떻게 운영되었는지를 보여주는 중요한 사례로, 예가 사회적 질서를 유지하고 계층 간의 조화를 이루는 데 어떠한 역할을 했는지를 잘 보여준다.

또한, 『의례 · 향음주례鄕飮酒禮』 역시 정치적 성격을 가진 의례로, 유가 사상에서 지역 사회의 질서와 계층 간 화합을 이루는 데 중요한 역할을 한다. 이에 대해 다음과 같이 설명하고 있다.

> 鄕飮酒禮第四
>
> 제후의 향대부가 3년마다 대빈을 시행하여 현명한 자와 유능한 자를 군주에게 바치면, 군주는 그들을 빈으로 예우하고 그들과 함께 술을 마신다.
>
> 鄭注 : 諸侯之鄕大夫, 三年大賓, 獻賢者能者於其君, 以禮賓之, 與之飮酒.

정현은 「향음주례」의 목적에 대해, 군주에게 현자를 추천하기 위한 의례라고 설명한다. 그러나 실제로 「향음주례」는 단순히 현자를 천거하는 데 그치지 않고, 연회의 과정을 통해 의문儀文의 규범에 따라 장유長幼와 귀천貴賤을 명확히 구분함으로써, 정치적 목적과 도덕적 교화를 동시에 실현하는 데 초점을 맞추고 있다. 이는 향음주례가 단순한 사교적 모임이 아니라, 공동체의 질서를 유지하고 강화하는 상징적 의식으로 기능했음을 알 수 있다.

한편, 『의례 · 향사례鄉射禮』에서는 다음과 같이 말하고 있다.

鄉射禮第五

주의 장이 봄과 가을에 예로써 백성을 모아 놓고 주의 학교(州序)에서 활을 쏘는 예이다. 향이라고 말한 것은 주는 향에 속하고, 향대부가 이 활쏘기에 참여하기도 하는데 그 예의 절차를 바꾸지 않았기 때문이다.

鄭注 : 州長春秋以禮會民, 而射於州序之禮. 謂之鄉者, 州, 鄉之屬. 鄉大夫或在焉, 不改其禮.

정현은 「향사례」의 목적을 설명하면서, 이를 군주와 백성이 서로 만날 수 있도록 하는 의례라고 명확히 지적한다. 그러나 의문儀文의 세부 내용을 자세히 살펴보면, 「향사례」는 단순히 활쏘기를 연습하는 의식에 그치지 않고, 예악禮樂을 실천하며 도덕적 교화를 이루는 데 주요 목적이 있음을 알 수 있다. 이 과정에서 참가자들은 예와 악을 배우고 실천함으로써 사회적 질서를 익히고 내면화하게 된다. 더 나아가 활쏘기를 통해 재능 있는 인재를 선발하고, 그들을 국가 통치에 활용하려는 정치적 목적에도 함께 반영되었다. 활쏘기라는 신체적 기술의 연마를 넘어, 그것을 수행하는 과정에서 예禮의 엄격한 절차를 준수함으로써 신분 질서와 도덕적 규범을 학습하는 기회가 되었다.

이는 「향사례」가 단순한 무예 훈련을 넘어, 정치적 · 도덕적 의의를 함께 지닌 의례였음을 보여준다.

「향음주례」와 「향사례」 모두 예의 실천을 통해 사회적 질서를 확립하고, 정치적 안정과 도덕적 교화를 이루고자 했다는 점에서 유사한 맥락을 공유한다. 이러한 의례들은 단순히 의식이나 축제의 차원을 넘어, 유교적 정치사상의 핵심 원리인 '예치禮治'의 실제 운영과 그 실천적 의미를 잘 드러내는 사례들로 평가된다.

『의례 · 연례燕禮』에서는 다음과 같이 말하고 있다.

> 燕禮第六
>
> 제후가 제사 · 전쟁 등의 큰일이 없거나, 경 · 대부가 근로勤勞의 공을 세웠을 때, 여러 신하들과 연회를 거행하여 술을 마시면서 즐기는 예이다.
>
> 鄭注 : 諸侯無事, 若卿大夫有勤勞之功, 與群臣燕飮以樂之禮.

정현은 「연례」의 본질에 대해, 이를 제후가 경대부卿大夫의 노고를 위로하고 보상하기 위해 신하들과 연회를 함께하는 의례라고 설명한다. 이는 연례가 단순한 사교적 모임이 아니라, 군주와 신하 간의 관계를 강화하고 화합을 도모하는 자리로서, 상호 존중과 은혜를 베푸는 행위로 이해되었음을 보여준다. 그러나 『예기 · 연의燕義』를 살펴보면, 「연례」는 단순히 제후가 경대부의 노고를 위로하고 보상하는 데 그치는 것이 아니라, 더 깊은 정치적 · 윤리적 의미를 담고 있음을 알 수 있다. 연례는 군신君臣 간의 도리를 분명히 하고, 귀천貴賤의 차이를 명확히 구분함으로써 사회적 질서를 확립하는 데 중요한 역할을 한다.

즉, 연회라는 형식을 빌려 권위와 질서를 공고히 하면서도, 이를 은혜로운 방식으로 실현하는 예치禮治의 핵심적 수단으로 작용한 것이다. 『예기 · 연의燕義』에서는 이에 대해 다음과 같이 언급하고 있다.

> 군주가 차례대로 〈경대부 지위의〉 빈에게 술 마시기를 권하는 경우와 군주가 신하에게 특별히 술잔을 하사한 경우에 빈이 모두 〈서쪽 계단 아래로〉 내려가서 〈힘을 다 한다는 뜻으로〉 재배하고 머리를 조아리며 〈군주가 小臣에게 명하여 堂 아래에서 배례하는 것을 사양하게 하면 빈이 다시 당 위로〉 올라가 배례를 이룸은 신하의 예를 밝히는 것이고, 군주가 〈녹봉과 은혜로 보답한다는 뜻으로〉 답배하여 예에 답하지 않음이 없음은 군상의 예를 밝히는 것이다. 신하가 힘을 달하고 재능을 다 해서 나라에 공을 세우면 군주가 반드시 작위와 녹봉으로 보답하니, 그러므로 신하가 모두 힘을 다하고 재능을 다해서 공을 세움을 힘쓰게 된다. 이 때문에 나라가 편안하고 군주가 편안한 것이다. 예에 보답하지 않음이 없다는 것은 윗사람이 아랫사람에게 헛되이 취하지 않음을 말한 것이다. 윗사람은 반드시 정도正道를 밝혀서 백성들을 인도하여 백성들이 윗사람의 인도에 따라 공을 세운 뒤에야 10분의 1의 세법을 취한다. 그러므로 윗사람의 재용財用이 풍족하고 아랫사람의 재물이 궁핍하지 않는 것이니, 이 때문에 상하가 화친하여 서로 원망하지 않는 것이다. 온화함과 편안함은 예의 용用이니, 이는 군신간과 상하간의 큰 의이다. 그러므로 '연례는 군주와 신하 사이의 의義를 밝힌다.'한 것이다. 연례라는 자리는, 소경少卿은 상경上卿의 다음에 있고 대부는 소경의 다음에 있고 사와 서자는 차례로 아래에 있는 자리로 나아가며, 〈주인이〉 군주에게 술잔을 헌獻하면 군주가 차례대로 술 마시기를 권한 뒤에 〈주인이〉 경에게 헌하고, 경이 차례대로 술 마시기를 권한 뒤에 〈주인이〉 대부에게 헌하고, 대부가 차례대로 술 마시기를 권한 뒤에 〈주인이〉 사에게

헌하고, 사가 차례대로 술 마시기를 권한 뒤에 〈주인이 동쪽 계단 위에서〉 서자에게 헌하며, 조두俎豆·생체牲體·천薦·수羞가 모두 차등이 있으니, 이는 귀천의 분별을 밝히는 것이다.

君舉旅於賓, 及君所賜爵, 皆降再拜稽首, 升成拜, 明臣禮也；君答拜之, 禮無不答, 明君上之禮也. 臣下竭力盡能以立功於國, 君必報之以爵祿, 故臣下皆務竭力盡能以立功, 是以國安而君寧. 禮無不答, 言上之不虛取於下也. 上必明正道以道民, 民道之而有功, 然後取其什一, 故上用足而下不匱也；是以上下和親而不相怨也. 和寧, 禮之用也；此君臣上下之大義也. 故曰：燕禮者, 所以明君臣之義也. 席, 小卿次上卿, 大夫次小卿, 士·庶子以次就位於下. 獻君, 君舉旅行酬；而後獻卿, 卿舉旅行酬；而後獻大夫, 大夫舉旅行酬；而後獻士, 士舉旅行酬；而後獻庶子. 俎豆·牲體·薦羞, 皆有等差, 所以明貴賤也.

『예기·연의』에서는 「연례」에 담긴 의문儀文의 내용을 하나하나 설명하며, 그 본질적 의미를 구체적으로 드러내고 있다. 이에 따르면, 신하가 예를 갖추어 군주로부터 하사받는 과정은 단순한 행위를 넘어, 신하의 신분과 예의를 드러내는 동시에 그들의 본분과 책임을 명확히 하는 역할을 한다. 반면, 군주가 신하에게 예를 갖추어 답례하는 과정은 군주의 존귀한 지위와 인자함을 상징적으로 나타내는 행위로 해석된다. 따라서 군주와 신하가 예를 통해 서로 경의를 표하는 이 과정은 단순히 노고를 치하하는 행위를 넘어, 군신君臣 간의 상하 존비尊卑를 명확히 하는 심오한 정치적·윤리적 의미를 내포하고 있다. 이는 상호 존중과 질서를 통해 사회적 안정과 화합을 이루고자 하는 유교적 사상과 밀접하게 연결되어 있다.

이와 마찬가지로 대부와 사士가 예를 행하는 과정에서도 의문儀文에는 명확한 신분과 등급의 구분이 포함되어 있다. 이러한 구별은 경대부卿大夫와 사가 각자의 위치에서 귀천貴賤의 예를 명확히 이해하도록 돕는다. 예의 의식을 통해 신분과 지위의 차이를 체득한 후에야 상하가 화목을 이루고, 불만이나 갈등 없이 각자의 역할을 충실히 수행할 수 있다는 것이 유가적 질서의 핵심 논리이다.

「연례」는 이러한 예악禮樂의 과정을 통해 군주와 신하, 대부와 사가 각자의 역할을 만족하며 예를 지키고, 상하 간의 관계와 사회적 질서를 공고히 하는 데 기여한다. 이는 단순한 연회나 축제의 의미를 넘어, 실제 정치와 사회 질서 유지에 있어 중요한 기능을 수행하는 의례임을 보여준다. 결론적으로, 「연례」는 군신 간의 상호 존경과 귀천의 질서를 명확히 함으로써, 유가적 정치사상이 강조하는 '예치禮治'의 실천적 역할을 완벽히 구현한 의식이라 할 수 있다. 이를 통해 사회적 화합과 안정, 그리고 정치적 통치를 도덕적 기반 위에서 이루고자 하는 유가적 이상이 구체적으로 실현된 사례를 확인할 수 있다.

그리고, 『의례 · 대사의大射儀』는 다음과 같이 기록하고 있다.

> 大射儀第七
>
> 대사라고 이름 지은 것은 제후가 장차 제사의 일이 있을 때, 그의 여러 신하와 활쏘기하여 그 예를 살피는 것이기 때문이다. 자주 명중시킨 자는 제사에 참여할 수 있고, 자주 명중시키지 못한 자는 제사에 참여할 수 없다.
>
> 鄭注 : 名曰大射者, 諸侯將有祭祀之事, 與其群臣射以觀其禮. 數中者, 得與於祭, 不數中者, 不得與於祭.

정현은 「대사의」의 의식을 설명하면서, 이를 단순히 활쏘기를 목적으로 한 의식으로 보지 않고, 제사에 참여할 적임자를 선발하기 위한 일종의 인재 선발 제도임을 지적하였다. 이는 활쏘기라는 행위 자체에만 초점을 맞추는 것이 아니라, 이를 통해 도덕적 자질과 예의 실천 능력을 평가하는 중요한 절차임을 강조한 것이다. 활쏘기를 수행하는 과정에서 참가자들은 단순한 무예 능력만이 아니라, 예악禮樂의 규범을 준수하고, 신중하고 절제된 태도를 갖추는가가 중요한 평가 기준이 되었다. 즉, 「대사의」는 단순한 경기나 훈련이 아니라, 국가적 차원에서 예와 덕성을 갖춘 인재를 선별하는 수단으로 기능하였다.

한편 『예기 · 사의射義』를 살펴보면, 「연례」, 「향음주례」, 「대사의」는 그 실행 과정에서 상호 긴밀한 연관성을 지니고 있음을 알 수 있다. 이들 의례는 각각 독립된 목적을 가진 의식처럼 보이지만, 그 실행과 절차를 통해 유가적 정치와 도덕적 교화라는 공통된 목적을 실현하고 있다. 즉, 「연례」는 군주와 신하의 관계를 공고히 하고, 「향음주례」는 공동체 내에서 예의 실천을 강화하며, 「대사의」는 신체적 · 도덕적 자질을 갖춘 인재를 발굴하는 역할을 수행한다. 이를 통해 사회 질서를 유지하고 국가 통치의 기반을 마련하는 유교적 정치 이념이 구체적으로 구현되었다. 「사의」에서는 다음과 같이 말하고 있다.

> 옛날에 제후가 활쏘기할 적에 반드시 먼저 연례를 행하였고, 경 · 대부와 사가 활쏘기할 적에 반드시 먼저 향음주례를 행하였다. 그러므로 연례는 군신의 의리를 밝히는 것이요, 향음주례는 장유의 질서를 밝히는 것이다.……이 때문에 옛날에 천자가 활쏘기로써 제후와 경 · 대부와 사를 선발하였는데, 활쏘기는 남자의 일이기 때문에 예악으로써 꾸몄다. 그러므로 일 중에 예악을 다하여 자주 시행하여

덕행을 확립할 수 있는 것은 활쏘기만 한 것이 없으니, 이 때문에 성왕이 이것을 힘쓰신 것이다.

古者諸侯之射也, 必先行燕禮 ; 卿 · 大夫 · 士之射也, 必先行鄕飮酒之禮. 故燕禮者, 所以明君臣之義也 ; 鄕飮酒之禮者, 所以明長幼之序也.……是故古者天子以射選諸侯 · 卿 · 大夫 · 士. 射者, 男子之事也, 因而飾之以禮樂也. 故事之盡禮樂, 而可數為, 以立德行者, 莫若射, 故聖王務焉.

이 구절에서 두 가지 중요한 핵심을 도출할 수 있다.

첫째, 「연례」, 「향음주례」, 「대사의」, 「향사례」는 서로 밀접하게 연관된 의례이다.

「연례」와 「대사의」는 제후諸侯의 활쏘기 의례로, 군신君臣 간의 의義를 분별하고 확인하는 데 목적이 있다. 이를 통해 군주와 신하 간의 관계가 명확히 규정되며, 상호 존경과 의무가 실현된다. 즉, 군신 관계가 단순한 정치적 구조를 넘어 예악禮樂 속에서 확립되고 공고 해지는 것이다. 반면, 「향음주례」와 「향사례」는 경卿, 대부大夫, 사士의 활쏘기 의례로, 장유長幼의 순서를 구별하고 사회적 계층 간의 질서를 확립하는 데 목적이 있다. 이를 통해 사회 질서가 명확히 구분되고, 상하 관계가 예의에 따라 조정된다. 이러한 의례들은 단순히 활쏘기의 기술을 익히는 것이 아니라, 군신의 도리를 밝히거나 장유의 질서를 확립함으로써, 도덕적 교화와 사회적 안정을 실현하는 공통된 목표를 지닌다. 유교적 사상에서 예악禮樂은 단순한 형식이 아니라, 사회 질서를 유지하고 인간의 본분을 깨닫게 하는 교육적 도구로 작용한다. 따라서 이들 의례는 예악을 통해 상하 간의 관계를 명확히 규정하고, 각자의 역할과 책임을 사회적 실천으로 연결하는 점에서 깊은 유가적 의의를 지닌다.

둘째, 군주는 「대사의」와 「향사례」를 통해 인재를 선발한다.

유교 사회에서 인재를 등용하는 기준은 단순한 기술적 능력에 국한되지 않는다. 군주는 활쏘기 의례를 통해 참가자의 도덕적 품성과 사회적 역할에 대한 적합성을 평가하였다. 이 과정에서 단순히 활쏘기의 명중 여부만을 고려하는 것이 아니라, 예악禮樂을 통해 교화된 태도와 참가자의 인품과 행실을 관찰하여 판단한다. 이는 활쏘기가 기술적 성과를 넘어 도덕적·윤리적 판단의 척도로 기능했음을 보여준다.

따라서, 사례射禮는 다음과 같은 두 가지 정치적 기능을 수행한다.

- 예악禮樂 교화를 통해 군신의 도리와 장유의 질서를 분명히 한다.
  즉 군주와 신하 간의 상하 관계, 장유 간의 질서를 재확인함으로써 예치(禮治)의 기반을 공고히 한다. 예악을 통한 질서 확립은 단순한 형식이 아니라, 사회 전체의 안정과 화합 을 이루기 위한 필수적인 과정이었다.

- 군주가 인재를 선발하는 기준과 절차로서의 역할을 한다.
  군주는 활쏘기 의례를 통해 재능뿐만 아니라, 도덕적 품성과 사회적 역할에 적합한 인재를 선별하여 통치에 활용한다. 즉, 활쏘기 의례는 신체적 기술을 넘어, 국가를 이끌어갈 지도자를 선발하는 중요한 과정이었다.

이처럼 활쏘기 의례는 단순한 군사적 훈련을 넘어, 정치적·도덕적 의미를 내포하고 있으며, 이는 유가 정치사상의 핵심인 예치禮治를 실천하는 중요한 방법으로 자리 잡았다.

그리고, 『의례 · 빙례聘禮』에서는 다음과 같이 언급하고 있다.

聘禮第八

상대에게 예방하는 것을 '빙聘'이라고 한다. 제후들이 서로 돈독히 하는 의리로서, 오랫동안 회맹 등의 일이 없을 때 경을 보내어 서로 빙문을 하는 예이다.

鄭注云 : 大問曰聘. 諸侯相於久無事, 使卿相問之禮.

정현은 「빙례」의 본질을 제후 간에 안부를 묻는 의례로 설명하였다. 그러나 '제후 간의 안부 의례'는 현대적 관점에서 보면 단순한 문안 인사가 아니라, 본질적으로 외교 의례에 해당하며, 단순한 형식적 절차를 넘어 정치적 · 외교적 목적을 지닌다.

「빙례」의 목적은 다음과 같다.

◆ 외교 활동을 통해 다른 제후국들과의 관계를 강화하고 유대를 심화한다.
이는 단순한 예의적 방문을 넘어, 제후국 간의 유대를 공고히 함으로써 서로 간의 협력과 존중을 촉진하는 역할을 한다.

◆ 서로 간의 신뢰를 바탕으로 갈등과 분쟁을 평화적으로 해결하며, 상호 간의 협력을 도모한다.
빙례는 단순한 사교적 만남이 아니라, 외교적 분쟁을 해결하고 불필요한 충돌을 방지하기 위한 중요한 수단으로 기능하였다.

◆ 이러한 외교적 활동은 단순한 의례적 교류를 넘어, 정치적 관계의 형성과 지속을 위한 중요한 기반이 된다.
빙례를 통해 형성된 유대는 제후국 간의 실질적 정치 · 외교적 관계를 형성하고 유지하는 핵심적인 요소가 되었다.

즉, 「빙례」는 단순한 예의적 방문이 아니라, 제후국 간의 정치적 관계를 공식적으로 확인하고, 평화와 협력을 촉진하는 중요한 외교적 장치였다.

『예기 · 빙의聘義』에서는 「빙례」의 목적을 더 구체적으로 설명하고 있다. 다음과 같이 기록하고 있다.

> 〈주인 나라의 〉 경은 〈正使를 접대하는〉 상빈이 되고 대부는 〈副使를 접대하는〉 승빈이 되고 사는 〈그 이하의 수행원들을 접대하는〉 소빈이 되니, 군주가 친히 빈에게 예우하며 빈이 사사로이 〈예물을 가지고 대부를〉 만나고 사사로이 〈예물을 가지고 군주를〉 뵈며, 〈군주가 빈에게 죽은 희생인〉 옹과 〈살아 있는 희생인〉 희를 전달하고 〈군주가 빈에게 받았던 신표인〉 규장을 〈떠날 때가 된 빈에게 다시〉 돌려주며, 선물을 주고 향례와 사례食禮와 연례를 하는 것은 빈객과 군신의 의를 밝히는 것이다. 그러므로 천자가 〈빙례를 만들어〉 제후들로 하여금 행하게 하되 해마다 〈대부를 시켜〉 소빙을 하고 3년에 〈경을 시켜〉 대빙을 하며, 예로써 서로 장려하여 사자가 빙례에 잘못하면 주군이 직접 향례와 사례를 베풀지 않음은 〈사자를〉 부끄럽게 하여 분발시키기 위한 것이다. 제후가 예로써 서로 장려하면 밖에서는 〈사방의 여러 나라가〉 서로 침략하지 않고 안에서는 〈군신간이 의리가 있어서〉 서로 능멸하지 않으니, 이는 천자가 제후를 길러 무력을 사용하지 않고 제후들이 스스로를 바르게 하는 도구이다.

卿為上擯, 大夫為承擯, 士為紹擯；君親禮賓；賓私面·私覿；致饔餼·還圭璋·賄·贈·饗·食·燕, 所以明賓客君臣之義也. 故天子制諸侯, 比年小聘, 三年大聘, 相厲以禮. 使者聘而誤, 主君弗親饗食也. 所以愧厲之也. 諸侯相厲以禮, 則外不相侵, 內不相陵. 此天子之所以養諸侯, 兵不用而諸侯自為正之具也.

이 문장은 「빙례」의 목적을 명확히 지적하고 있다. 군주가 제후를 직접 예우하는 행위는 군신 간의 도리를 명확히 하고, 정치적 질서를 확립하기 위한 중요한 수단이다. 또한 제후들 간에 빙문聘問를 통해 서로 예를 다해 대우하며, 대외적으로 상호 침범을 방지하고, 대내적으로는 상호 정벌하지 않도록 하는 목적을 지닌다. 즉, 「빙례」는 단순한 의례적 행위가 아니라, 국가 간의 평화 유지와 내부 질서의 안정을 위한 실질적인 정치적 기제機制로 작용한다. 따라서 『의례 · 빙례聘禮』는 단순히 형식적 의례를 기록한 문헌이 아니라, 외교적 안정과 정치적 관계의 지속성을 구현하는 데 중요한 역할을 한다.

『의례 · 공사대부례公食大夫禮』에서는 다음과 같이 기록하고 있다.

公食大夫禮第九

주국의 군주가 예로써 소빙 온 대부에게 음식을 대접하는 예이다.

鄭注：主國君以禮食小聘大夫之禮也.

정현은 「공사대부례」를 해설하면서, 이를 군주가 대부를 예로써 초대하고 접대하는 의례라고 설명하였다. 그러나 실제 의례의 내용을 살펴보면, 「공사대부례」는 제후가 대부를 연회로 접대하는 의식에 해당하며, 그 성격은 「연례」와 「향음주례」와 유사하다. 그러나 중요한 차이점이 존재한다. 「연례」와 「향음주례」는 단순히 연회에 그치지 않고, 이후에 「대사의」나 「향사례」로 이어지며, 도덕적 교화와 인재 선발이라는 정치적 목적을 포함한다. 반면, 「공사대부례」는 순수하게 연회를 중심으로 구성된 의례로, 이후의 활쏘기 의식으로 연결되지 않는다.

「공사대부례」는 제후가 대부를 초청하여 연회를 베풀고, 그 과정에서 상하 간의 예禮를 확인하며, 정치적 유대를 강화하는 데 초점이 맞춰져 있다. 따라서 단순히 대부를 대접하는 연회가 아니라, 군주와 신하 간의 관계를 공고히 하고 정치적 유대를 형성하는 중요한 의례였다.

『의례 · 근례覲禮』에서는 다음과 같이 언급하고 있다.

覲禮第十

근은 뵙는다는 뜻이다. 제후가 가을에 천자를 뵙는 예이다. 봄에 뵙는 것을 조朝라 하고, 여름에 뵙는 것을 종宗이라 하고, 가을에 뵙는 것을 근覲이라고 하고, 겨울에 뵙는 것을 우遇라고 한다. 조와 종의 예는 성대하다. 근과 우의 예는 간략하기 때문에 향헌享獻이 보이지 않는다. 세 계절의 예는 없어지고 오직 이 근례만이 남았을 뿐이다.

鄭注 : 覲, 見也. 諸侯見天子之禮. 春見曰朝, 夏見曰宗, 秋見曰覲, 冬見曰遇. 朝 · 宗, 禮備, 覲 · 遇, 禮省, 是以享獻不見焉. 三時禮亡, 唯此存爾.

정현은 「근례」를 제후가 천자를 알현하는 의례로 해석하였다. 그는 이 의례가 단순한 알현의 의미를 넘어, 제후가 천자에게 자신의 충성을 표하고, 천자가 제후를 예로써 접대함으로써 상하 간의 관계를 명확히 하는 중요한 정치적 의식이라고 보았다. 또한, 정현은 봄, 여름, 가을, 겨울의 서로 다른 시기에 이루어지는 알현이 각기 다른 명칭을 가지고 있음을 지적하였다. 그러나, 역사적 변화 속에서 봄, 여름, 겨울의 세 가지 예는 점차 소멸하였고, 결국 가을의 근례만이 남게 되었다고 설명하였다. 『주례 · 추관사구秋官司寇』에서는 봄, 여름, 가을, 겨울의 예절에 대해 다음과 같이 설명하고 있다.

> 대행인은 대빈이나 대객의 예의를 관장하여 제후들과 친하게 하는 일을 한다. 봄에 제후들이 조회(朝) 오면 천하의 일을 도모하고 가을에 조회(覲) 오면 큰나라와 작은 나라들의 공로를 비교하고 여름에 조회(宗) 오면 천하의 계획을 진열하고 겨울에 조회(遇) 오면 제후들의 생각을 협의하게 한다. 정해진 날짜에 조회할 때는 사방의 금지 사항을 발표하고 제후들이 함께 천자를 알현할 때는 천하의 정치를 시행하게 한다.
>
> 大行人 : 掌大賓之禮及大客之儀, 以親諸侯. 春朝諸侯而圖天下之事, 秋覲以比邦國之功, 夏宗以陳天下之謨, 冬遇以協諸侯之慮. 時會以發四方之禁, 殷同以施天下之政.

『주례 · 추관사구』에서는 천자가 제후를 접견하는 예를 봄, 여름, 가을, 겨울로 나누어 설명하며, 『의례 · 근례』를 천자가 방국邦國의 공적을 평가하는 의례로 규정하고 있다. 이 문장은 「근례」를 포함한 계절별 의례들이 단순한 형식적 절차가 아니라, 각각 명확한 정치적 의미와 목적을 지니고 있음을 보여준다. 특히 가을의 「근례」는 제후국의 공적을 평가하고 치적을 검토함으로써, 천자가 방국에 대한 통치 권위를 행사하는 중요한 의례로 기능했다. 이는 단순히 천하 질서를 상징적으로 드러내는 것에 그치지 않고, 실질적인 정치적 목적을 구현하기 위해 설계된 의례임을 보여준다. 천자는 이 의례를 통해 각 제후의 통치 성과를 검토하고, 공로를 인정하거나 부족한 부분을 지적함으로써 중앙집권적 통치 체제를 유지할 수 있었다.

『의례』 17편 중 8편이 정치적 교류와 관련된 내용을 다루고 있으며, 나머지 9편 중에서도 「사관례」는 단순히 가족 내 성년식이 아니라, 정치적 의미와 실용적 목적을 포함한 의례임을 보여준다. 「사관례」에서는 성년이 된 인물을 지역의 경대부卿大夫나 군주君主를 방문하게 하여, 그가 가문을 대표해 예제禮制를 수행할 자격을 공식적으로 인정받는 절차를 포함한다. 이를 통해 관례를 받은 자는 공식적으로, 성인으로 인정되며, 단순한 개인적 성장의 표식이 아니라 사회적 · 정치적 역할을 수행할 준비가 되었음을 의미한다. 즉, 「사관례」는 사회적 입문 절차로 작용하며, 국가 질서와 연결된 중요한 정치적 의례로 기능하였다.

『의례』의 모든 예제의 목적을 면밀히 검토하고 이를 『논어』에서 강조하는 실용적 목적과 비교해 보면, '예의 존재는 실용적 목적을 가진다.'라는 『논어』의 주장이 완전히 타당함을 증명할 수 있다. 예컨대, 『논어 · 양화陽貨』 편에서 다음과 같이 말한다.

> 공자가 말하였다. "예가 어쩌고, 저쩌고 한다고 해서 예물로 쓰이는 옥이나 비단만을 두고 한 말이겠는가? 악이 어쩌고, 저쩌고 한다고 해서 종이나 북만을 두고 한 말이겠는가?"
>
> 子曰 : 「禮云禮云, 玉帛云乎哉? 樂云樂云, 鐘鼓云乎哉?」

이는 예악禮樂 제도가 단순히 예기禮器나 음악적 요소에 국한되지 않고, 더 깊은 교화敎化의 목적을 담고 있음을 명확히 밝히고 있다. 예악은 단순히 의식의 형식적 장치가 아니라, 정치와 사회 질서를 형성하고 유지하는 핵심 원리로 기능하며, 이를 통해 개인을 교화하고 사회적 조화를 이루는 데 중요한 역할을 한다.

이상을 종합해 보면, 『의례』와 『논어』 및 『예기』는 예악禮樂이 단순히 의례적 형식이나 음악적 요소에 머무르지 않고, 개인의 역할을 확립하고 사회적 관계를 강화하며 정치적 안정을 유지하는 데 실질적인 목적을 지닌다는 점에서 깊은 연관성을 가진다. 『의례』에서 제시된 다양한 의식들은 유교적 사상에서 예악이 개인과 사회, 나아가 국가를 아우르는 핵심 원리로 간주되는 이유를 잘 설명해 준다.

이는 예악이 단순히 형식적 도구가 아니라, 공자가 『논어』에서 설파한 예치禮治의 본질과 도덕적 교화를 구체적으로 구현하는 실천적 수단으로 작용했음을 보여준다. 즉, 『의례』는 유교적 철학과 정치적 이상을 실질적으로 실행하고 구체화한 텍스트일 뿐만 아니라, 예악을 통해 이상적 사회 질서를 실현하고자 한 유교적 목표의 핵심을 담고 있는 중요한 기록이라 할 수 있다.

Ⅳ

예의 원칙

본 장에서는 『의례』를 주요 자료로 삼고, 『예기』의 내용을 보조적으로 활용하여 『의례』 의문儀文에 나타난 실행 원칙을 체계적으로 정리하고, 이를 기반으로 예禮의 목적과 본질을 심도 있게 고찰하고자 한다. 이를 위해 예의 원칙을 세 가지로 나누어 개괄적으로 분석한다.

첫째, 모든 예제禮制는 기본적으로 귀족 계층을 주요 시행 대상으로 하며, 혈연관계의 친소親疏를 가장 중요한 구분 기준으로 삼는다.

- 『의례』에서 규정된 예제禮制는 귀족 계층을 중심으로 시행되었으며, 혈연적 친소親疏가 중요한 기준이 되었다.
- 이는 신분 질서와 가족 중심의 사회구조를 반영하는 것으로, 예禮가 단순한 도덕적 규범이 아니라 사회적 신분과 관계를 명확히 구별하는 기준으로 작용했음을 보여준다.

둘째, 예는 의절儀節의 실행을 통해 친소親疏, 존비尊卑, 장유長幼, 남녀男女의 원칙에 따라 각 개인의 지위와 역할에 적합한 예를 적용한다.

- 『의례』에 나타난 다양한 의례는 각 개인의 신분과 역할에 따라 서로 다른 예를 적용한다.
- 즉, 가족 내에서는 친소親疏의 원칙, 사회적으로는 존비尊卑, 장유長幼, 남녀男女의 원칙이 엄격하게 적용되었다.
- 이러한 원칙에 따라 신분이 다른 사람들에게는 동일한 예가 요구되지 않으며, 각자의 지위에 맞는 예를 실천하도록 규정되었다.

셋째, 예를 행하는 과정에서 개인의 신분은 '시기時期'의 변화나 상대방의 신분에 따라 달라질 수 있으며, 이에 따라 의례 역시 유동적으로 변화한다.

- 예禮는 고정된 것이 아니라 시기時期의 변화, 즉 생애 주기나 사회적 역할에 따라 유동적으로 조정될 수 있음을 보여준다.
- 예를 행하는 과정에서 개인의 신분이 변화할 수 있으며, 이에 따라 의례도 적절히 변형되어 적용된다.
- 예컨대, 관례冠禮를 통해 성인이 된 이후에는 이전과는 다른 예를 적용받으며, 부모 의 상喪을 당했을 때도 신분에 따라 예절이 변화한다.

이와 같은 세 가지 원칙을 바탕으로, 다음에서는 각 원칙을 구체적으로 분석하며, 예의 원칙이 지닌 심오한 의미를 고찰하고자 한다.

1. 귀족 혈연 중심

예禮는 혈연을 기반으로 종법宗法 제도를 구축하였으며, 이 종법 제도의 적용 범위가 곧 예가 실행되는 범위로 규정된다. 즉, 예는 단순한 도덕적 규범이 아니라, 혈연 집단 내부의 위계와 질서를 유지하기 위한 체계적인 원리로 작동하였다. 이러한 원칙은 본질적으로 서민 계층을 배제하고, 귀족 계층을 중심으로 운영되었다. 이는 예가 단순히 사회적 질서 유지의 도구를 넘어, 귀족 혈연 집단 내의 관계를 공고히 하고, 신분 질서를 유지하는 핵심적 제도로 기능했음을 보여준다. 특히 『예기 · 곡례상曲禮上』에서도 이러한 특성을 명확히 드러내며, 다음과 같이 언급하고 있다.

> 예는 서인에게까지는 적용하지 않으며, 형벌은 대부에까지는 적용하지 않는다.
>
> 禮不下庶人, 刑不上大夫.

이 단락에서 『예기』는 서인庶人과 대부大夫의 두 계층을 명확히 구분하며, '예禮'는 본질적으로 귀족을 중심으로 이루어지는 것으로, 서민은 예를 논하거나 제정할 수 없음을 분명히 설명하고 있다. 이는 예가 단순히 형식적 규범에 그치지 않고, 특정 계층의 권위와 질서를 유지하는 데 중심적인 역할을 했음을 보여준다. 이 구절을 자세히 검토하면 두 가지 문제가 도출된다.

첫째, 『예기』에서 언급하는 '예禮'와 '형刑'의 본질은 무엇인가?

둘째, 왜 『예기』는 '예'와 '형'을 통해 서민과 대부 간의 다른 대우를 구분했는가?

이에 대해 정현鄭玄은 다음과 같이 주석을 달며 설명하고 있다.

〈서인들은〉 자신의 살림살이에 급급하고, 또한 예물도 갖출 수 없기 때문이다.

禮不下庶人의 注 :
為其遽於事, 且不能備物.

현명한 자가 법을 범한 사안에 대해서는 형벌이 간여하지 않으니, 그들이 법을 범하게 되면, 팔의八議[1]에 따라 죄의 경중을 따지지, 형벌의 조문으로 따지지 않는다.

刑不上大夫의 注 :
不與賢者犯法, 其犯法則在八議輕重, 不在刑書.

정현은 '예'가 서민에게 적용되지 않는 이유에 대해 다음과 같이 설명하였다.

◆ 예를 행하는 데 필수적인 다양한 기물, 즉 예기禮器를 준비해야 하지만, 서민은 이를 마련할 경제적 여력이 부족하기 때문이다.

---

1) 팔의八議는 여덟 가지 심의를 뜻한다. 팔벽八辟이라고도 부른다. 이러한 심의를 거쳐 죄를 경감하거나 사면하게 된다. 심의 내용은 첫 번째 군주와 친족인지 여부, 두 번째 군주와 오래전부터 친분이 있었는지 여부, 세 번째 그자가 현명한 자인가의 여부, 네 번째 그자에게 뛰어난 재능이 있는지 여부, 다섯 번째 그자가 공적을 세운 적이 있었는지 여부, 여섯 번째 그자가 존귀한 신분인지 여부, 일곱 번째 그자가 국가의 정무에 대해서 근면하게 일해 왔는지 여부, 여덟 번째 그자가 선대 왕조의 후예들이라면, 신하로 대할 수 없으므로, 빈객賓客으로 대해야 하는지 여부이다. 『주례 · 추관秋官 · 소사구小司寇』 편에는 "以八辟麗邦法附刑罰, 一曰議親之辟, 二曰議故之辟, 三曰議賢之辟, 四曰議能之辟, 五曰議功之辟, 六曰議貴之辟, 七曰議勤之辟, 八曰議賓之辟." 이라는 기록이 있다.

- 따라서 서민은 예절을 준수할 의무에서 제외되었으며, 예는 기본적으로 귀족 계층이 실행할 수 있는 제도로 작용하였다.

반면, 형벌이 대부大夫에게 함부로 가해지지 않는 이유에 대해서는 다음과 같이 해석하였다.

- 대부는 현자賢者로 간주되었기 때문이며, 군주는 현자를 존중하여 귀족에게 형벌을 함부로 적용하지 않았다는 것이다.
- 즉, 귀족은 형벌보다는 예禮를 통해 통제되었으며, 서민은 법률(형벌)을 통해 질서를 유지해야 하는 존재로 구분되었다.

한편, 반고班固의 『백호통의白虎通義』에서도 이 구절에 대해 상세히 논하며, 그 의미를 다음과 같이 설명하고 있다.

> 형벌은 대부大夫에게 가해지지 않는 이유는 무엇인가? 이는 대부를 존중하기 때문이다. 예禮는 서민庶人에게 내려가지 않는 이유는, 백성들이 이를 통해 사士의 지위에 이르도록 격려하기 위함이다. 따라서 예는 지혜가 있는 자를 위해 제정된 것이고, 형벌은 지혜가 없는 자를 위해 마련된 것이다. 서민은 비록 천금의 의복과 폐백이 있더라도 이를 입거나 사용할 수 없다. 형벌이 대부에게 가해지지 않는 것은, 예에 따르면 대부는 형벌의 대상이 아니기 때문이다. 어떤 이는 대부에게 적용되는 형벌이란 채찍질이나 태형의 형벌이라고 말한다. 예가 서민에게 적용되지 않는다는 것은 주로 수작酬酢의 예를 의미한다.
>
> 刑不上大夫何? 尊大夫. 禮不下庶人, 欲勉民使至於士. 故禮為有

知制, 刑為無知設也. 庶人雖有千金衣幣, 不得服. 刑不上大夫者, 據禮無大夫刑. 或曰 : 撻笞之刑也. 禮不及庶人者, 謂酬酢之禮也.

반고는 『백호통의』에서 예禮와 형刑의 본질적 차이를 명확히 설명하며, 예는 지식을 갖춘 사람들을 위해 제정된 것이고, 형벌은 무지한 사람들을 대상으로 설정된 것이라고 지적하였다. 이에 따라 서민은 예복을 착용할 수 없으며, 형벌은 대부大夫에게 함부로 가해지지 않는다. 다만, 귀족에게 형벌이 적용되는 경우라 하더라도, 그것은 채찍질과 같은 비교적 가벼운 형벌에 국한된다. 반고의 논의는 서민과 귀족 간의 형벌에 있어 명확한 차이를 드러내며, 이러한 구분은 귀족과 서민 사이에 존비尊卑의 경계를 형성하는 중요한 요소로 작용함을 보여준다.

실제로 『상서 · 순전舜典』에서도 귀족에 대한 형벌에 대해 명확히 언급하고 있으며, 그 내용은 다음과 같다.

채찍질은 관형官刑으로 시행된다.

鞭作官刑.

공소 : 만약 관사官事를 제대로 처리하지 못하면 채찍질한다.

孔疏 : 若於官事不治則鞭.

『상서』에서는 '관형官刑'이라는 용어를 언급하며, 이는 곧 채찍질을 의미한다고 설명하고 있다. 이에 대해 공영달孔穎達은 주석을 통해 관형이 채찍질을 뜻하는 이유를, 관리가 자신의 직무를 제대로 수행하지 못한 데 따른 처벌로 해석하였다. 이로부터 관형을 받는 대상은 관직에 있는 자, 즉 관리나 귀족임을 알 수 있다. 관형이라는 별도의 형벌 설정은 귀족과 서민 간 형벌 체계가 명확히 구분되어 있음을 암시한다. 이는 귀족 계층에 대한 처벌이 서민과는 다른 기준과 방식으로 이루어졌음을 보여준다.

한편, 『주례 · 천관天官 · 총재冢宰』에서도 귀족 계층에 대한 형벌과 관련하여 다음과 같이 언급하고 있다.

> 팔법으로 관부를 다스린다. 첫째 관속이니, 각 관부의 통속체계를 세워서 왕국의 정무를 수행한다. 둘째는 관직이니, 각 관부의 관리들의 직무 범위를 명확히 하여 왕국의 정무를 변별한다. 셋째는 관련이니, 각 관부의 관리들의 직무를 연계시켜 왕국의 정무를 함께 수행한다. 넷째는 관상이니, 각 관부의 독자적인 직무 규정을 살펴서 왕국의 정무를 처리한다. 다섯째는 관성이니, 각 관부의 관례에 의거하여 왕국의 정무를 다스린다. 여섯째 관법이니, 각 관부의 관리들이 직무를 수행할 때 지켜야 할 법규에 의거하여 왕국의 정무를 바로 잡는다. 일곱째는 관형이니, 각 관부의 상벌규정에 의거하여 왕국의 정무를 규찰한다. 여덟째는 관계이니, 각 관부의 치적에 관한 규정에 의거하여 왕국의 정무를 평가한다.
>
> 以八法治官府 : 一曰官屬, 以舉邦治. 二曰官職, 以辨邦治. 三曰官聯, 以會官治. 四曰官常, 以聽官治. 五曰官成, 以經邦治. 六曰官法, 以正邦治. 七曰官刑, 以糾邦治. 八曰官計, 以弊邦治.

『주례』에서는 관부官府를 다스리는 여덟 가지 방식 중 하나로, 관부 법률인 '관법官法'과 귀족에게 적용되는 형벌인 '관형官刑'을 포함하고 있음을 명시하고 있다. 『주례』의 설명에 따르면, 관법과 관형은 실질적으로 귀족 계층에만 적용되는 제도로, 서민에게 적용되는 일반형벌과는 명확히 구분된다. 이는 법과 형벌 체계가 계층적 질서를 유지하기 위해 설계되었음을 보여준다. 또한, 정현鄭玄이 언급한 팔의八議 역시 귀족과 서민 간의 형벌 적용 방식의 차이를 강조하는 맥락에서 이해할 수 있다. 이러한 내용은 『상서』에 기록된 관형과 관법의 체계와도 일치한다.

이와 같은 기록은 예제禮制의 시행 범위를 이해하는 데 중요한 단서를 제공한다. 예제는 기본적으로 귀족 계층을 중심으로 시행되며, 서민은 부차적인 대상으로 간주되었다. 이는 명확한 상하 계층의 구분을 반영하는 것으로, 예제가 계층 간의 질서를 유지하기 위한 제도적 장치임을 보여준다. 정현은 예제가 서민에게까지 적용되지 않는 이유를, 서민은 귀족처럼 다양한 예기禮器를 준비할 경제적 여건이 부족하기 때문이라고 설명하였다. 이는 곧 예제가 견고한 경제적 기반을 필요로 하는 제도이며, 이를 감당할 수 있는 계층만이 예를 실천할 수 있다는 의미이다. 따라서 예제는 안정된 경제적 기반을 가진 귀족 계층에 의해 시행된 체제로, 서민을 배려함과 동시에, 그들의 경제적 여건과 지위로 인해 자연스럽게 배제되었다. 서민은 안정적인 경제적 기반뿐 아니라, 교육의 기회조차 부족한 상태였다. 한편, 귀족 계층의 경제는 실질적으로 서민의 부양에 의존하였다. 귀족은 서민이 제공하는 경제적 지원을 바탕으로 생활을 유지하며, 이를 기반으로 정치를 시행하고 국가를 다스렸다.

이러한 구조 속에서 유가儒家는 예가 붕괴되고 악이 쇠퇴한禮崩樂壞 상황을 극복하기 위해 예를 도덕적 차원으로 승화시키는 데 주력하였다. 유가는 상위 계층에게 인정仁政을 강조하며, 이를 통해 백성을 안정시키고, 국가 경제를 유지하며, 예제의 기반을 공고히 할 것을 강조하였다. 또한, 백성을 예악禮樂 체제 아래에서 자신의 지위를 받아들이도록 교화하여, 상위 계층이 국정에 전념할 수 있도록 했다.

이와 같은 명확한 상하 존비尊卑의 구분은 고대 중국이 농업사회로 일찍 진입하면서, 중농억상重農抑商 정책을 중심으로 한 통치 방식에서 비롯되었다. 이에 따라 서민 중에서도 농민이 절대다수를 차지하며, 귀족 — 농민이라는 기본적인 사회 구조가 형성되었다. 소수의 귀족이 광범위한 농민을 효율적으로 통치하기 위해, 신체형身體刑을 중심으로 한 형벌 체제를 도입하였으며, 귀족과 서민 간의 구별은 더욱 명확해졌다.

예제禮制가 귀족을 주요 시행 대상으로 확립된 이후, 이를 바탕으로 예제의 시행 원칙을 분석할 수 있다. 『예기 · 제의祭義』에서는 이에 대해 다음과 같이 기록하고 있다.

> 선왕이 천하를 다스리는 방법은 다섯 가지이다. 덕이 있는 사람을 귀하게 여기며, 신분이 귀한 사람을 귀하게 여기며, 노인을 귀하게 여기며, 나이 많은 사람을 공경하며, 나이 어린 사람을 사랑하는 것이니, 이 다섯 가지는 선왕이 천하를 안정시킨 방법이다. 덕이 있는 사람을 귀하게 여기는 것은 무엇 때문인가? 도에 가깝기 때문이다. 신분이 귀한 사람을 귀하게 여기는 것은 군주에게 가깝기 때문이요, 노인을 귀하게 여기는 것은 부모에 가깝기 때문이요, 나이 많은 사람을 공경함은 형에 가깝기 때문이요, 나이 어린 사람을 사랑함은 자식에 가깝기 때문이다.
>
> 先王之所以治天下者五：貴有德, 貴貴, 貴老, 敬長, 慈幼. 此五者, 先王之所以定天下也. 貴有德, 何為也? 為其近於道也. 貴貴, 為其

近於君也. 貴老, 為其近於親也. 敬長, 為其近於兄也. 慈幼, 為其近於子也.

『예기』는 이 구절에서 선왕先王이 국가를 다스리던 다섯 가지 원칙을 명확히 제시하고 있다.

1. 덕이 있는 사람을 존중한다. — 이는 덕 있는 사람이 도道에 가까이 있기 때문이다.
2. 신분이 존귀한 자를 존중한다. — 이는 신분이 높은 사람이 군주와 가까이 있기 때문이 다.
3. 노인을 존중한다. — 이는 부모에 가깝기 때문이다.
4. 연장자를 공경한다. — 이는 형제 중 장자長子에 가깝기 때문이다.
5. 어린아이를 사랑으로 보살핀다. — 이는 자식에 가깝기 때문이다.

『예기』의 이 구절은 한편으로는 덕과 지위를 존중하는 태도를 보여주고, 다른 한편으로는 연장자, 장자, 어린 자녀를 존중하는 것이 모두 가족 내 신분 관계와 밀접한 관련이 있음을 보여준다. 즉, 예제禮制의 가치 판단 기준은 덕과 지위뿐만 아니라, 가족 관계에서 형성된 친소親疏, 존비尊卑, 장유長幼의 구분에도 기반을 두고 있음을 확인할 수 있다.

서주西周의 귀족 사회는 혈연을 기초로 친소親疏의 관계를 구분하고, 신분에 따라 존비尊卑의 관계를, 나이에 따라 장유長幼의 관계를, 성별에 따라 남녀의 구별을 명확히 하였다. 이러한 관계의 구분 속에서 형성된 예악禮樂 체제는 각자가 자신의 위치를 명확히 인식하도록 하였으며, 모든 사람이 자신의 위치에 안정되게 머물 때 사회적 조화가 이루어진다고 보았다. 이는 곧 예제가 추구하는 가장 중요한 목표라 할 수 있다.

이러한 전제를 바탕으로 예제는 귀족 사회의 규범적 추구가 되었으며, 체제 내 모든 구성원은 이 제도에 의지해 생활하였다. 이러한 원칙은 『의례 · 사혼례士昏禮』에서도 다음과 같이 나타난다.

> 아버지가 아들에게 초례를 베풀어 준다. 아버지는 아들에게 훈계하며 말한다. "가서 너의 도울 사람(아내)을 맞이하여 우리 종묘의 일을 잇도록 하라. 너는 신부를 공경함의 도리로 부지런히 이끌어서 신부가 선비(先妣 : 돌아가신 어머니나 조모)의 덕행을 계승할 수 있도록 하라. 너 자신의 행실에도 떳떳함이 있어야 한다." 아들은 "예, 오직 감당하지 못할까 두려울 뿐, 감히 명을 잊지 않겠습니다."라고 말한다.
>
> 父醮子, 命之, 曰 : 「往迎爾相, 承我宗事. 勗帥以敬, 先妣之嗣. 若則有常.」 子曰 : 「諾. 唯恐弗堪, 不敢忘命.」

> 소疏에서 말하기를 : 남성의 경우는 '초醮'라 하고, 여성의 경우는 '예醴'라 한다. 이는 호문(상호 보완적 표현)이다. 아내를 맞이함은 제사를 잇기 위한 것이므로 예를 중시하여 이 〈의식〉 또한 종묘에서 행하며, 여성이 예醴를 받는 것과 동일한 의미이다.
>
> 疏曰 : 男曰醮, 女曰醴, 互文也. 取婦以承祭, 故重其禮, 亦應在廟, 與醴女同.

이는 신랑이 신부를 맞이하기 전에, 아버지가 아들에게 건네는 말의 내용으로, 『의례』에서 결혼이 가지는 가장 중요한 의미를 반영한다.

이 말의 의미를 자세히 살펴보면, 『의례』의 관점에서 신부가 집에 들어오는 가장 중요한 의미는 가문의 종묘宗廟를 계승하는 것, 즉 제사를 이어가는 데 있음을 알 수 있다. 따라서 아버지가 신부에게 거는 기대는 단순한 개인적 행복보다는 가문의 안정과 계승의 역할을 강조한다. 이는 곧 고대에서 결혼이 오늘날과 같은 사랑의 실천이라기보다, 가문의 지속성과 사회적 질서를 유지하는 수단으로 간주되었음을 분명히 보여준다.

『의례 · 사혼례士昏禮』에서 '모姆'에 대한 해석을 예로 들면, 이러한 가문 중심적 관점을 더욱 명확히 이해할 수 있다. 이에 대해 다음과 같이 언급되어 있다.

> 보모(姆)는 머리 싸개로 머리를 싸서 쪽머리를 한 후 비녀를 꽂고, 비단 옷깃을 한 검은 색 웃옷(宵衣)을 입고서 신부의 오른쪽에 선다.
>
> 姆纚笄宵衣, 在其右.

> 정현주 : 보모는 나이 오십에 자식이 없고 이혼한 후 다시 재혼하지 않으며, 여성의 도리를 남에게 가르칠 수 있는 사람이다. 지금의 유모와 같은 존재이다.
>
> 鄭玄注 : 姆, 婦人年五十無子, 出而不復嫁, 能以婦道教人者, 若今時乳母矣.

이는 『의례 · 사혼례』에서 '모姆'의 복식과 위치에 관한 내용을 다룬 구절이다. 정현鄭玄은 '모姆'라는 용어를 해석하며, 이를 '50세가 넘었으나 자녀가 없고, 가정을 떠나 재혼하지 않았으며, 여전히 부도婦道를 갖추어 신부를 교육할 수 있는 여성'이라고 설명하였다. '모姆'라는 신분의 존재는 자녀가 없는 여성에 대한 예제가 어떻게 적용되었는지를 보여주는 동시에, 여성이 가문의 번영과 계승을 위해 존재했다는 당시 사회적 관념을 명확히 드러낸다.

한편, 『의례 · 사관례士冠禮』에서는 남성에게 요구되는 예제禮制의 규범과 책임을 분명히 제시하고 있다. 이에 대해 다음과 같이 기록되어 있다.

> 적자는 조계(東階)에서 관을 쓰는데, 아들이 후사가 되어 아버지의 대를 잇는 의리를 밝히기 위한 것이다. …… 천자의 원자도 관례를 행할 때는 오히려 사례士禮를 사용하였으니, 천하에 태어나면서부터 존귀한 사람은 없는 것이다. 제후의 자식으로 하여금 대를 잇게 하여 제후로 세우는 것은 선조의 어진 덕을 본받을 수 있기 때문이다.
>
> 適子冠於阼, 以著代也.……天子之元子, 猶士也, 天下無生而貴者也. 繼世以立諸侯, 象賢也.

『의례 · 사관례』에서는 적자嫡子가 동계東階에서 삼가관三加冠의 예를 행함으로써, 적자가 아버지의 지위를 계승할 것임을 공식적으로 선언한다. 이는 단순히 한 개인의 성년식을 넘어, 천자의 지위를 계승할 자격이 조상의 현명한 덕행을 본받을 수 있는 능력과 자격에 있음을 강조한다. 이 구절은 예제禮制가 남성에게 요구하는 것이 단순한 개인적 자격이나 능력이 아니라, 가문의 전체적인 이익과 지속성을 유지하기 위한 책임임을 명확히 보여준다. 적자는 반드시 아버지의 지위를 이어받아야 하며, 조상의 현덕賢德을 본받아야 한다는 점이 중시되었다. 이는 성년이 단순한 생물학적 성장의 개념을 넘어, 사회적 · 정치적 역할을 수행할 준비가 되었음을 증명하는 과정임을 시사한다.

이와 같이, 예제禮制는 귀족을 주요 시행 대상으로 하며, 그 시행의 핵심은 가문의 이익과 사회적 질서를 유지하는 데 있다. 이제 『의례』가 제시하는 네 가지 명분 구분 원칙인 '친소親疏', '존비尊卑', '장유長幼', '남녀男女'를 중심으로 각각의 원칙을 살펴보자.

2. 명분名分 구분

예禮의 목적은 사람들로 하여금 각자의 위치를 안정적으로 지키고, 자신의 본분을 충실히 이행하도록 하는 데 있다. 이러한 전제하에서, 한 사람이 예제禮制 속에서 어떠한 위치를 차지해야 하며, 서로 다른 신분의 사람들이 대면할 때 어떤 예절로 대응해야 하는가는 중요한 문제로 부각 된다. 『의례』의 의문儀文은 인간 상호작용에서 요구되는 예절을 상세하고도 체계적으로 규정하며, 다양한 상황과 신분에 따라 적합한 예절을 제시한다. 이는 각자의 신분을 명확히 하고, 그 신분의 틀 안에서 각자가 지켜야 할 경계와 역할을 규정하기 위한 것이다. 여기에서 신분은 '명名'에 해당하며, 분별과 경계는 '분分'에 해당한다. 이러한 명분名分의 구분은 예제가 단순히 의례적 형식에 그치지 않고, 사회적 질서와 안정성을 유지하는 규범적 역할을 수행했음을 보여준다.

『의례』의 의문을 분석해 보면, 신분을 구분하는 네 가지 주요 원칙을 도출할 수 있다. 이는 친소親疏, 존비尊卑, 장유長幼, 남녀 구별이라는 네 가지 범주로 나뉜다.

1. 친소親疏 구별

동일한 혈연관계를 전제로, 『의례』는 혈연관계의 가까움과 멂에 따라 예절과 책임의 수준이 다르게 적용된다. 이 원칙은 '관계가 가까운 자에게는 예를 중히 하고, 관계가 소원疏遠한 자에게는 예를 간략히 한다(親者禮隆, 疏者禮略).'라는 방식으로 요약할 수 있다.

2. 존비尊卑 구별

혈연관계가 없거나, 신분의 존비尊卑 차이가 혈연의 친소를 초월하는 경우, 『의례』는 신분의 높고 낮음에 따라 예의 형식과 내용이 구분된다. 이 원칙은 '신분이 높은 자에게는 예를 중히 하고, 신분이 낮은 자에게는 예를 간략히 한다(尊者禮隆, 卑者禮略).'라는 방식으로 정리할 수 있다.

3. 장유長幼 구별

혈연관계와 신분이 동일할 경우, 연령에 따른 서열과 권위를 존중하는 원칙이다. 이 원칙은 '연장자에게는 예를 중히 하고, 연소자에게는 예를 간략히 한다(長者禮隆, 幼者禮略).'라는 방식으로 요약할 수 있다.

4. 남녀 구별

성별에 따라 역할과 책임을 구분하며, 이는 결코 남녀의 차별을 의미하는 것은 아니라, 가족과 사회 내에서 조화를 이루기 위한 원칙으로 적용되었다. 특히 부부 관계에서 남성과 여성의 역할이 분명하게 구별되었다. 이 원칙은 '남녀는 구별된다(男女有別).'라는 방식으로 표현할 수 있다.

이 네 가지 구분 원칙은 예제가 인간관계와 사회적 구조를 체계화하는 도구였음을 보여준다. 각각의 원칙은 사회 구성원들이 자신의 위치와 역할을 명확히 이해하고, 이를 바탕으로 조화로운 관계를 유지하도록 설계된 것이다. 이제, 각 원칙이 『의례』의 구체적 사례에서 어떻게 적용되었는지를 분석하며, 예제의 실천적 의미를 심도 있게 고찰해 보겠다.

(1) 친소親疏 구별

『의례』의 예제를 분석해 보면, 예의 규범은 혈연을 가장 근본적인 기준으로 삼아 친소親疏 관계에 따라 서로 다른 예절을 적용하고 있음을 알 수 있다. 이러한 친소의 원칙은 『의례』의 「상복喪服」 편에서 가장 두드러지게 나타난다.

「상복喪服」은 『의례』에서 매우 중요한 장으로, 망자亡者와의 친소 관계에 따라 상복의 유형과 그에 따른 예절을 상세히 규정하고 있다. 상복은 망자와의 혈연적 친밀도와 계층적 위치에 따라 다르게 입도록 요구되었으며, 이는 상복의 형식과 기간을 통해 망자와의 관계를 사회적으로 표시하고, 애도의 정도를 드러내는 역할을 했다. 더불어 『예기』의 「상복소기喪服小記」에서는 상복을 입는 원칙과 그 적용 범위를 명확히 제시하고 있다. 이에 대해 다음과 같이 기술하고 있다.

> 친척을 친애하되 셋으로서 다섯이 되고 다섯으로서 아홉이 되니, 위로 올라갈수록 복을 줄여 입고 아래로 내려갈수록 복을 줄여 입고 옆으로 방계傍系 친족의 상에 복을 줄여 입어 친족이 다 하는 것이다.

親親, 以三為五, 以五為九. 上殺, 下殺, 旁殺, 而親畢矣.

『예기』는 상복의 기준을 '친친親親', 즉 혈연을 가장 중요한 구분 원칙으로 제시하며, 혈연관계가 무한히 확장되는 것이 아니라 일정한 범위 안에서 제한됨을 강조한다. 이는 『예기』가 『의례 · 상복』에서 혈연, 즉 친친親親의 원칙을 중심으로 예제를 규정하고 있음을 뒷받침하는 중요한 논거가 된다.

『의례 · 상복』에서는 자식이 부모와 조부모를 위해 입는 상복에 대한 세부 규정을 통해, 친소親疏에 따른 예절의 차이를 명확히 규정하고 있다. 이러한 규정은 혈연적 친밀도의 정도에 따라 상복의 형식과 수준이 어떻게 달라지는지를 명확히 보여준다. 즉, 가장 가까운 혈연관계일수록 애도의 예절이 더욱 엄격하게 적용되며, 혈연이 멀어질수록 예의 강도와 복식의 수준이 점차 간소화된다. 이를 통해 상복은 단순한 애도의 표현을 넘어, 혈연관계의 깊이를 예의 형식으로 드러내는 중요한 사회적 기제가 되었음을 알 수 있다. 해당 내용의 구체적 사례는 다음과 같다.

아버지를 위해 참최 3년으로 한다. 전傳에 말하였다. "아버지를 위해 왜 참최의 복을 하는가? 아버지는 지존이기 때문이다."

父. 傳曰 : 為父何以斬衰也? 父至尊也.

소疏에서 말하였다. "왜 참최복을 하고 자최복을 하지 않는가?"라는 질문에, "아버지는 가장 존귀한 존재이기 때문이다. 하늘에 두 해가 없고, 가정에 두 존귀한 존재가 없듯이, 아버지는 한 가정에서 가장 존귀한 자로, 존귀함 중에서도 지극하다. 그러므로 참최복을 하는 것이다."라고 답했다.

疏曰 : 何以斬, 不齊衰? 答云 : 父至尊者, 天無二日, 家無二尊, 父是一家之尊, 尊中至, 故為之斬也.

지팡이를 짚지 않고 마로 짠 짚신을 신고 기년의 복을 하는 경우는 조부모를 위해서이다. 전傳에 말하였다. "왜 기년복을 입는가? 지존이기 때문이다."

不杖, 麻屨者, 祖父母. 傳曰 : 何以期也? 至尊也.

소疏에서 말하였다. "왜 조부모를 위해서도 기년복을 입는가?" 답하기를 "지존至尊이기 때문이다. 할아버지는 손자를 위해 대공복에 해당하며, 이는 부모가 자식에게 기년복을 입는 것과 유사하다. 할아버지는 비록 지친至親은 아니지만, 지존至尊이기 때문에 기년복을 입는다." 그러나 조지존祖至尊이라고 하지 않고 단지 지존至尊이라고만 언급한 이유는 아버지의 지존이지 손자의 지존이 아니기 때문이다. 그러므로 지존이라고만 말한 것이다.

疏曰 : 何以亦期? 答云至尊也者, 祖為孫降至大功, 似父母於子降至期, 祖雖非至親, 是至尊, 故期. 若然不云祖至尊而直云至尊者, 以是父之至尊, 非孫之至尊, 故直云至尊也.

부모와 조부모에 대한 상복의 기준을 비교해 보면, 두 경우의 예제에는 분명한 차이가 존재한다. 이러한 차이는 예절 설정 과정에서 친소親疏의 원칙이 어떻게 작용하는지를 잘 보여준다. 『의례』는 부모와 조부모를 위해 상복을 입는 이유를, 그들이 '존귀한 존재(至尊)'이기 때문이라고 설명한다. 그러나 동일한 존귀한 존재라 하더라도, 부모와 조부모에 대한 예절이 다르게 설정된 이유에 대해, 『의례』는 명확한 규정을 제시하고 있다. 조부모는 지친至親에 해당하지 않으므로, 조부모를 위해서는 참최斬衰의 예를 행하지 않는다고 명시하고 있다. 즉, 조부모를 향한 예절이 부모보다 경미하게 설정된 이유는, 혈연적 친밀도가 예절의 수준과 형식을 결정하는 주요 요소이기 때문이다.

부모와 조부모에 대한 상복 예절의 차이는, 혈연적 친소親疏 관계가 예절의 차이를 직접적으로 초래한다는 점을 분명히 드러낸다. 이는 단순히 가족 내부의 관계에 국한되지 않고, 정치 제도와 사회 체제 전반에서도 동일하게 작용한다. 친소 관계는 예제禮制의 구분 기준으로 기능하며, 사회와 국가의 제도적 질서를 형성하는 데 핵심적 역할을 한다. 이를 구체적으로 보여주는 사례는 『의례 · 근례覲禮』에서 확인할 수 있다. 또한, 『예기 · 곡례하曲禮下』에서는 '근覲'에 대해 다음과 같이 명확히 해설하고 있다.

> 제후가 북향하여 천자를 알현하는 것을 '근覲'이라 한다.
>
> 諸侯北面而見天子, 曰覲.

『예기』에서 '근覲'에 대한 해설에 따르면, 근례覲禮는 제후가 천자를 알현하는 예로서, 정치적 만남의 범주에 속하며 가족 간의 예절과는 분명히 구분된다. 이는 근례가 신하와 군주 간의 관계를 규정하는 예제라는 점을 강조한다. 그러나 『의례 · 근례』에 기록된 예절을 면밀히 살펴보면, 천자는 제후를 단순히 신하로만 대하지 않고, 친친親親의 예를 포함하여 대우하고 있음을 알 수 있다. 특히, 『의례 · 근례』에서 제후가 천자를 알현할 때, 천자가 제후를 부르는 호칭을 통해 이러한 특징이 명확히 드러난다. 천자는 제후를 단순히 권력의 수직적 관계로만 대하는 것이 아니라, 혈연적 혹은 상호 존중의 관점에서 예를 행하며, 이로써 근례가 정치적 관계와 가족적 관계의 요소를 동시에 내포하고 있음을 보여준다. 다음과 같은 기록이 이를 뒷받침한다.

> 천자는 후씨(제후)에게 사양하여 말하기를, "백부께서는 죄가 될 만한 일을 하신 것이 없으니, 돌아가서 그대의 나라를 편안하게 하십시오"라고 한다.
>
> 天子辭於侯氏, 曰 : 「伯父無事, 歸寧乃邦!」

이는 제후가 천자를 알현한 뒤 작별 인사를 올릴 때, 천자가 제후에게 작별 인사를 건네는 장면이다. 제후는 천자에게 군신 간의 예를 다하지만, 천자가 제후를 '백부伯父'라고 칭하는 점에서, 천자가 군신 관계를 단순한 정치적 관계로 한정하지 않고, 가족적 친족 관계로 간주하고 있음을 알 수 있다. 이러한 관계를 바탕으로 천자와 제후 간의 예절이 형성되었으며, 이는 친친親親의 원칙이 정치적 제도와 예제 전반에 깊이 스며들어 있음을 보여주는 중요한 증거라 할 수 있다.

또한, 천자가 제후를 부르는 호칭 외에도, 『의례 · 근례』에서는 같은 성씨를 가진 제후(同姓諸侯)와 다른 성씨를 가진 제후(異姓諸侯)를 명확히 구분하고 있다. 이는 천자와 제후 간의 혈연적 혹은 상징적 친소親疏 관계가 예제의 형성과 적용에 영향을 미쳤음을 보여준다. 같은 성씨의 제후는 혈연적으로 더 긴밀한 관계로 간주되어 더 높은 수준의 예가 적용되며, 이는 친친의 원칙이 예제에서 중요한 기준으로 작용했음을 보여준다. 다음의 기록이 이를 구체적으로 설명하고 있다.

〈천자는〉 동성同姓인 대국의 제후에게는 '백부'라고 하고, 이성異姓이면 '백구'라고 한다. 동성인 소국의 제후에게는 '숙부'라고 하고, 이성인 소국의 제후에게는 '숙구'라고 한다.

同姓大國則曰伯父, 其異姓則曰伯舅. 同姓小邦則曰叔父, 其異姓小邦則曰叔舅.

『의례 · 근례』에서는 동일한 성씨를 가진 대국의 제후를 '백부伯父', 다른 성씨를 가진 대국의 제후를 '백구伯舅'로, 동일한 성씨의 소국 제후는 '숙부叔父', 다른 성씨의 소국 제후는 '숙구叔舅'라 칭한다고 명확히 규정하고 있다. 여기서 사용된 '백伯', '구舅', '숙叔' 등의 호칭은 모두 가족 관계에서 사용하는 친족 간의 호칭으로, 이를 통해 군신 체제라는 정치적 관계 속에서도 혈연적 요소가 내재되어 있음을 알 수 있다. 이는 단순한 지배 체제가 아니라, 혈연적 친밀성을 바탕으로 한 봉건적 질서가 형성되었음을 시사한다.

봉건 제도의 기원을 고찰해 보면, 봉건 제도는 원래 혈연관계를 기반으로 형성된 사회 구조에서 비롯되었음을 알 수 있다. 이러한 혈연적 기반은 주나라 초기의 역사를 통해 더욱 명확히 드러난다. 특히, '삼감의 난三監之亂'[2]은 혈연적 기반의 봉건 제도가 어떤 방식으로 유

2) 기원전 1043년 무렵, 무왕武王은 주周를 건국한 지 3년 만에 병사하였고, 태자 희송姬誦이 뒤를 이어 즉위하였으니, 그가 성왕成王이다. 그러나 성왕成王은 아직 나이가 어렸으므로 무왕武王의 동생인 주공周公 희단姬旦이 섭정攝政을 하여 나라를 다스렸다. 관숙管叔과 채숙蔡叔, 곽숙霍叔은 이에 불만을 품고 주공周公이 왕위를 찬탈할 것이라는 말을 사방에 퍼뜨리고, 무경武庚과

지되고, 또 균열을 겪었는지를 보여주는 대표적인 사례이다. 이 사건은 혈연적 기반 위에서 형성된 봉건 제도가 유지되는 과정과 동시에 그 내부적 균열을 드러내는 대표적인 사례라 할 수 있다. 삼감의 난은 주나라 초기 봉건 체제의 불안정성을 여실히 보여주며, 당시 봉건 질서가 혈연을 중심으로 군신 관계를 형성하였음을 잘 나타낸다. 이러한 역사적 사건의 전후 맥락은 『사기 · 은본기殷本紀』에서 다음과 같이 기록되어 있다.

> 주 무왕이 드디어 주紂의 머리를 베어 크고 흰 깃발에 매달았다. 달기를 죽였다. 기자를 감옥에서 풀어주고, 비간의 무덤에 봉분을 덮었으며 상용商容의 마을을 표창하였다. 주紂의 아들 무경武庚, 녹보祿父를 봉하여 은나라의 제사를 잇게 하면서 반경盤庚왕의 정치를 다시 행하도록 명하였다. 은나라의 백성들이 크게 기뻐했다. 이에 주 무왕은 천자가 되었다. 그 후 세상 사람들은 제帝라는 칭호를 낮추어 왕王이라 칭하였다. 은나라의 후예를 제후로 봉해 주나라에 속하게 했다. 주 무왕이 세상을 뜨자 무경武庚이 관숙管叔, 채숙蔡叔과 함께 반란을 일으켰다. 성왕成王은 주공周公으로 하여금 그들을 토벌하게 하고 미자를 송宋에 봉해 은나라의 후대를 잇게 했다.
>
> 周武王遂斬紂頭, 縣之白旗, 殺妲己, 釋箕子之囚, 封比干之墓表商容之閭. 封紂子武庚祿父, 以續殷祀, 令修行盤庚之政, 殷民大說, 於是周武王為天子, 其後世貶帝號, 號為王, 而封殷後為諸侯屬周, 周武王崩, 武庚與管叔蔡叔作亂, 成王命周公誅之, 而立微子於宋, 以續殷後焉.

연합하여 반란을 일으켰다. 이를 '삼감三監의 난亂'이라고 한다.

이는 『사기 · 은본기殷本紀』에서 이 사건을 상세히 기록한 내용이다. 주周 무왕武王은 은殷 주왕紂王의 아들인 무경武庚을 제후로 봉하고, 자신의 동생인 관숙管叔, 채숙蔡叔, 곽숙霍叔을 삼감三監으로 봉하여 서주西周 초기의 첫 번째 봉건 체제를 수립하였다. 무경과 삼감을 봉한 것은 단순한 권력 분배가 아니라, 정치적 안정과 혈연적 유대를 기반으로 한 봉건 통치 체제를 공고히 하기 위한 전략적 조치였다. 이를 통해 봉건 제도에서 친친親親과 존존尊尊이 차지하는 중요한 위상을 엿볼 수 있다. 삼감은 주 왕실 내부의 혈연적 결속을 강화하고 지방 통치의 안정을 도모하기 위한 조치였으나, '삼감의 난三監之亂'을 계기로 그 구조적 한계와 갈등이 드러났다. 주공周公은 난을 평정한 후에도 친친親親의 원칙을 정치 운영의 중심에 두었다. 그는 강숙康叔을 봉하여 은상殷商의 유민들을 감독하도록 하였으며, 이는 봉건 제도가 단순한 지방 분할 통치가 아니라 혈연관계를 기반으로 한 정치 체계였음을 보여주는 중요한 사례라 할 수 있다. 또한 관숙管叔, 채숙蔡叔, 강숙康叔을 봉한 것 외에도 봉건 제도는 지속적으로 시행되며, 주나라의 통치 질서와 사회 체계의 근본적인 기틀로 자리 잡았다.[3)]

한편, 예제의 적용에 있어 친친親親이 존존尊尊보다 우선시되는 경우도 있다. 『의례 · 사관례士冠禮』에서 삼가관三加冠 의식을 마친 자의 알현 순서를 통해 이를 확인 할 수 있다. 관례를 받은 자가 삼가관 의식을 마친 후, 먼저 가족 내의 친족을 알현하고 난 뒤에야 외부의 상급자나 군주에게 알현하도록 규정되어 있다. 이러한 절차는 예제가 혈연관계를 최우선적으로 고려하면서도, 계층적 질서와 조화를 이루

3) 『상서 · 강고상康誥上』, 참고.

려는 의도를 담고 있음을 시사한다. 이는 친친의 원칙이 단순한 혈연적 친밀성을 넘어, 봉건 체제 전반에 걸쳐 예제와 정치 질서의 중요한 기준으로 작용했음을 보여주는 사례라 할 수 있다.

> 관을 쓴 사람은 대나무 제기와 나무 제기의 왼쪽에 술잔을 내려놓고, 자리에서 내려와 북쪽을 향해 앉아 말린 고기를 집어 들고, 서쪽 계단을 통해 당堂에서 내려와 당 아래 동쪽 담장(東壁)으로 나 있는 쪽문(闈門)으로 나가서 북쪽을 향해 어머니를 뵙고, 들고 있던 말린고기를 드린다. 어머니는 배례한 후 말린 고기를 받는다. 관을 쓴 아들은 말린 고기를 건네준 후 어머니께 배례한다. 어머니는 또 배례한다. 빈은 당에서 내려와 당 위 서쪽 벽(西序)과 마주하는 곳에서 동쪽을 향해 선다. 주인은 당에서 내려와 조계(東階) 앞의 본래 위치로 돌아간다. 관을 쓴 사람은 서쪽 계단 아래의 동쪽에서 남쪽을 향해 선다. 빈이 관을 쓴 사람에게 자字를 지어 주면, 관을 쓴 사람은 응답을 한다. 빈은 묘문廟門 밖으로 나간다. 주인은 묘문 밖까지 전송한다. 주인이 빈에게 예주를 따라 주어 예례醴禮를 행하고자 한다고 청하면, 빈은 한 번 사양한 후 허락한다. 빈은 묘문 밖의 임시 장막(次) 안으로 들어간다. 관을 쓴 사람은 형제들을 뵙는다. 형제들이 재배하면, 관을 쓴 사람은 답배를 한다. 관을 쓴 사람이 빈의 찬자贊者를 뵐 때는 서쪽을 향해 배례하는데, 또한 형제들을 뵐 때와 동일한 절차를 한다. 관을 쓴 사람은 묘문廟門을 나와 침문寢門 안으로 들어가서 고모와 손위 누이를 뵙는데, 어머니를 뵐 때와 동일한 절차로 한다. 이어서 관을 쓴 사람은 옷을 갈아입는데, 작변복爵弁服을 벗은 후 현관玄冠을 쓰고 현단복玄端服을 입고 검붉은 무릎 가리개(爵韠)를 착용한다. 이 복장으로 자신의 신분을 나타내는 예물(摯)을 받들고 가서 군주를 뵙는데, 예물을 내려놓고 인사를 올린다. 이어서 예물을 들고 향 대부와 향 선생을 찾아뵙는다.

冠者奠觶於薦東, 降筵；北面坐取脯；降自西階, 適東壁, 北面見於母. 母拜受, 子拜送, 母又拜. 賓降, 直西序, 東面. 主人降, 復初位. 冠者立於西階東, 南面. 賓字之, 冠者對. 賓出主人送於廟門外. 請醴賓, 賓禮辭, 許. 賓就次. 冠者見於兄弟, 兄弟再拜, 冠者荅拜. 見贊者, 西面拜, 亦如之. 入見姑·姊, 如見母. 乃易服, 服玄冠·玄端·爵韠, 奠摯見於君. 遂以摯見於鄉大夫·鄉先生.

관자冠者가 관례冠禮를 마치면, 그는 예제禮制 내에서 성인으로 인정받아 모든 공식적인 대면과 의례를 수행할 자격을 갖추게 된다. 관례를 완료한 후 진행하는 알현 순서를 면밀히 살펴보면, 예제에서 친친親親이 존존尊尊보다 우선하며, 내친內親이 외친外親보다 우선한다는 원칙이 명확히 드러난다. 먼저, 관자는 자신의 어머니를 가장 먼저 알현 한다. 어머니가 반드시 가장 존귀한 존재는 아닐지라도, 관자와 가장 가까운 친족이기 때문에 어머니를 우선적으로 찾아뵙는 것이 원칙이다. 이는 예제가 혈연적 친밀도를 중심으로 예제를 설정했음을 잘 보여준다. 다음으로, 관자는 주빈主賓을 알현한다. 주빈은 관례에서 관자에게 관冠을 씌우고 자字를 하사한 인물로, 손님이자 동시에 스승과 동등한 위치에 있는 중요한 존재이다. 이 때문에 주빈은 어머니 다음으로 중요한 알현 대상이 된다. 이후, 관자는 형제, 고모, 누이 등 친족들을 친소親疏의 원칙에 따라 차례로 알현한다. 모든 친족에 대한 알현이 마무리된 후, 관자는 정식 조복朝服으로 갈아입고, 신분이 높은 군주, 향대부鄉大夫, 향선생鄉先生 순으로 알현 절차를 마무리한다.

이와 같은 과정은 예제에서 친친親親의 원칙이 중심적인 위치를 차지하고 있음을 명확히 보여준다. 특히, 어머니에 대한 알현이 군주에 대한 알현보다 우선한다는 사실은, 예제가 혈연을 최우선 가치로 존중하고 있음을 단적으로 드러낸다. 이러한 혈연 존중의 원칙은 단지 가족 내의 예절을 규정하는 데 그치지 않고, 정치적 관계로 확장되어 예제 전반의 기초를 형성하는 역할을 한다. 즉, 이는 가족과 국가라는 두 영역을 긴밀히 연결하는 예제의 통합적 성격을 보여주는 중요한 사례이다.

『의례』의 의문儀文에서는 친친親親과 존존尊尊이 서로 얽히는 복잡한 양상을 자주 발견할 수 있다. 특정 상황에서는 친친의 원칙이 존존의 원칙을 능가하는 경우가 나타나기도 한다. 예컨대 「사관례」에서 관자冠者가 관례를 마친 후 어머니를 가장 먼저 알현한 뒤 군주와 경대부卿大夫를 알현하는 장면은, 혈연적 친밀성이 신분적 존비尊卑 관계를 초월하는 사례로 볼 수 있다. 이는 곧, 혈연관계가 예제의 핵심적 기준으로 작용하는 사례이다.

반면, 다른 상황에서는 존존의 원칙이 친친을 능가하는 모습도 확인된다. 동일한 「사관례」에서 관자가 어머니를 먼저 알현한 후 다른 존자를 알현하더라도, 어머니는 관자의 예를 받을 때 그를 존자尊者로 대우하며 '협배俠拜'의 예를 행한다. 이는 어머니가 관자의 신분적 존귀함을 어머니와 자식 간의 혈연적 친밀감보다 더 중시했음을 보여주는 사례이다. 즉, 예제는 혈연적 친밀성과 신분적 질서를 조화롭게 조율하는 원칙을 내포하고 있음을 시사한다. 또한, 「근례」에서 천자가 제후를 '백부伯父' 혹은 '숙부叔父'라고 부르며 혈연적 친밀감을 드러내지만, 제후는 군신君臣의 예를 철저히 준수하는 사례도 이러한 원칙을 보여준다. 즉, 천자가 제후를 가족적 호칭으로 대우하면서도, 제후는 신하로서의 예를 엄격히 지키는 관계 속에서, 친친과 존존의 원칙이 상호 얽혀 있는 복합적 양상이 드러난다.

이러한 복합적 구조는 주대周代의 종법제도宗法制度 아래에서 정치적 관계가 본래 혈연관계에서 파생된 것과 밀접한 관련이 있다. 『의례』 의문 속에 반영된 존존과 친친의 이중성은, 종법제도가 정치적 질서를 유지하는 동시에, 혈연적 유대를 강조한 결과물이라 할 수 있다.

종법 제도의 영향을 받은 예제는 '지친자至親者'와 '지존자至尊者' 간의 경계를 모호하게 만들었다. 예를 들어, 「상복喪服」에서 자식이 아버지를 위해 참최斬衰 삼년 상을 입는 이유를 '부父는 지존至尊'이기 때문이라고 설명한다. 동시에, 군주를 위해 참최 삼년 상을 입는 이유를 '군君은 지존'이기 때문이라고 명시하여, 예禮에서 '부父'와 '군君'을 동일한 지위로 간주하였음을 보여준다. 이는 '부군父君'과 '군부君父'의 개념을 형성하는 데 중요한 근거가 된다.

『예기 · 곡례하曲禮下』를 면밀히 살펴보면, 『예기』에서도 군주와 아버지를 연결하는 내용을 확인할 수 있다. 다음과 같이 기록되어 있다.

> 군주가 병이 들어 약을 마셔야 하면 신하가 먼저 맛을 보며, 부모가 병이 들어 약을 마셔야 하면 자식이 먼저 맛을 본다.
>
> 君有疾, 飮藥, 臣先嘗之. 親有疾, 飮藥, 子先嘗之.

『예기』는 '유질有疾'의 사례를 통해 군주와 부모를 섬기는 예절적 대응 관계를 설명하고 있다. 군주가 병이 나면 신하는 군주를 위해 먼저 약을 맛보아야 하며, 부모가 병이 나면 자녀는 부모를 위해 약을 맛보아야 한다. 이를 통해 『예기』는 자녀가 부모를 섬기는 예절과 신하가 군주를 섬기는 예절이 본질적으로 동일한 위상에 있음을 보여준다. 또한, 이러한 사례는 친친親親의 개념이 단순히 혈연적 관계에 국한되지 않고, 정치 제도와 예제禮制 전반으로 확장되었음을 명확히 드러낸다.

비록 『예기』는 군주를 섬기는 일과 부모를 섬기는 일을 유사한 관계로 제시하고 있지만, 관련 예절을 종합적으로 고찰해 보면 '친親'과 '존尊'이라는 이중적 관계가 상하 구분의 갈등을 내포하고 있음을 알 수 있다. 이러한 '친'과 '존'의 갈등은 다양한 예절에서 드러나며, 예제가 혈연적 친밀성과 신분적 위계 사이의 균형을 어떻게 유지하려고 했는지를 보여준다. 특히, 『예기 · 곡례하曲禮下』에서는 군주에게 간언諫言할 때와 부모에게 간언할 때의 차이를 상세히 설명하며, 간언이 받아들여지지 않았을 경우의 대처 방안에 대해 다음과 같은 내용을 기록하고 있다.

> 신하 된 자의 예는 군주의 잘못을 드러내어 간하지 않으니, 〈의리로 만난 관계이므로〉 세 번 간하여도 군주가 듣지 않으면 떠난다. 자식이 부모를 섬길 때는 〈천리로 만난 관계이므로〉 세 번 간하여도 부모가 듣지 않으면 울부짖으면서 따른다.
>
> 為人臣之禮 : 不顯諫. 三諫而不聽, 則逃之. 子之事親也 : 三諫而不聽, 則號泣而隨之.

이러한 차이는 '친親'과 '존尊'의 관계가 단순히 동일한 원칙으로 적용되는 것이 아니라, 상황에 따라 다르게 구현되며, 이를 통해 고대 예제가 혈연과 위계라는 두 축을 어떻게 조화롭게 통합하려 했는지를 잘 보여준다. 이러한 갈등과 조화의 구조는 예제가 단순히 규범적 질서를 제공하는 것을 넘어, 사회적 관계를 조정하고 안정시키는 도구로 작용했음을 시사한다.

『예기』는 신하와 군주 간의 관계와 자식과 부모 간의 관계에서 예절적 차이를 명확히 구분하고 있다. 신하는 군주에게 간언할 수 있으며, 만약 간언이 받아들여지지 않을 경우, 군주를 떠날 자유가 있다. 이는 군주와 신하 간의 관계가 계약적이며 선택적 성격을 지닌다는 점을 나타낸다. 반면, 자식이 부모를 섬기며 간언을 하더라도 그것이 받아들여지지 않을 경우, 자식은 부모를 떠날 수 없으며, 지속해서 부모를 섬기고 따르며 설득해야 한다. 이러한 차이는 부모와 자식 간의 관계가 혈연이라는 끊을 수 없는 유대를 기초로 하며, 군주와 신하의 관계와 본질적으로 다름을 보여준다. 따라서 간언이 받아들여지지 않을 때 군주를 섬기는 일과 부모를 섬기는 일 사이에는 분명한 차이가 존재하며, 이는 『예기』가 예禮의 기본 원칙으로 친친親親을 최우선으로 삼고 있음을 보여주는 중요한 근거가 된다.

역사적 맥락에서 볼 때, 『의례』의 의문儀文이 시행되던 시기는 종법제도宗法制度가 유지되던 시기로, '지친至親'과 '지존至尊'이라는 이중적 정체성이 공존하던 시대였다. 이로 인해 예제에서는 친친과 존존의 원칙이 복잡하게 얽혀 있는 양상을 보였으며, 혈연적 유대를 강조하는 예법은 가족과 가문의 질서를 유지하는 데 중요한 역할을 하였다. 동시에, 신분적 위계를 기반으로 한 예법은 군주와 신하 간의 질서를 확립하는 역할을 수행했다. 그러나 시간이 흐르며 종법제도와 예악제도禮樂制度가 점차 붕괴되고 왕권이 집중됨에 따라, '존존'의 원칙이 '친친'의 원칙을 압도하는 경향이 나타났다. 이러한 변화의 대표적인 예가 '대의멸친大義滅親'[4] 사상과 이후 등장한 '탈정奪情'[5] 제도이다.

이러한 변화는 예제가 단순한 고정된 규범이 아니라, 시대적 요구와 정치적 환경에 따라 변용되는 동적인 제도였음을 보여준다. 초기에는 혈연 중심의 친친 원칙이 예제의 기본을 이루었으나, 사회와 국가의 발전에 따라 점차 존존 원칙이 강조되는 방향으로 전환되었다. 이를 통해 예제가 단순한 의례적 규범을 넘어, 사회적 가치와 정치적 질서의 변화에 유연하게 적응하는 체계적이고 역동적인 제도였음을 알 수 있다.

(2) 존비尊卑 구별

친친親親과 존존尊尊은 예제禮制 내에서 대다수의 상호작용을 규율하는 중심 원칙이다. 예제에서 혈연관계가 존재할 경우, 혈연의 친소親疏에 따라 예절의 경중隆殺이 구분된다. 즉, 가까운 혈연일수록 더 높은 수준의 예절이 요구되며, 혈연적 거리가 멀어질수록 예절의 강도가 점차 완화된다. 그러나 혈연관계가 존재하지 않거나, 혈연관계가 있더라도 특정 상황에서 신분상의 존비尊卑 관계가 혈연적 관계를 초월하는 경우, 예절의 경중은 신분의 높고 낮음을 기준으로 결정된다. 이러한 원칙은 '존자예융, 비자예약(尊者禮隆, 卑者禮略)' 즉 '신분이 높은 자에게는 예를 중히 하고, 신분이 낮은 자에게는 예를 간략히 한다'

---

4) 대의멸친大義滅親 : 개인의 혈연적 관계보다 국가와 사회적 대의를 우선시하는 사상으로, 예제가 혈연 중심에서 공공의 이익을 강조하는 방향으로 변화했음을 보여준다.

5) 탈정奪情 : 애도 기간을 줄이거나 생략하여 국가적 책임과 의무를 수행하도록 하는 제도로, 개인의 사적 감정보다 공적 역할이 우선시되는 사례이다.

라는 말로 요약할 수 있다.

이 원칙은 『의례 · 향음주례鄕飮酒禮』에서 신분의 존비에 따른 의문儀文의 차이를 통해 명확히 드러난다. 다음과 같은 기록이 이를 보여준다.

> 빈 가운데 준자(遵者 : 본받을 만한 사람), 즉 제공諸公이나 대부大夫가 있는 경우에는 1명이 빈에게 술잔(觶)을 들어 술을 올린 뒤에야 제공과 대부가 들어온다. 빈의 동쪽에 자리를 펴는데, 공의 자리는 세 겹을 깔고, 대부의 자리는 두 겹을 깐다. 공이나 대부가 문에 들어오면, 주인이 당에서 내려오고, 빈과 개자가 당에서 내려오고, 중빈이 모두 당에서 내려와서 처음의 위치로 되돌아간다. 주인은 향의 학교(庠) 문 안에서 준자를 맞이하여 읍을 하고 사양을 한 후에 당으로 올라간다. 공이 당으로 올라갈 때는 빈이 올라갈 때의 예와 같은 절차로 하고, 당에 올라가서는 자리(席) 한 겹을 사양한다. 그러면 주인은 한 사람을 시켜서 자리 한 겹을 걷어 내게 한다. 대부인 경우는 개자가 당으로 올라갈 때의 예와 같은 절차로 하고, 제공이 있으면 위에 까는 자리를 사양하여 자리의 북쪽 끝에 말아 놓는데, 주인은 사람을 시켜서 치우지 않는다. 제공이 없으면 대부가 위에 까는 자리를 사양하지만, 주인이 허락하지 않고, 위에 까는 자리를 걷어 내지 않는다.
>
> 賓若有遵者 : 諸公 · 大夫, 則既一人, 擧觶, 乃入. 席於賓東, 公三重, 大夫再重. 公如大夫, 入, 主人降, 賓 · 介降, 衆賓皆降, 復初位. 主人迎, 揖讓升. 公升如賓禮, 辭一席, 使一人去之. 大夫則如介禮, 有諸公, 則辭加席, 委於席端, 主人不徹 ; 無諸公, 則大夫辭加席, 主人對, 不去加席.

이는 「향음주례」에서 제후諸侯와 대부大夫에 대한 특별한 예우를 다룬 부분이다. 향음주례는 공경公卿과 대부와 같은 신분이 높은 이들에게 특별한 의례와 좌석 배치를 규정하고 있다. 공경과 대부의 좌석은 주빈석의 동쪽에 배치되며, 공경의 좌석은 세 겹, 대부의 좌석은 두 겹으로 구성된다. 이러한 좌석 배치는 공경과 대부의 높은 신분과 권위를 상징하며, 그들에 대한 특별한 예우를 명확히 보여준다.

공경이 당堂에 오를 경우, 추가된 좌석 한 겹을 사양하며, 이에 주인은 이를 철거하도록 명한다. 반면, 대부가 당에 오를 경우, 만약 공경이 현장에 있다면, 대부는 역시 추가된 좌석을 사양하지만, 이때 좌석은 철거되지 않고 북쪽으로 옮겨진다. 공경이 없는 경우에도 대부는 추가된 좌석을 사양하나, 주인은 이를 철거하지 않으며 대부 역시 좌석을 옮기지 않는다. 이러한 절차는 공경과 대부의 신분적 존귀함을 드러내는 동시에, 그들에게 부여되는 특별한 예우와 존중을 상징적으로 표현하는 방식이다.

주인이 향음주례에서 공경公卿과 대부大夫를 초대할 때, 그들의 존귀한 신분을 고려하여 특별히 추가 좌석을 마련한다. 이에 대해 공경과 대부는 좌석을 사양함으로써 자신의 겸손함과 예의를 드러낸다. 특히, 공경公卿의 지위가 대부보다 높으므로, 공경이 현장에 있을 경우 대부는 주인이 마련한 추가 좌석을 사양하고, 공경과 동일한 예우를 받지 않겠다는 태도를 보인다. 반면, 공경이 없는 경우 대부는 좌석을 사양하지만, 주인은 이를 철거하지 않고, 대부 또한 좌석을 옮기지 않는다.

이러한 절차는 주인이 공경과 대부의 존귀한 지위를 존중함을 보여주는 동시에, 대부가 공경의 지위를 존중하는 태도를 드러낸다. 즉,

주인의 예우와 대부의 양보는 모두 예절을 통해 신분이 높은 자에 대한 존중을 표현하는 상징적 행위라 할 수 있다.

『의례』에서는 이와 같이 신분이 높은 사람들에 대한 존중이 여러 곳에서 강조된다. 예컨대, 「사상견례士相見禮」에서는 군왕을 알현하는 예절을 상세히 기록하며, 다음과 같이 언급하고 있다.

> 처음 군주를 찾아뵐 때 자신의 신분을 나타내는 예물(摯)을 받들고 가는데, 군주가 있는 곳에 이르면 용모를 더욱 공손히 한다. 서인이 군주를 뵐 경우에는 용모를 갖추지 않고, 나아가거나 물러날 때는 빠르게 달려가서 간다. 사나 대부가 군주를 뵐 경우에는 자신의 신분을 나타내는 예물을 내려놓고, 머리를 바닥에 대면서 군주에게 재배한다. 군주는 답례로 일배를 한다. 만일 다른 나라 사람이 군주를 뵐 경우 군주는 빈자擯者를 시켜 그 예물을 돌려주는데, 빈자는 "과군께서 아무개(빈자 본인)를 시켜서 예물을 돌려주게 하셨습니다."라고 말한다. 빈賓은 "군주께서 외국의 신하를 자신의 신하로 대우하지 않으시니, 신은 감히 사양하지 않겠습니다."라고 대답한다. 빈은 머리를 바닥에 대면서 재배를 한 후 예물을 돌려받는다.
>
> 始見於君執摯, 至下, 容彌蹙. 庶人見於君, 不為容, 進退走. 士大夫則奠摯, 再拜稽首 ; 君荅壹拜. 若他邦之人, 則使擯者還其摯, 曰 : 「寡君使某還摯.」 賓對曰 : 「君不有其外臣, 臣不敢辭.」 再拜稽首, 受.

고대 사회에서 군주를 알현하는 의식은 극히 중대한 예절로 여겨졌다. 군주를 처음으로 알현할 때는 반드시 예물을 준비하여 군주의 당堂 아래에 이르러야 했으며, 그 태도는 제후나 대부를 알현할 때보다 훨씬 더 공손하고 겸양해야 했다. 특히 서민이 군주를 알현할 경우, 과도한 행동이나 눈에 띄는 태도를 보이는 것이 엄격히 금지되었으며,

움직임 또한 반드시 빠르고 단정한 걸음으로 제한되었다.

한편, 사대부가 군주를 알현할 때는 예물을 지참하는 것과 동시에 계수稽首, 즉 머리를 땅에 닿게 하는 고배례叩拜禮를 행해야 했다. 또한, 외국에서 온 사신이 군주를 알현한 경우, 알현 의식이 끝난 뒤 군주는 사신이 지참한 예물을 돌려보내며, 외국 신하를 자신의 신하로 간주하지 않는다는 의사를 분명히 했다. 이는 신분이 높은 사람에 대한 존경심이 단순히 겸손한 태도에서만 드러나는 것이 아니라, 알현 시 지참하는 예물에서도 명확히 드러나는 사례이다.

존비尊卑의 구분은 단순히 신분적 차이를 나타내는 것에 그치지 않고, 적서嫡庶 간의 차이를 통해서도 그 중요성이 부각된다. 적서의 구분은 『의례』에서 특히 중요한 경계로 여겨지며, 다양한 의식에서 적서 간의 차이가 명확히 강조되고 있다. 『의례』는 서자庶子의 의례를 다루는 장으로 「사관례士冠禮」, 「사혼례士昏禮」, 「상복喪服」, 「사상례士喪禮」 등을 포함하고 있으며, 이는 적서 구분이 『의례』에서 차지하는 중요성을 잘 보여준다. 적서 간 의식의 차이를 종합적으로 보면 '적중서경嫡重庶輕', 즉 적자는 중시되고 서자는 경시된다는 원칙으로 요약할 수 있다.

『의례 · 사관례』에서는 적자의 가관加冠 절차를 논한 뒤, 고아(孤子)와 서자庶子의 가관의식에 대해 특별히 다음과 같은 내용을 언급하고 있다.

> 관을 쓸 당사자가 서자라면, 방 밖에서 남쪽을 향해 관을 쓰고, 이어서 초례도 이곳에서 행한다.
>
> 若庶子, 則冠於房外, 南面, 遂醮焉.

『의례』에서는 서자庶子의 가관加冠 의식을 다룰 때, 서자는 문밖에서 가관해야 한다고 명시하며, 적자가 방 안에서 가관하는 것과 뚜렷한 대조를 이룬다. 이러한 의례적 차이는 적자와 서자의 신분적 차별이 예제를 통해 구체적으로 드러남을 보여준다. 방 안과 문밖이라는 공간적 구분은 단순한 절차상의 차이가 아니라, 적서 간의 위계를 상징적으로 나타내는 중요한 요소이며, 이는 혈연적 지위를 예식의 형식 속에 내재화한 전형적인 사례라 할 수 있다. 또한, 적서 간 의례의 경중 차이는 단순히 적자와 서자 개인에게만 한정되지 않고, 이들과 관련된 친족들에게도 직접적인 영향을 미친다. 『의례 · 사혼례士昏禮』에서는 서자의 아내에 관한 의례에서도 특별한 규정을 두고 있으며, 다음과 같이 기록하고 있다.

> 서자의 아내라면 사람을 시켜서 그녀에게 초례를 베풀어 주게 한다. 서자의 아내는 시부모에게 음식을 올리지 않는다.
>
> 庶婦, 則使人醮之. 婦不饋.

의례에 따르면, 적부嫡婦가 가문에 들어오면 반드시 시부모와 함께 음식을 나누는 의식, 즉 '진식지례進食之禮'를 반드시 행해야 한다. 이는 적부가 가문 내에서 공인된 지위를 가지며 중요한 역할을 담당한다는 점을 상징적으로 나타내는 의례이다.

반면, 『의례』에서는 서부庶婦에 대해서는 이러한 의식을 행할 필요가 없음을 명확히 규정하고 있다. 이는 적부와 서부 간의 의례적 중요성과 가문 내 지위의 차이를 뚜렷하게 드러내는 요소라 할 수 있다. 정현鄭玄은 이 구절에 대해 주석을 달며, 적부와 서부의 차이를 다음과 같이 해석하였다.

> 서부는 서자의 아내이다. 사람을 시켜서 초례醮禮를 베풀어 주게 한다는 것은 향례를 베풀어 주지 않는다는 뜻이다. 청주(酒)를 따라 주어 마시게 하지만 수酬와 작酢의 예는 행하지 않는 것을 초례라고 한다. 또한 말린 고기를 담은 대나무 제기와 고기 젓갈을 담은 나무 제기는 올린다. 적자의 아내에게 예주(醴)를 따라 주는 것은 그를 높이는 것이다. 서자의 아내에게 청주(酒)를 따라 주는 것은 그를 낮추는 것이다.
>
> 庶婦, 庶子之婦也. 使人醮之, 不饗也. 酒不酬酢, 曰醮, 亦有脯醢, 嫡婦酌之, 以醴尊之, 庶婦酌之, 以酒卑之.

정현의 해석을 면밀히 검토하면, 다음 세 가지 핵심적인 내용을 도출할 수 있다.

- 정현은 '서부庶婦'의 개념을 명확히 정의하며, 서부가 서자庶子의 아내임을 분명히 밝혔다.
- 서부의 의례가 적부嫡婦의 의례에 비해 가볍다는 점을 직접적으로 지적하였다.
- 가장 중요한 점은, 의례의 경중을 통해 적부와 서부 간의 존비尊卑 차이를 더욱 명확히 드러냈다는 것이다.

그는 적부의 의례가 가문의 중심적인 역할을 상징하며, 가문의 혈통과 제사의 계승을 보장하기 위한 핵심적 의식임을 강조하였다. 반면, 서부는 이러한 중심적 역할에서 배제되며, 가문 내에서의 위치가 한정적임을 의례적으로 표현하였다.

이와 같은 정현의 해석은 『의례』가 적부嫡婦와 서부庶婦 간의 신분적 차이를 어떻게 의례를 통해 상징적으로 구현했는지를 명확히 보여준다. 또한, 이는 고대 사회에서 적서嫡庶 간의 구별적 대우가 단순히 혈연적 차이에 그치는 것이 아니라, 가족과 사회의 위계 구조를 유지하기 위한 제도적 장치로 기능했음을 시사한다.

적자嫡子와 서자庶子 사이의 존비 차이는 『의례 · 상복喪服』에서 더욱 구체적으로 드러난다. 해당 내용은 다음과 같이 기록되어 있다.

> 상복. 아랫단을 꿰매지 않은 상의(衰)와 하의(裳)를 입고, 검은빛의 암마로 만든 수질과 요질을 두르고, 검은빛의 대나무 지팡이를 짚고, 검은빛의 암마를 꼬아서 만든 허리띠를 차고, 숫마로 만든 끈을 단 관(冠繩纓)을 쓰고, 엄짚신을 신고 삼 년의 복을 하는 경우는 다음과 같다. 아버지를 위해, 제후가 천자를 위해, 군주를 위해, 아버지가 장자를 위해서이다.
>
> 喪服, 斬衰裳, 苴絰杖, 絞帶, 冠繩纓, 菅屨者. 父, 諸侯為天子, 君, 父為長子.

> 전에 말하였다. "왜 3년으로 복을 하는가? 위에서 선조의 정체를 계승하였고, 또 앞으로 중(重 : 종묘 제사의 주재권)을 전해야 할 대상이기 때문이다. 서자가 자신의 장자를 위해 3년으로 복을 할 수 없는 것은 할아버지를 계승하지 않았기 때문이다."
>
> 傳曰 : 何以三年也? 正體於上, 又乃將所傳重也. 庶子不得為長子三年, 不繼祖也.

참최斬衰는 오복五服 중 가장 무거운 상복으로, 『의례』의 경문經文에서는 아버지가 적장자嫡長子를 위해 참최 삼 년의 복을 입어야 한다고 명확히 규정하고 있다. 이는 적장자가 가문의 종묘宗廟를 계승할 권리와 의무를 지니기 때문에, 그의 사망이 가문에 미치는 중대한 영향을 의례적으로 표현한 것이다. 전문傳文의 해석에 따르면, 적장자는 가문의 혈통과 제사의 계승자로서 중심적 역할을 맡기 때문에, 그의 죽음을 애도하는 복제服制 역시 가장 중하게 설정된다. 반면, 서자庶子는 종묘를 계승하지 않는 존재로 간주되므로, 아버지가 서자를 위해 참최 삼 년의 복을 입을 필요가 없다고 명시한다. 이는 서자가 가문 내에서 상대적으로 낮은 지위와 역할을 가짐을 상징적으로 드러내는 요소라 할 수 있다.

『의례』의 경문을 면밀히 분석해 보면, 신분의 존비尊卑와 적서嫡庶의 차이가 의례 속에서 철저히 구분되어 있음을 확인할 수 있다. 이러한 구분은 가문의 질서와 사회적 위계를 유지하기 위한 고대 예제의 핵심 원칙 중 하나로 작용하였다.

또한, 『의례』에서 참최와 같은 복제를 통해 드러나는 존비와 적서의 구분은 단순히 가문의 내부 규율을 유지하는 데 그치지 않고, 당시 사회가 혈연적 질서와 신분적 위계를 통해 사회적 안정성을 확보하려 했음을 보여준다. 이는 『의례』가 존비尊卑 개념을 중시하는 대표적 특징을 잘 반영하는 동시에, 의례를 통해 신분적 차이를 명시함으로써 가족 내 역할 분담과 사회 질서를 제도적으로 확립하려는 고대 사회의 의도를 시사하는 부분이라 할 수 있다.

(3) 장유長幼 구별

『의례』는 친소親疏와 존비尊卑의 구별뿐만 아니라, 나이에 따라 장유長幼의 원칙 또한 엄격히 적용하고 있다. 이 원칙은 연령에 따른 서열과 존중의 규범을 규정하며, 가족과 사회 내 질서를 유지하는 데 중요한 역할을 한다. 이와 관련하여 『예기 · 문왕세자文王世子』에서는 다음과 같이 언급하고 있다.

> 그러므로 부자 된 도리를 가르치며 군신 된 도리를 가르치며 장유 된 도리를 가르치는 것이니, 부자 · 군신 · 장유의 도리가 분명해지면 나라가 잘 다스려진다.
>
> 故學(효)之為父子焉, 學(효)之為君臣焉, 學(효)之為長幼焉, 父子 · 君臣 · 長幼之道得, 而國治.

이 구절에서 『예기』는 부자父子 간의 친애親愛, 군신君臣 간의 존비尊卑, 그리고 장유長幼의 도리를 국가를 다스리는 중요한 원칙으로 제시하고 있다. 이는 예禮가 장유의 구별을 얼마나 중시했는지를 명확히 보여준다.

이러한 '장유 구별'이 의례로 구현될 때, 이는 곧 '경로敬老'의 원칙으로 나타난다. 경로와 경장敬長의 원칙은 『의례 · 향음주례鄉飲酒禮』에서도 분명히 드러난다. 「향음주례」에서는 주인이 주빈과 중개자를 대접한 뒤, 마지막으로 여러 손님을 접대하는 의식을 행한다. 그러나 손님의 수가 많아 모든 이에게 개별적으로 예를 행할 수 없으므로, 손님 중 연장자가 대표로 나서서 의식을 대신하는 방식을 취한다. 이에 대해 「향음주례」는 다음과 같이 기록하고 있다.

중빈의 장長으로서 당에 올라와 술잔을 받는 사람은 3명이다. 주인이 중빈의 장에게 술잔을 건네준 후 배례를 한다. 중빈의 장은 앉아서 술로 고수레를 한 후에 서서 술을 마시는데, 술잔의 술을 다 마시고 배례를 하지 않는다. 중빈의 장이 주인에게 술잔을 건네주고 당에서 내려와 본래의 위치로 돌아간다. 주인이 3명의 장 이하의 중빈에게 술을 따라 올리면, 중빈은 배례를 하지 않고 술잔을 받은 후에 앉아서 고수레를 하고 서서 술을 마신다. 주인은 중빈의 장에게 한 사람씩 술을 올릴 때마다, 술을 받은 사람의 자리에 말린 고기를 담은 대나무 제기와 고기 젓갈을 담은 나무 제기를 올린다. 중빈에게도 말린 고기를 담은 대나무 제기와 고기 젓갈을 담은 나무 제기를 두루 올린다. 주인은 술잔을 가지고 당에서 내려와 대광주리에 넣어 둔다.

衆賓之長升拜受者三人, 主人拜送. 坐祭, 立飮, 不拜既爵 ; 授主人爵, 降復位. 衆賓獻, 則不拜受爵, 坐祭, 立飮. 每一人獻, 則薦諸其席. 衆賓辯有脯醢. 主人以爵降, 奠於篚.

정현주 : 장은 연장자이다. 3명이라고 하였으니, 중빈은 여러 사람이다.

鄭玄注 : 長, 其老者. 言三人, 則衆賓多矣.

이 구절에서는 여러 손님 중 연장자가 대표로서 주인과 예를 행하도록 명확히 규정하고 있다. 이는 손님이 다수일 경우, 연장자를 대표로 선정하여 경로敬老의 원칙을 실천하는 방식을 보여준다.

장유長幼의 순서는 단순히 연장자를 공경하는 태도를 의미하는 것에 그치지 않고, 가정 내에서는 형제간 서열을 결정하는 중요한 기준이 된다. 이러한 원칙은 가족 내부의 질서를 유지하고, 나아가 사회적 위계의 기초를 형성하는 역할을 한다. 이와 관련하여 『의례 · 유사철有

司徹』에서는 이러한 원칙을 명확히 반영한 의문儀文을 다음과 같이 기록하고 있다.

> 주인은 술잔을 씻은 후 당 위로 올라가 조계(東階) 위에서 형제들에게 술을 올려 헌의 예를 행한다. 형제들의 장은 당위로 올라가 배례를 한 후 술잔을 받는다.
>
> 主人洗, 升酌, 獻兄弟於阼階上. 兄弟之長升, 拜受爵.

> 정현 주 : 형제들이 나이에 상관없이 모두 서서 술을 마시는 것은 신분이 비천하여 구별되지 않기 때문이니, 대부의 빈은 형제들보다 높인다. 재부에게 술 따르는 일을 돕게 하지 않는 것은 형제들은 친밀함으로 온 것이므로 관직을 가지고 대우하지 않기 때문이다.
>
> 鄭注 : 兄弟長幼立飮, 賤不別, 大夫之賓, 尊於兄弟. 宰夫不贊酌者, 兄弟以親暱來, 不以官待之.

이는 『의례 · 유사철』에서 주인이 빈시儐尸 예를 마친 뒤, 형제들에게 감사의 예를 행하는 의례를 다룬 부분에 해당한다. 이 경문과 정현鄭玄의 주석은 다음 두 가지 중요한 의미를 확인할 수 있다.

- 존존尊尊이 장유長幼보다 우선한다는 원칙.

  정현은 주석에서 대부大夫로서의 손님이 형제보다 신분적으로 우위에 있음을 강조하며, 이는 존존의 원칙이 형제 간의 장유 원칙보다 우선한다는 개념을 보여준다. 대부 손님은가문의 외부에 속하지만, 신분적 위치가 높기 때문에 예제에서 더 중대한 예우를 받는다. 이는 가문 내부의 혈연적 친밀성보다 사회적 신분과 역할이 의례의 경중을 결정짓는 중요한 기준이 됨을 시사한다.

◆ 형제 간의 예절은 친밀함을 강조한다.

정현은 형제 간의 관계에서는 친밀함이 중심이 된다고 설명하며, 이에 따라 주인이 형제를 대할 때 관원官員에 대한 예를 적용하지 않고, 형제 간의 유대감을 강조하는 방식으로 예를 행한다고 해석한다. 이는 가문 내에서의 예절이 사회적 관계의 형식적 예절과 구별되며, 혈연적 유대를 기반으로 더 유연하게 이루어짐을 보여준다.

정현이 언급한 대부 손님과 형제 간의 예절 차이는 예제에서 내외內外의 구분을 명확히 드러낸다. 즉, 외부 손님인 대부에게는 신분적 예를 우선시하지만, 내부 가족인 형제에게는 친소親疏에 기반한 예를 적용한다. 또한 형제 간의 예절에서도 장유의 차이는 여전히 중요한 요소로 작용하며, 형제 간의 서열은 가정 내 예절적 질서를 유지하는 데 있어 핵심적인 역할을 한다, 이러한 원칙은 가족 내 안정성과 조화를 이루는 중요한 예제의 원칙으로 자리 잡으며, 『의례 · 유사철』은 이러한 내외 구분과 장유 원칙이 예제 전반에서 어떻게 실천되고 적용되는지를 보여주는 대표적 사례라 할 수 있다.

> 형제들 가운데 어린 사람이 술잔(觶)을 들어 장형제에게 술을 올린다.
>
> 兄弟之後生者舉觶於其長.

이 구절에서는 형제 중 아우가 형에게 술잔(觶)을 올리는 의례가 기록되어 있다. 이는 아우가 형을 공경하는 마음을 상징적으로 표현한 것으로, 형제 간의 서열을 존중하고 장유유서長幼有序의 원칙을 준수하는 중요한 예절이다. 이러한 의례는 가족 내에서 연장자를 우선시하는 예의禮義를 분명히 드러내며, 가정 내 질서를 유지하는 핵심적인 요소로 작용한다. 이는 단순한 형식적 절차가 아니라, 연령에 따른 위계를 존중하는 예제의 원칙이 가족 내부에서 어떻게 실천되는지를 보여주는 사례라 할 수 있다.

더불어, 『의례·특생궤사례特牲饋食禮』에서도 형제 간의 의례가 언급되어 있으며, 이에 대해 다음과 같이 기록하고 있다.

> 제사를 받는 사람의 자손과 주인의 형제들은 주인과 같은 복장을 착용하고 주인이 남쪽에서 서쪽을 향해 서는데, 북쪽을 윗자리로 삼는다.
>
> 子姓兄弟如主人之服, 立於主人之南, 西面北上.

> 정현 주 : 제사를 받는 사람의 자손인데 자성子姓이라고 말한 것은 아들이 낳은 사람들이기 때문이다. 소종이 제사를 지내면 형제들이 다 와서 참여한다. 종자가 제사를 지내면 족인들이 다 모시고 따른다.
>
> 鄭注 : 所祭者之子孫, 言子姓者, 子之所生. 小宗祭, 而兄弟皆來與. 宗子祭, 則族人皆侍.

이는 「특생궤사례」에서 제사를 준비하는 과정에 형제와 주인의 복식服飾 및 위치를 규정한 의례를 다룬 부분이다. 정현은 이 구절에서 형제는 제사를 받는 이의 자손으로 해석하며, 제사에서 형제의 역할과 의의를 강조하였다. 또한, 정현은 주석에서 대종大宗과 소종小宗의 차이를 명확히 구분하며, 제사를 주관하는 이의 신분과 역할에 따라 참석자의 범위가 달라짐을 설명하였다. 소종이 제사를 지낼 경우에는 형제들이 주로 참여하지만, 적장자嫡長子가 제사를 주관할 경우에는 모든 족속族屬이 참석해야 한다고 명시하였다. 이는 제사의 규모와 중요성이 제사를 주관하는 이의 지위에 따라 달라진다는 점을 보여준다.

한편, 『예기 · 제통祭統』에서는 제사의 의례와 관련하여 명확한 규범과 원칙을 다음과 같이 기록하고 있다.

> 무릇 제사에는 소昭와 목穆이 있으니, 소와 목이라는 것은 부자父子와 원근遠近과 장유長幼와 친소親疏의 차례를 분별하여 혼란이 없게 하는 것이다. 이 때문에 태묘에 제사가 있으면 〈동종同宗의 부자가 모두 와서〉 여러 소와 여러 목이 모두 있어 차례를 잃지 않으니, 이것을 일러 친소의 차등이라 한다.
>
> 夫祭有昭穆, 昭穆者, 所以別父子 · 遠近 · 長幼 · 親疏之序而無亂也. 是故, 有事於大(태)廟, 則群昭群穆咸在而不失其倫. 此之謂親疏之殺(쇄)也.

『예기』에서는 제사 의식을 진행할 때 '좌소우목左昭右穆'의 원칙에 따라 제사의 순서를 배열한다고 설명한다. 이 원칙은 부모와 자식, 장유長幼의 관계를 명확히 구분하며, 친소親疏와 원근遠近의 관계를 드러내는 동시에 윤리적 균형을 유지하도록 설계되었다. 이는 제사 의례가 단순히 형식적 절차를 넘어, 가족과 혈연관계를 정리하고 재확인하는 중요한 도구로 기능했음을 보여준다.

또한, 『의례 · 특생궤사례特牲饋食禮』에서는 주인이 형제들 간에 보이는 태도 차이를 통해, 이러한 윤리적 구분이 의례 속에서 구체적으로 반영되는 방식을 확인할 수 있다.

주인은 술잔을 씻은 후 조계(東階) 위에서 장형제에게 술을 올려 헌獻의 예를 행하는데, 빈에게 헌의 예를 행하는 때와 동일한 절차로 한다. 주인은 술잔을 씻은 후 중형제들에게 술을 올려 헌의 예를 행하는데, 중빈들에게 헌의 예를 행할 때와 동일한 절차로 한다. 주인은 술잔을 씻은 후 방 안에서 내형제(內兄弟 : 내빈과 종부)들에게 술을 올려 헌의 예를 행하는데, 중형제들에게 헌의 예를 행하는 때와 동일한 절차로 한다. 주인은 서쪽을 향해 내형제들에게 답배를 하고, 술잔을 바꾸어서 술을 따라 스스로 마심으로써 작酢의 예를 행한다. 주인은 술잔의 술을 다 마신 후 당에서 내려와 술잔을 대광주리 안에 넣어 두고, 다시 실室 안으로 들어가 본래의 위치로 돌아간다.

主人洗爵, 獻長兄弟於阼階上. 如賓儀. 洗, 獻眾兄弟, 如眾賓儀. 洗, 獻內兄弟於房中, 如獻眾兄弟之儀. 主人西面答拜, 更爵酢, 卒爵, 降, 實爵於篚, 入複位.

이 구절에서는 주인이 맏형제(嫡長兄弟), 여러 형제(眾兄弟), 그리고 내형제內兄弟에 대해 서로 다른 태도를 보이며, 의례적 차이를 통해 서열과 예의를 표현하는 방식을 확인할 수 있다.

주인은 맏형제에게 특별히 잔을 씻어 바치고, 직접 계단 위로 올라가 술을 제공하는데, 이는 주빈主賓을 대하는 의례와 유사한 방식으로 맏형제에게 높은 예우를 표하는 상징적 행위이다. 반면, 여러 형제에게는 손님에게 술을 바치는 의례와 같은 방식으로 술을 제공하며, 이는 맏형제보다 한 단계 낮은 수준의 예우를 나타낸다. 마지막으로, 내형제에게는 여러 형제에게 술을 바치는 절차와 동일하게 술을 떠서 제공함으로써, 내형제의 지위를 형제간 서열 중 가장 낮은 단계로 명확히 구분한다.

이러한 의례적 순서는 형제 간의 서열에 따라 예식의 경중(隆殺)이 차등적으로 적용됨을 분명히 보여준다. 이를 통해 『의례』가 가정 내에서 맏형제에 대한 존중과 예우를 특히 강조하고 있음을 알 수 있다. 이러한 의례적 표현은 단순히 형제 간의 관계를 넘어, 가문의 질서와 안정성을 유지하고 사회적 윤리를 체계화하려는 고대 예제의 본질적 의도를 드러낸다. 이는 곧 예제가 단순한 형식적 절차가 아니라, 가족과 사회의 구조적 안정성을 유지하기 위한 핵심적인 요소였음을 시사하는 부분이다.

(4) 남녀 구별

예제禮制에서는 '친친親親, 존존尊尊, 장장長長, 남녀男女'를 인간 윤리에서 가장 중요한 규범으로 간주한다. 이 네 가지 원칙은 인간관계의 질서를 유지하는 근본 원칙으로, 사회와 가정의 조화로운 운영을 보장하는 데 핵심적인 역할을 한다. 각각의 원칙은 가족과 사회 내에서 관계를 정립하고 안정성을 유지하는 기반이 된다.

이와 관련하여, 『예기 · 상복소기喪服小記』에서는 다음과 같이 기록하고 있다.

> 어버이를 친애함과 높은 이를 높임과 연장자를 연장자로 대함과 남녀 사이에 구별이 있음은 인도人道 중에서 큰 것이다.
>
> 親親尊尊長長, 男女之有別, 人道之大者也.

이 인용문에서 『예기』는 친친親親, 존존尊尊, 장장長長, 그리고 남녀

男女의 구별을 인륜人倫의 핵심적인 덕목으로 간주하며, 이를 인간의 도道를 이루는 중요한 원칙으로 제시하고 있다. 이러한 원칙은 사회 질서와 조화를 유지하기 위한 기본적인 윤리 규범으로, 개인과 공동체의 안정과 조화를 보장하는 핵심적 가치를 강조한다.

한편, 『예기 · 혼의昏義』에서는 이러한 윤리적 관계를 오륜五倫의 구조로 더욱 구체화하고 체계화하며, 그 중요성을 다음과 같은 순서로 배열하고 있다.

> 〈혼례를〉 공경하고 삼가고 중히 하고 바르게 한 뒤에 친애함은 예의 대체이며, 남자와 여자의 분별을 이루고 남편과 부인의 의義를 세우는 것이다. 남자와 여자가 분별이 있은 뒤에 남편과 부인이 의가 있고, 남편과 부인이 의가 있은 뒤에 아버지와 자식이 친함이 있고, 아버지와 자식이 친함이 있은 뒤에 군주와 신하가 바른 도가 있으니, 그러므로 혼례는 예의 근본이다.
>
> 敬慎 · 重正, 而後親之, 禮之大體, 而所以成男女之別, 而立夫婦之義也. 男女有別, 而後夫婦有義 ; 夫婦有義, 而後父子有親 ; 父子有親, 而後君臣有正. 故曰 : 昏禮者, 禮之本也.

이 인용문에서, 『예기』는 '부부의 의夫婦之義'를 부모와 자식, 군주와 신하 간의 예절의 근본으로 간주하며, 그 핵심 요소로 '남녀구별男女之別'을 강조하고 있다. 『예기』는 부부의 의를 통해 남성과 여성의 역할과 관계를 체계화하며, 이를 사회 질서의 근본으로 보았다. 부부의 의는 경신敬慎과 중정重正의 예의를 포함하며, 이러한 구별과 의례는 『예기』가 남녀의 역할과 부부의 관계를 얼마나 중시했는지를 명확히 보여준다. 이는 단순한 도덕적 규범을 넘어, 가정과 사회를 유지하는 질서의 근간이 되었음을 시사한다.

더불어, 『의례』를 통해 남녀의 구별을 살펴보면, 예제 속에서 남녀의 신분적 차이와 고대 사회가 남녀에게 요구했던 역할을 더욱 구체적으로 확인할 수 있다. 이러한 차이는 『의례 · 사혼례士昏禮』에서 가장 분명히 드러나며, 이에 대해 다음과 같이 기록되어 있다.

> 신랑 측에서 신부 집으로 사자를 보내어 혼인날을 청하는데, 예물로 기러기를 사용한다. 주인(신부의 아버지)이 혼인날 정하는 일을 사양하면, 빈(신랑 측 사자)은 사양을 허락하고 신랑 측 집에서 정한 혼인날을 알려 주는데, 납징納徵의 예를 행할 때와 동일한 절차로 한다.
>
> 請期, 用鴈. 主人辭, 賓許, 告期, 如納徵禮.

> 정현주 : '주인(신부의 아버지)이 사양한다.'라고 한 것은 양陽이 부르면 음陰이 화답하는 것이므로 혼인날은 마땅히 신랑 측에서 정해와야 하기 때문이다. 신랑 집에서 반드시 먼저 혼인날을 점쳐서 길일吉日을 얻은 후에 비로소 사자를 보내는데, 주인이 사양하면 곧바로 혼인날을 알려 준다.
>
> 鄭玄注 : 主人辭者, 陽倡陰和, 期日宜由夫家來也. 夫家必先卜之, 得吉日, 乃使使者往, 辭即告之.

이는 『의례 · 사혼례』에서 청기請期의 예를 다룬 부분이다. 정현鄭玄은 이 구절에서 '양창음화陽倡陰和'의 원칙을 특별히 강조하고 있다. 이 원칙은 남성이 주도하고 여성이 화합하는 남녀 관계의 기본적인 태도와 조화를 상징한다. 이는 곧 '남녀유별男女有別'이라는 원칙의 근간을 이루는 개념으로 작용한다. 이를 통해 남녀 간의 구별이 의례 전반에 어떻게 구체적으로 구현되는지를 명확히 확인 할 수 있다.

또한『의례 · 사혼례』는 남녀 간의 관계와 예절에 대해 다음과 같은 기록을 남기고 있다.

> 신랑은 수레를 타고 먼저 출발하여 자신의 집 대문 밖에 이르러서 부인의 수레가 도착하기를 기다린다.
>
> 壻乘其車先, 俟於門外.
>
> 정현주 : 신랑의 수레가 대문 밖에 있는 것은 먼저 탄 사람이 길을 인도해야 하기 때문이다. 남자가 여자를 이끌고 여자가 남자를 따라가는 것이다. 남편은 강하고 아내는 부드러움이 되는 의(義)가 여기에서 시작된다.
>
> 鄭玄注 : 壻車在大門外, 乘之先者, 道之也. 男率女, 女從男, 夫婦剛柔之義, 自此始也.

이는 혼례에서 친영례親迎禮를 다룬 부분이다. 신랑이 신부를 남편의 집으로 맞이할 때, 신랑은 말고삐를 마부에게 넘기고 자신의 수레에 올라 먼저 집으로 돌아가 신부를 기다려야 한다. 이러한 의식은 신랑이 주도적 역할을 맡고, 신부는 이를 따르는 전통적인 부부 관계를 상징한다. 정현鄭玄은 이 구절을 해석하며, 이를 '부부강유지도夫婦剛柔之道'로 규정하였다. 그는 이 의식을 통해 남편이 아내를 이끌고, 아내는 남편을 따르는 관계를 강조하였으며, 이는 남녀 간의 지위와 역할의 구별을 나타내는 상징적 표현으로 보았다.

이러한 의례는 남성과 여성의 지위와 역할의 분별을 명확히 보여주며, 사회적 구조가 의례 속에서 어떻게 구현되었는지를 확인할 수 있는 중요한 사례이다. 이러한 원칙은 『의례 · 사혼례』에서도 다음과 같이 명확히 기록하고 있다.

> 주인은 빈에게 읍을 한 후 대문 안으로 들어가고, 빈은 기러기를 들고 뒤를 따라 들어간다. 묘문 앞에 이르면, 주인은 빈과 서로 읍을 한 후에 묘문 안으로 들어간다. 묘문 안으로 들어간 후에 주인은 또 다시 빈과 서로 세 차례 읍을 하고, 계단 앞에 이르렀을 때 주인은 빈과 서로 먼저 오르도록 세 차례 양보를 한다. 주인은 당 위로 올라가 서쪽을 향해 선다. 빈은 당 위로 올라가 북쪽을 향해 기러기를 내려놓고 머리를 바닥에 대면서 재배를 한 후에 당에서 내려와 묘문 밖으로 나간다. 신부는 신랑의 뒤를 따라 서쪽 계단을 통해 당에서 내려온다. 주인은 내려가 전송하지 않는다.
>
> 主人揖入, 賓執鴈從. 至於廟門, 揖入. 三揖, 至於階, 三讓. 主人升, 西面. 賓升, 北面, 奠鴈, 再拜稽首, 降, 出. 婦從, 降自西階. 主人不降送.

이는 「사혼례」에서 친영親迎 의례에 해당하는 부분이다. 신부의 아버지가 신랑을 맞이하여 집 안으로 들이고, 신랑은 기러기(雁)를 선물로 올린다. 이후 신부는 신랑을 따라 당堂에서 내려오며, 신부의 아버지는 당 아래까지 따라 내려와 배웅하지 않는다. 이러한 의례는 부부관계에서 남성이 주도적 위치를 차지하고, 여성이 이를 따르는 전통적 역할을 상징적으로 표현한다.

이상의 내용을 바탕으로 『의례』의 의례에서 남녀 간의 구별은 기본적으로 '양창음화陽倡陰和', '남선여후男先女後'의 원칙에 기반하고 있음을 확인할 수 있다. '양창음화'는 남성이 주도하고 여성이 화합하는 관계를, '남선여후'는 남성이 앞서고 여성이 따르는 역할 분담을 나타낸다. 이러한 원칙은 『의례 · 사혼례』뿐만 아니라, 『의례 · 상복』에서도 동일하게 나타나며, 남녀의 역할 구분과 신분적 차이가 의례를 통해 명확히 드러난다. 그 구체적인 내용은 다음과 같다.

> 전傳에 말하였다. "아버지를 위해 왜 참최의 복을 하는가? 아버지는 지존이기 때문이다."
>
> 傳曰 : 為父何以斬衰也? 父至尊也.

그리고 『의례장구儀禮章句』에서는 다음과 같이 말하고 있다.

> 부모는 가정의 엄한 군주이며, 아버지는 어머니보다 더욱 존귀함으로 지존이라고 한다.
>
> 父母, 家之嚴君, 而父又尊於母, 故曰至尊.

『의례 · 상복』에서는 자식이 아버지를 위해 참최斬衰 삼 년 상을 입어야 한다고 명확히 규정하고 있다. 전傳에서는 이를 '부지존父至尊'이라는 개념으로 설명하며, 아버지가 가정 내에서 지닌 절대적 권위를 나타낸다. 이는 가정 내에서 아버지가 중심적이며, 최고 존귀의 지위를 차지하고 있음을 강조한다. 이에 대해 오정화吳廷華의 『儀禮章句』에서는 '부지존' 개념을 바탕으로 부모가 가정의 중심임을 강조하면서도, 아버지가 어머니보다 더 존귀하다는 관점을 특별히 부각하였다.

그의 해석은 '남녀유별男女有別'의 원칙에서 더 나아가 '부존부비夫尊婦卑'라는 개념이 파생되었음을 보여준다. 이러한 관점은 고대 사회에서 남성과 여성의 신분적 차이가 예제를 통해 제도적으로 확립되고 강화되었음을 보여준다.

『의례』의 의례儀禮와 『예기』의 예의禮義는 고대 예제禮制가 남녀의 구별을 얼마나 중시했는지를 명확히 보여주는 중요한 자료이다. 이 원칙은 단순한 성별 구분을 넘어, 명분名分과 질서秩序를 구별하는 중요한 기준으로 작용하였다.

예제는 사회와 가정의 신분적 구조를 전제로 하여, 각 신분이 그 지위에 상응하는 의례를 가지도록 설계되었다. 이러한 의례적 대응은 사회적 안정과 질서를 유지하기 위한 원리로 작용하였으며, 『의례』에서 이를 세부적으로 규정한 내용은 예제의 핵심적 요소라 할 수 있다.

결국, 『의례』와 『예기』가 규정하는 예제는 단순한 의식의 형식이 아니라, 고대 사회가 인간관계와 질서를 어떻게 체계화했는지를 보여주는 중요한 사례이다. 특히, 남녀의 역할 구분과 신분 차이는 이러한 의례적 체계의 근간을 이루며, 사회적 안정과 조화를 위한 필수적 요소로 작용하였다.

3. 시時를 중시함

『의례』는 의식 절차에서 신분적 구분뿐만 아니라, 또 다른 중요한 특징인 '시(時 : 시점)'의 대응성을 매우 중시한다. 이는 의례가 특정 시점에서 행해질 때, 상황에 맞추어 대상의 신분과 의례 내용이 달라질 수 있음을 보여준다. 이러한 시점에 대한 엄격한 준수는 『의례』가 신분과 지위를 얼마나 중시했는지를 여실히 반영하며, 예禮가 단순히 고정된 규범이 아니라 행례자行禮者가 마주하는 상대의 지위와 상황에 따라 유동적으로 변화한다는 점을 강조한다. 이와 관련하여, 『예기 · 예기禮器』에서는 예禮의 몇 가지 원칙을 다음과 같이 명확히 언급하고 있다.

> 예는 시(時 : 때)가 가장 중대하며, 순順이 그 다음이고, 체體가 그 다음이며, 의(宜 : 마땅함)가 그 다음이고, 칭(稱 : 걸 맞음)이 그 다음이다.
>
> 禮, 時為大, 順次之, 體次之, 宜次之, 稱次之.

『예기』는 예절의 핵심 요소를 다섯 가지, 즉 '시時, 순順, 체體, 의宜, 칭稱'으로 제시하며, 그중에서도 시(時 : 때)를 가장 중요한 요소로 여긴다. 시時는 의례가 이루어지는 적절한 시점과 상황을 의미하며, 이는 예제가 단순히 신분과 관계에 따라 적용되는 것이 아니라, 시간적 맥락에 따라 유동적으로 변화하는 원칙임을 강조한다. 이러한 개념은 예제가 사회적 질서를 유지하는 데 있어 정형화된 규범이 아니라, 적시적適時的 대응성을 갖춘 고도의 체계임을 드러낸다.

이를 더욱 체계적으로 논의하기 위해 『의례』에서 시時와 관련된 내용을 세 가지 주요 영역으로 나누어 살펴보면,

◆ 대리代理관계

대리관계란 『의례』에서 특정 시점時에 존귀한 신분의 인물이 직접

의례를 수행할 수 없을 때, 신분이 그보다 낮은 인물이 대신 의례를 수행하는 관계를 의미한다. 이 과정에서 대체된 존귀한 신분의 권위가 대리자의 신분을 초월하며, 이에 따라 대리자가 받는 의례적 대우 또한 변화하게 된다. 이러한 변화는 의례가 수행되는 시점의 변화와 밀접하게 연관되어 있으며, 행례자行禮者의 역할과 의례의 내용이 시간적 조건에 따라 조정되는 특징을 보여준다. 이는 곧 의례가 단순히 신분적 위계에만 기반한 것이 아니라, 시간적 조건에 따라 유동적으로 작동하는 제도임을 드러낸다.

◆ 변례變禮

변례는 특수한 상황에서 의례를 완수하기 위해 불가피하게 조정된 의례를 의미한다. 이는 시간의 변화가 의례의 변화를 초래할 수 있음을 명확히 보여주는 사례로, 특정 상황이나 시간적 제약 속에서, 전통적 규범을 유지하면서도 유연하게 대응하기 위해 변례가 도입된다. 이를 통해 시時가 의례의 실행과 적응에 핵심적 역할을 한다는 점을 확인할 수 있으며, 의례가 단순히 고정된 형식이 아닌 적시적適時的 융통성을 반영하는 체계임을 보여준다.

◆ 의례 자체의 필요성

의례 자체의 필요성은 대리관계나 변례가 적용되지 않는 경우에도, 특정 상황에서 의례와 의례를 받는 사람의 신분이 일치하지 않는 경우를 포함한다. 이러한 경우에도 역시 시간의 변화로 인해 『의례』의 의문儀文이 수정되거나 조정되는 사례로 간주된다. 이는 시간적 조건에 따라 의례의 구조와 내용에 영향을 미칠 수 있는 중요한 변수로 작용함을 잘 보여준다.

이러한 세 가지 측면은 『의례』가 시점 개념을 기반으로 의례적 구조와 변화의 원리를 어떻게 반영하고 있는지를 구체적으로 드러낸다. 시점은 단순히 의례의 배경적 요소에 그치는 것이 아니라, 의례의 형식과 내용에 직접적인 영향을 미치는 본질적 요소로 작용한다. 이를 통해 『의례』의 예제禮制가 단순한 규범 체계를 넘어, 시간과 상황의 맥락에 유연하게 대응하는 체계성과 깊이를 지니고 있음을 확인할 수 있다.

(1) 대리代理 관계

『의례』에서는 특정 상황에서 신분이 낮은 사람이 신분이 높은 사람을 대신하여 의례를 수행하는 대리관계가 종종 등장한다. 이러한 관계는 대리인이 일시적으로 높은 신분과 동등한 예우를 받게 되며, 이를 통해 의례의 목적과 권위를 보존한다.

『의례』에서 나타나는 대리관계는 매우 다양한 형태로 존재하며, 이를 주로 다음 세 가지 유형으로 구분할 수 있다.

◆ 사자使者가 군주를 대신하는 경우

사자는 군주의 명을 받아 의례를 수행하며, 군주의 권위를 위임받아 높은 예우를 받는다.

◆ 시(尸 : 시동)가 조상을 대신하는 경우

제사 의례에서 조상을 상징하는 시동이 조상을 대신하여 의례를 수행하며, 제례 동안 조상의 권위를 대표한다.

◆ 집사執事가 주인主人을 대신하는 경우

집사는 주인의 소임을 수행했으며, 의례 동안 주인의 지위를 상징적으로 대변한다.

이 세 가지 관계의 공통점은 신분이 낮은 사람이 신분이 높은 사람을 대신하여 의례를 수행한다는 점이다. 의례가 진행되는 동안 대리인은 대체된 고귀한 신분의 권위를 반영하여 비교적 높은 예우를 받을 수 있다. 이는 대리인의 개인적 신분이 아니라, 대리 과정에서 부여된 상징적 역할과 권위로 인해 이루어진 것이다.

예를 들어, 『의례 · 연례燕禮』에서는 사자使者가 군주를 대신하여 의례를 수행하는 장면이 기록되어 있다. 이 과정에서 사자는 군주의 명을 수행하는 자로서 더 높은 예우를 누리며, 군주의 권위를 상징적으로 대변한다. 이와 같이 『의례』는 대리관계가 단순한 역할 분담을 넘어, 의례적 질서와 권위를 보존하고 강조하는 중요한 수단임을 보여준다.

> 사정司正은 당 위로 올라가서 군주의 명을 받은 후 빈과 경 · 대부 등 모두에게 "군주께서 '취하지 않는 사람이 없도록 하라'라고 말씀하였습니다"라고 군주의 명을 전한다. 빈이나 경 · 대부는 모두 일어나 자리에서 내려와 "예, 감히 취하지 않을 수 있겠습니까?"라고 대답하고, 이어서 모두 제자리로 돌아가 앉는다.
>
> 司正升受命, 皆命 : 君曰 : 「無不醉!」 賓及卿 · 大夫皆興, 對曰 : 「諾! 敢不醉?」 皆反坐.

이는 사정司正이 군주의 명령을 받아 연례燕禮에 참석한 모든 빈賓에게 마음껏 즐기고 술에 취할 것을 명령하는 의식이다. 이 과정에서 빈들은 사정을 군주를 대하듯이 예를 표하며 존중한다. 이는 사정의 본래 신분이 빈들보다 낮음에도 불구하고, 의례에서 군주의 대리인으로서 소임을 수행은 순간, 일시적으로 높은 예우를 받기 때문이다. 즉, 사정이 군주의 명령을 빈들에게 전달하는 시점에서는, 빈들이 군주에게 예를 행하듯이 동일한 수준의 높은 예우를 사정에게 행한다. 이 사례는 의례가 특정 시간과 상황에 따라 신분과 예우가 변화할 수 있음을 보여주는 대표적인 예로, 『의례』에서 '시점'의 중요성을 반영하는 대표적인 사례라 할 수 있다.

한편, 『의례 · 사우례士虞禮』에서는 시동尸童이 조상을 대신하는 의문儀文을 다음과 같이 기록하고 있다.

> 전奠으로 고수레를 하고, 축관은 축을 읽는다. 주인은 처음처럼 머리를 바닥에 대면서 재배한다. 시동은 예주(醴)를 맛보고 원래의 자리에 놓는다.
>
> 祭奠, 祝祝, 主人拜如初. 尸嘗醴, 奠之.

이는 제사 의식에서 시동尸童에 대한 의례를 다룬 부분이다. 제사가 끝난 후, 주인이 축祝의 축도祝禱를 마친 뒤 시동에게 계수稽首의 예를 행한다. 이 장면에서 주인이 시동에게 계수의 예를 행하는 행위는 다음과 같은 두 가지 의미를 포함하고 있다.

◆ 시동의 본래 신분은 주인의 아랫사람이지만, 제사 의례에서 조상

을 대표하는 존재로서 조상과 동일한 예우를 받는다.
이는 대리代理관계의 원칙을 보여주는 사례로, 특정한 시점과 상황에서 신분이 낮은 인물이 신분이 높은 존재를 대신하여 동일한 존중을 받게 됨을 의미한다.

- 주인이 시동에게 계수의 예를 행함으로써 조상에 대한 공경과 예의를 표현한다.
이는 단순히 시동에 대한 예우가 아니라, 시동이 대표하는 조상에 대한 존경을 상징하는 행위로 해석된다.

이처럼 시동이 조상을 대신하는 의례는 시점과 역할에 따라 신분과 예우가 변화할 수 있음을 보여주는 대표적인 사례이다. 이는 『의례』에서 강조하는 시간과 상황에 따른 신분 변화의 원칙을 반영하며, 의례가 단순한 신분 서열의 재현이 아니라, 특정한 의례적 맥락에서 유동적으로 적용될 수 있음을 시사한다.

또한, 『의례 · 사혼례士昏禮』에서는 집사執事가 주인主人을 대신하는 의례가 다음과 같이 기록되어 있다.

> 주인은 빈(사자)과 동일한 복장을 하고 대문 밖으로 나가 빈을 맞이하는데, 재배를 한다. 빈은 답배를 하지 않는다. 주인은 빈과 읍을 하고 함께 대문 안으로 들어간다. 묘문 앞에 이르면, 주인은 빈과 서로 읍을 한 후에 묘문 안으로 들어간다. 묘문 안으로 들어간 후에 주인은 빈과 서로 세 차례 읍을 하고, 계단 앞에 이르렀을 때 서로 먼저 오르도록 세 차례 양보를 한다.

主人如賓服, 迎于門外, 再拜, 賓不荅拜. 揖入. 至于廟門, 揖入 ; 三揖, 至于階, 三讓.

이는 『의례 · 사혼례』에서 납채례納采禮의 의식을 다룬 부분이다. 남성 측의 사자使者가 여성 측 집에 도착하여 납채례를 행할 때, 여성 측의 주인은 예복을 갖추고 문 앞까지 나가 사자를 맞이하며, 평등을 상징하는 삼읍삼양례三揖三讓之禮를 행한다.

이 의식은 혼례에서 대리관계가 중요한 역할을 한다는 점을 잘 보여준다. 대리관계는 의례의 적법성을 보장하고, 존비尊卑의 체계를 반영하는 중요한 요소로 작용한다. 의례에서 대리자는 단순한 전달자가 아니라, 본래의 신분과 상관없이 특정 의례적 소임을 수행했으면서 해당 신분의 권위를 일시적으로 부여받는 존재이다.

이러한 대리관계는 의례의 진행 과정에서 신분과 역할의 변화를 명확히 드러내며, 다음과 같은 두 가지 기능을 수행한다.

❖ 의례적 질서 유지

- 대리자가 의례를 수행하는 것은, 신분 서열과 관계를 유지하면서도 의례가 원활하게 진행되도록 하는 역할을 한다.
- 납채례에서 사자가 신랑을 대신하여 혼인 예물을 전달하는 행위는, 신랑이 직접 나서지 않아도 의례의 정당성이 보장됨을 의미한다.

❖ 예제禮制의 규범적 체계 강화

- 의례에서 대리자는 신분적 소임을 수행하는 동안, 원래의 신분을 초월하는 예우를 받는다.

◆ 이는 의례가 단순한 형식적 절차가 아니라, 사회적 위계와 예제의 체계를 반영하는 질서임을 강조한다.

특히, 대리관계는 『의례』의 의문儀文에서 핵심적인 요소로 작용하며, 의례적 질서와 규범을 유지하는 데 중요한 비중을 차지한다. 대리자가 수행하는 역할은 신분적 위계를 반영하면서도, 특정 시점에서 역할에 따라 예우의 정도가 변할 수 있음을 보여준다. 결과적으로, 『의례』에서 대리관계는 신분과 역할의 변화를 구조적으로 반영하는 중요한 요소이며, 의례적 체계의 안정성과 지속성을 유지하는 기능을 수행한다.

(2) 변례變禮

『의례』에서는 종종 특별한 상황, 특히 가까운 친척의 사망과 같은 특수한 경우로 인해 기존의 의문儀文이 조정되어야 하는 상황이 발생한다. 이러한 경우 의례의 조정을 '변례變禮'라 정의할 수 있다. 변례는 전통적인 의례의 본래 취지를 유지하면서도 당시의 필요에 따라 융통성 있게 조정되는 방식으로 이루어지며, 이를 통해 예禮의 실천이 단순히 고정된 형식에만 국한되지 않음을 보여준다.

예를 들어, 『의례 · 사관례士冠禮』에서 고아孤子에 대한 가관加冠 의식을 다룬 부분은 시時를 중시하는 변례의 대표적인 사례를 보여준다. 가관례에서 부모는 자식이 성인으로 인정받는 과정에서 중요한 역할을 하지만, 고아의 경우 부모가 존재하지 않으므로 의례의 형식을 변경해야 하는 필요성이 발생한다. 이에 따라, 가관례의 절차는 기존 전통을 유지하면서도 유연하게 변형된다. 이러한 사례는 의례가 시간과 상황에 따라 유연하게 변형될 수 있음을 보여주는 대표적인 예이며, 『의례』에서 예제禮制의 본질이 형식적 고정성보다 실제적 실행 가능성에 초점을 두고 있음을 시사한다. 그 구체적인 내용은 다음과 같이 기록되어 있다.

> 관을 쓸 당사자가 적자인 고아孤子[6]라면, 빈의 집으로 찾아가 관례의 날짜를 알리고 참여해 줄 것을 청하는 계빈戒賓과 빈의 집으로 찾아가 관례에 참여해 줄 것을 다시 한번 고하여 청하는 숙빈宿賓의 의절은 부형(父兄 : 諸父와 從兄을 말함)이 행한다. 관례를 거행하는 날에 고아는 스스로 주인이 되어 머리를 땋아 묶어 상투를 틀고서 빈을 맞이하고, 빈에게 배례하고, 빈과 세 차례 읍을 하고, 빈과 세 차례 양보를 한 후 당 위로 올라가 당 위 동쪽 벽(東序)의 남쪽 끝에 서는데, 모두 친부나 종형이 주인이 되었을 때와 동일한 절차로 한다. 세 차례 관을 씌워주는 예가 끝나면 빈은 조계(東階) 위에서 고아에게 예례를 행한다. 무릇 배례를 행할 때, 고아는 모두 조계 위에서 북쪽을 향해 배례하고, 빈도 서쪽 계단 위에서 북쪽을 향해 답배를 한다. 적자인 고아의 관례에서 만약 희생을 잡는다면, 희생을 담은 세 발 솥(鼎)을 들어 묘문 밖에서 묘문 밖 동쪽 당(東塾)과 마주하게 진설하는데, 머리 부분이 북쪽을 향하도록 하여 놓는다.
>
> 若孤子, 則父兄戒 · 宿. 冠之日, 主人紒而迎賓, 拜, 揖, 讓, 立於序端, 皆如冠主 ; 禮於阼. 凡拜, 北面於阼階上, 賓亦北面於西階上荅

6) 고아 : 정현은 『예기 · 곡례상』의 주에서 孤子는 "30세 이전에 아버지를 잃은 사람을 가리킨다孤子之年未三十而喪父者"라고 하였고, 호배위는 이 경문의 '고자'는 적자이지만 아버지가 돌아가신 경우라고 하였다. 『의례정의』, 113쪽 참고.

拜. 若殺, 則擧鼎陳於門外, 直東塾, 北面.

이 구절은 고아孤子의 가관加冠 의식을 기록한 내용으로, 일반적으로 「사관례」에서는 아버지가 세 번의 가관 의식을 주관하며, 피가관자가 이를 완료한 후 성인의 자격을 인정받는다. 이후 그는 부친을 대신하여 종묘의 제사를 주관할 수 있는 권한을 가지게 된다. 이는 부친이 가문의 계승을 직접 승인하고, 성인의 역할을 정식으로 부여하는 과정으로 해석된다. 그러나 고아孤子의 경우, 부친이 의식을 주관할 수 없는 상황이 발생하기 때문에, 가관 의식 당일 고아가 직접 자신의 가관 의식을 주관한다. 이는 일반적인 가관례에서 볼 수 없는 예외적인 상황으로, 부친이 부재한 시공간적 특수성에 따라 이루어진 임시적인 변례變禮로 볼 수 있다. 즉, 고아가 조기에 집안을 책임질 권한과 의무를 부여받는 특수한 상황을 반영한 조정된 의례이다.

이러한 변례는 단순한 형식의 조정이 아니라, 시점(時)과 상황狀況에 따른 의례의 유연성을 보여주는 대표적인 사례이다. 『의례』는 이러한 변화를 통해 예제가 단순히 고정된 규범이 아니라, 시대와 현실적 필요에 따라 조정될 수 있는 체계적 구조를 지닌 제도임을 강조한다.

또한, 『의례 · 사혼례士昏禮』에서도 이와 유사한 사례가 기록되어 있으며, 그 내용은 다음과 같다.

> 종자宗子에게 아버지가 안 계시면 어머니가 사자使者에게 명한다. 부모님이 모두 돌아가셨을 경우 자기가 직접 사자에게 명한다. 지자支子인 경우에는 종자를 칭하면서 사자에게 명한다. 동생은 형을 칭하면서 사자에게 명한다.

宗子無父, 母命之. 親皆沒, 己躬命之. 支子, 則稱其宗. 弟, 則稱其兄.

이는 「사혼례」에서의 변례變禮를 다룬 부분이다. 만약 부모가 모두 세상을 떠났고, 형제가 동일한 적자와 지자에 속한다면, 형이 동생을 대신해 사자에게 명하여 사혼례를 행하도록 지시해야 한다.

이 사례는 부모가 부재한 상황에서 형이 부모의 지위를 대신해 의식을 주관할 수 있음을 보여준다. 원래는 아버지가 사자를 명하는 역할을 맡아야 하지만, 이 경우 적자嫡子가 서자庶子를 대신하여 혼례를 주관하는 방식으로 조정된다. 이는 시간의 변화와 의례적 필요성에 따라 적자가 아버지의 역할을 대행하는 임시적 변례變禮를 나타내는 대표적 사례이다.

또한, 『의례 · 사혼례』에서는 이와 관련된 내용이 다음과 같이 기록되어 있다.

노老[7]는 묘의 방 안에서 며느리에게 예주를 따라 주어 예례를 행한다. 며느리는 남쪽을 향해 앉는데, 시부모가 며느리에게 예주를 따라 주어 예례를 행할 때와 동일한 절차로 한다.

老醴婦於房中, 南面, 如舅姑醴婦之禮.

7) 노 : 정현은 군리群吏들 가운데 존귀한 자라고 하였다. 그러나 성세좌는 〔經-71〕에서 '찬자가 시부모를 대신하여 며느리에게 예례를 행한다(贊醴婦)'라고 하였을 때의 찬자贊가 바로 '老'로서, 시부모를 도와서 예를 행하기 때문에 '贊'(돕는다)이라고 한 데 비해, 여기서는 돕는 것이 아니라 자신이 직접 예를 행하기 때문에 '老'라고 한 것이라고 하였다. 또 성세좌盛世左는 '老'는 가신의 우두머리로서, 반드시 덕을 갖추고 나이가 많은 사람을 '老'로 삼는다고 하였다. 『의례정의』, 203쪽 참조.

이는 시아버지와 시어머니가 이미 세상을 떠난 경우를 다룬 내용이다. 이 상황에서 신부는 시가의 조상(禰廟)에게 제사를 올린 뒤, 집안의 연장자가 시부모를 대신하여 신부를 접대하는 예식을 행한다. 비록 시부모가 세상을 떠났더라도, 가문의 연장자가 이 의식을 주관해야 하며, 이는 예제禮制에서 조상을 공경하고 연장자를 존중하는 사상을 명확히 반영하는 요소라 할 수 있다. 집안의 연장자가 시부모를 대신하여 의례를 행하는 과정에서, 연장자는 단순한 대리인이 아니라, 일정 기간 시부모의 지위를 대신하는 역할을 수행하게 된다. 즉, 그는 의례적 맥락에서 시부모와 동일한 역할과 예우를 부여받는다.

이러한 사례는 상황적 필요성에 따라 의례가 변용되는 특징을 잘 보여준다. 특히, 다음과 같은 두 가지 중요한 의미를 함축하고 있다.

❖ 의례에서 대리代理의 개념

- 의례는 특정한 신분과 역할을 요구하지만, 상황에 따라 역할을 대체할 수 있는 구조 적 유연성을 지닌다.
- 가문의 연장자가 시부모를 대신하는 것은, 신분과 역할의 임시적인 변화를 반영한 의례적 조정이다.

❖ 조상과 연장자의 예우

- 연장자가 시부모를 대신하여 예식을 주관하는 과정에서, 그는 시부모의 권위를 일정 부분 부여받아 동일한 예우를 받게 된다.
- 이는 예제에서 조상의 역할이 단순히 혈연적 위치를 넘어, 의례적 계승과 존속의 개념으로 확장됨을 의미한다.

결과적으로, 이러한 사례는 의례에서 상황에 따라 역할과 신분이 임시로 변화될 수 있음을 나타내는 대표적인 예라 할 수 있다. 이는 『의례』가 신분과 예우의 경직된 구조를 유지하면서도, 현실적인 필요에 따라 조정될 수 있는 유동적인 체계를 갖추고 있음을 보여주는 중요한 사례이다.

(3) 의례 자체의 필요성

의례에서의 의식 절차는 특정한 상황과 시점時點, 그리고 맥락에 따라 필요한 절차와 형식을 규정한다. 이는 행위의 목적과 의미를 구현하기 위해 반드시 갖추어야 할 요소들이며, 적합성과 조화를 중시하는 원칙에 기초한다. 의례의 필요성은 개인의 신분, 시간적 조건, 대상에 따라 형식과 절차가 달라질 수 있음을 보여주며, 이를 통해 예제禮制는 엄격한 규범성과 유연한 조정 능력을 동시에 갖춘 체계임을 드러낸다.

『의례』에서는 대리代理관계와 변례變禮 외에도, 의례 자체의 필요에 따라 특정 상황에서 특정 인물의 의문儀文이 변경되는 사례가 존재한다. 이러한 변화는 '의례적 필요성'에 따라 이루어지며, 이는 의례가 단순한 고정된 형식이 아니라, 상황에 맞게 조정될 수 있는 실용적인 체계임을 나타낸다.

예를 들어, 『의례 · 사관례』에서는 선민先民의 가관 의례를 기록하고 있다. 이 의례에서 유사有司는 의례 절차를 보조하는 집사로서 주인보다 지위가 낮은 인물이다. 따라서, 일반적인 상황에서는 유사가 사용하는 예기禮器, 예복禮服, 그리고 의례의 형식은 주인보다 간략하게 설정된다. 그러나 「사관례」에서는 의례적 필요성에 의해 유사의 의문儀文이 변경되는 사례를 확인할 수 있다. 이는 의례 진행 과정에서 상황적 필요성에 따라 의례의 형식과 내용이 조정될 수 있음을 보여주는 대표적인 사례로, 『의례』가 신분적 위계를 유지하면서도 유연한 조정 방식을 적용할 수 있는 체계를 갖추고 있음을 반영한다. 그 구체적인 내용은 다음과 같이 기록되어 있다.

> 유사들은 주인과 동일한 복장을 착용하고 묘문 밖의 서쪽 위치로 나아가 동쪽을 향해 서는데, 북쪽을 윗자리로 삼는다.
>
> 有司如主人服, 即位於西方, 東面, 北上.

> 정현주 : 유사는 군리群吏로서 일을 맡고 있는 자이니, 주인의 속리(屬吏)를 말한다.
>
> 鄭玄注 : 有司, 群吏有事者, 謂主人之吏.

이는 「사관례」에서 복서卜筮를 통해 가관加冠 일자를 정하는 절차를 다룬 부분이다. 정현鄭玄은 이 구절에서, 유사有司의 신분이 주인의 하급 관리에 해당하며, 원칙적으로 주인의 조복朝服을 착용할 수 없다고 설명하였다. 그러나 복서 의식을 유사가 주관하는 특별한 상황에서는, 의례적 필요성에 따라 유사가 주인의 복장을 착용하는 것이 허용되었다. 이는 유사가 단순한 집사執事로서 해야 할 소임을 수행하는 것이 아니라, 일시적으로 주인의 권위를 대행하는 위치로 승격되었음을 의미한다. 이러한 사례는 의례의 필요성에 따라 신분과 의례 규정이 유연하게 변형될 수 있음을 보여주는 대표적인 사례이다.

이에 대해 호배휘胡培翬의 『의례정의儀禮正義』에서도 다음과 같이 설명하고 있다.

> 주인과 동일한 복장은 조복朝服이다. 유사가 조복을 착용하는 것은 일을 공경해서이다.
>
> 如主人服, 亦朝服也. 有司朝服, 敬事也.

호배휘胡培翬는 '주인복主人服'에 대해 더욱 구체적으로 설명하며, 이는 주인의 복장 중 가장 격식을 갖춘 '조복朝服'이라고 명확히 밝히고 있다. 유사有司가 조복을 착용할 수 있었던 이유는 그가 주관하는 의식이 '경사敬事', 즉 신을 공경하는 의례였기 때문이다.

유사는 본래 주인의 하급 관리로서, 주로 집안의 잡무를 처리하는 역할을 맡는 신분이므로, 원칙적으로는 주인의 가장 존귀한 복장을 착용할 수 없는 위치에 있다. 그러나 복서卜筮와 같은 경사敬事의 경우, 의례가 신명神明을 대상으로 진행되기 때문에, 의례가 진행되는 '시간時' 동안 유사는 조복을 착용할 수 있는 예외적인 권한을 부여받는다.

이러한 사례는 『의례』가 '시時'의 개념을 중시하며, 사람이 처한 의절의 상황에 따라 신분과 이에 대응하는 의례가 변화할 수 있음을 명확히 보여주는 사례이다.

또한, 『의례 · 사혼례』에서 신랑이 친영親迎의 예를 행할 때, 신랑에 대한 칭호가 변화하는 것 역시 『의례』가 '시時'의 중요성을 어떻게 강조하는지를 잘 보여준다. 그 구체적인 내용은 다음과 같다.

신랑이 직접 신부의 수레를 몰고 와서 수레 손잡이 줄(綏)을 신부에게 건네주면, 보모가 신부를 대신하여 사양을 하고 받지 않는다. 신부가 디딤대(几)를 밟고 수레에 올라타면, 보모는 신부에게 겉옷(景)을 덧입혀 준다. 신랑이 수레를 몰아 세 바퀴를 돈 다음에는 마부가 신랑을 대신해서 수레를 몬다. 신랑은 수레를 타고 먼저 출발하여 자신의 집 대문 밖에 이르러서 부인의 수레가 도착하기를 기다린다. 신부가 신랑 집의 대문 밖에 도착하면, 주인(신랑)은 신부에게 읍하고 인도하여 대문 안으로 들어간다.

壻御婦車, 授綏, 姆辭不受. 婦乘以几, 姆加景, 乃驅. 御者代. 壻乘其車先, 俟於門外. 婦至, 主人揖婦以入.

이는 신랑이 신부의 집에 가서 친영親迎의 예를 행하는 장면이다. 『의례』에서는 신랑이 신부의 집에서 의례를 행할 때, 그를 '서(壻 : 사위, 남편)'라고 칭하지만, 신랑이 자신의 집으로 돌아가면 그의 신분이 변하여 '주인主人'이라고 칭한다. 이러한 칭호의 변화는 단순한 명칭상의 차이를 의미하는 것이 아니라, 신랑의 역할과 지위가 의례의 진행과 함께 변화함을 의미한다. 즉, 상황과 장소의 변화에 따라 칭호가 바뀌며, 이에 수반되는 의례의 형식과 내용 또한 달라진다.

이러한 변화는 『의례』가 '시時'의 개념을 중시하고 있음을 보여주며, 의례에서 신분과 역할이 고정된 것이 아니라, 특정한 시간과 공간적 조건에 따라 유동적으로 조정될 수 있음을 강조하고 있음을 명확히 보여준다.

이에 대해 호배휘胡培翬의 『의례정의儀禮正義』에서는 다음과 같이 해석하고 있다.

주인(신부의 아버지)은 녜묘(아버지의 사당)의 실문 서쪽(戶西)에 자리를 펼쳐 놓는데, 자리의 머리 부분이 서쪽을 향하도록 하여 놓고, 안석은 자리의 오른쪽에 놓는다.

主人筵於戶西, 西上, 右几.

호배휘가 말하였다. : 서(婿 : 사위)는 아버지에 대한 호칭이다. '주인主人', '빈賓', '서婿'라고 칭하니, 한 사람이면서도 세 가지로 그 호칭이 달라진다. 이를 통해 예禮는 시(時 : 때)를 중시하며, 그 의의는 내면에서 비롯된 것임을 알 수 있다.

胡培翬云 : 婿者, 對父之辭也. 曰主人·曰賓·曰婿, 一人而三異其稱, 可以見禮時為大, 而義之由內也.

이는 「사혼례」에서 친영親迎의 의식을 다룬 부분으로, 이때 '주인主人'은 신부의 아버지를 가리킨다. 호배휘胡培翬는 친영이 끝난 후 신랑을 '주인'으로 칭하는 의례의 변화를 분석하며, 친영 의례에서 신랑의 호칭이 세 번 바뀌는 사실을 지적하였다.

이러한 신랑의 호칭 변화는 단순한 명칭상의 차이가 아니라, 시간의 흐름과 의례적 진행에 따라 신랑의 역할과 지위가 변화함을 보여준다. 호배휘胡培翬는 이를 통해 시간時의 변화에 따라 의례와 호칭이 상응하여 변화한다는 점을 설명하였으며, 이는 곧 '예는 시時를 중시한다(禮以時為大)'라는 원칙을 반영하는 대표적인 사례이다.

이 사례는 『의례』가 단순한 의식의 형식을 넘어, 시간과 상황에 따라 신분과 역할이 유동적으로 조정될 수 있도록 설계된 체계적인 예제禮制임을 시사한다.

『의례』와 예禮 문명

예禮는 원시 사회 말기, 일상생활 속에서 형성된 여러 풍습과 습관에서 비롯되었으며, 사회의 발전과 더불어 점진적으로 정비되고 완성되었다. 주周 왕조에 이르러 통치자들은 '경천敬天', '경덕敬德', '보민保民'의 사상적 영향을 받아 예禮를 체계적으로 정리하였으며, 그 결과, 완전한 예의전장禮儀典章 체계가 확립되었다. 이후 유가儒家 학파는 '예禮'와 '인仁'을 사상의 핵심으로 삼았으며, 그중에서도 '예'는 극도로 중시되어 가장 높은 수준에서 존숭尊崇되고 계승되었다. 이러한 예의 전통은 축적되면서 하나의 안정된 정신적 특성으로 응집되어, 수천 년 동안 동아시아 민족의 정신과 심리, 사회 이상과 윤리 관념, 정치 제도와 행위 방식, 풍속風俗과 미적 취향 등에 심대한 영향을 미쳤다. 따라서 전통문화를 논함에 있어 '예'를 간과할 수 없으며, 나아가 '예'를 논함에 있어 『의례』를 결코 배제할 수 없다.

『의례』는 오랜 역사를 지닌 예서禮書로서, 그 범위 또한 매우 광범위하다. 『좌전』의 기록에 따르면, 그중 많은 예법이 춘추시대에도 여전히 성행했음을 알 수 있다. 서주西周의 통치자들은 사회적 요구에 부응하고자 오랜 세월 전승된 다양한 예법을 정비하고 개혁했으며,

그 과정에서 원시적인 요소를 배제하고 더욱 엄숙하고 장중한 면모를 갖추도록 했다. 비록 『의례』가 반드시 주공周公의 저작이라고 단정할 수는 없으나, 이를 서주西周의 예문화 체계 안에서 해석하는 것 또한 합당한 접근이라 할 수 있을 것이다.

1. 예禮와 문명

여기에서 논의하는 '예禮'의 개념은 사람들이 일상생활에서 규범으로 삼는 일반적인 '예절'과는 상당한 차이를 보인다. 그러나 본질적으로는 공통된 요소가 존재하며, 그것이 바로 '문명'이다. 예는 인류 사회의 문명과 함께 발생하였으며, 문명의 발전과 더불어 필연적으로 요구되는 요소이기도 하다. 즉, 예는 단순한 사회적 관습이 아니라 문명의 형성과 유지에 필수적인 질서와 조화를 구현하는 근본적인 원리라 할 수 있다. 이러한 점에서 예란 무엇인가? 그리고 그 기원은 어디에서 비롯되었는가를 고찰함으로써 예禮의 본질을 더욱 깊이 이해할 수 있을 것이다.

한대漢代 학자 허신許慎이 저술한 『설문해자說文解字』에서는 예를 다음과 같이 정의하고 있다.

> 예禮는 이행履行 하다는 뜻이다. 신을 섬겨 복을 오게 하는 행위를 말한다. 示가 의미부이고 예豊도 의미부인데, 豊는 소리부도 겸한다. 예(𠕁)는 고문 禮이다.
>
> 禮, 履也. 所以事神致福也. 從示從豊, 豊亦聲. 𠕁, 古文禮.
>
> 『說文解字』, 「一上示部」

예豊는 예禮를 행할 때 쓰는 기물을 말한다. 豆가 의미부이고 상형이다. 豊 부수에 속하는 문자들은 모두 豊가 의미부이다. 禮와 같이 읽는다.

豊, 行禮之器也. 從豆象形, 凡豊之屬, 皆從豊, 讀與禮同.

『說文解字』, 「五上豊部」

그리고 왕국유王國維는 『석례釋禮』에서 다음과 같이 말하고 있다.

예豊는 각(玨 : 두 개의 옥)을 감(凵)속에 넣은 것이다. 豆로 구성된 회의 문자이며 상형은 아니다. 옥玉을 담아 신과 사람에게 바치는 기물을 일컫는 것이다. ……, 신神과 사람에게 바치는 일을 포괄하여 예禮라 한다.

豊以玨在凵中, 從豆乃會意字, 而非象形. 盛玉以奉神人之器謂之……, 奉神人之事通謂之禮.

『觀堂集林』, 「釋禮」

또 허신許愼은 '豆'자를 다음과 같이 설명하고 있다.

豆는 옛날 고기를 담아 먹던 그릇이다. 口가 의미부이고, 상형이다. 豆부에 속하는 글자는 모두 豆가 의미부이다. 두(𣅊)는 고문 豆이다.

豆, 古食肉器也. 從口象形. 凡豆之屬皆從豆. 𣅊, 古文豆.

『說文解字』, 「五上豆部」

그리고 왕균王筠은 『설문석례說文釋例』에서 다음과 같이 말하고 있다.

> 이 문자는 전체가 상형이며, 一은 〈용기에〉 담은 물건의 상형이다. 고문 𣅀는 물건이 두豆 속에 있는 것이다. ……, 丠는 〈豆의〉 다리 자루와 밑 부분이며, 𣅀는 서로 연결되어 몸체가 된 것이니 분리할 수 없다.
>
> 此字通體象形, 一象所盛之物, 古文𣅀, 物在豆腹之內.……, 丠則柄與底也, 𣅀相連爲體, 不可割裂.

이상의 주장에 따르면, '豆'는 고대 음식을 담는 예기禮器임을 알 수가 있다. 그리고 『爾雅 · 釋器』편을 살펴보면 '豆'를 다음과 같이 분류하고 있다.

> 목두를 두豆라하며, 죽두는 변籩이라 하고, 와두는 등登이라 한다.
>
> 木豆謂之豆, 竹豆謂之籩, 瓦豆謂之登.

나무와 대나무 그리고 질그릇으로 만들어진 두豆는 오랜 세월이 흐르면서 부패하여 현존하지 않는다. 그러나 현재 은허殷墟에서 출토된 청동기 유물 중 '豆'는 예기禮器에 속하는 중요한 유물로 남아 있으며, 이는 주로 제사祭祀와 순장殉葬, 그리고 일상생활에서 희생犧牲 고기를 담는 용도로 사용되었다. 이러한 점을 고려해 보면, 두豆에 음식물을 담아 신에게 바치는 행위가 '豊(예)'로 발전했음을 유추할 수 있다. '豊(예)'는 본래 신에게 제사를 지낼 때 사용된 기물이었으며, 여기에서 신神을 의미하는 '示'자가 더해지면서 예禮라는 개념이 형성되었다.

이러한 논지를 바탕으로 보면, '禮'라는 문자는 '豆'와 '豊(예)'가 예禮를 행하는 기물器物의 문자에서 발전하여 형성된 것임을 알 수 있다.

따라서 '禮'자는 부수 '示'자를 첨가함으로써 그 종교적 의미를 더욱 명확히 하였으며, 이는 단순히 제물祭物이나 제기祭器의 의미만을 담고 있는 것이 아니라, 예를 행하는 의식儀式과 예의禮義의 개념까지도 포함하고 있다.

예禮의 초기 의미는 문자 구조의 변천 과정 속에서 종교적 의례와 밀접한 관련이 있음을 보여주며, 그 기원 또한 제사 행위에서 비롯되었음을 확인 할 수 있다. 또한, 고대인들이 용기에 옥기玉器를 가득 담아 신과 인간에게 바치는 행위를 예禮라고 칭하였다는 점도 주목할 만하다. 이는 천지天地와 조상 신령神靈의 보호 아래 천하가 태평하고 모든 일이 길吉할 것이라 믿었던, 고대인들에게 예가 지극히 중요한 의미를 지녔음을 보여준다.

예의 기원에 대해서는 오래전부터 다양한 견해가 존재해 왔다. 예가 발생한 원인은 단일하지 않으며, 여러 가지 요인이 복합적으로 작용한 결과라고 볼 수 있다. 또한, 예는 다양한 형태로 발전해 왔기에, 그 발생 시기와 기원이 반드시 동일할 수는 없는 것이다.

일부 예는 종교적 기원에서 비롯되었다. 예를 들어 조상에 대한 제사祭祀는 인류가 선조의 존재를 인식하는 단계에서 시작되었다. 이는 첫째, 조상에 대한 존경과 경의를 표하기 위한 목적이며, 둘째, 조상 신령의 보호를 구하여 재앙을 물리치고 복을 기원하기 위한 목적을 지녔다.

또한, 일부 예는 초기 교역적交易的 성격을 지닌 예물禮物 교환에서 기원하였다고 볼 수 있다. 예컨대, 「빙례聘禮」에서는 사신使臣을 보내는 나라와 이를 맞이하는 나라가 서로 예물을 동등하게 교환하는 방식으로 이루어졌다. 한편, 일부 학자들은 예가 인간의 본능적 욕구(人欲)

와 인간적 감정(人情)에서 비롯되었다고 해석하기도 한다. 이러한 견해는 『순자 · 예론禮論』에서도 언급하고 있다.

> 예禮는 어떤 상황에서 생겨났는가? 인간은 태어나면 욕망이 있으니, 욕망하다가 그것을 얻지 못하면 추구하지 않을 수 없고, 추구에 매진하여 일정한 기준과 한계가 없다면 쟁탈이 일어나지 않을 수 없다. 쟁탈이 일어나면 혼란이 있고 혼란이 있으면 곤경에 빠져들 수 있다. 옛 성왕聖王은 그 혼란을 싫어하였기 때문에 예의禮義를 제정하여 〈사람과 사람 사이의 등급과 한계를〉 구분하였으며, 이것으로 사람들의 욕망을 충족시키고 사람들이 요구하는 것을 공급하였다. 그리하여 욕망이 결코 물자로 인해 곤경에 빠지는 일이 없게 하고 물자가 결코 욕망으로 인해 고갈되는 일이 없게 함으로써, 이 두 가지가 서로 견제하면서 발전하도록 하였으니, 이것이 예가 생겨난 이유이다.
>
> 禮起於何也? 曰 : 人生而有欲, 欲而不得, 則不能無求. 求而無度量分界, 則不能不爭 ; 爭則亂, 亂則窮. 先王惡其亂也, 故制禮義以分之, 以養人之欲, 給人之求. 使欲必不窮乎物, 物必不屈於欲. 兩者相持而長, 是禮之所起也.

『사기 · 예서禮書』도 다음과 같이 말하고 있다.

> 나는(太史公) 대행의 예관에 가서 삼대三代에 걸친 〈예제禮制의〉 손실과 이익을 관찰하고 나서야 비로소 인간의 정情에 따라 예가 제정되고 인간의 본성에 의거해 의식儀式이 만들어졌다는 것을 알았으니 그 유래된 바는 오래되었다.
>
> 余至大行禮官, 觀三代損益, 乃知緣人情而制禮, 依人性而作儀, 其所由來尚矣.

송宋나라 사람 정초鄭樵도 이점에 대해 다음과 같이 말하였다.

> 예禮는 인정人情에 근본하며, 인정이 생기면 예도 그에 따라 생겨난다. 옛날 백성들은 순박하고 삶이 간소하여 비록 〈정해진〉 예제禮制는 없었으나, 사람들에게는 가정을 이루려는 정이 없을 수 없으니, 관혼冠婚의 예가 그 속에서 이미 움트기 시작하였고, 교제의 정이 없을 수 없으니, 향사鄕射의 예가 그 속에서 이미 움트기 시작하였으며, 추모追慕의 정이 없을 수 없으니, 상례喪禮와 제례祭禮가 그 속에서 이미 움트기 시작하였으니 이로부터 날로 형식을 갖추어 가게 되었다. …… 대체로 예에는 근본과 형식이 있으니, 인정人情이 그 근본이다. …… 그 근본은 있고 형식이 없더라도 여전히 의義로 인해 〈예가〉 성립될 수 있지만, 형식만 있고 근본이 없으면 결국 형식마저 함께 폐기되고 만다. 〈그러면〉 예의 근본이란 무엇인가? 다만 인정人情일 뿐이다.
>
> 禮本於人情, 情生而禮隨之. 古者民淳事簡, 禮制雖未有, 然斯民不能無室家之情, 則冠婚之禮已萌乎其中. 不能無交際之情, 則鄕射之禮已萌乎其中 ; 不能無追慕之情, 則喪祭之禮已萌乎其中. 自是以還, 日趨乎文. …… 大抵禮有本有文, 情者其本也. …… 有其本而無其文, 尙可以義起 ; 有其文而無其本, 則併與文俱廢矣. 何謂之禮本? 本情而已.
>
> 『예경오지禮經奧旨 · 예이정위본禮以情爲本』

이처럼 예禮는 단순한 형식이나 관습이 아니라, 사회 질서를 유지하고 인류 문명의 발전과 함께 형성된 본질적인 개념임을 알 수 있다.

인간은 본래 태어날 때부터 다양한 욕구를 지니고 있다. 그러나 이러한 욕구를 예禮로써 절제하지 않는다면, 필연적으로 갈등과 혼란이 초래될 수밖에 없다. 인류가 문명사회로 진입하면서 야만과 무지의 상태에서 벗어나게 되면, 감정 또한 더욱 풍부하고 깊어지게 된다. 이에 따라 사회적 조화를 유지하기 위한 적절한 예절이 자연스럽게 형성되었으며, 이는 인간관계를 원만하게 조율하는 필수적인 요소로 자리 잡았다. 이는 마치 정초鄭樵가 말한 바와 같다. 가정을 이루는 인정人情이 있으면 관례冠禮와 혼례婚禮가 생겨나고, 사람들 사이의 교류에서 비롯된 인정이 있으면 향사례鄉射禮가 발생하며, 고인을 그리워하고 추모하는 인정이 있으면 상례喪禮와 제례祭禮가 형성된다는 것이다. 이러한 설명은 예禮가 인간 사회의 감정과 관계 속에서 자연스럽게 발전해 온 것임을 보여주는 매우 타당한 논리라 할 수 있다.

이처럼 예禮의 기원을 다양한 관점에서 살펴보면, 그것이 종교적 심리에서 비롯되었든, 물품 교환의 관습에서 유래하였든, 혹은 인간의 욕망과 감정을 절제하고 인도하는 과정에서 출발하였든, 모두 문명의 한 표현이라 할 수 있다. 따라서 「예는 문명文明을 대표한다.」[1]라는 말은 예禮의 본질을 정확히 간파한 적절한 표현이라 할 것이다.

2. 예禮와 악樂

'예禮'와 '악樂'은 본래 서로 다른 두 문화 범주에 속하지만, 하夏・상商・주周 시대에는 이 두 요소가 매우 긴밀한 관계를 맺고 있었다. 『예기・악기樂記』에서는 다음과 같이 기록하고 있다.

1) 楊向奎, 『吳越文化新探』 서문 참고.

악을 알면 예에 가깝게 된다. 예와 악을 모두 얻는 것을 '덕이 있다'라고 이르니, '덕'은 '얻는다'는 뜻이다.

知樂則幾於禮矣. 禮樂皆得, 謂之有德. 德者得也.

또한, 『예기 · 중니연거仲尼燕居』에서는 다음과 같이 설명한다.

예에는 통달했지만, 음악에는 통달하지 못한 것을 '소박하다(素)'라고 하고, 음악에는 통달했지만, 예에는 통달하지 못한 것을 '치우쳤다(偏)'라고 한다.

達於禮而不達於樂, 謂之素 ; 達於樂而不達於禮, 謂之偏.

옛사람들은 음악을 통해 정치의 득실得失을 가늠할 수 있으며, 이를 바탕으로 군주 · 신하 · 백성의 예禮를 올바르게 확립할 수 있다고 여겼다. 따라서 음악을 알지 못하면 예禮를 온전히 이해했다고 할 수 없으며, 반대로 음악을 이해하면서도 예를 모르면 편향된 시각을 갖게 된다. 이러한 점에서 예禮와 악樂은 상호 보완적이며 동등한 중요성을 지닌 요소임을 확인할 수 있다.

앞서 고대인들이 '예禮'를 어떻게 인식했는지 살펴보았다. 그렇다면, 그들은 '악樂'을 어떻게 이해했을까? 이에 대해 『예기 · 악기樂記』에서는 다음과 같이 설명하고 있다.

무릇 음音이 생겨남은 인심이 감동함으로 말미암아 생겨나는 것이고 인심의 감동은 외물이 〈마음으로〉 하여금 그렇게 만든 것인데, 외물에 감응하여 동하기 때문에 소리에 나타나고 소리가 서로 응하기 때문에 변화가 생기니, 변화가 곡조를 이룸을 '음音'이라 이르고, 음을 모아서 악기로 연주하며 방패와 도끼와 깃털과 꼬리를 잡고 춤추는 것을 '악樂'이라 이른다. 악은 음으로 말미암아 생겨난 것이니, 〈음의〉 근본은 인심이 외물에 감동함에 달려 있다.

凡音之起, 由人心生也. 人心之動, 物使之然也. 感於物而動, 故形於聲. 聲相應, 故生變 ; 變成方, 謂之音 ; 比音而樂之, 及干戚羽旄, 謂之樂. 樂者, 音之所由生也 ; 其本在人心之感於物也.

이는 인간의 마음이 외부 사물의 자극을 받아 감응하며 움직이고, 그 움직임이 소리로 발현된다는 의미이다. 서로 다른 소리가 어우러지면서 변화가 일어나고, 이러한 변화가 일정한 규율을 갖추어 절주節奏와 장단(章)을 이루면 노래가 형성된다. 여기에 악기의 연주가 더해지고, 간척干戚의 무무武舞와 우모羽旄의 문무文舞가 조화를 이루면 비로소 '악樂'이 완성된다. 따라서 인간의 감응에서 비롯된 음악은 단순한 노래(시가)나 악기의 연주(음악)에 국한되지 않으며, 그에 상응하는 춤(무용)까지 포괄하는 종합적 예술 형태라 할 수 있다. 즉, 악樂은 소리와 리듬, 악기의 연주, 춤이 어우러진 조화로운 체계이며, 단순한 유희적 요소가 아니라 인간의 감정과 사회 질서를 반영하는 중요한 문화적 표현 방식이다.

음악은 감정을 표현하고 뜻을 전달하는 기능을 가지며, 이러한 점에서 예禮와 동일한 문화적 기원을 공유한다. 예禮는 절제와 규범을 의미하는 반면, 악樂은 이를 조화롭게 조율하는 역할을 담당한다. 예禮의 본질은 존비尊卑와 귀천貴賤의 등급을 명확히 하는 데 있으며, 악樂의 본질은 그러한 등급 간의 관계를 원만하게 조정하는 데 있다. 즉, 예禮는 질서를 세우고 각자의 역할과 위치를 정하는 기준이 되며, 악樂

은 그 질서 속에서 조화를 이루게 하는 역할을 한다. 예가 없다면 사회 질서는 혼란에 빠질 것이며, 악이 없다면 인간관계는 경직되고 삭막해질 것이다. 등급이 명확히 설정되면 사람들은 각자의 위치에 따라 공경하고 경건한 태도를 가지게 되며, 관계가 조화로우면 상호 간의 불만과 갈등이 사라지고 공동체가 원만하게 유지될 수 있다. 이는 곧 예禮와 악樂이 인간 사회의 질서를 유지하고 조화로운 공동체를 형성하는 데 필수적인 요소임을 보여준다. 결국, 예禮와 악樂은 단순히 형식적인 제도가 아니라, 인간 사회의 근본적인 가치 체계를 이루는 핵심적인 원리이다. 「악기」 편에서는 이러한 관계를 다음과 같이 설명하고 있다.

> 악은 〈和로써〉 같게 하는 것이고 예는 〈질서로써〉 다르게 하는 것이니, 같게 하면 서로 친하고 다르게 하면 서로 공경하는 법인데, 악이 지나치면 〈방탕한 데로〉 흐르고 예가 지나치면 〈인심이〉 떠나서 배반하게 된다.
>
> 樂者為同, 禮者為異. 同則相親, 異則相敬, 樂勝則流, 禮勝則離.

> 악이 지극하면 원망함이 없고 예가 지극하면 다투지 않는다.
>
> 樂至則無怨, 禮至則不爭.

즉, 사람들은 서로 친애하고 사랑하면서도 예禮의 원칙을 결코 넘어서지 않으며, 이를 통해 사회는 안정되고 백성들은 화목하게 지낼 수 있는 이상적인 상태에 도달할 수 있다. 예禮는 질서를 확립하고, 악樂은 조화를 이루게 함으로써, 양자가 함께 작용하여 조화롭고 번영하는 사회를 만들어 나가는 것이다.

예禮가 없다면 사람들 사이의 신분과 역할이 불분명해지고, 사회 질서가 무너질 것이며, 악樂이 없다면 엄격한 규범 속에서 사람들의 감정이 억압되고, 사회적 긴장과 갈등이 심화될 것이다. 따라서 예禮와 악樂은 단순한 의식이나 형식이 아니라, 인간 사회를 구성하는 근본 원리이며, 질서와 조화를 유지하는 두 개의 축이라 할 수 있다. 이러한 맥락에서 「악기」 편에서는 이에 대해 다음과 같이 설명하고 있다.

> 악은 천지의 조화이고 예는 천지의 질서이니, 조화롭기 때문에 온갖 물건이 모두 따라서 변화하고 질서가 있기 때문에 여러 물건이 모두 구별되는 것이다. 악은 하늘을 말미암아 제작되고 예는 땅을 따라 만들어졌다. 예를 잘못 만들면 난이 일어나고 악을 잘못 만들면 포악해진다. 그러므로 천지의 이치에 밝은 뒤에 예악을 일으킬 수 있다.
>
> 樂者, 天地之和也 ; 禮者, 天地之序也. 和故百物皆化 ; 序故群物皆別. 樂由天作, 禮以地制. 過制則亂, 過作則暴. 明於天地, 然後能興禮樂也.

또한, 청대淸代 소의진邵懿辰은 다음과 같이 말하였다.

> 악樂은 본래 경전이 없으니, 악의 근원은 『시경詩』 삼백 편三百篇 속에 있고, 악의 쓰임은 『의례禮』 십칠 편十七篇 속에 있다.
>
> 樂本無經也, 樂之原在於『詩』三百篇之中, 樂之用在『禮』十七篇之中.
>
> 『예경통론禮經通論』

『의례』에는 예식에서 음악을 사용하는 네 가지 방식이 명확히 기록되어 있다. 바로 「향음주례鄕飮酒禮」, 「향사례鄕射禮」, 「연례燕禮」, 「대사의大射儀」가 그것이다. 예를 행할 때 음악을 사용하는 데에는 두 가지 주요한 기능이 있다.

첫째, 음악은 예식의 원활한 진행을 돕는 역할을 한다.

음악은 예식의 분위기를 조성하는 중요한 요소로 작용한다. 예를 들어 제후가 연례燕禮를 거행할 때, 음악은 군신君臣 간의 화합과 친밀한 관계를 더욱 부각시키는 데 기여한다. 또한 음악은 예식의 절차를 안내하는 기능도 수행한다. 예를 들어 연례燕禮에서는 주빈主賓이 당堂에 올라 방으로 들어가는 과정에서 특정한 음악이 연주되며, 어느 단계에서 노래를 부르고, 어느 순간에 생황을 연주하며, 어느 시점에서는 노래와 기악이 교대로 연주되는지, 마지막에는 어떤 음악을 통해 주빈을 정중하게 배웅할 것인지까지 모두 명확히 규정되어 있다. 즉, 음악은 단순한 배경 요소가 아니라, 예식의 진행을 나타내는 필수적인 유기적 요소인 것이다.

둘째, 음악은 신분과 지위의 차이를 표현하는 역할을 한다.

음악은 존비귀천尊卑貴賤의 구별을 보다 부드럽고 자연스럽게 표현하는 수단이었다. 단순히 예식별로 다른 음악과 춤이 연주된 것이 아니라, 신분과 지위에 따라 연주되는 음악 또한 엄격히 구별되었다. 악단의 규모, 연주되는 악곡, 노래로 부르는 시가詩歌, 연출의 절차까지도 모두 세밀하게 규정되어 있어, 그 격을 함부로 넘어서서는 안 되었다. 예를 들어, 「향사례鄕射禮」와 「대사의大射儀」는 모두 궁술弓術 대회에 해당하는 예식이지만, 주관자의 신분 차이에 따라 사용하는 음악도 크게 달랐다.

향사는 향대부鄕大夫가 주관하며, 악공이 네 명이 배치되고, 연주되는 악곡은 『시경』의 「주남周南」 중 「관저關雎」, 「갈담葛覃」, 「권이卷耳」와 「소남召南」 중 「작소鵲巢」, 「채번采蘩」, 「채빈采蘋」이었다. 대사는 군주君主가 주관하며, 악공이 여섯 명이 배치되었고, 연주되는 악곡은 「녹명鹿鳴」, 「신궁新宮」, 「이수貍首」 등이었다. 이처럼 음악의 사용 방식이 달랐으며, 이를 통해 신분과 등급의 차이가 분명하게 드러났다. 또한, 앞서 언급한 향음주례鄕飮酒禮와 연례燕禮에서도 사용된 음악이 명확히 구별되었다. 이는 곧, 음악이 단순한 예식의 장식적 요소를 넘어, 사회적 질서를 유지하고 신분 체계를 확립하는 중요한 역할을 했음을 의미한다.

선진先秦 시대에는 음악을 사용할 때 반드시 예禮의 규범을 따라야 했으며, 그렇지 않을 경우 조롱을 당하거나 심지어 혹독한 비판을 받을 수도 있었다. 『좌전左傳 · 양공 사년襄公四年』에 이러한 사례를 보여주는 사건이 기록되어 있다.

> 노나라의 목숙穆叔이 진나라에 간 것은 지무자知武子의 빙문聘問에 대한 답례였다. 진후晉侯는 그를 위해 향례享禮를 베풀며 「사하肆夏」 이하의 세 곡을 금속 악기로 연주하였는데 목숙은 배례하지 않았다. 이어서 악공이 「문왕文王」 이하의 세 편의 시를 노래했는데도 또한 배례하지 않았다. 그러나 「녹명鹿鳴」 이하의 세 편의 시를 노래할 때는 편마다 절하며 예를 표했다. 이에 진나라의 한헌자韓獻子는 행인行人 자원子員에게 명하여 그 이유를 물어보게 하였다. 자원이, "그대는 군주의 명을 받들고 우리나라에 오셨기 때문에 선대 군주의 예로써 접대하고 음악을 연주하여 그대를 대접하였는데 어째서 대례大禮는 버려둔 채(답례하지 않고) 소례小禮에만 거듭 배례하시니 이

것이 과연 어떤 예법입니까?"라고 하였다. 이에 목숙은 다음과 같이 대답하였다. "「삼하三夏」는 천자天子가 제후諸侯의 우두머리를 접대할 때 연주하는 음악이므로, 제가 감히 참여하여 들을 수 없는 것입니다. 「문왕文王」은 두 나라 국군國君이 서로 만날 때 사용하는 음악이므로, 역시 감히 들을 수 없는 것입니다. 그러나 「녹명鹿鳴」은 군주께서 우리 군주를 기쁘게 해주는 음악이니, 어찌 감히 답례하지 않을 수 있겠습니까? 또한 「사모四牡」는 군주께서 사신인 저를 위로하는 음악이니, 어떻게 감히 거듭 배례하지 않을 수 있겠습니까?"라고 하였다.

穆叔如晉, 報知武子之聘也, 晉侯享之, 金奏肆夏之三, 不拜, 工歌文王之三, 又不拜, 歌鹿鳴之三, 三拜, 韓獻子使行人子員問之, 曰, 子以君命辱於敝邑, 先君之禮, 藉之以樂, 以辱吾子, 吾子舍其大而重, 拜其細, 敢問何禮也, 對曰, 三夏, 天子所以享元侯也, 使臣弗敢與聞, 文王, 兩君相見之樂也, 臣不敢及, 鹿鳴, 君所以嘉寡君也, 敢不拜嘉, 四牡, 君所以勞使臣也, 敢不重拜.

이 사건을 통해 볼 때, 목숙穆叔은 예와 악을 올바르게 이해한 인물이었으나, 진후晉侯는 음악을 사용하는 데 있어 예를 잃었다. 『좌전』에는 이와 유사하게 예를 잃은 음악(失禮於樂) 사례가 여러 차례 등장하며, 이는 곧 춘추春秋시대에 예가 무너지고 음악이 붕괴되었다(禮壞樂崩)는 현상을 단적으로 보여주는 사례라 할 수 있다.

주례周禮와 주악周樂을 대표로 하는 예악禮樂 문화는 단순히 상고上古 사회의 문명 수준을 반영하는 데 그치지 않고, 이성적이며 현실적인 정신을 온전히 담고 있다. 그 영향력은 이천여 년 동안 지속되었으며, 시대의 변화에 따라 형식적으로는 변화를 겪었으나, 그 본질은 크게 달라지지 않았다. 이를 통해 전통문화의 다양한 측면에 내재된 본질을 깊이 통찰할 수 있다. 즉, 예악禮樂은 단순한 과거의 유물이 아니라, 문명과 사회 질서를 유지하는 근본 원리로 작용하며 현대에도 여전히 중요한 의미를 지닌다.

3. 예禮와 주대周代 귀족의 일상생활

『의례』는 전국戰國 이전 시기 귀족 사회에서 행해진 다양한 예절과 의식을 기록한 문헌이다. 이 책에는 사士, 대부大夫, 제후諸侯, 천자天子의 예禮는 명확히 서술되어 있으나, 서인庶人의 예는 존재하지 않는다. 설령 서인이 의식에 참석하더라도, 귀족들이 주관하는 예식에 직접 참여하는 것은 허용되지 않았다. 예를 들어 「빙례聘禮」에 등장하는 고인(賈人 : 관(官)에서 물가를 담당하는 사람)의 사례를 보면 이를 분명히 알 수 있다. 고인은 관직을 가진 서인이었으나, 빙례聘禮 전체 과정에서 직접 예식을 행하지 않았다. 이에 대해 『의례』에서는 다음과 같이 기록하고 있다.

> 고인은 서쪽을 향해 앉아서 옥함(櫝)을 열어 규圭를 꺼내어서 옥 받침대(繅) 위에 올려놓고 그 끈을 아래쪽으로 늘어뜨려 받쳐 잡은 후, 일어나지 않은 채로 재宰에게 건네준다.
>
> 賈人西面坐啟櫝, 取圭垂繅, 不起而授宰.
>
> 『의례 · 빙례聘禮』

만약 고인賈人이 사士 계층에 속했다면, 그는 '일어나서 재에게 건넨다(起而授宰)'라는 행동을 취해야 했다. 그러나 '일어나지 않고(不起)' 전달한 것은, 예식의 주체가 아니라는 점을 의미한다. 그럼에도 불구하고 고인이 빙례에 참석한 이유는 단순한 관찰자가 아니라, 물가物價에 정통하고, 옥玉의 가치를 감정할 수 있는 전문가였기 때문이다. 이를 통해 예물을 주고받을 때 가격이 불균형하게 책정되어 실례失禮를 범하는 일을 방지할 수 있었다. 이것이 바로 『예기禮記 · 곡례曲禮』에서 말하는 '예는 서인에게 적용되지 않는다(禮不下庶人)'는 개념이다. 그러나 '예는 서인에게 적용되지 않는다'라는 표현이 곧 '서인에게 예가 없다'라는 의미는 아니다. 이는 단지 사士 이상의 계층이 서인과 동일한 예식을 행하지 않는다는 뜻일 뿐이다. 즉, 서인 또한 그들만의 예禮를 가지고 있었을 가능성이 크지만, 선진先秦 시대 문헌에는 이에 대한 완전한 기록이 남아 있지 않다. 결국 예禮는 보편적으로 통용되는 절대적인 개념이 아니라, 각자의 신분과 처한 위치에 따라 달라지는 상대적인 규범임을 보여준다.

『의례』 17편에는 음식, 의복, 그리고 사람을 대하는 태도 등에 대한 규정이 상세하게 기록되어 있다. 때로는 다소 번잡할 정도로 세밀한 규율이 포함되어 있다. 예를 들어 「공사대부례公食大夫禮」에서는 음식의 궁합까지 명확하게 규정하고 있다.

> 국에는 나물을 넣는데, 쇠고기 국에는 콩잎을 넣고, 양고기 국에는 씀바귀를 넣고, 돼지고기 국에는 고사리를 넣으며, 각각의 국에 모두 조미調味하는 채소를 넣는다.
>
> 鉶芼, 牛藿, 羊苦, 豕薇, 皆有滑.

이는 단순한 식사의 규칙이 아니라, 음식 속에서도 예禮의 원칙과 조화를 강조하는 전통적인 가치관을 반영한 것이다.

『예기』에서는 주周 왕조 귀족들의 식사를 신분에 따라 구별하였으며, 그 차이를 대략 정리하면 다음과 같다.

천자天子의 연식燕食에서는 총 120가지 음식이 준비된다. 대부大夫의 연식燕食에서는 회膾가 있으면 포脯는 없고, 포가 있으면 회가 없다. 상대부上大夫는 20가지 요리를 먹으며, 국(羹) 요리를 포함한다. 제후諸侯 이하 서인庶人까지는 일반적으로 평소에 먹는 국과 밥은 차등이 없다. 사士의 연식燕食에서는 고깃국과 편육을 두 가지 이상 놓지 않는다. 대부大夫는 일정한 요리가 없으며, 70세 이상이 되면(일정한 음식이 있으므로 음식을 넣어 두는 찬장인) 각閣을 갖는다. 사士 이하 계층은 주로 기장(黍)과 조(稷)를 먹고, 대부大夫 이상 계층은 벼(稻)와 수수(粱)를 추가로 먹는다.[2)]

이처럼 음식의 종류, 섭취 방식, 식사 예절까지도 엄격한 신분 체계에 따라 구분되었으며, 이는 단순한 생활 규범을 넘어 예禮의 질서를 반영한 사회적 원칙이었다. 주周 왕조의 음식문화는 철저히 규율화되어 있었으며, 이는 단순한 식생활을 넘어 사회적 위계질서와 조화를 유지하려는 예제禮制의 정신이 깊이 스며들어 있었다. 즉, 예禮의 근본은 음식에서 비롯되었으며, 따라서 음식과 관련된 예절은 『의례』에 가장 정교하고 세밀하게 기록된 영역 중 하나이다. 이는 단순한 식습관을 넘어, 음식을 통해 신분을 구별하고, 질서를 확립하며, 사회적 조화를 이루고자 했던 주대周代의 가치관을 반영하는 중요한 요소였다.

---

2) 『예기 · 내칙內則』 참고.

당시 각종 예식에서의 음식 제도는 단순히 미각을 만족시키기 위한 것이 아니었으며, 또한 단순히 존비귀천尊卑貴賤의 구별을 위한 것만도 아니었다. 음식은 이미 예식 속에서 필수 불가결한 유기적 구성 요소가 되어 있었으며, 예禮의 정신을 구현하는 중요한 매개체로 작용했다.

예를 들어, 「향음주례鄕飮酒禮」와 「연례燕禮」에서는 주빈主賓과 중빈衆賓들의 음식(餚饌)이 명확히 구별되었다. 참석한 모든 사람들이 제주祭酒와 제육祭肉을 받을 때, 단지 상징적으로 한 입만 맛볼 뿐이었다. 오직 예식이 거의 끝나갈 무렵에야 비로소 작수(爵數, 술잔의 횟수)를 따지지 않고 자유롭게 술을 마시며, 제한 없이 음악을 연주하는 것이 허용되었다. 이를 통해 알 수 있듯이, 음식 또한 예식과 마찬가지로 절제를 강조하는 요소였음을 알 수 있다. 방종과 사치를 경계하는 것은 단순한 규율이 아니라, 예식이 지닌 본질적인 정신을 실천하는 것이었다.

『의례』에서는 「상복喪服」에서만 상례喪禮 과정에서 친소親疏 관계와 애도哀悼의 정도를 표현하는 복식服飾을 명확히 기록하고 있을 뿐, 별도의 장을 마련하여 예복禮服에 대한 설명을 하지는 않았다. 그러나 각 의식에서 예를 행하는 자들의 복식에 관한 규정은 매우 상세하고도 번잡하게 기록되어 있으며, 이는 의식의 필수적인 요소로 자리 잡았다. 복식禮服은 단순한 옷차림이 아니라, 사회적 질서를 시각적으로 구현하는 중요한 상징적 요소였으며, 그 규범을 준수하는 것은 곧 신분을 지키고, 사회적 질서를 존중하는 태도였다. 이러한 예복禮服에 관한 연구는 후대 학자들에 의해 지속적으로 발전하였으며, 특히 삼대三代 시대, 주대周代의 예복에 관한 연구가 가장 활발하게 이루어졌다.

그중에서도 유사배劉師培 선생이 『중국역사교과서中國歷史教科書』에서 논술한 내용은 간결하면서도 명확하게 예복의 본질을 설명하고 있다. 즉, 예복禮服은 단순한 복장이 아니라, 예식 속에서 신분의 질서를 드러내는 중요한 장치이다. 이를 통해 개인의 사회적 역할과 위치를 명확히 구분하고, 사회적 안정과 조화를 유지하는 역할을 수행하였다. 결국, 음식과 복식은 예禮의 실천과 깊이 연결된 요소이며, 이를 통해 신분과 질서를 명확히 하고, 사회적 조화를 이루려는 것이 고대 예제禮制의 본질적 목적이었다. 그 내용은 다음과 같다.

> 서주西周시기 복식服飾 제도에 따르면, 예를 행할 때는 반드시 옷깃을 열고 소매를 걷어야 했다. 길흉吉凶의 예에서는 모두 좌단(左袒, 왼쪽 어깨를 드러냄)하였으며, 근례(覲禮, 신하가 군주를 알현하는 예식)에서는 우단(右袒, 오른쪽 어깨를 드러냄)하였다. …… 곤면(袞冕, 곤룡포와 면류관)복은 선왕先王에게 제사를 지낼 때 착용하는 예복이며, 회동會同하여 빈객을 맞이할 때의 재복(齊服, 재계 복장)이자, 근례覲禮를 받을 때 예복이며, 대혼(大昏, 귀족의 혼례)에서 가까운 친족이 입는 예복이다. 경면(鷩冕, 제후의 예복)복은 선공先公에게 제사 지낼 때 착용하는 예복이며, 빈객을 접대할 때의 예복이고, 대사례(大射禮, 국가적인 활쏘기 의식) 및 빈사(賓射, 귀족들이 참석하는 궁술 대회)의 예복이다. …… 제후(公)의 곤면袞冕복은 상의(衣)에는 오장(五章, 다섯 가지 문양)이 새겨져 있으며, 하의(裳)에는 사장(四章, 네 가지 문양)이 장식되어 있다. 근례에서 조상의 사당(廟)에 폐백(幣)을 올릴 때 착용하는 예복이며, 조근朝覲때 입는 예복이다.
>
> 西周衣服之制, 周代著衣之法, 則行禮之時, 必開服而袒其袖. 凡吉凶之禮均左袒, 覲禮則右袒, …… 袞冕為享先王之服, 又為會同賓

客之齊服, 又為受覲之服, 又為大昏親近之服. 驚冕為享先公之服, 又爲饗食賓客之服, 又為大射之服, 賓射亦如之. …… 公之袞冕衣五章, 裳四章, 為將覲釋幣於禰之服, 為朝覲之服.

예복 또한 단순한 의복이 아니라, 예禮의 정신이 담긴 상징적 요소이자, 사회적 질서와 신분 체계를 반영하는 중요한 매개체였다.

하나의 예식 과정에서 주인主人, 주빈主賓, 개介는 여러 차례 예복을 갈아입어야 했다. 이는 단순한 복장의 변화가 아니라, 의례의 단계별 진행과 역할의 변화를 상징하는 행위였다. 예를 들어 빙례(聘禮, 외교 사절이 파견되는 의례)에서는, 사자使者가 조정에 나아가 빙례를 행할 때, 사자와 국군國君은 모두 피변복皮弁服, 가죽으로 만든 관과 복장을 착용한다. 이는 공식적인 외교 사절로서의 위엄과 권위를 나타내는 복장이었다. 사자가 상개上介의 손에서 규옥圭玉을 받을 때는 반드시 습의襲衣, 덧옷를 입어야 했으며, 국군國君 역시 사자가 바치는 규옥을 받을 때 동일하게 습의를 착용해야 했다. 이후, 국군과 사자는 모두 석의(裼衣, 中服)를 드러내고 차례로 예식을 진행하였다. 이는 의식의 진행 단계에 따라 예복을 변화시키면서 예식의 질서와 위계를 더욱 분명하게 드러내는 역할을 하였다. 즉, 예식 속 복장의 절차는 단순한 형식이 아니라, 신분과 의례의 권위를 시각적으로 표현하는 중요한 요소였다. 복장은 단순한 외형적 요소가 아니라, 그 사람의 사회적 위치뿐만 아니라, 해당 의식에서 맡은 역할과 책임을 상징하였으며, 이를 통해 질서와 예법이 철저히 준수되었음을 알 수 있다.

선진 시대의 예복은 철저한 신분 질서를 반영한 등급 체계를 기반으로 구성되었으며, 그 규정 또한 극히 엄격하였다. 상위 계층의 인물은 자신보다 한 단계 낮은 계층의 예복을 착용할 수 있었으나, 신분이 낮은 자가 상위 계층의 예복을 입는 것은 절대 허용되지 않았다. 신분과 역할에 맞지 않는 복장을 착용하는 것은 즉시 '실례失禮'로 간주되었으며, 이러한 위계질서는 사회적 질서를 유지하는 필수적인 규범이었다. 따라서, 예식을 주관하는 예관禮官은 반드시 예제禮制에 정통한 인물이 맡아야 했으며, 예식이 원활하게 진행되도록 감독하는 동시에, 모든 참여자가 규정을 준수하도록 철저히 관리하였다. 예관은 단순한 행사 진행자가 아니라, 예법을 해석하고 적용하는 역할을 맡으며, 신분에 따른 예복과 절차를 엄격히 감독하는 중요한 역할을 수행하였다.

이처럼 예복 체계는 단순한 의례적인 요소를 넘어, 사회적 질서와 윤리적 가치를 반영하는 중요한 기준이었다. 이를 통해 사회 구성원 각자가 자신의 신분과 역할을 명확히 인식하고 행동하도록 유도하는 역할을 하였다.

『논어』에 기록된 '사자시좌四子侍坐'[3] 일화는 예관禮官의 역할을 강조하는 대표적인 사례로 널리 알려져 있다.

3) 子路 · 曾晳 · 冉有 · 公西華侍坐. 子曰 :「以吾一日長乎爾, 毋吾以也. 居則曰 :「不吾知也!」 如或知爾, 則何以哉?」 子路率爾而對曰 :「千乘之國, 攝乎大國之間, 加之以師旅, 因之以饑饉 ; 由也為之, 比及三年, 可使有勇, 且知方也.」 夫子哂之.「求! 爾何如?」 對曰 :「方六七十, 如五六十, 求也為之, 比及三年, 可使足民. 如其禮樂, 以俟君子.」「赤! 爾何如?」 對曰 :「非曰能之, 願學焉. 宗廟之事, 如會同, 端章甫, 願為小相焉.」「點! 爾何如?」 鼓瑟希, 鏗爾, 舍瑟而作. 對曰 :「異乎三子者之撰.」 子曰 :「何傷乎? 亦各言其志也.」 曰 :「莫春者, 春服既成. 冠者五六人, 童子六七人, 浴乎沂, 風乎舞雩, 詠而歸.」 夫子喟然歎曰 :「吾與點也!」 三子者出, 曾晳後. 曾晳曰 :「夫三子者之言何如?」 子曰 :「亦各言其志也已矣.」 曰 :「夫子何哂由也?」 曰 :「為國以禮, 其言不讓, 是故哂之.」「唯求則非邦也與?」「安見方六七十如五六十而非邦也者?」「唯赤則非邦也與?」「宗廟會同, 非諸侯而何? 赤也為之小, 孰能為之大?」. 『논어 · 선진先進』

공자가 제자들에게 각자의 포부를 묻자, 공서화公西華는 다음과 같이 대답하였다.

〈제가 그 일을〉 능히 할 수 있다는 것이 아니라 배우기를 원합니다. 종묘의 일이나 혹은 회동會同에 현단복玄端服을 입고 장포관을 쓰고서 소상(小相)이 되기를 원합니다.

非曰能之, 願學焉. 宗廟之事, 如會同, 端章甫, 願為小相焉.

『논어 · 선진(先進)』

여기서 '소상小相'이란 찬례讚禮를 담당하는 하급 예관을 의미한다. 공서화는 공자의 총애를 받은 뛰어난 제자였음에도 스스로 '소상'이 되고 싶다고 말하며 겸손한 태도를 보였다. 그러나 이는 단순한 겸양의 표현이 아니라, 예관禮官의 역할이 얼마나 신중하고도 중요한 것이었는지를 보여주는 사례이다. 즉, 예관은 단순히 의례를 진행하는 존재가 아니라, 사회 질서를 유지하고 예禮의 정신을 실천하는 핵심적인 직책이었다. 따라서 예관이 되기 위해서는 단순한 의식 절차를 숙지하는 것만으로는 부족했으며, 예악禮樂의 본질을 깊이 이해하고, 이를 몸소 실천할 수 있어야 했다.

예제禮制가 이처럼 복잡하고 정교한 체계를 갖추고 있었으므로, 사람들은 태어나면서부터 자연스럽게 이를 익힐 수는 없었다. 따라서 귀족 사회에서는 어릴 때부터 체계적인 예학禮學 교육을 시행했다. 이는 단순한 이론 학습이 아니라, 실제로 예식을 직접 연습하고 익히는 실천적 교육 과정이었다. 즉, 다양한 의례를 실제로 경험하며, 그 의미와 절차에 숙달하는 과정이 필요했다. 이른바 '예학 교육'은 귀족 계층에서 필수적으로 요구되었으며, 이는 개인의 교양과 신분을 결정짓는 중요한 요소였다. 단순한 형식적 절차를 배우는 것이 아니라, 예의 본질을 이해하고 이를 실천하는 것에 중점을 두었다. 이러한 내용은 『예기·왕제王制』 편에서도 다음과 같이 기록하고 있다.

> 악정이 네 가지 방도를 존숭하여 네 가지 가르침을 확립하고 선왕의 시·서·예·악을 따라 인재를 이루니, 봄과 가을에는 예와 악을 가르치고 겨울과 여름에는 시와 서를 가르친다.
>
> 樂正崇四術, 立四教, 順先王詩書禮樂以造士. 春秋教以禮樂, 冬夏教以詩書.

「왕제王制」 편은 진秦·한漢 시대 학자들이 선진先秦 시대의 작록爵祿 제도, 학교學校, 천거薦擧, 양로養老 제도 등에 대해 논한 편이다. 또한 『사기·공자세가孔子世家』에서도, 「공자는 시詩, 서書, 예禮, 악樂을 가르쳤다.(孔子以詩·書·禮·樂教.)」는 기록이 있다. 이를 통해 '예(禮)'가 단순한 윤리적 규범을 넘어, 당시 국가 교육(官學) 및 사학私學의 핵심 교과 과정의 하나였음을 알 수 있다. 예禮는 단순한 의례적 형식 절차에 그치는 것이 아니라, 국가의 통치 철학과 사회 질서를 유지하는 근본 원리로 작용하였으며, 이를 후대에 전수하고 실천하는 것이 무엇보다 중요한 가치로 여겨졌다.

예학 교육은 단순한 문헌 학습을 넘어 실천 중심의 교육 방식을 채택하였다. 예禮를 집행하는 자가 주도하여 각종 의례 절차를 직접 연습하였으며, 그 과정에서 몸가짐과 행동, 태도 하나하나까지 철저한 교육을 받았다. 특히, 시詩와 음악樂이 보조적인 역할을 하며 의례적 요소를 더욱 강조하였다. 이와 같이, 예학 교육은 단순한 이론 학습이 아닌 실천적 학문으로, 신체적 · 정신적 훈련을 통해 예禮의 의미를 체득하는 과정이었다.

주대周代 귀족들의 생활에서 예禮의 중요성은 쉽게 짐작할 수 있다. 그러나, 예의 영향력은 단순히 귀족들의 일상생활에 국한되지 않았다. 예禮는 주周 왕조의 종족宗族 제도 및 종교적 신앙과도 밀접하게 연관되어 있었으며, 당시 사회 질서를 유지하는 근본적인 원칙으로 작용하였다.

예禮는 단순한 개인의 행위 규범을 넘어, 가문과 국가의 존속을 위한 필수적인 원리였다. 종법宗法 체계와 결합되어 가문의 질서를 유지하는 역할을 했으며, 이를 통해 가문 간의 관계를 조율하고 사회적 조화를 이루는 데 기여하였다. 또한, 제사 의례와 긴밀하게 연결되어, 신神과 인간의 관계를 규정하는 중요한 요소로 작용하였다. 즉, 예禮는 단순한 형식적 절차가 아니라, 인간 사회의 기본적인 질서를 형성하고, 이를 실천하는 과정에서 개인과 가문의 역할을 명확히 규정하는 기능을 수행하였다. 따라서 예의 실천을 통해 개인은 사회적 책임을 배우고, 가문과 국가의 존속을 위한 규범을 내면화하였으며, 이를 통해 사회 전체의 질서가 유지되었다. 이러한 점에서, 예禮는 단순한 관습이 아니라, 인간 사회의 근본적인 윤리 체계를 구성하는 중요한 원칙이었으며, 수천 년 동안 지속되어 온 동아시아 문화의 근간을 이루는 요소로 자리 잡았다.

4. 예禮와 사士의 종법宗法제도

'종족宗族'이라는 개념은 단순한 혈연 집단을 넘어서, 특정한 문화적 의미를 지니며, 정치 · 경제 · 사회 등 다양한 영역에서 중요한 역할을 담당해 왔다. 일반적으로 종족이란 공동의 조묘祖廟를 보유한 친족 집단, 즉 부계父系 혈통이 명확히 계승되는 가족 공동체를 의미한다.

'종宗'이라는 문자는 은허殷墟에서 출토된 갑골문(卜辭)에서 최초로 발견되었으며, 이는 신주神主를 모시는 사당(廟)을 의미한다. 『설문해자說文解字』에서는 「종宗은 조상을 모시는 사당이다(尊祖廟也).[4]」라고 정의하고 있다. 즉, 종宗은 단순히 혈통적 개념을 넘어 조상을 숭배하고 공경하는 의례적 · 정신적 의미와 밀접한 연관을 지닌다. 『이아爾雅 · 석친釋親』에서는 「부친의 친족을 종족이라 한다(父之黨為宗族).」라고 말하고 있다. 이는 부계를 중심으로 형성된 대규모 혈연 공동체를 의미하며, 부계 혈통의 계승을 중시하는 종족 체계의 특징을 반영하고 있다.

'종宗'의 개념은 다시 '대종大宗'과 '소종小宗'으로 구분되며, 이는 혈통과 가문의 계승 원칙에 따라 결정된다. 대종大宗이란 가문의 적장자嫡長子 계열이 대대로 계승하는 혈통을 의미하며, 가문의 중심적 역할을 담당하는 존재로서 조묘祖廟를 관리하고, 제사를 주관하며, 종법宗法 체계에 따라 가문 내 최고 권위를 지닌 계승자로 인정된다. 대종의 역할은 단순히 적장자의 계승에 그치는 것이 아니라, 가문의 정통성을

4) 段玉裁의 注에서는 "尊也, 祖廟也."가 되어야 한다고 했다. "선조를 존중한다는 뜻이다. 또 조상을 모시는 사당을 말한다."로 해석된다.

유지하고 조상 숭배를 실천하는 핵심적인 역할을 수행하는데 있다.

반면, 소종小宗은 대종大宗의 상대적인 개념으로, 적장자嫡長子 계열에서 벗어난 자손들이 형성하는 하위 혈통을 의미한다. 주周 왕조의 계승 체계를 살펴보면, 주왕周王의 적장자가 왕위를 계승하여 대종大宗이 되고, 그 외의 왕자들은 각지에 제후로 분봉分封되어 소종小宗이 된다. 이후 각 제후국 내에서도 동일한 원칙이 적용되어, 제후의 적장자가 군위君位를 세습하며 대종이 되고, 그 외의 자손들은 경卿과 대부大夫로 봉해져 소종이 된다. 이러한 계층적 구조는 점차 확장되며 종법宗法 체계를 유지하는 근간이 되었다. 일반적으로 경卿과 대부大夫의 지위는 적장자가 세습하여 대종이 되고, 나머지 그 외의 자손들은 사士 계급이 되어 소종에 속하였다. 주대周代에서는 대종(嫡長子)의 지위가 소종(別子, 기타의 자손)보다 월등히 높았으며, 가문의 중심으로서 절대적인 권위를 행사하였다. 이러한 대종의 역할과 권위에 대해서는 『의례 · 상복喪服』에서 다음과 같이 설명하고 있다.

> 대종은 존尊의 정통이다.
>
> 大宗者, 尊之統也.

또한, 『예기 · 대전大傳』에서도 말한다.

> 조(祖, 시조)를 높이기 때문에 종통宗統을 공경하는 것이니, 종통을 공경함은 조祖를 높이는 뜻이다.
>
> 尊祖故敬宗 ; 敬宗, 尊祖之義也.

선진先秦 시대의 문헌에서는 종족宗族의 장長을 '종자宗子'라 하였으며, 그 외의 자손들은 '지자支子'라 불렀다. 종자는 가문의 제사를 주관할 권한을 가진 핵심적인 인물로서, 가문의 정통성을 상징하는 존재였다. 반면, 지자支子는 종자와 동일한 권한을 갖지 못하였으며, 임의로 시조始祖의 제사를 봉행할 수 없었다. 만약 제사를 지내고자 할 경우, 반드시 종자에게 먼저 고하고, 종자의 허락을 받아야만 가능하였다. 이러한 엄격한 규율은 종족 내 질서를 유지하고, 대종大宗의 권위를 확립하는 중요한 요소로 작용하였다. 『예기』에서는 이러한 원칙을 다음과 같이 규정하고 있다.

> 서자(庶子, 계승자 이외의 자손)가 할아버지에게 제사를 지내지 못하는 것은 종통이 따로 있음을 밝힌 것이다.
>
> 庶子不祭祖者, 明其宗也.[5]
>
> 『예기 · 상복소기喪服小記』

또한, 『예기 · 곡례하曲禮下』에서도 말한다.

---

5) 공영달의 소에 따르면 〈지위가 下大夫 다음이고 中士보다 높은〉 適士는 두 개의 사당을 세울 수 있으므로 宗子는 할아버지의 사당을 세워 제사 지낼 수 있지만, 자신이 할아버지의 입장에서 庶子의 長子라면 비록 적사의 신분이라 할지라도 본인은 아버지의 사당만 세울 수 있고 할아버지의 사당을 세울 수 없다. 『禮記補註』에 "이 서자는 서자의 장자를 가리키니, 할아버지의 입장에서는 서자라고 일컫지만, 할아버지를 제사 지내는 자의 입장에서는 마땅히 從父兄弟(사촌형제)가 되어야 한다. 진호의 주에 '형과 아우 두 사람이 하나는 적자이고 하나는 서자로서 모두 적사가 되었다.(兄弟二人, 一適一庶, 俱爲適士.)'하여 적자와 서자가 친형제인듯하나, 친형제 간에 어찌 각각 아버지의 사당을 세워 제사 지내는 이치가 있겠는가." 하였다.

지자支子는 제사를 지내지 않으니, 〈종자宗子가 질병 등의 사유로 제사를 지낼 수 없어 지자가 대신〉 제사를 지낼 경우에는 반드시 종자에게 알려야 한다.

支子不祭, 祭必告於宗子.

즉, 대종大宗과 종자는 가문의 정통성을 상징하며, 조상을 모시는 역할을 수행하는 핵심적인 존재였다. 반면, 소종小宗과 지자支子는 독자적으로 조상 숭배를 행할 수 없었으며, 반드시 대종의 주도 아래 제례를 봉행해야 했다. 이러한 원칙은 종법宗法 질서의 근본적인 원칙으로 작용하였으며, 혈통을 기반으로 한 엄격한 위계질서를 유지하는 데 중요한 역할을 하였다.

그러나 대종의 역할은 단순히 가문 내에서 우위를 차지하는 것에 그치지 않고, 사회와 국가 전반에서도 중대한 역할을 담당하였다. 가문 내에서는 대종이 소종을 통솔하며 형이 아우를 다스리는 질서(以兄統弟)를 확립하였고, 국가적으로는 군주(君, 대종)가 신하(臣, 소종)를 통솔하는 구조(以君統臣)를 구축하였다. 즉, 혈연을 기반으로 한 가족 관계가 국가의 정치 체계와 연결된 것이 바로 고대의 독특한 정치 제도, 즉 '종법宗法 제도'였다. 종법 제도는 단순히 가문 질서를 유지하는 데 그치지 않고, 국가 운영의 기본 원리로 작용하였으며, 왕실과 귀족 사회뿐만 아니라 행정 체계와 군사 조직에도 깊은 영향을 미쳤다.

종법宗法 제도는 주례周禮의 핵심 요소 중 하나로, 엄격한 등급 체계와 이에 상응하는 종묘 제사 제도를 포함하고 있다. 이러한 제도는 혈연과 위계질서를 기반으로 형성된 방대한 사회 구조 속에서 개인의 역할과 지위를 명확히 규정하는 데 기여하였으며, 이를 통해 사회 질서를 안정적으로 유지하는 역할을 하였다. 즉, 종법 질서는 단순한 혈연관계를 넘어, 정치적 통치 체계와도 긴밀히 연계된 것이었다.

이와 관련하여 『의례 · 상복喪服』은 현존하는 가장 오래되고 완전한 형태의 문헌으로, 종법 제도를 체계적으로 반영하고 있다. 특히 상복喪服 제도는 주대周代 사회의 종법 구조와 종통宗統, 그리고 군통君統의 결합을 명확히 드러내는 중요한 요소였다. 상복 제도는 단순히 사망한 자와 복상자服喪者 사이의 관계를 규명하는 데 그치지 않고, 종족 체계, 신하 관계, 그리고 외가外家와의 관계까지 반영하였다. 「상복喪服」 편에서는 이러한 관계를 구체적으로 기록하며, 종족 관계에서는 동족同族 내 소종小宗 5등 친족을 기준으로 삼고, 신하 관계에서는 군주와 신하, 노예 및 속인의 관계를 기준으로 하며, 외가 관계에서는 '명名'과 '종從'을 기준으로 삼았다. 이 세 요소는 모두 친소親疏의 원칙에 따라 차등이 정해지며, 이를 함부로 변경하거나 삭제할 수 없었다. 이러한 원칙을 바탕으로 정립된 오복五服은 종법 제도의 기본 구조를 형성하였으며, 『의례 · 상복喪服』의 첫 번째 장에서는 가장 무거운 참최복斬衰服을 설명하면서 종족 관계와 신하 관계를 함께 포함하고 있다. 이를 통해 상복 제도는 단순한 애도의 표현을 넘어, 혈연과 정치적 질서를 유지하는 핵심적인 원칙으로 작용했음을 알 수 있다.

> 아랫단을 꿰매지 않은 상의(衰)와 하의(裳)를 입고, 검은빛의 암마로 만든 수질과 요질을 두르고, 검은빛의 대나무 지팡이를 짚고, 검은 암마를 꼬아서 만든 허리띠를 차고, 숫마로 만든 끈을 단 관을 쓰고, 엄짚신을 신고 삼 년의 복을 하는 경우는 다음과 같다. 아버지를 위해 〈참최 3년으로 복을 한다.〉, 제후가 천자를 위해, 군주를 위해, 아버지가 장자를 위해, 다른 사람의 후사가 된 사람이 후사로 삼아

준 사람을 위해, 처가 남편을 위해, 첩이 군주를 위해, 혼인을 허락한 딸을 포함하여 시집을 가지 않은 딸이 아버지를 위해, 〈처·첩 딸은 성복한 이후〉 베로 만든 머리끈을 하고, 가는 대나무 비녀를 꽂고, 북상투를 하고, 상복을 입고 참최 삼 년을 한다. 시집간 딸이 이혼하고 아버지 집에 있을 경우, 아버지를 위해 3년의 복을 한다. 공·경사卿士·대부의 여러 신하들은 그들의 군주를 위해 베로 만든 허리띠를 차고, 마 끈으로 엮어 만든 짚신을 신는다.

斬衰裳, 苴絰杖, 絞帶, 冠繩纓, 菅屨者 : 父, 諸侯為天子, 君, 父為長子, 為人後者. 妻為夫, 妾為君, 女子子在室為父, 布總, 箭笄, 髽, 衰, 三年. 子嫁, 反在父之室, 為父三年. 公士·大夫之眾臣, 為其君布帶·繩屨.

자식이 아버지를 위해 상복을 입고, 신하가 군주를 위해 삼 년 동안 상복을 입는 것은 아버지와 군주가 가문과 국가에서 가장 존귀한 존재이기 때문이며, 이는 비교적 쉽게 이해할 수 있다. 그러나 아버지 또한 장자를 위해 삼 년 동안 상복을 입어야 하는 이유는 무엇인가? 이는 단순한 부자 관계를 넘어, 종법宗法 제도 자체에서 비롯된 것으로 원칙에 따른 것이다. 장자長子는 단순한 자식이 아니라, 미래의 종자宗子이며, 장래의 국군國君으로 즉위할 가능성이 있는 존재로서, 그 지위는 지극히 존귀한 것으로 간주되었다. 따라서 장자의 사망은 단순한 가정 내의 불행한 사건이 아니라, 가문 전체와 국가의 계승 체계에 직접적인 영향을 미치는 중대한 사안으로 여겨졌다.

이와 함께, 아내는 남편을 위해, 첩은 군주를 위해 상복을 입도록 규정한 것은 남성 중심적 사회(男權)의 반영이라 할 수 있다. 앞서 언급했듯이, 종족宗族은 부계父系를 중심으로 형성된 친족 조직이며, 이는 곧 종법宗法 제도가 부권父權과 남권男權의 질서를 바탕으로 운영되었음을 의미한다. 이러한 점에서 종통宗統과 군통君統의 관계를 보다 명확히 이해할 수 있다. 즉, 예제禮制는 단순한 윤리적 규범을 넘어, 가문과 국가 질서를 유지하는 체계로 작동하였으며, 혈통과 신분을 기준으로 한 철저한 위계 구조 속에서 기능하였다.

그러나 「상복喪服」 편에서 가장 많은 분량을 차지하는 것은 왕실이나 제후의 상복제도가 아닌, 사士 계층의 상복 제도에 관한 내용이다. 이는 왕권王權이 본래 종법宗法보다 더욱 절대적인 권위를 지니고 있었기 때문일 것이다. 예를 들어, 주공周公이 성왕成王에게 정권을 반환한 이후에도, 조정에 나아갈 때마다 반드시 성왕 앞에서 절을 하였는데, 이는 숙부가 조카에게 절하는 예(叔父拜侄)의 사례이다. 또한, 조趙나라 무령왕武靈王이 원래 태자였던 장章을 폐위하고, 아들 하何를 왕으로 세웠을 때, 태자였던 장 역시 조정에서 군주에게 절하지 않을 수 없었다. 이는 형이 아우에게 절하는 예(兄拜弟)의 사례이다. 이러한 사례를 통해 볼 때, 한 나라의 대종大宗으로서 천자天子나 제후諸侯는 절대적인 신분과 왕권王權을 지녔으며, 경우에 따라 종법 체계를 초월하는 상황이 발생할 수도 있었음을 알 수 있다.

『의례·상복喪服』에서는 직접적으로 '사士의 상복'이라고 명확히 명시하지는 않았으나, 경卿과 대부大夫 등 상위 계층의 상복 규정을 서술하면서도, 세부적인 내용을 면밀히 분석해 보면 주된 대상이 사士 계층임을 알 수 있다. 예를 들어, 아내를 위해 복상하는 경우(爲妻服)에는 자최장기齊衰杖期로 규정되어 있다. 여기서 복상의 등급이나 신분이 명확하게 명시되어 있지는 않지만, 대부의 적자가 아내를 위해 복상할 경우(大夫之嫡子爲妻)에는 자최부장기齊衰不杖期로 별도로 규정하고 있다. 이를 통해 유추해 보면, 아내를 위해 자최장기의 복을 하는 자(服齊衰杖期者)는 곧 대부의 서자庶子 즉, 일반적인 사士 계층에 해당하는 것으로 해석할 수 있다.

또한, 장부丈夫와 부인婦人이 종자를 위해 복상할 경우(爲宗子)에는 자최삼월齊衰三月로 규정되어 있으며, 대부가 종자를 위해 복상할 경우(大夫爲宗子)에도 동일하게 자최삼월齊衰三月로 규정하고 있다. 이는 대부와 사士 계층이 종자를 대하는 예법이 본질적으로 동일한 원칙을 따르고 있음을 의미한다. 이에 대해 「상복 · 전傳」에서는 다음과 같이 설명하고 있다.

> 왜 자최 3월로 복을 하는가? 대부도 감히 종자에 대한 복을 낮출 수 없기 때문이다.
>
> 何以服齊衰三月也? 大夫不敢降其宗也.

이 규정을 통해 볼 때, 앞서 언급된 '장부丈夫'는 대부大夫가 아니라 사士 계층을 지칭하는 것으로 이해할 수 있다. 또한, 경전에서는 중자衆子를 위해 복할 경우(爲衆子), 자최부장기齊衰不杖期로 규정하고 있다. 이에 대해 정현鄭玄은 다음과 같이 주석을 달았다.

> 중자衆子는 장자의 동생 및 첩의 아들을 가리킨다. 시집가지 않고 집에 있는 딸의 경우도 이와 같이 한다. 사士의 경우는 '중자'라고 부르는데, 현격하게 구별할 수 없다. 대부의 경우는 '서자庶子'라고 부르고 낮추어서 대공의 복을 한다.
>
> 衆子者, 長子之弟及妾子, 女子子在室亦如之, 士謂之衆子, 未能遠

別也, 大夫則謂之庶子, 降之爲大功.

이 밖에도, 「상복」 편에서는 참최복斬衰服의 복제服制를 다음과 같이 규정하고 있다.

아랫단을 꿰매지 않은 상의(衰)와 하의(裳)를 입고, 검은빛의 암마로 만든 수질과 요질을 두르고, 검은빛의 대나무 지팡이를 짚고, 검은 암마를 꼬아서 만든 허리띠를 차고, 숫마로 만든 끈을 단 관을 쓰고, 엄짚신을 신고 삼 년의 복을 하는 경우는…….

斬衰裳, 苴絰杖, 絞帶, 冠繩纓, 菅屨者, …….

『좌전左傳 · 양공襄公 17년』에서도 다음과 같은 기록이 전해진다.

제齊나라 안환자晏桓子가 죽자 안영晏嬰이 거친 삼베로 지은 참최복을 입고 삼을 꼬아 만든 수질首絰을 쓰고 요대腰帶를 두르고 상장喪杖을 짚고, 짚신을 신고, 죽을 먹고 의려倚廬에 거처하며 거적을 깔고 짚으로 만든 베개를 베자, 그 가노(家老, 가신의 장)가 "이는 大夫의 예禮가 아니다."라고 하니, 안영이 말하기를 "오직 경卿이어야 대부大夫라 할 수 있다."라고 하였다.

齊晏桓子卒, 晏嬰麤縗斬, 苴絰 · 帶 · 杖 · 菅屨, 食鬻, 居倚廬, 寢苫枕草. 其老曰 : 「非大夫之禮也.」 曰 : 「唯卿爲大夫.」

안영이 입었던 복장이 대부의 예법에 해당하지 않았다는 점에서, 이는 사士 계층의 예법에 따른 것임을 알 수 있다. 이와 유사한 사례는 다수 존재하며, 이를 통해 「상복」 편에서 복상자服喪者의 신분과 등급이 명확히 명시되지 않은 경우, 일반적으로 사士 계층의 복제服制를 의미한다는 사실을 확인할 수 있다. 또한, 경우에 따라 대부大夫의 복제를 포함할 가능성도 배제할 수 없다.

복잡하고 다양한 상복 제도를 면밀히 정리하고 분석해 보면, 주대周代 사士 계층의 복상 체계는 다음의 다섯 가지 계통으로 구분할 수 있다.

1. 부계 남성 친족(父系男親) 계통
2. 부계 여성 친족(父系女親) 계통
3. 외가(外親) 계통
4. 부계(夫親) 계통
5. 종친宗親 계통

이 가운데, 부계 남성 친족계통의 복제服制가 사士 계층의 복상 제도의 근본을 이루었다. 복상服喪의 적용 범위는, 복상자服喪者를 기준으로 위로 3대를 거슬러 올라가 제4대조(曾祖父)까지 복상하며, 아래로 3대를 내려가 제4대손(曾孫)까지 복상하는 것을 원칙으로 하였다. 또한, 방계旁系 친족 중에서는 족증조부族曾祖父와 족형제族昆弟, 즉 동일한 고조부(高祖父)를 공유하는 친족까지 포함한다. 그러나 실제로 5대가 함께 거주하는 경우는 극히 드물었기 때문에, 복상의 범위도 대부분 4대 안에서 이루어졌다.

복제服制의 차이는 망자亡者와의 친소親疏 관계를 명확히 구별하는 기준이 되었으며, 친소의 거리가 멀어질수록 복상의 격식 또한 점차 가벼워진다. 동시에, 이러한 차등을 통해 존비尊卑의 위계질서가 명확하게 드러난다.

우선, 직계直系를 중시하고 방계旁系를 가볍게 여기는 원칙이 적용되었다.

예를 들어, 직계 남성 선조를 위해서는 최소한 자최복齊衰服 이상의 복제를 적용해야 하며, 이는 대공복大功服보다 무겁게 규정되었다. 반면, 방계 친족을 위한 복상에서는 참최복斬衰服이 적용되지 않는다. 즉, 부계 직계의 혈통을 더욱 중시하는 원칙이 복제服制에 반영된 것이다.

다음으로, 장자長子를 중시하고 그 외의 자식(衆子)은 상대적으로 가벼운 복제를 적용하였다.

예를 들어, 장자의 사망 시에는 참최삼년斬衰三年을 입어야 하지만, 그 외의 자식(衆子)의 경우 자최복齊衰服만을 입되 지팡이(杖)를 짚지 않는다. 그 이유는 앞서 언급한 바와 같이, 장자가 단순한 자식이 아니라, 가문의 정통성을 계승하는 존재이자 장차 종묘宗廟의 주인이 될 자이기 때문이다. 이러한 원칙은 조상을 존중하고 종묘의 권위를 중시하는 정신에서 비롯된 것이다.

이 외에도 남녀 구별 원칙과 적중서경嫡重庶輕 사상 또한 『의례·상복喪服』에 뚜렷하게 반영되어 있다. 즉, 적자嫡子와 서자庶子의 복제는 엄격히 구별되었으며, 남성과 여성의 복제 또한 차등이 존재했다. 이러한 규범은 단순한 형식이 아니라, 가문의 위계질서를 유지하고 혈통을 중심으로 한 사회적 조화를 이루기 위한 장치로 기능하였다.

주대周代의 종법宗法 제도와 그에 따른 사士 계층의 복제服制는 단순한 가문 내의 의례를 넘어 사회 전체의 질서를 유지하는 중요한 역할을 하였다. 이러한 특징은 「특생궤사례特牲饋食禮」, 「소뢰궤사례少

牢饋食禮」, 「유사철有司徹」 등의 예식에서도 확인할 수 있다.

종법 제도는 상商 · 주周 시대부터 청淸대에 이르기까지 약 3,000년 동안 중국 사회의 정치 · 경제 · 사상 · 윤리 · 문화 등 다양한 분야에 심대한 영향을 미쳤다. 종법宗法은 단순한 가문의 질서 유지 체계를 넘어, 국가 운영의 기본 원리로 작용하였다. 가문의 혈통 질서를 유지하는 것이 곧 국가 질서를 유지하는 것과 동일하게 간주되었으며, 이는 왕실뿐만 아니라 귀족 사회, 행정 체계, 군사 조직 등 다양한 영역에 적용되었다.

특히, 종법宗法 제도는 중국 사회의 가치관 형성에도 중요한 역할을 미쳤다. 충효忠孝의 윤리관, 가문 중심의 사회 질서, 부모에 대한 존경과 순종, 그리고 혈연을 중심으로 한 유교적 세계관은 모두 종법의 영향 아래에서 발전해 왔다. 이러한 점을 고려할 때, 중국 고대 사회를 '종법사회宗法社會'라고 규정하는 것은 타당하다. 종법은 단순한 역사적 사실을 넘어, 중국 전통 사회의 핵심 구조를 형성하는 기틀이 되었으며, 현대 동아시아 사회에도 여전히 영향을 미치는 중요한 문화적 유산으로 남아 있다.

5. 예물禮物, 예의禮儀, 그리고 예의禮意

『의례儀禮』에 기록된 다양한 예제禮制는 본질적으로 신비롭거나 난해한 것이 아니다. 그것은 현실 생활의 정련된 형식화에 지나지 않으며, 실생활에서 비롯된 다양한 요소들을 정제하고 구조화하여 일정한 형식을 부여한 것에 불과하다. 예제禮制는 '예물禮物'과 '예의禮儀'로 구성되며, 이는 단순한 절차적 요소를 넘어 사회적 질서를 규율하는 중요한 도구로 기능하였다.

우선 '예물禮物'이란 오늘날 우리가 흔히 이해하는 증정용 선물과는 본질적으로 다른 개념이다. 이는 단순한 물질적 선물이 아니라, 예식을 구성하는 필수적인 요소로서 신분과 위계를 상징하는 중요한 매개체이다. 예제禮制에서 예물은 '명물도수名物度數'라 불리며, 이는 예식을 거행할 때 사용되는 궁실宮室, 복식服飾, 기물器物 등의 의례용 도구를 의미한다. 이러한 기물의 크기 · 수량 · 높낮이 · 화려함과 소박함 등은 예식을 행하는 자의 신분과 지위를 반영하며, 존비귀천尊卑貴賤의 엄격한 질서를 드러낸다. 즉, 예물은 단순한 의례적 장식물이 아니라, 신분과 권위를 상징하는 핵심적인 요소로 기능하였다.

한편, '예의禮儀'는 예물을 다루는 방식과 예식을 수행하는 절차적 과정으로, 예문禮文의 핵심적인 실행 요소이다. 예제禮制에서 '읍양주선揖讓周旋'이라 불리며, 이는 예식을 거행하는 자가 예물을 다루는 몸짓과 동작을 의미한다. 더욱이, 진퇴進退 · 등강登降 · 좌흥坐興 · 부앙俯仰 등 모든 행동과 동작에 대한 세부적인 규범을 설정하여 신분의 높고 낮음을 분명히 구별한다. 예식에서는 예물과 예의禮儀가 결코 자의적으로 변경될 수 없으며, 신분과 분수를 넘어서는 행위, 즉 참월僭越은 엄격히 금지되었다. 이러한 엄격한 규정은 예식의 정당성을 유지하기 위한 장치이자, 사회 질서의 안정을 도모하는 중요한 원칙으로 작용하였다.

그러나 예물과 예의禮儀는 단순한 수단과 형식에 불과하며, 예의禮意야말로 예식의 궁극적인 목적이다. 예의禮意란 곧 예제禮制가 전달하고자 하는 핵심적인 내용과 본질적 의미를 가리키며, 그것이 없이는 예물과 예의禮儀 또한 존재할 수 없다. 즉, 특정한 예물을 사용하고 정해진 방식대로 예의禮儀를 행하는 것은 단순한 형식적 절차가 아니라, 예식이 내재하고 있는 가치와 정신을 표현하는 방식이었다. 따라서, 예물의 사용과 예의禮儀의 실천이 모두 적절하며, 과하지도 부족하지도 않아야 비로소 올바른 '예의禮意'가 구현될 수 있다. 이는 단순한 형식적 규율을 넘어, 예禮가 사회적 조화와 질서를 유지하는 데 필수적인 역할을 수행했음을 보여준다. 『예기 · 교특생郊特牲』에서는 다음과 같이 말하고 있다.

> 예가 존귀한 것은 그 의義를 높일 만해서이니, 의를 잃고 수數만 진열함은 축관祝官과 사관史官의 일이다. 그러므로 수는 진열할 수 있으나, 그 의는 알기 어렵다.
>
> 禮之所尊, 尊其義也. 失其義, 陳其數, 祝史之事也. 故其數可陳也, 其義難知也.

즉, 예를 존중하는 이유는 그 안에 의리義理, 즉 예의禮意가 내재되어 있기 때문이다. 예의禮意는 예식의 가장 핵심적인 요소이며, 『의례』에서 존비귀천尊卑貴賤의 구별이 중요한 내용으로 강조되는 것도 바로 이 때문이다. 또한, 「대사례大射禮」와 같은 의례에서는 인덕仁德의 정치를 구현하는 것이 가장 중요한 예의禮儀로 작용한다. 즉, 예는 단순한 형식적 절차가 아니라, 인간관계를 규율하고 사회 질서를 확립하는 근본적인 원칙이었다.

그러나 예물과 예의禮儀를 단순히 형식적인 요소로만 간주할 수는 없다. 예물과 예의禮儀 자체가 예禮의 본질적 의미를 구현하는 요소이며, 이들이 없이는 예禮 자체도 성립할 수 없다. 특정한 예물과 예의禮儀는 특정한 예의禮意를 상징하며, 이에 따라 예물과 예의禮儀의 양과 종류가 달라지면 예의禮意 또한 변할 수밖에 없다. 이는 예식의 구조가 단순한 외형적 장식이 아니라, 신분과 질서를 반영하는 본질적인 역할을 수행했음을 의미한다. 예를 들어, 「향음주례鄕飮酒禮」에서 사용되는 제물祭物은 철저하게 신분에 따라 구별된다.

- 주빈主賓의 제물 : 개(狗)의 등뼈, 갈비뼈, 어깨, 폐.
- 주인主人의 제물 : 등뼈, 갈비뼈, 앞 다리, 폐.
- 개介, 주빈을 보좌하는 신하의 제물 : 등뼈, 옆구리뼈, 뒷다리뼈, 폐.

제물의 종류와 부위에 따른 차이를 통해 신분의 위계가 명확하게 드러나며, 만약 이 원칙이 혼란에 빠진다면 예식의 체계 또한 무너질 것이다. 예물의 사용은 단순한 의례적 행위가 아니라, 신분과 위계를 공고히 하는 중요한 기능을 수행하였다. 또한, 헌주獻酒할 때는 작爵을 사용하고, 헌주하지 않을 때는 치(觶, 뿔잔)을 사용한다. 뿐만 아니라, 「빙례聘禮」에서는 신분에 따라 사용되는 옥玉의 등급과 종류가 엄격히 구별되었다. 국군國君의 경우 규옥圭玉을 사용하고, 국군의 부인은 장옥璋玉을 사용하며, 진헌進獻의 용도로는 종옥琮玉이 사용되었다. 이처럼 예물과 예의禮儀의 종류와 수량에 따라 예의禮意 또한 달라진다. 즉, 예물의 사용 방식과 신분별 차등 규정은 단순한 물질적 구분을 넘어, 사회적 질서를 유지하고 정치적 안정성을 도모하는 중요한 요소였다.

또한, 「상복喪服」 편에서는 복식, 기물, 거상居喪 기간 등에 대한 세부적인 규정이 엄격히 정해져 있으며, 이 중 하나라도 어긋날 경우 '오복五服' 체계 자체가 성립될 수 없었다. 상복 체계는 단순한 애도의 의미를 넘어, 친소親疏 관계와 위계질서를 유지하는 중요한 제도적 장치였다. 만약 복상의 규범이 흔들린다면, 종법宗法과 신분제의 기반 자체가 무너질 수 있었기에, 복제服制는 철저히 준수되어야만 했다.

이러한 사례들은 『의례』 전반에서 쉽게 찾아볼 수 있으며, 이를 통해 예물과 예의禮儀가 단순한 형식적 요소가 아니라, 예의禮意를 구현하는 필수적인 요소임을 확인할 수 있다. 즉, 예제禮制는 단순한 의식 절차가 아니라, 사회 질서를 확립하고 인간관계를 조화롭게 조율하는 중요한 기능을 담당하였다.

『논어 · 팔일八佾』 편의 기록에 의하면, 주周 왕조의 예제禮制에서 악무樂舞는 단순한 오락이 아니라 신분과 권위를 상징하는 의례적 요소였다. 천자天子는 팔일무八佾舞를 통해 천하의 통치자로서 절대적인 권위를 드러내었으며, 제후는 육일무六佾舞를 통해 천자의 신하로서 위계를 인정받았다. 경卿과 대부大夫는 사일무四佾舞를 사용하여 자신들의 신분과 지위를 표현하였으며, 사士는 이일무二佾舞를 통해 그들만의 예법을 따랐다. 그러나 노魯나라 대부 계씨季氏는 사일무四佾舞에서 벗어나 팔일무八佾舞를 사용했다는 것은 제후의 권한을 넘어선 행위로, 곧 왕권의 질서를 침해하는 중대한 예법 파괴 행위였다. 이러한 참월(僭越, 신분을 넘어선 행위)은 단순한 신분 위반이 아니라, 국가적 질서를 흔드는 행위로 간주될 수 있었기에 공자는 이를 용납할 수 없는 일이라 여겼던 것이다. 이에 대해 공자孔子는 강하게 비판하며 다음과 같이 말하였다.

자신의 가묘家廟 뜰에서 팔일무八佾舞를 추니, 이것을 용인容忍한다면 누군들 용인하지 못하겠는가?

八佾舞於庭, 是可忍也, 孰不可忍也?

『논어 · 팔일八佾』 편에 기록된 이 사건은 단순한 도덕적 교훈을 넘어서, 예악禮樂이 단순한 형식적 규범이 아니라 사회 질서를 유지하는 핵심적인 원리임을 보여준다. 예악이 붕괴되면 정치 질서도 무너질 수밖에 없으며, 이는 곧 국가의 혼란으로 이어질 수 있다는 경고이기도 했다. 이러한 점에서 공자의 비판은 단순히 계씨 개인을 향한 것이 아니라, 예의 붕괴가 초래할 수 있는 사회적 혼란을 경계한 것이었다. 이는 곧 예물禮物과 예의禮儀가 변하면, 예의禮意 또한 함께 변질될 수밖에 없음을 보여주는 대표적인 사례라 할 수 있다. 실제로 선진先秦 시대의 문헌에서도 이와 유사한 사례가 다수 기록되어 있으며, 특히 『좌전』에 가장 많은 증거가 남아 있다.

사람(民)은 천지의 중화中和된 기운을 받아 태어나니, 이것이 이른바 명命이다. 그러므로 동작(動作, 행동), 예의禮義, 위의(威儀, 상하 귀천의 신분에 맞는 몸가짐) 등의 법칙法則이 있어 명命을 안정시키는 것이다. 유능한 자는 이를 수양修養하여 복福을 부르고, 유능하지 못한 자는 이를 폐기廢棄하여 화禍를 취한다.

民受天地之中以生, 所謂命也. 是以有動作禮義威儀之則, 以定命也. 能者養之以福, 不能者敗以取禍.

『좌전 · 성공13년成公十三年』

복장服裝으로 길흉吉凶의 예禮를 표현하고 예로써 길흉의 일을 행하니, 일에는 〈길흉 등의〉 유(類, 物)가 있고 유類에는 그 일에 합당한 용모가 있다. 〈그런데〉 지금 군주의 용모가 그 유類에 맞지 않은데도 그대는 못 본 체하였으니 이는 밝게 보지 않은 것이다.

服以旌禮, 禮以行事, 事有其物, 物有其容, 今君之容, 非其物也, 而女不見, 是不明也.

『좌전 · 소공9년昭公九年』

주邾 은공隱公이 와서 조견朝見하니 자공子貢이 두 나라 군주가 예禮를 행하는 것을 보았다. 주자邾子는 옥玉을 든 손이 너무 높이 올라가서 그 얼굴이 위로 향하고, 정공定公은 옥을 받는 자세가 너무 낮아서 그 얼굴이 아래로 향하였다. 자공이 말하기를 "예를 행하는 모습을 보건대 두 군주는 모두 사망할 것이다. 예는 사생死生과 존망存亡의 주체이니, 좌우주선과 진퇴부앙을 가지고서 생존을 취하느냐 사망을 취하느냐를 알 수 있고, 조회朝會, 제사, 상사喪事, 융사戎事를 가지고서 생존하느냐 사망하느냐를 볼 수 있는데, 지금 정월에 서로 조견朝見하면서 모두 법도에 맞지 않았으니, 마음을 이미 잃은 것이다. 조회(嘉事)가 체(體, 예禮)에 맞지 않았으니 어찌 오래 살 수 있겠는가? 자세가 높아 얼굴이 위로 올라간 것은 교만이 드러난 것이고, 자세가 낮아 얼굴이 아래로 굽은 것은 태타(怠惰, 체替)가 드러난 것이다. 교만은 화란禍亂에 가깝고 태타怠惰는 질병에 가깝다. 우리 군주가 주인이시니 아마도 먼저 사망하실 것이다."라고 하였다.

邾隱公來朝. 子貢觀焉. 邾子執玉高, 其容仰 ; 公受玉卑, 其容俯. 子貢曰 :「以禮觀之, 二君者皆有死亡焉. 夫禮, 死生存亡之體也, 將左右周旋, 進退俯仰, 於是乎取之. 朝 · 祀 · 喪 · 戎, 於是乎觀之. 今正月相朝, 而皆不度, 心已亡矣. 嘉事不體, 何以能久? 高 · 仰 ·

驕也；卑·俯，替也. 驕近亂，替近疾，君為主，其先亡乎.

『좌전 · 정공15년定公十五年』

이러한 사례들은 모두 예물禮物과 예의禮儀, 그리고 예의禮意 사이의 긴밀한 관계를 잘 보여준다. 즉, 『의례』에 담긴 예제禮制는 단순히 형식적 절차나 규범을 나열한 것이 아니라, 사회 질서를 유지하고 인간관계를 조화롭게 조율하는 핵심 원리를 내포하고 있다.

예禮는 인간의 일상 속에서 자연스럽게 형성된 것이지만, 이를 통해 신분과 역할이 정립되고, 공동체의 안정이 유지되었다. 이러한 점에서 예는 단순한 행동 규범을 넘어, 사회적 질서의 근간을 이루는 가치 체계라 할 수 있다.

특히, 『의례』가 단순히 생활 속의 관습을 정리한 것이 아니라, 인간과 사물, 인간과 인간, 나아가 인간과 초자연적 존재 사이의 관계를 조율하는 역할을 한다는 점은 주목할 만하다. 예禮는 물질적 요소(예물)와 정신적 요소(禮意)를 결합하여, 사회적 안정과 조화를 이루는 종합적인 체계를 형성하였다. 이러한 맥락에서 볼 때, 예禮란 단순한 형식이 아니라, 사회적 관계를 조정하고 인륜을 완성하는 과정이라 할 수 있다.

또한, 예禮의 핵심은 그 자체의 절대적인 형식에 있는 것이 아니라, 그 안에 담긴 예의禮意, 즉 본질적 가치에 있다. 예물과 예의禮儀는 시대와 상황에 따라 변화할 수 있지만, 그 본질적 의미는 시대를 초월하여 지속된다. 따라서 예제禮制는 시대의 흐름 속에서도 그 형식이 변화하는 동시에, 사회 질서를 유지하는 원리로서 지속적인 역할을 수행하였다.

결론적으로, 『의례』에 기록된 예제禮制는 단순한 생활 규범이나 형식이 아니라, 사회 질서를 유지하고 인간의 삶을 조율하는 핵심 원리를 담고 있다. 이는 단순히 실용적 목적을 지닌 것이 아니라, 사회 구성원 간의 관계를 조화롭게 조정하고, 인간의 내면적 수양을 실현하는 과정이기도 하다. 따라서 예禮는 물질적 요소와 정신적 요소를 모두 포괄하는 종합적 체계이며, 그 의미와 가치는 동아시아 문화 속에서 오랜 세월에 걸쳐 깊이 뿌리내린 총체적 문화 개념이라 할 수 있다.

Ⅵ

『의례』의 혈연관계

『의례』에서는 신분에 따라 요구되는 예절과 규범을 명확하게 규정하고 있다. 그러나 인간관계를 구성하는 요소는 단순히 존비尊卑·주빈主賓·장유長幼와 같은 위계적 차이만으로 한정되지 않는다. 그보다 더 깊이 내재된, 더욱 본질적인 관계가 존재하는데, 이는 경문經文의 틈새에 은연히 스며 있는 가족 관계이다.

『의례』 속에서 가족 관계를 면밀히 고찰하면, 일반적인 사회적 관계와의 본질적인 차이가 더욱 분명해진다. 가족 관계는 부부를 중심으로 혈연과 혼인이라는 두 가지 연결고리를 통해 형성되며, 이로 인해 독자적인 구조적 특성을 지닌다. 특히, 혈연의 결속은 가족 간의 정서적 유대를 일반적인 사회적 관계보다 한층 더 깊고 견고하게 만들며, 그로 인해 더욱 긴밀하게 유지된다. 이를 간결하게 표현하자면, '외인外人에게는 예禮가 있고, 친인親人에게는 정情이 있다.'라고 할 수 있을 것이다.

나아가 유가儒家 경전에서도 부모와 자식 간의 정서적 유대에 대한 명확한 근거를 찾아볼 수 있다. 이러한 유대감은 단순한 인간관계를 넘어 도덕적 원칙과 윤리적 규범의 근간이 되며, 가족을 중심으로 한 유교적 가치 체계를 더욱 공고히 하는 요소로 작용한다. 예를 들어, 『논어 · 학이學而』에서는 다음과 같이 서술하고 있다.

> 공자께서 말하였다. “그 부친이 살아있을 때는 그 아들의 뜻을 보고, 그 부친이 돌아가신 후에는 그 아들의 행위를 볼 것이니, 3년 동안 아버지 도(道)를 고침이 없어야 ‘효’라 이를 수 있다”
>
> 子曰 : 「父在, 觀其志 ; 父沒, 觀其行 ; 三年無改於父之道, 可謂孝矣.」

공자는 아버지가 살아 계실 때에는 자식의 뜻을 살펴야 하며, 아버지가 세상을 떠난 후에는 자식의 행동을 관찰해야 한다. 그리고 만약 자식이 3년 동안 아버지가 정한 규칙과 생활 방식을 그대로 유지한다면, 이는 효孝를 실천하는 것으로 볼 수 있다.

공자의 이러한 가르침은 부모와 자식 간의 관계가 단순히 『의례』에서 규정하는 의례적儀禮的 의무에 국한되지 않음을 명확히 보여준다. 아버지는 자식에 대한 훈육의 책임을 지니고 있으며, 자식 또한 아버지의 가르침을 경청하고 이를 따를 의무가 있다. 이러한 상호 작용은 단순한 의례적 규범을 초월하여, 부모와 자식 간의 관계가 외인外人과의 관계보다 훨씬 깊고 본질적임을 증명한다.

부모와 자식 사이에는 외인과의 관계에서 찾아볼 수 없는 더욱 깊은 책임과 의무가 존재하며, 이는 단순한 도덕적 의무를 넘어 인격 형성의 중요한 요소로 작용한다. 또한 『논어 · 위정爲政』에서는 부모가 자식에게 품는 애정이 명확히 드러나고 있다. 이는 부모의 사랑이 단순한 혈연적 관계를 넘어, 자식의 삶을 형성하고 도덕적 성장을 이끄는 중요한 원동력임을 시사한다. 이에 대해 다음과 같이 서술하고 있다.

맹무백이 효에 대하여 묻자, 공자께서 말하였다. "부모는 오직 자식이 병들까, 걱정하시느니라."

孟武伯問孝. 子曰 :「父母唯其疾之憂.」

공자는 이 구절에서 부모가 자녀의 건강을 염려한다는 사실을 분명히 지적하며, 이를 통해 자녀가 실천해야 할 효孝의 본질을 간접적으로 드러내고 있다. 즉, 자녀는 자신의 몸을 잘 보살펴 병에 걸리지 않는 것이 곧 효를 실천하는 길이다. 이는 부모가 자녀를 걱정하고 보호하려는 본능적 사랑과 맞닿아 있으며, 자녀 또한 이러한 부모의 마음을 헤아려 자신의 몸을 소중히 여겨야 한다는 도덕적 가르침을 내포하고 있다. 이처럼 부모의 자녀에 대한 건강 걱정과 보살핌은 가장 직접적인 형태의 부모애(親情)이며, 이는 단순한 물리적 보호를 넘어 가족 간의 깊은 정서적 유대를 증명하는 중요한 요소라 할 수 있다.

나아가 『논어』의 다른 구절을 살펴보면, 부모가 자녀에게 애정을 표현하는 것뿐만 아니라, 자녀 또한 부모를 그리워하고 따르는 '유모지정孺慕之情'을 지니고 있음을 확인할 수 있다. 이는 부모와 자식 간의 관계가 단순한 보호와 양육을 넘어, 상호적인 애정과 정서적 교감을 바탕으로 형성된다는 점을 시사한다. 예를 들어, 『논어 · 이인里仁』 편에서는 다음과 같이 서술하고 있다.

공자께서 말하였다. "부모님의 연세는 꼭 알고 있어야 한다. 오래 사시니 한편으로는 기쁘나 늙어 가시니 한편으로는 두렵기 때문이다."

子曰 :「父母之年, 不可不知也. 一則以喜, 一則以懼.」

이 구절에서는 효자가 부모의 연세를 반드시 알고 있어야 함을 강조하고 있다. 이는 단순한 정보의 인지가 아니라, 부모의 존재에 대한 지속적인 관심과 애정의 표현이라 할 수 있다. 한편으로는 부모가 장수하심을 기뻐하는 의미를 지니며, 다른 한편으로는 부모의 건강을 염려하는 마음에서 비롯된 것이다. 이러한 부모의 건강에 대한 자식의 걱정은 앞서 언급된 부모가 자녀의 건강을 염려하는 것과 맞물려 있으며, 이를 통해 『의례』 속 가족 관계가 단순한 경문經文의 규범을 넘어서는 깊은 정서적 유대를 포함하고 있음을 명확히 보여준다.

가족 관계가 일반적인 사회적 관계와 차별화되는 핵심 요소는 혈연적 연결과 정서적 유대의 지속적인 유지에 있다. 일반적인 사회적 관계가 일정한 목적이나 이해관계를 중심으로 형성되고 변화하는 데 반해, 가족 관계는 혈연을 기반으로 하여 보다 본질적이고 지속적인 유대감을 형성한다. 이러한 요소가 강조됨에 따라, 가족 관계에서 중시되는 핵심 가치 또한 일반적인 사회적 관계와는 본질적으로 다르게 나타난다. 이에 대해 맹자는 '은恩'과 '경敬'이라는 개념을 통해 두 관계의 차이를 분명하게 설명하고 있다. '은恩'은 부모가 자식에게 베푸는 깊은 사랑과 보살핌을 의미하며, 이는 자녀가 성장하는 과정에서 자연스럽게 형성되는 부모의 애정이다. 반면, '경敬'은 자식이 부모에게 표하는 공경과 예의를 뜻하며, 이는 단순한 예절적 행위를 넘어 부모의 존재 자체를 존중하고 그 가르침을 따르는 태도를 포함한다. 이처럼 '은'과 '경'은 가족 관계를 구성하는 중요한 가치로 작용하며, 이는 단순한 의례적 규범을 넘어 유교적 윤리의 근본을 이루는 요소라 할 수 있다. 『맹자·공손추하公孫丑下』에서는 다음과 같이 말하고 있다.

안에는 부자관계, 밖에는 군신관계가 인간의 큰 윤리이다. 부자관계는 은혜를 주로하고, 군신관계는 공경을 주로한다.

內則父子, 外則君臣, 人之大倫也. 父子主恩, 君臣主敬.

이 문장에서는 부모와 자식의 관계뿐만 아니라 군주와 신하의 관계 또한 인간 사회의 근본적인 윤리, 즉 '인륜人倫'의 일부로 규정하고 있다. 그러나 이러한 공통된 인륜 속에서도 내외內外의 구분이 존재하며, 부모와 자식의 관계는 '내內'에, 군주와 신하의 관계는 '외外'에 해당한다고 명확히 설명한다. 이러한 내외의 차이로 인해 각 관계에서 강조되는 핵심 가치 또한 달라진다. 부모와 자식 간의 관계에서는 양육의 은혜(恩)가 가장 중요한 요소인 반면, 군주와 신하의 관계에서는 예禮와 경敬이 핵심이 된다.

이러한 '은恩'과 '경敬'의 차이는 관계 속에서 형성되는 감정적 요소, 즉 '정情'의 차이를 더욱 명확히 드러낸다. 부모와 자식 간의 관계는 본질적으로 혈연과 애정을 바탕으로 지속되는 반면, 군주와 신하의 관계는 위계적 질서를 유지하는 예와 공경을 중심으로 형성된다. 따라서 가족 내에서는 정서적 유대와 보호가 중요한 가치로 작용하지만, 군주와 신하의 관계에서는 예와 공경을 통해 질서와 조화를 유지하는 것이 핵심이 된다.

정리하자면, 가족 관계는 부부 관계를 기초로 하여 혈연과 혼인 관계를 기반으로 형성되는 구조이다. 혈연으로 연결된 사람들은 가족이라는 공동체를 이루며, 동일한 혈통을 공유하는 이들 사이에는 분리될 수 없는 유대감이 형성된다. 이러한 가족 관계는 혈연과 정서적 유대를 바탕으로 유지되기 때문에 단순한 사회적 관계와는 본질적으로 차별화된다. 이러한 점에서 『의례』 속의 경문經文 또한 명확한 차이를 보인다.

이를 간결하게 표현하면, "외인外人에게는 예가 중시되며, 가족에게는 예가 간소화된다(外人禮隆, 家人禮略)"라고 할 수 있다. 『의례』 속 다양한 경문을 세밀하게 분석해 보면, 이러한 차이는 더욱 분명해진다. 즉, 『의례』 속 경문의 차이를 통해 사회적 관계와 가족 관계의 본질적 차이를 읽어낼 수 있다. 예를 들어, 『의례 · 사상견례士相見禮』에서는 서로 다른 신분을 가진 사람들이 대화를 나눌 때, 어떠한 주제로 이야기해야 하는지를 명확하게 규정하고 있다. 이는 신분과 관계에 따라 적절한 의례적 태도와 대화의 방향이 달라짐을 보여주며, 사회적 관계 속에서 예가 차지하는 역할을 더욱 부각시킨다. 그 내용은 다음과 같다.

> 군주에게 말씀을 올리는 경우, 대답할 때가 아니라면 군주가 편안히 앉은 후에 말을 꺼낸다. 군주에게 말씀을 올릴 때는 주로 신하를 부리는 예禮에 대해서 말한다. 대인(경, 대부)에게 말씀을 올릴 때는 주로 군주를 섬기는 의리에 대해서 말한다. 노인에게 말씀을 올릴 때는 주로 제자를 부리는 예에 대해서 말한다. 어린 사람과 말을 나눌 때는 주로 부모에게 효도하고 형제에게 우애하는 예에 대해서 말한다. 백성(衆)과 말을 나눌 때는 주로 충심과 신실함, 자애로움과 선함(慈祥)에 대해서 말한다. 관직에 있는 자와 말을 나눌 때는 주로 충심과 신실함에 대해서 말한다. 무릇 대인에게 말씀을 올릴 때, 처음에는 얼굴을 보고, 중간에는 옷깃 아래에서 허리띠 위 부분(抱)을 보고, 마지막에는 얼굴을 보면서 몸가짐을 흐트러뜨리지 않도록 한다. 뭇사람(衆)의 경우에도 모두 이와 같이 한다. 만약 아버지에게 말씀을 올릴 경우에는 눈동자를 움직일 수는 있지만, 얼굴 위로 올려

보지 않도록 하며 허리띠 아래로 내려다보지 않도록 한다. 만약 말을 나누지 않을 경우, 서 계시면 발을 보고, 앉아 계시면 무릎을 본다.

凡言, 非對也, 妥而後傳言. 與君言, 言使臣. 與大人言, 言事君. 與老者言, 言使弟子. 與幼者言, 言孝弟於父兄. 與衆言, 言忠信慈祥. 與居官者言, 言忠信. 凡與大人言, 始視面, 中視抱, 卒視面, 毋改. 衆皆若是. 若父, 則遊目, 毋上於面, 毋下於帶. 若不言, 立則視足, 坐則視膝.

이 문장에서는 상대에 따라 대화의 내용과 태도가 달라져야 함을 설명하고 있다. 군주에게 간언할 때는 신하로서의 도리를 논해야 하며, 연장자와 대화할 때는 제자를 가르치는 방법을, 어린 사람과 이야기할 때는 효와 우애를 강조해야 한다. 또한, 여러 사람과 대화할 때는 충성과 신의, 자애로움 등의 덕목을 논해야 하며, 관직에 있는 자와는 충성과 신의의 도리를 이야기해야 한다.

특히 지위가 높은 사람과 대화할 때는 먼저 상대의 표정을 살펴 발언이 가능한지를 신중히 판단해야 하며, 말을 마친 후에는 시선을 가슴 아래로 두었다가 다시 상대의 표정을 살펴야 한다. 이 과정에서 자세를 단정히 유지해야 하며, 태도가 변해서는 안 된다. 반면, 아버지에게 의견을 전할 때는 시선을 이동할 수 있으나, 위로는 얼굴을 넘지 않고 아래로는 허리띠 아래로 내려가서는 안 된다. 만약 말을 하지 않을 경우, 서 있을 때는 아버지의 발을 바라보고, 앉아 있을 때는 무릎을 바라보아야 한다.

이러한 차이를 비교해 보면, 어른(대인)에게 말을 건넬 때는 발언 전에 신중히 관찰하고, 발언 후에도 자세를 유지해야 하는 엄격한 예절이 요구된다. 반면, 아버지와 대화할 때는 이러한 엄격한 규범이 다소 완화되며, 오히려 시선을 이동할 수 있도록 허용하는 규정이 명시되어 있다. 이는 단순한 예절의 문제가 아니라, 가족 관계의 본질이 '정情'을 기반으로 한다는 점을 보여준다. 부모를 대할 때는 엄격한 위계보다 효孝와 정서적 배려가 중심이 되었으며, 이는 부모의 건강과 안위를 살필 수 있도록 시선 이동이 허용되는 규범으로 나타났다. 즉, 부모를 향한 효孝가 가장 중요한 요소이며, 그다음이 존경이라는 점이 강조되었다.

『의례』에서는 가족 관계를 '정情'을 핵심으로 형성된 유기적 관계로 설명한다. 이 관계는 부부 관계를 기점으로 하여 부모와 자식, 적자와 서자, 장유長幼, 종조宗祖 등의 관계로 확장되며, 그 중심에는 혈연과 윤리적 의무가 자리 잡고 있다. 결국, 『의례』 속 예제禮制는 단순한 행동 규범을 넘어, 인간관계의 본질과 사회적 질서를 유지하는 근본 원리를 담고 있는 체계적 문화적 규범이라 할 수 있다.

『의례』 속의 인간관계를 면밀히 탐색해 보면, 가족 관계는 부부 관계를 중심으로 형성되며, 혈연과 혼인 관계를 통해 확장되는 구조임을 알 수 있다. 또한, 가족 관계는 외부의 사회적 관계와 뚜렷이 구분되며, 그 내부에서도 친소親疏에 따라 다시 세분된다. 예를 들어, 『의례 · 기석례旣夕禮』에서는 조문객들이 각기 다른 부의賻儀를 보내는 모습을 통해, 장례 의식 속에 내재된 내외內外와 친소親疏의 구분을 엿볼 수 있다. 이를 통해 『의례』 속 예제가 단순한 형식적 규범이 아니라, 관계의 본질적 차이를 반영한 정교한 체계임을 확인할 수 있다. 이에 대해 다음과 같이 서술하고 있다.

만약 복復이 있는 형제라면, 수레나 말을 부의賻儀로 보내고(賵), 전奠

을 올려도 된다. 만약 아는 사이라면, 수레나 말을 부의로 보내지만, 전을 올리지는 않는다. 사자를 알면 수레나 말을 부의로 보내고(賵), 주인을 알면 재화財貨를 부의로 보낸다(賻). 판에 사람의 이름과 물건을 기록하는데, 매 판에 9행, 또는 7행, 또는 5행을 기록한다. 간책에 빈들이 보내온 광에 매장하는 기물(明器)을 모두 기록한다. 이어서 소렴을 마쳤을 때처럼 번갈아 곡을 한다. 밤이 되면, 묘문廟門 안의 오른쪽에 화톳불을 밝힌다.

兄弟, 賵·奠可也. 所知, 則賵而不奠. 知死者贈, 知生者賻. 書賵於方, 若九, 若七, 若五. 書遣於策. 乃代哭, 如初. 宵, 為燎於門內之右.

이는 조문객의 신분에 따라 부의賻儀를 다르게 처리하는 방식에 대한 설명이다. 형제나 상복喪服을 입을 자격이 있는 가까운 친족의 경우, 부의로 상례 비용을 보조하는 물품을 보내거나 제사에 쓰이는 예물(奠祭之物)을 보낼 수 있다. 반면, 단순한 친분이 있는 경우에는 상례를 돕는 물품만 보낼 수 있으며, 제사용 예물은 허용되지 않는다. 또한, 망자와 직접 친분이 있었던 사람은 조의의 의미로 상례에 필요한 보조 물품을 보내야 하며, 반대로 망자의 가족과 친분이 있었던 사람은 상례 비용을 보조하는 금품을 전달해야 한다.

상례의 주관자는 이러한 부의賻儀의 금품과 물품을 나무판에 기록하고, 이를 장부로 정리해야 한다. 이는 단순한 회계적 절차가 아니라, 『의례』에서 강조하는 '친소親疏'의 원칙을 반영한 중요한 의례적 과정이라 할 수 있다. 망자와의 친분 정도에 따라 각기 다른 예절을 따르는 이러한 차이는, 『의례』가 인간관계의 본질을 체계적으로 정리하고 있음을 보여주는 대표적인 사례라 할 수 있다.

이러한 내외內外의 구분이 명확해진 이후, 『의례 · 사상례士喪禮』에 규정된 각자의 위치에 관한 의문儀文을 살펴보면, 가족 내에서도 친소와 주종主從의 차이가 더욱 뚜렷하게 드러난다. 즉, 가족이라고 해서 모두 동일한 관계로 간주되는 것이 아니라, 혈연의 친밀도와 역할의 중요성에 따라 상례에서의 위치와 예절이 달라지는 것이다. 이는 『의례』 속 상례 의식이 단순한 형식적 절차가 아니라, 사회적 질서와 인간관계의 위계를 반영한 정교한 체계임을 시사한다. 이에 대해 다음과 같이 서술하고 있다.

> 〈주인은 빈에게 배례를 한 다음〉 실室로 들어와 시신을 눕혀 놓은 침상(尸床) 동쪽에 앉는다. 중주인(주인의 여러 형제들)은 주인의 뒤에 선다. 〈주인과 중주인 모두〉 서쪽의 시신을 향한다. 부녀자들은 시상을 사이에 두고 서쪽에서 동쪽으로 시신을 향해 앉는다. 대공 이상의 친속들은 모두 실에 있는다. 소공이하 중부인은 문(戶) 밖의 당 위에서 북쪽을 향해 서고, 소공 이하 중형제들은 당 아래에서 북쪽을 향해 선다.
>
> 入, 坐於床東. 衆主人在其後, 西面. 婦人俠床, 東面. 親者在室. 衆婦人戶外北面, 衆兄弟堂下北面.

상례의 주관자는 방에 들어가 시상尸床의 동쪽에 앉는 것을 원칙으로 하며, 그의 형제들은 뒤편에 서서 서쪽을 향하도록 규정되어 있다. 또한, 주관자의 처첩妻妾과 아직 출가하지 않은 딸들은 시상의 서쪽에 자리하여, 남성과 침상을 사이에 두고 마주 보며 동쪽을 향하는 것이 원칙이다. 망자와의 관계가 깊어 자최齊衰 및 대공大功 이상의 복제服制를 입을 정도로 가까운 친족들은 실내에 머무를 수 있다. 반면, 소공

小功 이하의 복제를 입는 여성 친족들은 문밖 당堂 위에 자리하여 북쪽을 향하도록 하며, 소공小功 이하의 복제를 입은 남성 친족들은 당堂 아래에서 북쪽을 향해 서 있도록 규정되어 있다.

이러한 규정을 면밀히 살펴보면, 조상을 모시는 과정에서 가장 중요한 기준이 망자와의 친소親疏 관계임을 분명히 확인할 수 있다. 이에 따라, 상례의 주관자 및 그의 형제들은 신분과 역할에 맞춰 배치된다. 이러한 공간적 배치는 단순한 의례적 형식이 아니라, 상례 의식 속에서 주종主從의 위계를 명확히 시각적으로 드러내는 체계적 방식으로 구현되고 있음을 보여준다.

『의례』의 경문을 통해 가족 내 관계를 부자父子 관계, 적서嫡庶 관계, 그리고 혈연을 기반으로 한 장유長幼 관계로 정리하여 분석하면, 가족 관계의 위계를 결정하는 몇 가지 중요한 특징이 두드러진다.

◆ 부자父子 관계와 군신君臣 관계의 위계적 대응

가족 내 부자 관계는 사회적 관계 속에서 군신 관계와 위계적으로 대응되는 특징을 지닌다. 즉, 아버지는 가정에서 군주와 같은 최고 권위를 가지며, 이에 따라 두 관계는 유사한 예절 규범을 따른다. 『의례 · 상복』에서는 부친父親, 천자天子, 국군國君을 동일한 지위로 간주하여, 가장 무거운 '참최斬衰 삼년복'을 입는 대상으로 규정하고 있다. 또한, 주석에서도 이 세 신분을 '지존至尊'이라고 설명하며, 부자 관계가 단순한 혈연을 넘어 권위와 위계의 본질적 성격을 지님을 보여준다.

◆ 적장자嫡長子의 위상과 역할

적장자嫡長子는 관례冠禮 이후 특정한 상황에서 아버지와 동일한 지위를 가지며, 이에 따라 일부 변례變禮에서는 아버지와 대등한 예법을 향유한다. 『의례』에서 적장자는 가장 중요한 가족 의례의 중심 역할을 맡으며, 관례 이후에는 집안의 가장家長으로서 아버지와 유사한 권위를 행사할 수 있다. 『의례 · 상복喪服』에서도 아버지는 적장자가 사망할 경우 '참최 삼년복'을 입어야 한다고 규정하고 있으며, 이는 부친과 적장자 간의 위계적 대응 관계를 명확히 보여준다.

◆ 모자母子 관계의 예절적 위계

모자 관계는 부자 관계에 비해 상대적으로 낮은 위계를 가진다. 『의례』에서는 모자 관계의 예법이 부자 관계보다 가볍게 다루어지며, 경우에 따라 자식이 어머니보다 적장자를 더 중시하는 예법 구조를 보인다. 대표적인 사례로 『의례 · 상복』에서는 아들이 아버지의 상례에서 '참최斬衰 삼년복'을 입어야 하지만, 어머니의 상례에서는 아버지의 삼년상이 끝난 후에야 '자최齊衰 삼년복'을 입을 수 있다고 규정하고 있다. 반면, 어머니는 적장자가 사망할 경우 '자최 삼년복'을 입어야 한다. 이는 모자 관계의 예법적 중요도가 부자 관계보다 낮다는 점과, 특정한 상황에서는 자식이 어머니보다 적장자를 더 중시해야 함을 시사한다.

◆ 여성의 출가出嫁와 예법적 지위의 변화

여성의 혼인은 가족 내 예법적 지위의 변화를 가져오는 중요한 전환점이다. 혼인 전에는 여성이 아버지를 하늘과 같은 존재로 섬기며, 아버지를 위해 '참최斬衰 삼년복'을 입는다. 그러나 혼인 후에는 남편을 하늘로 섬기게 되므로, 아버지를 위해 더 이상 '참최 삼년복'을 입을 수 없다. 이는 여성의 결혼 여부에 따라 부친에 대한 예법이 변화하며, 부녀父女 관계 및 모녀母女 관계에서 중요한 특징으로 자리 잡고 있음을 보여준다.

◆ 장유長幼 관계와 적서嫡庶 관계의 위계 비교

가족 내에서 장유長幼 관계의 위계는 적서嫡庶 관계의 위계보다 후순위에 놓인다. 이는 사회적 관계에서도 연령(長幼)보다 신분(尊卑)이 우선하는 원리와 유사하다. 『의례』에서는 혈통적 지위를 더욱 중시하여, 연령이 많더라도 서자庶子는 적자嫡子보다 낮은 지위를 가진다. 이는 유교적 윤리 체계에서 혈통과 신분의 구분이 가정 내에서도 엄격하게 적용되었음을 보여준다.

『의례』는 고대사회에서 가족 관계를 형성하는 근본적인 원칙과 질서를 명확히 규정하고 있다. 그 핵심은 혈연에 기반한 위계질서에 있으며, 부자 관계, 적서 관계, 장유 관계로 나누어 분석할 수 있다. 이러한 위계질서는 상례와 같은 중요한 의례에서 더욱 두드러지며, 각자의 위치와 역할이 세밀하게 규정됨으로써 가족과 사회 질서를 유지하는 중요한 이념적, 문화적 기반으로 작용하였다. 결국, 『의례』 속 예제禮制는 단순한 형식적 규범이 아니라, 사회적 질서를 유지하고 인간관계를 조율하는 핵심 원리를 담고 있는 체계적 문화 규범이라 할 수 있다.

1. 친자 관계

친자 관계는 부자 관계, 모자 관계, 모녀 관계, 그리고 고부 관계로 구분하여 고찰하고자 한다.

먼저 부자 관계를 면밀히 분석해 보면, 부친父親과 적장자嫡長子는 『의례』의 경문 속에서 동일한 존귀한 지위를 지닌 존재로 묘사된다. 이러한 개념은 특히 「상복喪服」 편에서 부친과 적장자에 대한 의례 규정 및 모친이 적장자를 대하는 태도를 통해 더욱 명확히 드러난다. 『의례』에서는 부친과 적장자를 가문의 계승자로서 동일한 존엄성을 지닌 존재로 규정하며, 이는 적장자의 역할이 단순한 혈연적 후계자에 그치지 않고, 가문을 유지하고 계승하는 핵심적 존재임을 강조하는 데 있다. 또한, 모친이 적장자를 대하는 방식 역시 적장자가 단순한 자식이 아닌, 집안의 후계자로서 중요한 위상을 점하고 있음을 확인할 수 있다. 이처럼 부자 관계는 단순한 혈연적 연계를 넘어 사회적 위계와 권위를 공유하는 관계로 설정되며, 이는 유교적 가족 질서의 중요한 특징이라 할 수 있다.

모자 관계에서는 모친과 자식 간의 예절이 부자 관계에 비해 상대적으로 한 단계 낮은 위계를 지닌다. 특히, 관례冠禮를 마친 아들에게 모친이 일정한 의례적 태도를 갖추어야 한다는 규정은, 모자 관계가 단순한 보호자와 피보호자의 관계를 넘어 위계 질서를 포함하고 있음을 시사한다. 반면, 부자 관계에서는 아들이 성년이 된 이후에도 비교적 밀접하고 친밀한 관계가 유지되는 경향이 있으며, 이러한 점은 부자 관계와 모자 관계 간의 의례적儀禮的 차이를 더욱 부각시킨다. 즉, 모자 관계 속에서도 위계가 분명히 존재하며, 이는 가부장적 질서 속에서 모친의 역할과 지위를 재확인하는 요소로 작용한다.

모녀 관계에서 가장 두드러지는 특징은 여성이 출가 전과 후에 따라 의절儀節 양상이 뚜렷하게 달라진다는 점이다. 출가 전에는 부친을 중심으로 한 예법을 따르지만, 혼인 이후에는 남편과 시가媤家의 질서에 순응하는 구조로 전환된다. 즉, 여성의 삶에서 혼인은 단순한 신분상의 변화가 아니라, 의례적 지위의 변화를 초래하는 중요한 전환점이 된다. 이러한 변화는 단지 개인적인 차원에 그치지 않고, 가족과 가문 내에서 여성의 역할과 위치가 재정립됨을 의미하며, 『의례』 속 다양한 의문儀文에서도 이러한 점이 강조된다.

고부姑婦 관계는 여성이 출가한 이후, 남편의 신분에 따라 자신의 명분名分과 의례적 지위가 변화하는 점에서 주목할 만하다. 출가한 여성은 시가媤家의 질서 속에서 새로운 의례적 의무를 부여받으며, 특히 시부모와 맺는 의례적 관계가 강조된다. 따라서 고부 관계는 단순히 가족 내 친소親疏의 범주를 넘어, 가문 내 위계와 질서를 반영하는 중요한 의례적 구조로 이해할 필요가 있다. 출가한 여성이 남편의 가문 내에서 새로운 역할을 수행하는 과정에 요구되는 의례적 태도는 유교적 가정 질서에서 매우 중요한 의미를 가지며, 이를 통해 가문의 지속성과 위계질서를 공고히 하는 역할을 한다.

(1) 부자 관계

군주와 신하의 관계가 사회적 위계에서 가장 존귀한 위치를 차지하듯, 부자 관계에서도 부친父親은 가족 내에서 최고의 권위를 지닌 존재로 자리한다. 이러한 개념은 『의례 · 상복喪服』 편에서 가장 명확하게 드러난다. 『의례·상복喪服』에서는 가장 무거운 복제服制인 '참최斬衰 삼년복'의 적용 대상을 규정하면서, 그 첫머리에서 부친을 위해, 제후가 천자를 위해, 신하가 군주를 위한 복상이라고 밝히고 있다.[1] 이 세 경우 모두에게 동일하게 참최 삼년복을 입도록 규정된 점은 매우 의미심장하다. 그리고 「전傳」에서는 이들을 공통적으로 '지존至尊', 즉 최고로 존귀한 존재로 설명하고 있다. 이러한 설명을 통해 부친은 자식에게 있어 가장 존귀한 존재이며, 그 위상은 제후에게 있어서 천자, 신하에게 있어서 군주와 동일함을 보여준다. 즉, 부자 관계는 군신 관계와 구조적으로 상응하며, 아버지의 존재는 단순한 가족 내 역할을 넘어 군주와 같은 절대적 권위를 지닌 존재로 인식되었음을 알 수 있다.

그러나 부자 관계와 군신 관계는 본질적으로 구별되는 속성을 지닌다. 군주와 신하, 천자와 제후의 관계는 혈연이 아닌 정치적 위계에 기반한 인위적 질서인 반면, 부자 관계는 혈연에 근거한 자연적 질서이다. 이러한 차이는 『의례』 경문經文에서도 미묘하게 드러난다. 즉, 부친과 자식 간의 관계는 단순한 존비尊卑의 관계를 넘어, 혈연적 유대와 정서적 교감이 공존하는 관계로 이해되었으며, 이러한 특징은 군신 관계와의 명확한 차별성을 형성한다. 부자 관계는 곧 친자 관계의 근본이 되는 원형적 관계이며, 자식에게 있어서 부친은 군주와 같은 절대적 존재로 인식되었다. 이러한 위계적 질서는 『의례·상복』의 경문經文을 통해 명확히 확인할 수 있으며, 다음과 같은 구절이 이를

1) 喪服. 斬衰裳, 苴絰杖, 絞帶, 冠繩纓, 菅屨者：父, 諸侯為天子, 君, 父為長子, 為人後者. 妻為夫, 妾為君, 女子子在室為父, 布總, 箭笄, 髽, 衰, 三年. 子嫁, 反在父之室, 為父三年. 『의례·상복喪服』.

뒷받침하고 있다.

> 상복. 아랫단을 꿰매지 않은 상의(衰)와 하의(裳)를 입고, 검은빛의 암마로 만든 수질과 요질을 두르고, 검은빛의 대나무 지팡이를 짚고, 검은 암마를 꼬아서 만든 허리띠를 차고, 숫마로 만든 끈을 단 관을 쓰고, 엄짚신을 신는 경우는, 아버지를 위해 〈참최 3년으로 복을〉 한다.
>
> 喪服. 斬衰裳, 苴絰杖, 絞帶, 冠繩纓, 菅屨者. 父.

> 전傳에 말한다. "아버지를 위해 어째서 참최의 복을 하는가? 아버지는 지존이기 때문이다."
>
> 傳曰 : 為父何以斬衰也? 父至尊也.

이는 부친을 위해 참최斬衰 삼년복을 입는 의절에 대한『의례·상복』의 규정이다. 참최 삼년복은 오복제五服制 중 가장 무거운 상복으로,『의례』에서는 이를 부친을 위해 입어야 한다고 명확하게 규정하고 있으며, 그 이유에 대해서도「전傳」에서 상세히 설명하고 있다. 즉, 부친은 자식에게 있어 가장 존귀한 존재이므로, 이를 기리기 위해 참최 삼년복을 입는 것이 마땅하다는 것이다.

『의례·상복』의 경문을 단순 비교해 보아도, 부친과 자식 간의 관계는 천자天子와 제후, 군주와 신하의 관계와 본질적으로 동일한 위계를 가진다. 다시 말해, 아버지는 자식에게 있어 천자나 군주와 동일한 절대적 존귀함을 지닌 존재로 간주되었다. 이러한 위계적 개념은『의례·상복』에서 더욱 명확히 서술되며, 특히 천자와 군주를 위한 상복의 예법이 부친을 위한 예법과 동일한 방식으로 규정되어 있다는 점이 주목할 만하다. 다음은 그 내용을 직접 보여주는 구절이다.

> 상복. 아랫단을 꿰매지 않은 상의(衰)와 하의(裳)를 입고, 검은빛의 암마로 만든 수질과 요질을 두르고, 검은빛의 대나무 지팡이를 짚고, 검은 암마를 꼬아서 만든 허리띠를 차고, 숫마로 만든 끈을 단 관을 쓰고, 엄짚신을 신는 경우는, 제후가 천자를 위해 〈참최 3년으로 복을〉 한다.
>
> 喪服. 斬衰裳, 苴絰杖, 絞帶, 冠繩纓, 菅屨者. 諸侯為天子.

> 전傳에 말한다. "천자는 지존이기 때문이다."
>
> 傳曰 : 天子至尊也.

이는 천자天子를 위해 참최斬衰 삼년복을 입는 의절에 대한 『의례·상복』의 규정이다. 참최 삼년복은 오복제五服制 가운데 가장 무거운 복제로서, 『의례』에서는 이를 천자를 위해 입어야 한다고 명확히 규정하고 있다. 이는 천자가 제후들에게 있어 가장 존귀한 존재이기 때문이며, 그의 서거에 대한 예법 또한 그 위계에 상응하는 엄중한 방식으로 거행되어야 함을 뜻한다. 즉, 천자의 지위는 제후들에게 있어 절대적인 권위와 위계를 가지며, 이에 따라 천자의 서거 시에는 가장 무거운 복제를 갖추어 예를 표하는 것이 마땅하다는 점을 『의례』는 강조한다. 이러한 규정은 단지 정치적 위계에 대한 표현을 넘어서, 군주와 신하 사이에 존재하는 위계질서가 의례적 측면에서도 엄격하게 작동하고 있음을 보여주는 대표적 사례라 할 수 있다.

『의례·상복』은 이러한 위계적 개념을 더욱 분명히 설명하며, 다음과 같이 서술하고 있다.

> 상복. 아랫단을 꿰매지 않은 상의(衰)와 하의(裳)를 입고, 검은빛의 암마로 만든 수질과 요질을 두르고, 검은빛의 대나무 지팡이를 짚고, 검은 암마를 꼬아서 만든 허리띠를 차고, 솟마로 만든 끈을 단 관을 쓰고, 엄짚신을 신는 경우는……. 군주를 위해 〈참최 3년으로 복을〉 한다.
>
> 喪服. 斬衰裳, 苴絰杖, 絞帶, 冠繩纓, 菅屨者. ……. 君.
>
> 전傳에 말한다. "군주는 지존이기 때문이다."
>
> 傳曰 : 君至尊也.

이는 군주를 위해 참최斬衰 삼년복을 입는 예법에 관한 「상복」의 규정이다. 참최 삼년복은 오복제五服制 중 가장 무거운 상복으로, 『의례』에서는 이를 군주를 위해 입어야 한다고 명확히 규정하고 있으며, 그 이유에 대해서도 「전傳」에서 상세히 설명하고 있다. 즉, 군주는 신하들에게 있어 가장 존귀한 존재이므로, 군주의 서거 시에는 가장 무거운 예법을 갖춰야 한다는 것이다. 이는 군주의 지위가 단순한 정치적 역할을 넘어, 의례적으로도 절대적 위계를 지닌 존재로 인식되었음을 보여준다.

「상복」 편의 경문을 살펴보면, 천자와 제후, 군주와 신하, 부친과 자식, 이 세 관계는 모두 동일한 위계적 구조를 공유하는 것으로 보인다. 즉, 전자의 존재는 후자에게 있어 최고의 존귀함을 지닌 존재로 간주되며, 이에 따라 상복의 규정 역시 동일한 방식으로 적용되는 것처럼 보인다. 그러나, 부자 관계는 천자와 제후, 군주와 신하의 관계와는 본질적으로 다른 특성을 지닌다. 군신 관계는 정치적 위계에 따라 설정된 존비尊卑의 관계로, 혈연과는 무관하게 형성된 외적 질서의 일환이다. 반면, 부자 관계는 혈연과 정서적 유대를 기반으로 형성된 자연적 관계로, 단순한 권력 질서를 넘어 정서적 유대와 윤리적 의무를 포함한다. 이러한 차이는 『의례 · 사상견례士相見禮』에서 더욱 분명하게 드러나며, 다음과 같이 서술하고 있다.

> 군주에게 말씀을 올리는 경우, 대답할 때가 아니라면 군주가 편안히 앉은 후에 말을 꺼낸다. 군주에게 말씀을 올릴 때는 주로 신하를 부리는 예禮에 대해서 말한다. 대인(경, 대부)에게 말씀을 올릴 때는 주로 군주를 섬기는 의리에 대해서 말한다. 노인에게 말씀을 올릴 때는 주로 제자를 부리는 예에 대해서 말한다. 어린 사람과 말을 나눌 때는 주로 부모에게 효도하고 형제에게 우애하는 예에 대해서 말한다. 백성(衆)과 말을 나눌 때는 주로 충심과 신실함, 자애로움과 선함(慈祥)에 대해서 말한다. 관직에 있는 자와 말을 나눌 때는 주로 충심과 신실함에 대해서 말한다. 무릇 대인에게 말씀을 올릴 때, 처음에는 얼굴을 보고, 중간에는 옷깃 아래에서 허리띠 위 부분(抱)을 보고, 마지막에는 얼굴을 보면서 몸가짐을 흐트러뜨리지 않도록 한다. 뭇사람(衆)의 경우에도 모두 이와 같이 한다. 만약 아버지에게 말씀을 올릴 경우에는 눈동자를 움직일 수는 있지만, 얼굴 위로 올려 보지 않도록 하며 허리띠 아래로 내려다보지 않도록 한다. 만약 말을 나누지 않을 경우, 서 계시면 발을 보고, 앉아 계시면 무릎을 본다.
>
> 凡言, 非對也, 妥而後傳言. 與君言, 言使臣. 與大人言, 言事君. 與老者言, 言使弟子. 與幼者言, 言孝弟於父兄. 與衆言, 言忠信慈祥. 與居官者言, 言忠信. 凡與大人言, 始視面, 中視抱, 卒視面, 毋改.

衆皆若是. 若父, 則遊目, 毋上於面, 毋下於帶, 若不言, 立則視足, 坐則視膝.

이 경문에서 지위가 높은 사람과의 대화 예절과 부친과의 대화 예절을 비교함으로써, 두 관계 사이의 차이를 명확히 확인할 수 있다. 지위가 높은 사람에게 의견을 전달할 때는 다음과 같은 엄격한 절차를 따라야 한다.

- 발언 이전 : 상대의 표정을 면밀히 살펴 발언 가능 여부를 판단한다.
- 발언 이후 : 시선을 상대의 가슴 부위에 두되, 직접적인 눈 맞춤을 피한다.
- 마무리 시점 : 다시 상대방의 얼굴을 바라보되, 처음부터 끝까지 단정하고 엄숙한 태도를 유지하며, 시선을 함부로 움직이지 않는다.

이와 같은 절차는 신중한 태도와 절제된 행동을 기본으로 하며, 감정 표현을 자제하는 것이 예의의 핵심이다. 반면, 부친과의 대면에서는 일정 수준의 시선 이동이 허용되지만, 여전히 엄격한 규범을 따라야 한다.

- 시선의 범위 : 위로는 얼굴을 넘지 않고, 아래로는 허리띠 아래로 내려가지 않는다.
- 침묵 시의 행동 : 말을 하지 않을 경우, 서 있을 때는 부친의 발을 바라보고, 앉아 있을 때는 무릎을 바라보아야 한다.

이러한 차이는 부자 관계가 '효孝'를 기반으로 하지만, 단순한 정서적 친밀함에 그치지 않고, 의례적 긴장감과 존경의 태도를 동시에 요구하는 관계임을 보여준다. 즉, 부친과 자식 사이에는 혈연적 유대가 전제되어 있으나, 그 친밀함이 경계를 넘어서는 것은 허용되지 않으며, 항상 공경과 절제된 자세를 유지해야 한다.

이처럼 지위가 높은 사람과의 대화 예절과 부친을 대하는 예절을 비교해 보면, 부자 관계는 일반적인 존비尊卑 관계보다 더욱 친밀하면서도 독특한 위계를 가진다는 점이 드러난다. 군신 관계가 정치적 위계에 기반한 외적 질서라면, 부자 관계는 혈연적 유대와 감정적 교감을 포함하면서도 엄격한 의례 질서 속에서 조율되는 관계라 할 수 있다.

가족 내에서 가장 존귀한 존재는 부친父親이지만, 적장자嫡長子 역시 특별한 예우의 대상으로 간주된다. 이러한 특징은 『의례 · 상복』에서 적장자를 위한 상복 규정을 통해 확인할 수 있다. 『의례 · 상복』에서는 적장자에 대한 상복 규정을 다음과 같이 서술하고 있다.

> 상복. 아랫단을 꿰매지 않은 상의(衰)와 하의(裳)를 입고, 검은빛의 암마로 만든 수질과 요질을 두르고, 검은빛의 대나무 지팡이를 짚고, 검은 암마를 꼬아서 만든 허리띠를 차고, 숫마로 만든 끈을 단 관을 쓰고, 엄짚신을 신는 경우는……. 아버지가 장자를 위해 〈참최 3년으로 복을〉 한다.
>
> 喪服. 斬衰裳, 苴絰杖, 絞帶, 冠繩纓, 菅屨者. ……. 父為長子.
>
> 전傳에 말한다. "왜 3년으로 복을 하는가? 위로는 선조의 정체正體를 계승하고, 또 앞으로 중(重, 종묘 제사의 주재권)을 전해야 할 대상이

기 때문이다. 서자가 자신의 장자를 위해 3년으로 복을 할 수 없는 것은 할아버지를 계승하지 않았기 때문이다."

傳曰 : 何以三年也, 正體於上, 又乃將所傳重也. 庶子不得為長子三年, 不繼祖也.

이는「상복」편에서 부친이 적장자嫡長子를 위해 참최斬衰 삼년복을 입어야 하는 규정에 대한 경문經文이다. 참최 삼년복은 오복제五服制 중 가장 무거운 상복으로,『의례』에서는 이를 부친이 적장자를 위해 입어야 한다고 명확히 규정하고 있다.

그 근거에 대해서는「전傳」에서 다음과 같이 설명한다. 적장자는 단순한 자식이 아니라, 종묘宗廟와 조상을 계승자이기 때문이다. 다시 말해, 적장자의 죽음은 단순한 가족 구성원의 죽음이 아니라, 가문의 존속과 종법 질서, 그리고 종묘의 계승 체계에 중대한 영향을 미치는 사건으로 간주된다. 따라서, 부친 역시 적장자를 위해 가장 무거운 복제를 입어야 한다는 규정이 마련된 것이다. 이러한 규정은 적장자가 단순한 혈연적 후계자에 머무르지 않고, 가문의 대를 잇는 중심인물로서 특별한 예우의 대상이었음을 보여주는 상징적인 조항이다.

『의례』의 다양한 경문을 살펴보면, 부친이 가문의 중심적 역할을 수행하는 방식뿐만 아니라, 적장자가 가지는 특별한 위상을 더욱 분명하게 확인할 수 있다. 특히,『의례 · 사관례士冠禮』에서는 부친이 아들의 성장과 성년례에 있어 결정적 영향을 미치는 장면이 강조되며, 이를 통해 적장자가 가문의 계승자로서 얼마나 중요한 역할을 담당하는지를 보여준다. 이에 대해 다음과 같이 서술하고 있다.

주인은 빈의 집으로 찾아가 관례의 날짜를 알리고 참여해 줄 것을 청한다, 빈은 한번 사양한 후 허락한다. 주인은 재배를 한다. 빈은 답배를 한다. 주인은 물러나 돌아간다. 빈은 배례를 하면서 전송한다.

主人戒賓. 賓禮辭, 許. 主人再拜, 賓荅拜. 主人退, 賓拜送.

정현 주 : 이제 아들에게 관을 씌워 주고자 한다. 그러므로 동료와 벗을 찾아가 알리고 참여하도록 하는 것이다.

鄭注 : 今將冠子, 故就告僚友使來.

이는 『의례 · 사관례』에서 부친이 관례(冠禮, 성인식)를 치르는 아들을 위해 '계빈戒賓'하는 의절에 관한 규정이다. 「사관례」에서 가관(加冠) 의식은 단순한 의례가 아니라, 가문 내 역할 변화와 사회적 성인의 지위를 공식적으로 승인받는 중대한 전환점을 의미한다.

관례의 주관자는 주인主人이며, 그는 관례의 대상자인 아들을 위해 주빈主賓과 여러 내빈賓을 초청해야 한다. 이 중 주빈主賓은 관례에서 가장 핵심적인 역할을 맡는 인물로, 세 차례에 걸쳐 아들에게 관冠을 씌우고, 자字를 지어주며, 이를 통해 가문과 사회가 아들에게 거는 기대와 책임을 공식적으로 표명한다. 이러한 절차는 단순한 형식이 아니라, 아들이 성년으로 인정받았음을 의미하며, 이후 아들은 주빈에게 예를 표한 뒤, 국군國君, 향대부鄕大夫 등 사회적 위계 내 다양한 인물들에게도 예를 올리게 된다.

이러한 절차는 단순한 성인 선언이 아니라, 아들이 관례를 마친 후, 본격적으로 사회에 진입할 수 있음을 상징하는 중요한 단계로 작용하며, 공식적인 교류를 허용하는 의례적 관문으로 기능한다. 그러나 아들이 관례를 치르기 전까지는 부친이 직접 계빈戒賓을 맡아, 아들을 대신해 외부 인사와 교류하는 역할을 수행한다. 즉, 부친이 가문을 대표하여 아들을 외부 사회에 소개하고 그의 사회적 진입을 돕는 역할을 담당하는 것이다.

아들의 관례에서 부친이 계빈戒賓과 영빈迎賓의 역할을 맡았듯이, 딸이 출가하기 전에도 부친이 주도적인 역할을 담당한다. 이에 대해 『의례 · 사혼례士昏禮』에서는 다음과 같이 서술하고 있다.

> 혼례. 신랑 측에서 신부 집으로 중매인을 보내어 혼인의 뜻을 전달하게 한다. 신부 측에서 허락을 하면, 신랑 측에서 사자使者를 보내어 납채의 예를 행하는데, 예물로 기러기를 사용한다. 주인(신부의 아버지)은 실문(戶)의 서쪽에 자리를 펼쳐 놓는데, 자리의 머리 부분이 서쪽을 향하도록 하여 놓으며, 안석(几)은 자리의 오른쪽에 놓는다. 사자는 현단복[2]을 입고 신부의 집에 도착한다. 빈자(擯者, 예의 진행을 돕는 주인 쪽의 사람)는 대문 밖으로 나가서 무슨 일로 왔는지 묻고 들어와서 주인에게 사자가 도착하였음을 보고한다. 주인은 빈(사자)과 동일한 복장을 하고 대문 밖으로 나아가 빈을 맞이하는데, 재배를 한다. 빈은 답배를 하지 않는다. 주인은 빈과 읍을 하고 함께 대문 안으로 들어간다.

2) 현단복 : '端'은 검은색 베로 만든 웃옷(布衣)으로, 직물을 사선斜線으로 재단하지 않고 정폭正幅을 그대로 쓰기 때문에 '端'이라 한다. 정폭 그대로 옷을 만드는 것은 그 바름(正)을 취한 것으로, '端'은 바름(正)의 뜻과 통한다. '玄端'은 웃옷만을 말하기도 하지만, 때로 '玄端服'과 같은 의미로 쓰여 이 웃옷을 입을 때 부속되는 복식 일습을 통칭하기도 한다. 그 일습은 현관玄冠, 치포의緇布衣, 하상下裳, 작필爵韠로 구성된다. 천자부터 사士까지 모든 신분이 입는다. 천자와 제후는 휴식을 취할 때 입고(燕居服), 士는 평소의 예복으로 입는다.

昏禮. 下達. 納採, 用鴈. 主人筵於戶西, 西上, 右几. 使者玄端至. 擯者出請事, 入告. 主人如賓服, 迎於門外, 再拜, 賓不荅拜. 揖入.

이는『의례 · 사혼례』에서 '납채納采'의 의절에 대한 설명이다. 납채는 혼례 절차 중 신랑 측이 신부 측에 예물을 보내어 혼인을 공식적으로 요청하는 의례로, 혼인의 성립을 실질적으로 결정짓는 중요한 의례적 의미를 지닌다.

이 과정에서 신랑 측의 사자使者는 현단복玄端服을 갖추어 입고 신부의 집을 방문하며, 신부 측에서는 부친이 정식 예복을 갖추어 입고 사자를 맞이해야 한다. 이러한 절차는 단순한 형식이 아니라, 부친이 가문의 대표로서 외부와 공식적으로 교류하는 역할을 담당한다는 점을 명확히 보여준다. 즉, 부친은 단순한 가족의 일원에 머무는 존재가 아니라, 가문 전체를 대표하여 외부 사회와의 의례적 연결고리 역할을 수행하는 핵심 인물로 규정되며, 이를 통해 유교적 가족 질서 내에서 부친의 위상과 책임이 다시 한번 강조된다.

한편, 관례를 치르는 자가 '고자孤子', 즉 아버지가 없는 경우라면, 가관加冠의 절차는 일부 변화가 따른다. 이에 대해『의례 · 사관례』에서는 다음과 같이 기술하고 있다.

〈관을 쓸 당사자가 적자인〉 고자(孤子, 고아)라면, 빈의 집으로 찾아가 관례의 날짜를 알리고 참여해 줄 것을 청하는 계빈戒賓과 빈의 집으로 찾아가 관례에 참여해 줄 것을 다시 한번 고하여 청하는 숙빈宿賓의 의절은 부형[3]이 행한다. 관례를 거행하는 날에 고아는 스스

3) 부형 : 제부(諸父, 백부나 숙부)와 제형(諸兄, 從兄)을 가리킨다.

로 주인이 되어 머리를 땋아 묶어 상투를 틀고서(紒) 빈을 맞이하고, 빈에게 배례를 하고, 빈과 세 차례 읍을 하고, 빈과 세 차례 양보를 한 후 당 위로 올라가 당위 동쪽 벽(東序)의 남쪽 끝에 서는데, 모두 친부나 종형이 주인이 되었을 때와 동일한 절차로 한다. 세 차례 관을 씌워 주는 예가 끝나면 빈은 조계(阼階, 동계) 위쪽에서 고아에게 예례를 행한다.

若孤子, 則父兄戒·宿. 冠之日, 主人紒而迎賓, 拜, 揖, 讓, 立於序端, 皆如冠主, 禮(醴)於阼.

이는『의례·사관례』에 수록된 변례變禮, 즉 일반적인 관례 절차와 달리 특수한 상황에서 적용되는 규정에 대한 설명이다. 통상적으로 사관례는 부친이 주관하며, 그는 아들의 관례를 위해 직접 주빈主賓을 초청하고 의례 전반을 총괄하는 역할을 수행한다. 그러나, 관례를 치르는 자가 고자孤子, 즉 부친이 없는 경우에는 그 절차에 일부 변화가 생긴다.

이러한 경우, 주빈 및 내빈의 초청은 부친과 같은 세대의 숙부叔父들이 담당한다. 그러나 관례 당일에는 고자 본인이 직접 손님을 맞이해야 하며, 이는 그가 공식적으로 성인이 되었음을 의미하는 중요한 상징적 절차이다. 비록 부친이 부재하더라도, 관례의 기본 절차는 유지되며, 이를 통해 가족 내 친소親疏의 구별과 위계질서가 명확히 드러난다.

이상과 같은 부자 관계의 의절을 분석해 보면, 부친은 천자天子나 군주와 마찬가지로 가족 내에서 가장 존귀한 위상을 차지하며, 유일하게 적장자만이 부친과 동등한 의례적 예우를 받을 수 있다. 그 이유는 부친과 적장자가 모두 가문의 가장家長이 될 자격을 지닌 존재이기 때문이다. 부친은 현재의 가장으로서 가문을 대표하며, 적장자는 가문의 계승자로서 미래의 가장이 될 인물이다. 따라서 이들은 단순한 혈연적 관계를 넘어 가문을 이끌고 계승하는 중심인물로 기능하며, 가문과 외부 사회를 연결하는 공식적인 매개자 역할을 수행한다.

부친은 이러한 대표성에 기반하여, 아들의 관례나 딸의 혼례에서도 공식적 예절을 담당하는 중개자로서의 역할을 수행하게 되며, 이는 단지 가족 내에서 존귀한 위치를 차지하는 것을 넘어, 가문과 사회를 잇는 상징적 · 의례적 연결점으로 작용한다.

부친이 부재한 경우, 즉 고자의 상황에서는 관례를 통해 적장자가 가장의 책임을 공식적으로 계승하게 된다. 관례 전 단계에서는 계빈戒賓의 역할을 백부伯父 혹은 숙부叔父들이 대신 수행하지만, 관례 당일에는 본인이 직접 주빈을 맞이함으로써, 가문의 책임을 공식적으로 승계하게 된다. 이는 단순한 절차가 아니라, 적장자가 장차 가문을 이끌어갈 존재임을 상징적으로 드러내는 중요한 의례적 과정이다.

결국, 부친과 적장자가 가족 내에서 가장 존귀한 위상을 부여받는 이유는 단순한 혈연적 위계 때문이 아니라, 가문의 지속성과 계승을 담당하는 핵심적인 역할을 수행하기 때문이다. 즉, 가장의 역할을 수행하는 자만이 외부 사회와의 교류와 대표성을 담당할 수 있으며, 이와 같은 책임이야말로 부친과 적장자의 존엄성과 위상을 확립하는 가장 근본적인 기반이 되는 것이다.

(2) 모자 관계

『의례』에서 모자 관계와 부자 관계를 비교해 보면, 다음과 같은 세

가지 중요한 원칙이 도출된다.

◆ 모친에 대한 의문儀文은 부친의 존재 여부에 따라 변화한다.

즉, 부친이 생존해 있을 때와 사망한 이후에 따라, 모친에 대한 의절儀節이 달라진다. 이는 모친의 신분과 역할이 부친과의 관계 속에서 규정되며, 부친이 가문의 중심적 역할을 수행하는 한, 모친의 의절 역시 그 질서에 맞추어 변화함을 의미한다. 부친이 생존해 있을 때 모친은 부친을 보좌하는 위치에 머물지만, 부친이 사망한 이후에는 가문 내에서 보다 독립적인 위치를 가지게 된다.

◆ 모자 관계의 의문儀文은 부자 관계보다 간략하다.

모친에 대한 의절은 부친에 대한 의절보다 가볍고, 절차도 간소화되는 경향이 있다. 이는 부친이 가문의 대표자로서 중심적 역할을 담당하기 때문이며, 모친에 대한 의절은 부친을 중심으로 한 위계질서 내에서 조정됨을 보여준다. 다시 말해, 부자 관계는 가문을 계승하는 핵심 축으로서 보다 엄격한 규범이 적용되지만, 모자 관계에서는 상대적으로 간소한 절차로 구성된다.

◆ 모친은 성년이 된 아들을 대할 때, 외부의 성인 남성을 대하는 의절과 동일한 방식을 따른다.

즉, 모자 관계에서도 위계질서가 존재하며, 성년이 된 아들은 단순한 자식이 아니라, 가문의 일원으로서 독립적인 지위를 가지게 된다. 이는 단순한 부모와 자식의 관계를 넘어, 가문 내 역할 분담과 계승 구조에 따른 공식적 관계로 전환됨을 의미한다. 성년이 된 아들은 더 이상 보호와 훈육의 대상이 아니라, 가문을 계승하고 유지하는 존재로 기능하게 되며, 이에 따라 모친도 성년 아들을 대할 때 일정한 예절을 유지해야 한다.

이와 같이, 모친의 신분과 그에 따른 의절이 부친의 존재 여부에 따라 변동된다. 이를 보다 명확히 이해하기 위해서는『의례 · 상복喪服』의 규정을 살펴볼 필요가 있다.『의례 · 상복』에서는 부친이 생존해 있을 때와 사망한 후, 자식이 모친을 위해 입는 상복의 종류와 기간이 달라진다고 명시하고 있으며, 이는 단순한 애도의 차원을 넘어, 가문 내 위계와 권위 구조의 변화를 반영하는 중요한 규범적 요소로 작용한다. 경문經文의 기록을 보면 다음과 같다.

〈자최삼년齊衰三年〉 아랫단을 꿰맨 거친 베로 만든 상의(衰)와 하의(裳)를 입고 숫마(牡麻)로 만든 수질과 요질을 두르고, 베로 만든 끈을 단 관(冠布纓)을 쓰고, 오동나무 지팡이를 짚고, 베로 만든 허리띠를 차고, 거친 짚신을 신고 삼년의 복을 하는 경우는 아버지가 돌아가시면, 어머니를 위해 자최 3년으로 복을 한다.

疏衰裳齊, 牡麻絰, 冠布纓, 削杖, 布帶, 疏屨三年者, 父卒則為母.

정현 주 : 〈어머니의〉 사존私尊에 〈자최 3년의 복으로 정의情意를〉 펼 수 있기 때문이다.

鄭注 : 尊得伸也.

가공언 소 : 아버지가 돌아가시고 3년 이내에 어머니가 돌아가셨다면 여전히 자최 기년의 복을 해야 한다. 요컨대, 아버지에 대한 복을 벗은 후에 어머니가 돌아가셔야 비로소 3년의 복으로 펼 수 있다.

賈疏：父卒, 三年之內, 而母卒, 仍服期, 要父除服後而母死, 乃得伸三年.

이 문장은『의례 · 상복喪服』에서 부친이 사망한 후, 모친을 위해 '자최齊衰 삼년복'을 입는 의절에 관한 규정이다. 이에 대해 정현鄭玄과 가공언賈公彥은 주석에서 상문과 같이 해석하고 있다.

부친은 가문 내에서 가장 존귀한 존재이므로, 의절儀節상 모친보다 우선 된다. 따라서, 부친이 생존해 있는 동안에는 모친을 위해 삼년상을 치르는 것이 허용되지 않는다. 만약 부친이 사망한 지 삼년이 경과하지 않았다면, 여전히 부친을 위한 삼년상 기간에 해당하므로, 모친을 위해 삼년복을 입는 것이 허용되지 않는다. 즉, 자식이 모친을 위해 자최 삼년복을 입을 수 있는 시점은, 부친의 삼년상이 모두 종료된 이후에 한정된다.

이러한 규정은 한편으로는 자식이 모친에 대한 효심을 표현하는 방식이며, 다른 한편으로는 부친이 모친보다 존자尊者인 전통적 위계질서를 반영하는 것이다.『의례』의 규범에 따르면, 부친이 생존해 있을 때는 모친은 그다음 존자에 해당하므로, 삼년상은 허용되지 않으며, 대신, 자최齊衰 장기杖期의 복을 입어야 한다. 이에 대한 규정은『의례 · 상복』의 경문에 다음과 같이 서술하고 있다.

아랫단을 꿰맨 거친 베로 만든 상의(衰)와 하의(裳)를 입고 숫마(牡麻)로 만든 수질과 요질을 두르고, 베로 만든 끈을 단 관(冠布纓)을 쓰고, 오동나무 지팡이를 짚고, 베로 만든 허리띠를 차고, 거친 짚신을 신고 기년의 복을 하는 경우는, 아버지가 살아 계실 경우 어머니를 위해 자최 장기杖期로 복을 한다.

疏衰裳齊, 牡麻絰, 冠布纓, 削杖, 布帶, 疏屨, 期者, 父在為母.

전傳에 말한다. "왜 기년으로 복을 하는가? 굽히기 때문이다. 지존(아버지)이 계시기 때문에 감히 사존私尊에 대하여 정의情意를 펴지 못하는 것이다. 아버지가 반드시 3년이 지난 뒤에야 아내를 맞이하는 것은 〈심상으로 3년상을 마치게 되는〉 아들의 뜻을 이루어주기 위해서이다."

傳曰 : 何以期也? 屈也, 至尊在, 不敢伸其私尊也. 父必三年然後娶, 達子之志也.

이는 『의례 · 상복』에서 부친이 생존해 있을 경우, 자식이 모친을 위해 '자최齊衰 기년복'을 입어야 한다는 규정에 대한 설명이다. 이에 대한 「전傳」에서는 다음과 같이 해석하고 있다.

부친이 생존해 있는 동안, 자식은 모친을 위해 삼년상을 치를 수 없다. 그 이유는 부친이 가문 내에서 '전존全尊' 즉 최고 존귀한 존재이기 때문이다. 그러므로 자식이 모친을 위해 삼년상을 치르는 것은 예법에 어긋나는 행위로 간주된다. 그러나, 자식의 마음속에서는 여전히 모친에 대한 애도와 효심이 자리하고 있으며, 그 정서적 표현으로 심상心喪 삼년을 행하고자 하는 마음이 존재한다. 이러한 사정으로 인해, 부친이 새 배우자(繼室)를 맞이하는 시점은 반드시 자식의 심상 삼년 기간이 지난 후에야 가능하다고 규정된다. 이는 비록 외형적으로 삼년상을 치를 수 없더라도, 자식의 내면적 애도 감정을 예법 차원에서 고려한 것으로, 효심을 존중하는 예제禮制의 배려적 요소로 해석할 수 있다.

모친뿐만 아니라, 계모繼母와 자모慈母에 대한 예문 역시 부친의 의

지에 따라 결정된다. 이들의 명분名分은 부친이 정하는 것이므로, 자식이 계모나 자모를 위해 상복을 입는 것은 어디까지나 부친의 의사를 존중하는 차원에서 이루어진다. 다시 말해, 모친에 대한 의례조차 부친의 상태와 결정에 따라 변화하며, 이는 가족 관계에서 부친의 지위가 절대적임을 여실히 보여주는 사례라 할 수 있다.

그러나, 가족 관계는 단순히 예법에 의해서만 규정되는 것이 아니라, 가족 관계 속 정서적 유대와 효자의 심정 또한 중요한 요소로 고려하고 있다. 『의례』는 단순히 부친의 위계만을 강조하는 것이 아니라, 효자孝子의 심정과 모친과의 정서적 유대도 중요한 요소로 고려한다. 즉, 부친이 생존해 있는 동안 삼년상을 치를 수 없다는 규범이 존재하지만, 그와 별개로 자식이 모친을 애도하는 마음을 존중하는 장치도 마련되어 있다. 이러한 관점은 『의례 · 상복』에서 더욱 명확하게 드러나며, 이에 대해 다음과 같이 서술하고 있다.

> 아랫단을 꿰맨 거친 배로 만든 상의(衰)와 하의(裳)를 입고 숫마(牡麻)로 만든 수질과 요질을 두르고, 베로 만든 끈을 단 관(冠布纓)을 쓰고, 오동나무 지팡이를 짚고, 베로 만든 허리띠를 차고, 거친 짚신을 신고 기년의 복을 하는 경우는, 이혼한 처의 아들이 어머니를 위해 자최 장기杖期로 복을 한다.
>
> 疏衰裳齊, 牡麻絰, 冠布纓, 削杖, 布帶, 疏屨, 期者, 出妻之子為母.
>
> 전에 말하였다. "친족관계를 끊으면 방친傍親을 위해서는 복을 하지 않지만 정통의 친에 대해서만은 계속해서 이어진다. 이혼한 처의 아들이 아버지의 후사後嗣가 되었다면 이혼한 어머니를 위해 복을 하지 않는다. 하였다."

傳曰 : 絕族無施服, 親者屬. 出妻之子爲父後者, 則爲出母無服.

전에 말하였다. "존귀한 분과 한 몸이 된다면 사친에 대해서는 감히 복을 하지 못한다." 하였다.

傳曰 : 與尊者爲一體, 不敢服其私親也.

이 의문儀文은 『의례 · 상복』에서 출처出妻의 자식이 모친을 위해 '자최齊衰 기년복'을 입는 의절에 관한 규정이다.

이 규정을 통해 우리는 예법과 친정親情 사이의 균형을 고려하는 가족 관계의 특성을 확인할 수 있다. 예법적으로 보면, '출처出妻'란 부친과 이혼하여 가문에서 단절된 모친을 의미하므로, 그 자식은 원칙적으로 모친을 위해 상복을 입을 의무가 없다. 그러나, 혈연적 관점에서 보면, 모자母子 관계는 법적 단절과는 무관하게 지속되는 불가분의 관계이므로, 비록 공식적인 예법상 복상服喪의 의무는 없지만, 여전히 '자최齊衰 기년복'을 입어 애도를 표하는 것이 허용된다. 이러한 규정은 가문을 중심으로 한 예법과 혈연을 중심으로 한 정서적 유대 사이에서 절충과 조율이 이루어진 대표적 사례라 할 수 있다.

그러나, 만약 출처出妻의 아들이 적장자嫡長子로서 가문을 계승해야 하는 경우에는 상황이 달라진다. 적장자는 가문을 계승하는 존재로서, 부친과 일체一體로 간주되므로, 그의 모든 행위는 가문을 대표하는 입장에서 엄격한 예법의 규제를 받아야 한다. 이에 따라, 적장자가 출모出母를 위해 사사로이 상복을 입는 행위는 허용되지 않는다. 이는 적장자가 더 이상 사적인 인물이 아니라, 가문의 법통과 권위를 계승하는 공적 존재로서 간주되기 때문이다.

이와 대조적으로, 모친이 적장자를 위해 입는 상복은 '자최齊衰 삼년복'으로 규정된다. 이를 통해 『의례 · 상복』은 모자 관계를 단순한 혈연관계로 보지 않고, 가문의 계승자에 대한 예외적 예우와 의례적 위상을 부여하고 있음을 확인할 수 있다

이를 정리하면, 효자가 모친을 위한 복제(服制)는 다음과 같은 원칙이 적용된다.

- 부친이 생존해 있을 경우, 효자는 모친을 위해 '자최齊衰 장기杖期'의 복을 한다.
- 부친이 사망하고, 참최斬衰 삼년복이 끝난 이후에는, 모친을 위해 '자최齊衰 삼년'의 복을 한다.
- 그러나, 모친이 적장자를 위해 입는 상복은 언제나 '자최齊衰 삼년'의 복으로 규정된다.

이러한 규정은 『의례 · 상복』이 단순한 예절적 형식을 넘어서, 가문 내 위계질서, 혈연적 유대, 그리고 윤리적 감정이 복합적으로 작용하는 예제禮制임을 잘 보여주는 사례이다. 이에 대해 『의례 · 상복』에서는 다음과 같이 서술하고 있다.

> 아랫단을 꿰맨 거친 베로 만든 상의(衰)와 하의(裳)를 입고 숫마(牡麻)로 만든 수질과 요질을 두르고, 베로 만든 끈을 단 관(冠布纓)을 쓰고, 오동나무 지팡이를 짚고, 베로 만든 허리띠를 차고, 거친 짚신을 신고 삼년의 복을 하는 경우는, 어머니가 장자를 위해 자최 3년으로

복을 한다.

疏衰裳齊, 牡麻絰, 冠布纓, 削杖, 布帶, 疏屨三年者, 母為長子.

전에 말하였다. "왜 3년으로 복을 하는가? 아버지가 낮추어서 복을 하지 않는 대상에 대하여 어머니도 감히 낮추어서 복을 하지 못하기 때문이다."

傳曰 : 何以三年也, 父之所不降, 母亦不敢降也.

이 의문儀文은 『의례 · 상복』에서 부친이 사망한 이후, 모친이 적장자嫡長子를 위해 '자최齊衰 삼년'의 복을 하여야 하는 규정에 대한 설명이다. 이에 대한 「전傳」의 설명은 매우 상세하게 이루어져 있으며, 해당 예법의 이론적 근거를 분명히 제시하고 있다.

부친은 적장자가 사망했을 경우, 가장 무거운 '참최斬衰 삼년'으로 복을 한다. 모친은 부친의 예법을 따르는 것이 원칙이므로, 적장자가 사망할 경우에도 '자최齊衰 삼년'으로 복을 한다. 이는 모친이 임의로 복제服制를 낮출 수 없으며, 예법의 위계 구조 속에서 일정한 질서와 기준에 따라 행동해야 함을 의미한다.

모친이 적장자를 위해 삼년복을 하는 것은, 단순한 모자 관계에 근거한 애도 행위를 넘어, 적장자의 가문 내 위상을 고려한 특별한 예법적 조치이다. 다시 말해, 적장자는 단지 아들로서가 아니라, 가문의 정통 계승자로서 예외적인 지위를 지니며, 그의 죽음은 가문의 존속에 중대한 영향을 미치는 사건으로 간주된다. 따라서, 특정한 상황에서는 모친이 적장자를 위해 입는 상복이, 적장자가 모친을 위해 입는 상복보다 더 무거울 수 있다. 이는 곧 적장자의 지위가 단순한 혈연의 범주를 넘어, 가문 전체의 법통과 직결된다는 점을 반영한 것이다.

요컨데, 모친이 적장자를 위해 입는 복제는, 모자 관계에 국한된 의례가 아니라, 가문의 전체적 예법 구조에 기초한 제도적 표현이다. 이는『의례 · 사관례士冠禮』에서도 동일하게 확인할 수 있다. 이처럼 적장자의 죽음을 기리는 예법은, 가문의 중심적 존재로서 그의 위상을 전제로 구성되며, 예법 체계 전반에 걸쳐 그의 지위가 어떻게 제도화되어 있는지를 보여주는 핵심적 사례라 할 수 있다.

북쪽을 향해 어머니를 뵙는다. 〈들고 있던 말린 고기를 드린다.〉 어머니는 배례한 후 말린 고기를 받는다. 관을 쓴 아들은 말린 고기를 건네준 후 어머니에게 배례한다. 어머니는 또 배례한다.

北面見於母. 母拜受, 子拜送, 母又拜.

정현 주 : 부인은 장부에 대해서 비록 자기 아들이라 해도 협배를 한다.

鄭玄注 : 婦人於丈夫, 雖其子, 猶俠拜[4].

---

4) 협배俠拜 : 부녀자들이 남자와 예를 행할 때, 여자가 먼저 배례하고, 남자가 이에 답배를 하고, 여자가 또다시 배례하는 것을 말한다. 즉 남자는 한 번 배례를 하고, 여자는 재배하는 것이다. 학경은『의례절해』에서 "'협배'란 부인이 먼저 한 번 배례를 하고, 남자가 답배를 하면, 부인이 또다시 한 번 배례하는 것"이라고 하였다. 공영달은 존귀한 사람이 보낸 말린 고기에 배례를 하는 것이지 아들에게 배례를 하는 것이 아니라고 하였고, 여대림은 어머니는 아들을 따르는 의리가 있기 때문에 평소의 공경을 굽혀 잠시 동안의 공경을 펼치는 것이라고 하였다. 왕인지는 적자는 아버지를 대신하여 할아버지를 계승하므로 할아버지와 정체正體가 되기 때문에 중자衆子와 다르게 예우하는 것이라고 하였다. 한편, 만사대는 부인의 배례에는 무릎을 꿇지 않고 하는 '숙배肅拜'와

이 경문은 『의례 · 사관례士冠禮』에서 관례를 마친 자가 모친을 배알하는 예법에 관한 규정이다. 사관례는 남성이 성년이 되었음을 공식적으로 선언하고 인정하는 통관의례로, 이 의례를 통해 한 개인은 사회적 성인으로서의 지위와 역할을 공적으로 부여받는다. 관례가 완료된 후, 성년자는 정해진 의례 순서에 따라 대면과 배알拜謁의 절차를 밟아야 한다. 그 순서는 다음과 같다.

먼저, 가장 가까운 가족인 모친을 배알한 후, 이어서 주빈主賓, 형제, 찬관자贊冠者 등을 차례로 배알한다. 마지막으로, 군주, 향대부鄕大夫 등 사회적 지위가 높은 이들에게 예를 표하는 절차가 진행된다. 이러한 예법에서 핵심적인 원칙은, 먼저 친소親疏를 기준으로 한 순서를 따르고, 그다음에 존비尊卑의 질서에 따라 예법을 수행한다는 점이다. 즉, 가족 내에서 가장 가까운 존재에게 먼저 예를 표한 후, 공적 위계에 따라 순차적으로 예절을 확장해 나가는 방식을 취한다. 이러한 구조는 가족 관계와 사회적 관계의 위계를 조화롭게 통합하는 전통 예법의 원리를 잘 보여준다. 특히 주목할 점은, 모친이 적장자에게 행하는 예법이 단순한 모자 관계의 차원을 넘어서 있다는 사실이다. 「사관례」의 규정에 따르면, 적장자는 관례를 통해 성년이 되는 순간부터 단순한 자식이 아닌, 가문을 대표하는 남성으로서의 지위를 부여받게 된다. 이에 따라 모친도 그를 대함에 있어 일반적인 자식이 아닌 성년 남성에 대한 예절을 갖추어야 하며, 이는 가문 내 위계질서가 의례적

무릎을 꿇고 하는 '수배手拜'가 있는데, 경문의 경우에는 가벼운 '숙배'이지 과도하게 아들을 공경하는 것은 아니라고 하였다. '숙배'는 무릎을 꿇지 않고 약간 몸을 구부려서 공손히 하는 것으로 오늘날 부인들이 읍揖을 하는 것과 같으며, '수배'는 무릎을 땅에 닿게 하고 배례하는 것으로 오늘날 부인들이 배례하는 것과 같다고 하였다. 『의례정의』, 83쪽 참조.

으로 반영된 대표적 사례로 이해할 수 있다.

이에 대해 능정감(凌廷堪)의 『예경석례禮經釋例 · 통례상通例上』에서는 다음과 같이 설명하고 있다.

> 무릇 부인은 성년 남성을 대할 때 협배俠拜를 행한다. 협배란, 남성이 한 번 절하면, 부인은 두 번 절하는 예법을 의미한다.
>
> 凡婦人於丈夫皆俠拜. 俠拜者, 丈夫拜一次, 婦人則拜兩次.

능정감凌廷堪은 이 문장에서, 부인은 성년 남성을 대할 때 모두 '협배俠拜'의 예를 행해야 한다고 명확히 설명하고 있다. 따라서, 모친이 관례를 마친 아들을 대할 때에도 일반적인 모자母子 간의 예법이 아닌, 성년 남성을 대하는 예법을 따라야 한다.

이는 곧, 아들이 관례를 통해 성년이 됨에 따라 기존의 모자 관계에서 설정되었던 위계가 변화를 겪게 됨을 의미한다. 이러한 변화는 단순히 의례적 형식의 조정에 그치는 것이 아니라, 가문 내에서의 역할과 지위에 실질적인 전환이 이루어졌음을 상징적으로 드러내는 중요한 예제禮制의 원칙이라 할 수 있다.

더 나아가, 관례를 마친 자가 다른 여성 가족 구성원을 배알할 때도 동일한 예법이 적용된다. 즉, 성년이 된 남성은 단순한 가족 구성원을 넘어, 가문 내에서 독립된 주체이자 공식적인 사회적 인물로 인정받게 되며, 이에 따라 가족 내 여성 구성원들과의 예절 관계 또한 새로운 위계질서에 따라 조정된다. 이러한 예법적 전환은 성년의 개념이 단순히 생물학적 나이의 도달을 넘어, 예법적 · 사회적 책임의 전면적 부여를 의미한다는 사실을 보여주는 사례이다. 이에 대해 『의례 · 사관례士

冠禮』에서는 다음과 같이 서술하고 있다.

> 〈관을 쓴 사람은 묘문廟門을 나와 침문寢門 안으로 들어가서〉 고모와 손위 누이를 뵙는데, 어머니를 뵐 때와 동일한 절차로 한다.
>
> 入見姑·姊, 如見母.

관례를 마친 자는 모친을 비롯하여 주빈主賓, 형제들에게 차례로 예를 올린 뒤, 자신의 고모, 손위 누이 등 여성 연장자들에게도 예를 표한다. 이때 행해지는 예법은 모친을 배알할 때와 동일한 절차를 따르며, 이는 성년이 된 남성이 가문 내에서 가지는 새로운 위상을 상징적으로 드러내는 예법적 요소로 작용한다.

이상의 내용을 바탕으로 모자母子 관계의 예법을 분석해 보면, 적장자가 성년이 된 이후, 모친과 적장자 사이의 위계가 점차 변화하고 있음을 확인할 수 있다. 즉, 모친은 더 이상 아들을 단순한 자식으로만 대하지 않고, 관례를 통해 성년의 지위를 획득한 공식적인 남성 구성원으로서의 위상을 인정하며 예절을 갖추게 된다. 이에 따라 의절儀節 또한 일반적인 모자 관계의 예법이 아닌, 성년 남성과 부인婦人 간의 예법 구조를 따르게 되는 것이다.

그러나 이러한 예법의 변화는 어디까지나 종묘宗廟의 계승이라는 대원칙의 범위 내에서 이루어진다. 다시 말해, 가문 내 위계질서의 조정은 철저히 종통宗統의 유지와 연계된 방식으로 설계되어 있으며, 그 속에는 모자 간의 친정親情과 윤리적 정서 또한 은밀히 내포되어 있다.

이처럼 『의례』의 예법은 단순히 형식적 위계의 고착을 위한 장치가 아니라, 가족 구성원 간의 혈연적 유대와 윤리적 관계를 고려하여 정교하게 설계된 구조라 할 수 있다. 이는 곧 유교적 가족 질서 속에서 예법이 수행하는 역할이 단순한 절차적 규범을 넘어, 혈연과 윤리의 조화로운 조정을 실현하는 상징적 기능을 지닌다는 점을 잘 보여준다.

(3) 부(모)녀 관계

『의례』를 면밀히 분석해 보면, 여성이 부모를 대하는 예법은 실제로 혼인 여부에 따라 결정된다는 점을 확인할 수 있다. 미혼 여성과 출가한 여성의 예제禮制는 뚜렷한 차이를 보이며, 이러한 차이는 특히 『의례 · 상복』 편에서 더욱 명확하게 드러난다.

우선, 여성이 출가하지 않은 경우, 효자孝子와 동일한 예법에 따라 부친을 위해 '참최斬衰 삼년'의 복을 한다. 이는 미혼 여성은 여전히 친가親家의 일원으로 간주되며, 가문 내 혈통적 질서와 예법적 위계 속에서 아들과 동등한 복제를 수행한다는 점을 의미한다. 반면, 여성이 혼인하여 출가한 이후에는 더 이상 친가의 일원이 아닌 시가媤家의 구성원으로 전환되므로, 부친을 위해 '참최 삼년복'을 입는 것이 허용되지 않는다. 이는 혼인을 통해 여성의 예법적 소속이 이동되었음을 반영하는 규범적 표현이며, 유교적 예제에서 가계의 계승과 혈통의 연속성에 대한 인식이 예법에 깊이 반영되어 있음을 보여준다. 이에 대해 『의례 · 상복』에서는 다음과 같이 기록하고 있다.

> 상복. 아랫단을 꿰매지 않은 상의(衰)와 하의(裳)를 입고, 검은빛의 암마로 만든 수질과 요질을 두르고, 검은빛의 대나무 지팡이를 짚고,

> 검은 암마를 꼬아서 만든 허리띠를 차고, 숫마로 만든 끈을 단 관을 쓰고, 엄짚신을 신는 경우는……. 혼인을 허락한 딸을 포함하여 시집을 가지 않은 딸이 아버지를 위해 〈참최 3년으로 복을〉 한다. 〈처·첩·딸은 성복成服한 이후〉 베로 만든 머리끈을 하고, 가는 대나무 비녀를 꽂고, 북상투를 하고, 상복을 입고 참최 3년으로 복을 한다.
>
> 喪服, 斬衰裳, 苴絰杖, 絞帶, 冠繩纓, 菅屨者. ……. 女子子在室為父, 布總, 箭笄, 髽, 衰. 三年.

이는『의례·상복』에서 미혼 여성이 부친을 위해 '참최斬衰 삼년복'을 입는 예법에 관한 규정을 명확히 밝히고 있는 부분이다.

참최斬衰 삼년복은 오복제五服制 가운데 가장 엄격하고 무거운 복제로,『의례』에서는 이 복제를 군주를 위한 상복과 동등한 수준으로 규정하고 있다.

또한, 미혼 여성 역시 부친을 위해 동일한 복제를 갖춰야 한다고 명시하고 있으며, 이는 미혼 여성이 여전히 친가親家의 일원으로서의 신분을 유지하고 있으며, 따라서 부친의 사망 시 아들과 동일한 수준의 예법적 의무를 수행해야 한다는 원칙을 반영한 것이다. 또,『의례·상복』에서는 다음과 같은 기록이 병기되어 있다.

> 상복. 아랫단을 꿰매지 않은 상의(衰)와 하의(裳)를 입고, 검은빛의 암마로 만든 수질과 요질을 두르고, 검은빛의 대나무 지팡이를 짚고, 검은 암마를 꼬아서 만든 허리띠를 차고, 숫마로 만든 끈을 단 관을 쓰고, 엄짚신을 신는 경우는……. 시집갔던 딸이 이혼하고 아버지 집에 있을 경우, 아버지를 위해 참최 3년의 복을 한다.
>
> 喪服, 斬衰裳, 苴絰杖, 絞帶, 冠繩纓, 菅屨者. ……. 子嫁, 反在父

之室, 為父三年.

이는 『의례 · 상복』에서 이미 출가한 여성이 이혼 후 친정으로 돌아온 경우, 부친을 위해 '참최斬衰 삼년복'을 입는 예법에 관한 규정을 명확히 제시한 부분이다.

참최 삼년복은 오복제五服制 중 가장 엄중한 상복으로, 『의례』에서는 이에 대한 규정을 분명히 하고 있다. 비록 출가한 여성이라 할지라도 이혼 후 친정으로 돌아온 경우에는 다시 친가의 구성원으로 간주되며, 이에 따라 부친이 사망했을 때는 미혼 여성과 동일하게 참최 삼년복을 착용해야 한다고 명시되어 있다. 이는 여성의 신분과 예법이 혼인 여부에 따라 달라지지만, 특정한 상황에서는 다시 친가의 예법을 회복하게 된다는 점을 보여주는 중요한 예법적 원칙이라 할 수 있다.

위의 두 사례—즉, 미혼 여성의 상복 규정과 출가 후 이혼하여 친정으로 돌아온 여성의 상복 규정—을 비교해 보면, 여성이 미혼 상태일 때는 일반적인 효자孝子와 동일한 예법에 따라 부친을 위한 복제를 수행하지만, 출가한 이후에는 그 지위 변화에 따라 예법이 상당히 달라진다는 사실을 확인할 수 있다. 즉, 출가한 여성은 더 이상 친가의 예법 질서 안에 머무를 수 없으며, 시가의 구성원으로 편입됨에 따라 부친에 대한 복제도 참최에서 제외된다. 그러나 이혼이라는 특정한 사유로, 다시 친정으로 돌아온 경우, 예법적 소속 또한 친가로 회귀하게 되며, 이때는 미혼 시절과 마찬가지로 '참최 삼년복'을 착용하는 것이 원칙이다.

그리고, 『의례 · 상복』에 다음과 같은 기록이 있다.

지팡이를 짚지 않고 마로 짠 짚신을 신고 기년의 복을 하는 경우는 ……, 시집간 딸이 친부모와 아버지의 후사가 된 곤제昆弟를 위해 자최 부장기로 복을 한다.

不杖, 麻屨者.……, 女子子適人者為其父母·昆弟之為父後者.

전에 말하였다. "아버지를 위해 왜 기년으로 복을 하는가? 부인은 참최의 복을 두 번 할 수 없기 때문이다. 부인이 참최의 복을 두 번 할 수 없는 것은 왜인가? 부인에게는 삼종三從의 의리가 있어서 자기 마음대로 하는 법이 없기 때문이다. 시집을 가기 전에는 아버지를 따르고, 시집가서는 남편을 따르며, 남편이 죽은 뒤에는 아들을 따른다. 아버지는 자식의 하늘이며, 남편은 아내의 하늘이다. 부인이 참최의 복을 두 번 할 수 없는 것은 하늘이 둘일 수 없는 것과 같으니, 부인은 존귀한 사람을 둘로 할 수 없다. 아버지의 후사가 된 곤제를 위해 왜 기년으로 복을 하는가? 부인이 비록 집을 떠나 있더라도 반드시 종宗으로 돌아가야 하므로 '소종'이라고 기년의 복을 한다."

傳云：爲父何以期也? 婦人不貳斬也. 婦人不貳斬者何也? 婦人有三從之義, 無專用之道, 故未嫁從父, 旣嫁從夫, 夫死從子. 故父者子之天也, 夫者, 妻之天也. 婦人不貳斬者, 猶曰不貳天也. 婦人不能貳尊也, 爲昆弟之爲父後者, 何以亦期也? 婦人雖在外, 必有歸宗. 曰小宗, 故服期也.

이 문장은 『의례·상복』에서 출가한 여성이 부모를 위해 자최齊衰 일년복을 입되, 상장喪杖을 사용하지 않고, 마로 짠 짚신을 신는 '자최 부장기齊衰不杖期'의 예법에 관한 규정을 명확히 제시한 부분이다.

해당 「전傳」에서는 이 예법의 이론적 근거를 설명하며, 먼저 부인의 '삼종지의三從之義'를 강조한다. 즉, 여성은 미혼일 때는 부친을 따르고, 출가한 이후에는 남편을 따르며, 남편이 사망한 후에는 아들을 따른다고 서술하고 있다. 이는 유교적 가족 질서와 예법 체계 내에서 여성의 신분과 역할이 혼인 여부에 따라 본질적으로 변화한다는 원칙을 반영한 것이다.

이와 같이, 부친은 자녀에게 있어 하늘과 같은 존재이며, 남편은 아내에게 하늘과 같은 존재로 간주된다. 따라서 여성이 두 번 참최斬衰 삼년복을 입을 수 없으며, 이는 여성이 두 남편을 가질 수 없는 것과 동일한 논리에 기초한다. 결과적으로, 출가한 여성은 이미 남편을 통해 시가媤家의 구성원으로 소속이 전환되었기 때문에, 부친의 상례에 있어서는 '참최 삼년복'을 입을 수 없고, 대신 '자최 일년복(齊衰期)'만을 행해야 하며, 그 복제는 '부장기不杖期'의 형태로 간소화된다.

사실, 여성의 예제가 출가 전과 출가 후에 따라 전면적으로 달라지는 관습은 『예기 · 곡례상曲禮上』에서도 명확히 드러나며, 이에 대해 다음과 같이 서술하고 있다.

> 여자가 〈15세가 되어〉 시집가는 것을 허락하면 영纓을 차서 대상이 있음을 나타내니, 〈남자는 상사喪事나 질병 같은〉 큰 연고가 있지 않으면 그 여자의 집 문에 들어가지 않는다. 고모와 자매와 딸자식이 이미 시집갔다가 되돌아오면 남자 형제가 같은 자리에 앉지 않으며, 같은 그릇으로 음식을 먹지 않는다. 부자간에는 같은 자리에 함께 앉지 않는다.
>
> 女子許嫁, 纓 ; 非有大故, 不入其門. 姑姊妹女子子, 已嫁而反, 兄弟弗與同席而坐, 弗與同器而食. 父子不同席.

『예기』에서는 여성이 혼인을 허락 받은(許嫁) 이후, 혹은 출가 후 친정에 돌아왔을 때, 형제와 함께 같은 자리에 앉을 수 없으며, 같은 그릇을 사용하여 식사할 수도 없다고 명확히 규정하고 있다. 이는 여성이 혼인을 약속한 순간부터 남녀 간의 예절이 더욱 엄격하게 적용되며, 성별 간의 구별이 강화됨을 보여주는 대표적인 사례이다. 즉, 혼인을 기점으로 여성의 신분과 처신은 본질적으로 변화하며, 이에 따라 예법적 제한 또한 더욱 철저하게 작동하는 구조를 반영한다. 이러한 규정은 단순한 절차적 변화가 아니라, 유교적 가족 질서 속에서 여성이 혼인을 통해 새로운 사회적 위치와 역할로 이행하게 됨을 상징적으로 드러내는 장치라 할 수 있다.

더불어, 여성이 출가 전과 출가 후에 부모를 대하는 예법의 차이는 단지 형식적 변화에 그치지 않고, 부녀父女 및 모녀母女 관계의 본질적인 특성을 반영하는 핵심 요소로 작용한다. 이는 곧, 여성이 혼인을 통해 가족 내에서 수행하는 역할과 그에 따른 예법적 위치가 근본적으로 변화함을 시사하며, 유교적 가부장제 구조 속에서 여성의 지위 변화를 예제禮制라는 형식을 통해 제도화한 결과라 할 수 있다.

즉, 출가 이전의 여성은 친가의 일원으로서 부친을 중심으로 한 예법 질서에 속하지만, 혼인 이후에는 시가媤家의 구성원으로 편입되어 남편과 시부모를 중심으로 예법을 수행하게 된다. 이와 같은 예법 구조는 유교적 세계관 속에서 가족 관계의 위계와 역할이 단순한 혈연뿐 아니라, 사회적·관계적 요인에 따라 유동적으로 재편된다는 점을 잘 보여준다.

(4) 고부 관계

여성은 혼인을 약속한 순간부터 남편의 가문에 속하게 되며, 그 명분名分은 남편을 기준으로 정립된다. 다시 말해, 남편은 아버지를 대신하여 여성의 하늘이 되는 것이다. 이러한 관계의 변화는 단순히 가족 구성원의 이동이나 일시적인 역할 변화에 그치는 것이 아니라, 유교적 예법 체계 내에서 여성의 신분과 역할이 본질적으로 전환되는 중대한 이정표로 작용한다. 즉, 혼인은 여성의 사회적 위치뿐만 아니라 예제禮制와 윤리적 의무에 대한 기준 자체를 전환시키는 제도적 장치인 것이다. 이러한 원칙은 『의례 · 상복』에서 더욱 명확하게 드러나며, 이에 대해 다음과 같이 서술하고 있다.

> 상복. 아랫단을 꿰매지 않은 상의(衰)와 하의(裳)를 입고, 검은빛의 암마로 만든 수질과 요질을 두르고, 검은빛의 대나무 지팡이를 짚고, 검은 암마를 꼬아서 만든 허리띠를 차고, 숫마로 만든 끈을 단 관을 쓰고, 엄짚신을 신는 경우는……. 아내가 남편을 위해 〈참최 3년으로 복을 한다.〉
>
> 喪服. 斬衰裳, 苴絰杖, 絞帶, 冠繩纓, 菅屨者.……, 妻為夫.
>
> 전에 말하였다. "남편은 지존이기 때문이다."
>
> 傳曰 : 夫至尊也.

이 경문經文은 『의례 · 상복』에서 군주를 위해 참최斬衰 삼년복을 입는 의절에 관한 규정과 함께, 남편을 위한 복제服制에 대한 원칙을 제시한 부분이다.

참최斬衰 삼년복은 오복제五服制 중 가장 엄중한 상복으로, 『의례』에서는 이를 남편의 사망 시 아내가 반드시 착용해야 할 복제로 규정하고 있다. 이는 남편이 아내에게 있어 '지존至尊'의 존재이기 때문이라고 설명하고 있으며, 남편의 지위가 단순한 가정 내 역할을 넘어, 아내에게 절대적인 존재로 인식되었음을 보여주는 중요한 예법적 원칙이다.

더 나아가, 「상복」에서는 남편과 아내 사이의 단순한 명분名分만을 규정하는 데 그치지 않고, 그들 사이에 형성된 정서적 유대 또한 복제 속에 반영되고 있음을 명시하고 있다. 즉, 상복의 구조는 가정 내 위계 질서와 함께 정서적 관계를 조화롭게 통합하여 예법으로 승화시킨 제도적 표현이다. 이와 관련된 내용은 다음과 같이 서술하고 있다.

> 아랫단을 꿰맨 거친 베로 만든 상의(衰)와 하의(裳)를 입고 숫마(牡麻)로 만든 수질과 요질을 두르고, 베로 만든 끈을 단 관(冠布纓)을 쓰고, 오동나무 지팡이를 짚고, 베로 만든 허리띠를 차고, 거친 짚신을 신고 기년의 복을 하는 경우는, 처를 위해 자최 장기杖期로 복을 한다.
>
> 疏衰裳齊, 牡麻絰, 冠布纓, 削杖, 布帶, 疏屨, 期者. 妻.

> 전에 말하였다. "처를 위해 왜 기년으로 복을 하는가? 처는 지친이기 때문이다."
>
> 傳曰 : 為妻何以期也? 妻至親也.

이 경문은 「상복」 편에서 남편이 아내를 위해 '자최齊衰 장기杖期'로 복상하는 예법에 관한 규정이다. 남편이 아내를 위해 자최 일년복을 입는 이유는, 아내가 가장 가까운 지친至親임을 의미하기 때문이라고 설명한다.

이러한 복제는 부부 관계가 단지 명분名分에 의한 결합에 그치지 않고, 깊은 정서적 유대(情分)가 내포되어 있음을 상징적으로 보여준다. 즉, 상례喪禮에서 부부가 서로를 위해 일정한 복제服制를 행하는 행위는 단순한 의무의 이행이 아니라, 부부 간의 친밀한 관계를 상징하는 요소이기도 하다. 이는 유교적 예법 체계 속에서 부부 관계가 단지 가문 간의 제도적 연합이 아니라, 인간적 정서와 윤리적 관계를 동시에 반영하는 복합적인 관계 구조로 이해되었음을 시사한다.

이처럼 부부 관계가 명분과 정서를 함께 지닌 관계라는 전제하에, 『의례』에서 여성이 시부모를 대하는 예법을 고찰해 보면, 그 원칙이 더욱 분명하게 드러난다. 여성이 결혼 후 남편을 따르는 것은 단순한 관습이 아니라, 그 명분 자체가 남편과 동일시되는 구조를 반영한다. 즉, 여성은 출가한 이후 남편의 종묘宗廟를 섬기고, 남편의 가문에 소속됨으로써, 명분상으로도 본가와 단절되고 시가에 완전히 편입된다. 이는 단순한 신분 이동이 아니라, 예법적 정체성과 예절 실천의 방향 자체가 전환되는 중대한 전환점으로 기능한다.

이러한 원칙은 『의례 · 사혼례士昏禮』의 혼례 절차에서도 확인할 수 있으며, 이에 대해 다음과 같이 서술하고 있다.

> 신부는 신랑의 뒤를 따라 서쪽 계단을 통해 당에서 내려온다. 주인은 내려가 전송하지 않는다.
>
> 婦從, 降自西階. 主人不降送.

이 경문은 신부가 출가하는 과정에서 예법에 관한 규정을 설명한 것이다. 신랑이 신부를 맞이할 때, 주인主人, 즉 신랑은 직접 신부를 맞이하며 세 번 읍하고 세 번 사양하는 예(三揖三讓)를 행한다. 반면,

신부가 친정을 떠날 때, 주인(主人, 즉 신부의 아버지)은 딸을 배웅하지 않는다. 그 이유는, 주인은 신부의 연장자이거나 부형父兄이기 때문이다. 또한, 여성이 출가한 후에는 남편의 가문에 속하게 되며, 출처(出妻, 이혼)의 경우를 제외하고는 친정에서 장기간 거주하는 일이 없기 때문이다.

즉, 주인(신부의 아버지)이 신부를 배웅하지 않는 것은, 신부가 남편의 가문에 완전히 편입되기를 바라는 뜻을 담고 있으며, 나아가 신부가 출처出妻로 친정에 돌아오는 일이 없기를 바라는 의미도 포함되어 있다. 이는 단순한 형식적 절차가 아니라, 유교적 가부장제 질서 속에서 여성이 친가에서 시가로 이동하는 과정이 단순한 이적移籍이 아닌, 신분적 · 사회적 변화로 인식되었음을 보여주는 중요한 의례적 원칙이라 할 수 있다.

출가한 여성이 남편의 가문에 속하게 됨을 보여주는 또 다른 예는 『의례 · 사혼례』에서 신랑이 신부를 맞이하기 전에, 신랑의 부친이 신랑에게 전하는 '초사醮辭'에서도 확인할 수 있다. 이에 대해 다음과 같이 서술하고 있다.

> 아버지가 아들(신랑)에게 초례醮禮를 베풀어 준다. 아버지는 아들에게 훈계하면서 말한다. "가서 너의 도울 사람을 맞이하여 우리 종묘의 일을 잇도록 하라. 너는 신부를 공경함의 도리로 부지런히 이끌어서 신부가 선비(先妣, 돌아가신 어머니나 조모)의 덕행을 계승할 수 있도록 하라. 너 자신의 행실에도 떳떳함이 있어야 한다." 아들은 "예. 오직 감당하지 못할까? 두려울 뿐, 감히 명을 잊지 않겠습니다." 라고 말한다.
>
> 父醮子, 命之, 曰 : 「往迎爾相, 承我宗事. 勗帥以敬, 先妣之嗣. 若

則有常.」子曰:「諾. 唯恐弗堪, 不敢忘命.」

부친이 아들인 신랑에게 전하는 초사醮辭를 통해, 『의례』에서 며느리에게 기대하는 역할과 태도를 엿볼 수 있다. 이 초사를 통해 확인할 수 있는 핵심은, 며느리가 남편의 종묘宗廟를 계승하고, 가문의 존장尊長을 공경하며 섬기는 것을 강조하는 데 그 의미가 있다. 즉, 혼인은 단순한 남녀 간의 개인적 결합을 넘어, 여성이 남편의 가문에 편입되어 그 전통과 혈통을 계승하는 존재로 기능함을 의미한다. 이러한 예법적 인식은 단지 상징적 선언에 그치지 않고, 혼례 절차 전반에 걸쳐 반복적으로 강조되며, 이를 통해 가문의 지속성과 사회적 질서의 재생산이라는 유교적 혼례의 본질이 드러난다.

또한, 「사혼례」에서 부친이 딸을 출가시키는 의례 절차를 고찰해 보면, 여성이 혼인과 동시에 곧바로 남편의 종묘에 소속됨을 명확히 보여준다. 이는 여성이 출가함으로써 단지 본래의 가문과 완전히 단절되는 것이 아니라, 새로운 가문—즉 시가媤家—의 질서와 의례 구조에 편입되어, 그 일원으로서 새로운 역할과 명분을 부여받는다는 것을 의미한다. 이에 대해 다음과 같이 서술하고 있다.

> 신부의 아버지는 딸을 보낼 때 훈계하면서 "삼가고 공경하여 아침 일찍부터 밤늦게까지 시부모님의 가르침과 명을 어기지 말도록 하라"라고 말한다. 신부의 어머니는 띠(衿)를 몸에 둘러 주고 거기에 차고 다니는 수건(帨)을 묶어 주면서 "근면하고 공경하여 아침 일찍부터 밤늦게까지 부녀자의 일을 어기지 말도록 하라"고 훈계한다. 서모庶母는 묘문 안까지만 나와서 주머니(鞶)를 묶어 주고, 부모의 가르침과 명을 거듭 당부하면서 "공경스럽게 네 부모님의 말씀을 따

르고 존중하여 아침 일찍부터 밤늦게까지 허물을 짓지 않도록 하라. 띠(衿)와 주머니(鞶)를 보여 주노니, 부모님의 말씀을 잊지 않도록 하라"라고 말한다. 신랑이 신부에게 수레 손잡이 줄(綏)을 건네주면, 보모(姆)가 신부를 대신하여 "아직 가르침을 받지 못하여 더불어 예를 행하기에 부족합니다"라고 사양을 한다.

父送女, 命之, 曰 :「戒之敬之, 夙夜毋違命!」母施衿結帨, 曰 :「勉之敬之, 夙夜無違宮事!」庶母及門內, 施鞶, 申之以父母之命, 命之, 曰 :「敬恭聽, 宗爾父母之言. 夙夜無愆, 視諸衿鞶!」壻授綏, 姆辭曰 :「未教, 不足與為禮也.」

여성이 출가하기 전에 부모가 딸에게 전하는 당부의 내용을 살펴보면, 당시 사회가 출가한 여성에게 기대하는 역할과 태도를 분명히 확인할 수 있다.

부친은 딸에게 혼인 후 시부모를 섬김에 있어 공손하고 신중한 태도를 견지할 것을 강조하며, 모친 또한 아침부터 저녁까지 부인의 직분을 소홀히 하지 말 것을 거듭 당부한다. 이처럼 부모가 출가하는 딸에게 전하는 가르침은 일관되게 '온순함(順)'과 '예禮'의 실천을 중심에 두고 있으며, 이는 『의례』에서 요구하는 이상적인 며느리의 전형典型을 잘 보여주는 대표적 예문이라 할 수 있다.

이러한 며느리에 대한 기대는 『의례』에만 국한되지 않고, 『맹자 · 등문공하滕文公下』에서도 유사한 내용으로 언급하고 있다.

여자가 시집을 갈 때는 어머니가 명한다. 그 딸을 보내며 문에서 전송할 때는 이렇게 경계한다. "너는 시집에 가서 반드시 공경을 다하고 경계를 다 하여 남편에게 어긋남이 없도록 하라" 이처럼 순종을 정도로 삼는 것은 첩부의 도이다.

女子之嫁也, 母命之, 往送之門, 戒之曰 :「往之女家, 必敬必戒, 無違夫子!」以順為正者, 妾婦之道也.

이 경문에서는 부인에게 있어 가장 중요한 도리로 '온순하고 신중한 태도의 유지'를 명확히 강조하고 있다. 이는 단순히 개인의 덕성을 요구하는 수준을 넘어서, 유교적 예교禮教 체계 속에서 여성에게 부과된 기본적 규범이자 사회적 기대치로 기능했음을 보여준다.

이러한 예법적 요구 속에서, 『의례 · 사혼례』에 나타나는 며느리의 시부모에 대하는 예절 규범을 면밀히 고찰해 보면, 며느리는 유순하고 공경하는 태도로 시부모를 모셔야 한다는 예법적 이상이 구체적으로 제시되어 있음을 확인할 수 있다. 이 같은 예법은 단순한 예절 교육이나 가정 내 도덕 훈계 차원을 넘어, 유교적 가족 질서 속에서 신부가 수행해야 할 역할을 강조하는 요소로 작용하고 있다.

이에 대해 「사혼례」 편에서는 다음과 같이 서술하고 있다.

다음 날 새벽에 일어나, 며느리는 목욕하고 머리싸개로 머리를 싸서 쪽머리를 한 후 비녀를 꽂고, 비단 옷깃을 한 검은색 웃옷(宵衣)을 입고서 시부모 뵙기를 기다린다.

夙興, 婦沐浴, 纚笄 · 宵衣以俟見.

이 문장은 며느리가 처음으로 시부모를 뵙는 예법에 관한 규정을 명시한 부분이다. 시부모는 가문의 연장자로서 최고 어른에 해당하며, 며느리는 새로 편입된 아랫사람의 신분이므로, 공손하고 예를 갖춘 태도로 시부모를 맞이하는 것이 예법의 핵심 원칙으로 설정되어 있다. 이에 따라, 며느리는 먼저 몸을 정결히 하기 위해 목욕하고, 정갈한 예복으로 갈아입은 뒤, 새벽이 밝아오기를 기다려 시부모를 정중히 배알해야 한다. 이 절차는 단순한 인사 차원의 의례를 넘어, 시부모에 대한 깊은 존경과 가문 전체에 대한 예의를 표명하는 상징적 행위로 간주된다. 즉, 이 예절은 며느리가 가문의 일원으로서 처음 수행하는 공식적 의례이자, 유교적 가족 질서 속에서 신부가 지녀야 할 도리와 태도를 내면화하는 중요한 의례적 장치로 기능한다. 이에 대해 「사혼례」 편에서는 다음과 같이 서술하고 있다.

> 시아버지와 시어머니가 실室 안으로 들어가면, 며느리는 손을 씻고 음식을 올린다.
>
> 舅姑入於室, 婦盥饋.

이 구절은 며느리가 시부모를 처음 배알하는 예절에 관한 규정이다. 며느리는 처음으로 시부모를 뵐 때, 공경의 태도로 시부모를 모시고, 직접 음식과 음료를 올려야 한다. 이는 단순한 봉사의 의미를 넘어, 며느리가 시부모를 온순하고 정성스럽게 섬겨야 함을 강조하는 예법이다.

즉, 며느리는 새로운 가문에 적응하는 과정에서 마땅히 예禮를 갖추어야 하며, 시부모에 대한 존경과 복종의 태도를 구체적인 행위로 표현해야 한다. 이러한 의례는 단지 형식적 절차에 그치는 것이 아니라, 유교적 가족 질서 속에서 며느리의 역할과 책임을 확립하는 상징적 과정이라 할 수 있다.

그리고, 「사혼례」 편에서는 또 다음과 같이 말하고 있다.

> 며느리가 먹고 남은 음식을 먹으려고 하면, 시아버지는 사양을 하고 장醬을 바꾸어 준다. 며느리는 시어머니가 먹고 남긴 음식을 먹는다. 며느리가 음식을 먹기 전에 신랑의 수종자는 며느리를 도와 말린고기, 고기 젓갈, 찰기장 밥, 허파, 거폐(중앙 부위를 조금 남기고 자른 허파), 등뼈로 고수레하는 것을 돕는다. 고수레가 끝난 후에 비로소 며느리가 음식을 먹고, 식사가 끝나면 시어머니는 술을 주어 입가심을 하게 한다.
>
> 婦餕, 舅辭, 易醬. 婦餕姑之饌, 御贊祭豆 · 黍 · 肺 · 舉肺 · 脊, 乃食, 卒. 姑酳之.

이 구절 역시 며느리가 처음으로 시부모를 배알하는 예절에 관한 규정이다.

시부모가 식사를 마친 뒤, 며느리는 시부모가 남긴 음식을 먹어야 한다. 그러나 시아버지의 경우, 남녀유별의 원칙에 따라, 며느리가 자신이 남긴 음식을 먹는 것을 허락하지 않는다. 따라서 며느리는 시어머니가 남긴 음식을 먹는다.

이러한 절차는 단순한 식사 예절이 아니라, 시부모가 가문의 어른이며, 며느리는 아랫사람이라는 위계질서를 강조하는 동시에, 며느리가 시부모를 섬겨야 하는 예禮의 의미를 담고 있다.

즉, 이 예법은 유교적 가정 질서 속에서 며느리가 시가의 질서에 순응하며, 가문의 일원으로서 마땅히 갖추어야 할 예절을 실천하는 상징적 의례로 기능한다.

이에 대해 「사혼례」 편에서는 또 다음과 같이 서술하고 있다.

시아버지와 시어머니가 먼저 서쪽 계단을 통해 당에서 내려가면, 며느리는 조계(동계)를 통해 당에서 내려간다. 며느리의 희생제기 위에 올려놓았던 희생 고기를 며느리 집안사람들에게 보내 준다.

舅姑先降自西階, 婦降自阼階. 歸婦俎於婦氏人.

이 경문은 며느리가 시부모를 처음 배알하고, 시부모의 식사를 모신 후 자리에서 물러나는 의절에 관한 규정이다.

시부모와 며느리 사이에는 분명한 신분적 위계가 존재하므로, 자리를 뜨는 방식 또한 엄격한 예법에 따라 구별된다. 시부모는 존자尊者이므로 먼저 자리에서 일어나 이석離席하며, 며느리는 아랫사람이므로 시부모가 완전히 자리를 뜬 이후에야 비로소 자리에서 일어날 수 있다.

또한, 이때 시부모와 며느리가 서로 다른 계단을 사용하는데, 이는 단순한 동선상의 구분이 아니라, 신분 차이를 강조하는 상징적 요소로 작용한다. 이러한 규정은 단순한 형식적 절차가 아니라, 유교적 예법 체계 속에서 가정 내 위계질서를 반영하고, 존비尊卑의 원칙을 실천하는 방식이라 할 수 있다.

이상의 『의례』 예문을 통해, 며느리가 신중하고 온순한 태도로 시부모를 섬기는 것이 예의 기본 정신임을 명확히 알 수 있다. 그러나 이 관계는 단지 며느리에게 일방적인 순종을 요구하는 구조에 머무르지 않으며, 시부모 또한 예법에 따라 며느리를 공경하고 존중하는 태도를 견지함으로써, 가정 내 화목과 질서를 함께 도모하는 균형의 원칙이 강조되었다.

이에 대해 『의례 · 사혼례』에서는 다음과 같이 서술하고 있다.

〈식사가 끝나면〉 시어머니는 술을 주어 입가심을 하게 한다. 며느리는 배례를 한 후에 술잔을 받고, 시어머니는 술잔을 건네준 후에 배례를 한다.

姑酳之, 婦拜受, 姑拜送.

시아버지와 시어머니는 함께 일헌의 예로 며느리에게 향례饗禮를 베풀어 준다. 시아버지는 정(庭, 조계의 동쪽)에 진설한 물받이 항아리(南洗)에서 술잔을 씻고, 시어머니는 북당北堂에 진설한 물받이 항아리(北洗)에서 술잔을 씻는다. 며느리는 시어머니가 수酬의 예를 행할 때 건네준 술잔을 내려놓고 마시지 않는다.

舅姑共饗婦以一獻之禮. 舅洗於南洗, 姑洗於北洗, 奠酬.

이 경문은 며느리가 처음으로 시부모를 배알하고, 시부모의 식사를 모신 후, 시부모가 '일헌一獻'[5]의 예로 신부에게 감사를 표하는 의절에 관한 규정이다. 이러한 절차는 예제禮制 속에서 상호 간의 예의를 주고받으며, 가정 내 조화를 추구하는 정신을 반영하고 있다. 즉, 가정 내에서 단순한 위계질서만이 강조되는 것이 아니라, 상호 존중과 예법을 통한 조화로운 관계 형성이 중요한 원칙으로 작용하고 있음을 보여준다.

이상의 내용을 종합하면, 다음과 같은 세 가지 결론을 도출할 수 있다.

5) 일헌一獻 : 주인과 빈이 헌일작일수獻一酢一酬의 과정을 한 번만 행하는 것을 일헌의 예라고 한다.

◆ 부부 관계

아내는 남편을 하늘과 같이 받들어야 하는 위치에 있으나, 남편 역시 아내를 가장 가까운 지친至親으로 존중해야 한다. 따라서 부부 관계는 단순한 존비尊卑 관계가 아니라, 예와 질서를 갖춘 동시에 정서적 유대를 지닌 관계이다. 이는 유교적 예법에서 지향하는 부부 간의 상호 존중과 조화를 기반으로 한 이상적인 부부상을 반영하는 것이다.

◆ 며느리의 역할

며느리는 출가 이후, 『의례』의 예법에 따라 신중하고 온순한 태도로 시부모를 섬기는 것이 가장 중요한 덕목으로 여겨진다. 이는 단지 순종의 자세를 요구하는 것이 아니라, 며느리가 가문의 일원으로서 책임과 역할을 수행하는 과정으로 해석되어야 한다. 즉, 유교적 가정 질서 속에서 며느리의 존재는 단순한 '타자'가 아닌, 질서를 지탱하고 화목을 이루는 핵심적인 구성원으로 자리매김한다.

◆ 시부모와 며느리의 상호 관계

며느리가 시부모를 공경과 정성의 태도로 모셔야 하는 것처럼, 시부모 역시 며느리를 예법에 맞추어 존중하고 대우해야 한다. 이는 예禮가 일방적인 복종을 강요하는 도구가 아니라, 예를 주고받음(禮尙往來)을 통해 상호 관계를 조율하고, 가정의 조화를 도모하는 수단으로 작용했음을 의미한다. 다시 말해, 유교적 예법은 단순히 위계를 강조하는 데 그치지 않고, 가족 구성원 간의 조화로운 관계 형성을 궁극적 지향점으로 설정하고 있다는 점에서 중요한 문화적 함의를 지닌다.

2. 적서嫡庶 관계

『의례』에서 아들을 대하는 예법은 종법宗法 제도의 전통을 따라, 대종大宗과 소종小宗의 구분에 기반하여 정립되어 있다.

대종大宗의 자손은 『의례』에서 '적장자嫡長子'로 표현된다. 소종小宗의 자손은 『의례』에서 '서자庶子'로 지칭된다. 가정 내 위계질서를 기준으로 볼 때, 적장자는 서자에 비해 명백히 우위에 있는 존재로 규정된다. 이는 단순한 혈연적 차이에서 기인한 것이 아니라, 가문의 계승 및 의례적 역할이 적장자에게 집중적으로 부여되었기 때문이다.

『의례』에서 적장자와 서자에 대한 예법을 정리하면, 다음 두 가지 원칙으로 나뉜다.

- 첫째, 적장자는 가문 내에서 부친과 동일한 권위의 '가장家長'의 신분을 가지며, 특정한 의례에서는 부모를 대신하여 가장의 권한을 행사할 수 있는 자격을 지닌다.

- 둘째, 적장자는 가문의 종묘宗廟를 계승할 책임이 있으므로, 『의례』에서는 적장자에 대한 예법이 서자보다 더욱 중시된다. 즉, 적장자는 단순한 혈연적 개념을 넘어, 가문의 존속과 예법적 계승을 담당하는 핵심적 존재로 인식되었다.

이와 같은 적장자의 지위와 역할은 『의례 · 사관례士冠禮』에 수록된 관례冠禮의 절차와 의문儀文을 통해 명확히 확인할 수 있다.

적자는 조계(阼階, 동계) 위쪽에서 관을 쓰는데, 아들이 후사가 되어 아버지의 대를 잇는 의리를 밝히기 위한 것이다.

適子冠於阼, 以著代也.

정현 주 : 빈객의 자리에서 초례를 행하는데, 관을 써서 성인의 도리가 있게 되었음을 높여 주기 위한 것이다.

鄭注 : 醮之於客位, 所以尊敬之, 成其為人也.

이 의문에 따르면, 「사관례」는 적자嫡子가 동계東階 위에서 관례를 치르는 것을 명확히 규정하고 있다. 이는 단순한 공간적 배치가 아니라, 적자가 장차 부친의 지위를 계승하여 가문의 가장이 될 존재임을 상징적으로 드러내는 의례적 장치로 이해할 수 있다. 즉, 적자의 관례 장소는 그의 존귀한 지위와 장차 감당하게 될 책임을 예시적으로 보여주는 상징적 공간이라 할 수 있다.

이에 반해, 「사관례」에서 서자庶子의 관례 장소를 살펴보면, 적자와의 명확한 차이를 확인할 수 있다. 이는 단순한 신분상의 구별이 아니라, 종법(宗法) 체계에 입각한 가문 내 위계질서 속에서 적장자가 지니는 특별한 위상과 계승적 역할을 강조하려는 예법적 원칙이 반영된 것이라 할 수 있다.

관을 쓸 당사자가 서자라면, 방 밖에서 남쪽을 향해 관을 쓰고, 이어서 초례도 이곳에서 행한다.

若庶子, 則冠於房外, 南面, 遂醮焉.

정현 주 : 방 밖은 술동이의 동쪽을 가리킨다. 조계 위쪽에서 관을 쓰지 않는 것은 서자는 후사가 되어 아버지를 대신하는 의리가 없기 때문이다. 빈객의 자리에서 초례를 행하지 않는 것은 성인이 되었지만 높여 주지 않기 때문이다.

鄭注 : 房外, 謂尊東也. 不於阼階, 非代也. 不醮於客位, 成而不尊.

이 경문은 『사관례士冠禮』에서 관례가 거행되는 장소의 차이를 통해 적자嫡子와 서자庶子 간의 위계 차이를 드러내는 변례變禮에 관한 규정이다. 적자는 가문의 종묘宗廟에서 관례를 치를 수 있는 자격을 지니며, 이는 그가 장차 종묘를 계승할 자격을 갖춘 존재임을 상징적으로 보여준다. 반면, 서자는 종묘에서 관례를 거행할 수 없고, 단지 가옥의 문 앞, 즉 방문 밖房門外에서 관례를 행해야 한다. 이는 단순한 공간적 구별을 넘어, 예제禮制 속에 내재된 존비尊卑의 질서를 반영하는 동시에, 적자는 종묘를 계승하는 자이며, 서자는 그 계승에서 제외된다는 명확한 의례적 원칙에서 비롯된 것이다.

즉, 적자는 단순한 장남이라는 의미를 넘어, 가문을 대표하고 계승하는 중심적 존재로 규정되며, 이에 따라 관례를 행하는 장소 역시 그의 명분名分에 부합하는 공간으로 설정된다. 반면, 서자는 종묘 계승과 직접적인 연관이 없는 자로 간주되기에, 예법상 그의 관례는 상대적으로 낮은 위계의 공간에서 이루어지게 되는 것이다.

이처럼 적자와 서자 사이의 예법 차이는 혈연적 서열에 기인한 것이 아니라, 종묘 계승권이라는 제도적 기준에 따라 규정된다. 종법宗法 제도에 따르면, 대종大宗은 적장자嫡長子가 계승하는 것을 원칙으로 하며, 이는 "백세불천百世不遷"의 원칙, 즉 대대로 계승되되 바뀌지 않는다는 규범에 의해 엄격히 유지된다. 그러나 적장자가 조기에 사망하거나, 기타 예외적인 사유로 인해 대종을 계승할 수 없게 되는 경우, 종법 제도는 일정한 유연성을 발휘하여 서자 가운데 한 명을 대종의 계승자로 삼을 수 있도록 허용한다. 이때, 서자가 종묘를 계승하게 되면, 그의 명분은 적자와 동일한 위상으로 격상되며, 그에 따르는 예법 또한 전적으로 적장자의 예법에 준하여 적용된다.

이는 『의례』에서 규정하는 예법이 단순히 혈통에 고정된 절대적 체계가 아니라, 가문의 명분과 역할의 변화에 따라 유동적으로 조정되는 제도임을 분명히 보여준다. 이러한 원칙은 『의례 · 상복喪服』에서도 명확히 확인할 수 있으며, 서자가 적장자를 대신하여 대종의 계승자가 되었을 경우 적용되는 상복의 예제禮制에 구체적으로 반영되어 있다.

> 상복. 아랫단을 꿰매지 않은 상의(衰)와 하의(裳)를 입고, 검은빛의 암마로 만든 수질과 요질을 두르고, 검은빛의 대나무 지팡이를 짚고, 검은 암마를 꼬아서 만든 허리띠를 차고, 숫마로 만든 끈을 단 관을 쓰고, 엄짚신을 신는 경우는……. 다른 사람의 후사가 된 사람이 후사로 삼아 준 사람을 위해 〈참최 3년으로 복을 한다.〉
>
> 喪服. 斬衰裳, 苴絰杖, 絞帶, 冠繩纓, 菅屨者. ……. 爲人後者.

> 전에 말하였다. "왜 3년으로 복을 하는가? 중重을 받은 사람은 존귀한 복식(참최복)으로 복을 해야 하기 때문이다."
>
> 傳曰 :「何以三年也, 受重者, 必以尊服服之.」

이 의문儀文은 「상복」 편에서 서자庶子가 대종大宗의 계승자가 된 경우, 계승한 자를 위해 참최斬衰 삼년복을 입는 의절에 관한 규정이다.

참최斬衰 삼년복은 오복제五服制 중 가장 무거운 상복으로, 원칙적으로 서자는 자신의 생부를 위해 참최 삼년복을 입어야 한다. 그러나 서자가 적장자를 대신하여 대종을 계승하게 되면, 그는 단순한 서자의 신분을 넘어 대종의 적자嫡子로서의 명분을 부여받게 되며, 이에 따라 그에게 적용되는 예법 또한 전적으로 변화한다. 즉, 이제 그는 자신의 생부가 아닌, 대종의 부친, 곧 가문의 중심인물 부친을 위해 참최 삼년복을 입어야 하며, 이는 적장자에게 요구되었던 동일한 상복 예법이 그대로 적용됨을 의미한다.

이러한 규정은 단지 복제服制의 변경에 그치는 것이 아니라, 종법宗法 체계 속에서 '가문의 계승'이라는 중차대한 역할이 혈통보다는 '명분名分'의 원리에 따라 결정된다는 점을 명확히 보여준다. 다시 말해, 예법에서의 실질적인 기준은 출생 순위나 생물학적 계열이 아니라, 가문을 누구에게 계승시킬 것인가 하는 종법적 판단에 기초하며, 그에 따라 예의의 적용 대상과 범위가 재정립되는 구조인 것이다.

이와 같은 변화는 『의례 · 상복』에 나타난 또 다른 규정, 즉 서자가 대종을 계승한 이후 자신의 생부를 위해 어떠한 상복을 입어야 하는지에 대한 규정에서도 더욱 분명하게 드러난다. 이에 대해 다음과 같이 서술하고 있다.

> 지팡이를 짚지 않고 마로 짠 짚신을 신고 기년의 복을 하는 경우는……, 다른 사람의 후사가 된 사람이 자기의 친부모를 위해 자최부장기로 복을 하는데, 친부모도 똑같은 복으로 갚아 준다.
>
> 不杖, 麻屨者.……, 為人後者, 為其父母, 報.

전에 말하였다. "왜 기년으로 복을 하는가? 참최의 복을 두 번 할 수 없기 때문이다. 왜 참최의 복을 두 번 할 수 없는가? 대종의 중(重, 종묘 제사의 주재권)을 가진 사람은 소종에 대해 낮추어서 복을 하기 때문이다. 다른 사람의 후사가 된다는 것은 누구의 후사가 된다는 것인가? 대종의 후사가 된다는 것이다. 왜 대종의 후사가 되는가? 대종은 존尊의 정통이기 때문이다. 금수는 어미만을 알며 아비를 모른다. 야인은 아버지와 어머니에 무슨 차이가 있는가? 라고 한다. 도읍의 사士는 아버지를 존중할 줄 안다. 대부 및 학사는 할아버지를 존중할 줄 안다. 제후는 태조에게까지 제사를 지내고 천자는 그 시조가 나온 곳에까지 제사를 지낸다. 존귀한 사람의 경우 존의 정통이 멀리까지 미치고, 비천한 사람의 경우 존의 정통이 좁다. 대종은 존의 정통이고, 대종은 친족을 거두는 자이므로 끊어져서는 안 된다. 그 때문에 족인들이 지자支子로 대종의 후사를 잇게 한다. 적자는 대종의 후사가 될 수 없다."

傳曰 :「何以期也? 不貳斬也. 何以不貳斬也, 持重於大宗者, 降其小宗也. 爲人後者孰後? 後大宗也. 曷為後大宗? 大宗者, 尊之統也. 禽獸知母而不知父. 野人曰 : 父母何算焉? 都邑之士則知尊禰矣. 大夫及學士則知尊祖矣. 諸及其大祖, 天子及其始祖之所自出尊者. 尊統上卑者尊統下, 大宗者尊之統也. 大宗者, 收族者也. 不可以絕, 故族人以支子後大宗也. 適子不得後大宗.」

이 경문은 「상복」 편에서 대종大宗을 계승한 자가 자신의 생부生父를 위해 자최齊衰 일년복을 입되, 상장喪杖을 사용하지 않고 삼베 신(麻鞋)을 신는 '자최부장기齊衰不杖期'의 예법에 관한 규정이다.

이 경우는 대종에게 친자親子가 없을 경우, 소종小宗에서 자식을 입양하여 대종의 계승자로 삼는 사례를 반영한 것이다. 즉, 소종에서 대종으로 입양된 자식, 곧 계자繼嗣는 자신의 생부를 위하여는 자최齊衰 일년복을 입지만, 대종의 부친을 위해서는 참최斬衰 삼년복을 입어야 한다. 이는 혈연관계보다도 '명분名分'의 원리를 더욱 중시하는 종법宗法 질서의 핵심 원칙을 잘 보여주는 대표적인 사례라 할 수 있다. 『의례』에서 예법의 가장 근본적인 기준은 혈통이 아닌, 계승의 정통성과 의례적 지위, 즉 명분에 있다. 이러한 원칙에 따라, 종법 체계 내에서 적자와 서자의 명분이 확립된 이후에는 모든 의례 규범도 그 명분에 따라 달리 적용되며, 복제服制 또한 그에 상응하여 차등화된다.

이를 간명하게 정리하면, '적자는 예가 중시되며(嫡子禮隆), 서자는 예가 간략하게 적용된다(庶子禮略).'는 원칙으로 요약할 수 있다. 이와 같은 명분 중심의 예법 구조는 『의례』 전반에 걸쳐 일관되게 유지되며, 특히 그중에서도 가장 명확하게 드러나는 사례가 바로 서자가 적장을 위하여 입는 상복에 관한 규정이라 할 수 있다. 이에 대해 「상복」편에서는 다음과 같이 기록하고 있다.

> 지팡이를 짚지 않고 마로 짠 짚신을 신고 기년의 복을 하는 경우는……, 대부의 서자가 적곤제(父後者)를 위해 자최 부장기로 복을 한다.
>
> 不杖, 麻屨者.……, 大夫之庶子為適昆弟.

> 전에 말하였다. "왜 기년으로 복을 하는가? 아버지가 낮추어서 복을 하지 않는 대상에 대하여 아들도 감히 낮추어서 복을 하지 못하기 때문이다."
>
> 傳曰 :「何以期也? 父之所不降, 子亦不敢降也.」

이 역시 「상복」 편에서 대부大夫의 서자庶子가 적형제嫡兄弟를 위해 자최齊衰 일년복을 입되, 상장喪杖을 사용하지 않고 삼베 신(麻鞋)을 신는 '자최부장기齊衰不杖期'의 예법에 관한 규정이다. 「전傳」에서는 이에 대한 근거를 다음과 같이 설명하고 있다.

서자가 적형제를 위해 자최齊衰 일년복을 입는 것은, 이미 부친이 적장자를 위해 참최斬衰 삼년복을 입고 있기 때문에 복제를 감히 낮출 수 없기 때문이다. 다시 말해, 적장자는 가문 내에서 부친과 동등한 위계의 지위를 부여받은 존재이며, 적장자가 사망하면 부친은 참최斬衰 삼년복을 입고, 모친은 자최齊衰 삼년복을 입으며, 서자는 자최齊衰 일년복을 입는 것이 예제의 정당한 원칙이다.

이러한 예법은 적장자가 단순한 장남이 아니라, 가문의 종묘宗廟를 계승하는 정통 계승자로서, 그의 지위가 부친과 실질적으로 동일한 위상을 지닌다는 점을 강조하는 것이다. 따라서, 적장자의 사망에 따른 예법은 단지 개인에 대한 애도에 그치지 않고, 가문의 중심을 이루는 인물에 대한 존숭尊崇과 위계적 질서를 상징적으로 구현하는 방식으로 작동한다. 더 나아가 이러한 원칙은 적장자의 아들, 곧 적손嫡孫에게도 동일하게 적용되며, 가문 내에서의 명분과 계승의 위계가 지속적으로 유지된다는 점에서 예법의 연속성과 구조적 일관성을 보여주는 중요한 근거가 된다.

이에 대해 『의례 · 상복喪服』에서는 적장자의 손자(嫡孫)에 대한 복제 규정을 다음과 같이 서술하고 있다.

> 지팡이를 짚지 않고 마로 짠 짚신을 신고 기년의 복을 하는 경우는……, 적손을 위해 자최 부장기로 복을 한다.

不杖, 麻屨者.……, 適孫.

전에 말하였다. "왜 기년으로 복을 하는가? 그 적適에 대해 감히 낮추어서 복을 하지 못하기 때문이다. 적자가 있는 경우에는 적손이 있을 수 없으며, 손자며느리인 경우도 마찬가지이다."

傳曰 :「何以期也? 不敢降其適也. 有適子者, 無適孫, 孫婦亦如之.」

이는 「상복」 편에서 적장자의 손자, 즉 적손嫡孫을 위해 '자최부장기齊衰不杖期'의 예법에 관한 규정이다.

이러한 규정은 단순한 복제服制의 차등을 넘어서, 『의례』가 대종大宗의 적손嫡孫과 적부嫡婦 등에 대한 예법이 더욱 중시되었음을 확인할 수 있다. 즉, 가문의 계승과 종묘宗廟 유지에 직결되는 인물일수록, 그들에게 적용되는 예법은 더욱 엄격하고 중대한 의미를 지닌다.

이상의 내용을 종합해 보면, 『의례』에서 적자와 서자의 차이는 단순한 신분상의 차별이 아니라, 가문 내에서 각자의 역할과 책임에서 비롯된 것임을 알 수 있다. 적장자는 종묘를 계승하고, 가장으로서 가문의 중심 역할을 수행해야 한다. 따라서 적장자의 신분은 예제禮制 상 더욱 존중되며, 그에 부합하는 의례 또한 가장 무겁고 엄격한 형태로 유지된다. 반면, 서자는 가문 내에서 부차적인 위치를 차지하며, 예제상의 대우도 적장자보다 간소하게 이루어진다. 적장자는 부친의 가장家長 지위를 계승하는 존재이므로, 부모가 모두 사망한 후에는 가문을 주재하는 역할을 담당해야 한다. 이러한 원칙은 『의례 · 사혼례士昏禮』의 경문에서도 명확히 드러난다.

종자에게 아버지가 안 계시면 어머니가 사자使者에게 명을 한다. 부모님이 모두 돌아가셨을 경우 자기가 직접 사자에게 명을 한다. 지자인 경우에는 종자를 칭하면서 사자에게 명을 한다.

宗子無父, 母命之. 親皆沒, 己躬命之. 支子, 則稱其宗.

이는 「사혼례」 편에서 적자嫡子와 서자庶子 간의 혼례 절차에서 나타나는 변례變禮에 대한 규정이다.

적자는 부친이 부재할 경우, 모친이 사자를 파견하여 혼례를 주관할 수 있으며, 부모가 모두 부재한 경우에는 적자가 직접 사자를 명하여 혼례를 진행할 수 있다. 이는 적자가 가문 내에서 일정한 독립적 권위를 지닌 존재로 간주되었음을 보여주는 예법적 근거이다. 그러나, 서자의 경우에는 이러한 권한이 부여되지 않는다. 서자는 반드시 적자의 명령을 받아야만 혼례를 위한 사자를 파견할 수 있으며, 독자적으로 혼례 절차를 진행할 권한을 갖지 못한다. 이는 곧 서자가 예법적으로도 가문 내에서 종속적인 위치에 있음을 명확히 하는 조항으로, 단지 혈연상의 차별을 넘어서 가문 내 질서와 통제를 위한 실질적인 예제禮制의 장치로 기능한다.

이러한 규정은 『의례』가 혼례라는 삶의 중요한 전환점에서도 적자와 서자의 예법적 위계를 엄격히 구분하고 있음을 보여주는 대표적 사례이며, 나아가 적자가 가문의 계승자이자 중심적 인물로서 가지는 실질적 권한과 책임을 강조하는 구조로 해석할 수 있다. 이에 대해 또 다음과 같이 서술하고 있다.

부모님이 모두 돌아가셨을 경우 자기가 직접 사자에게 명을 한다.

지자인 경우에는 종자를 칭하면서 사자에게 명을 한다. 동생은 형을 칭하면서 사자에게 명을 한다.

親皆沒, 己躬命之. 支子, 則稱其宗. 弟, 則稱其兄.

이 경문 역시 『의례 · 사혼례』에서 부모가 모두 사망한 경우, 적장자가 가장으로서 혼례 절차를 주관하는 방식에 대한 변례變禮를 설명한 것이다.

부모가 모두 부재할 경우, 적장자는 직접 사자를 보내어 여자의 집에 '납채納采'의 예를 행하도록 명해야 한다. 또한, 적계嫡系의 형제가 혼례를 치를 경우, 형이 동생을 대신하여 사자를 보내어 혼례 절차를 진행해야 한다. 반면, 서자의 경우 반드시 적장자가 사자를 보내야만 혼례 절차를 진행할 수 있다.

이러한 규정은 적장자가 부모가 부재한 상황에서 가장家長의 역할을 승계하며, 가문을 대표하는 책임을 지고 있음을 명확히 보여준다. 즉, 부친이 사망한 후 적장자는 가장의 권위를 계승하고, 모든 가문 내 의례를 주관하는 역할을 담당하게 한다.

이러한 적자와 서자의 차이는 혼례 절차에서뿐만 아니라, 서자의 부인(庶婦)에 대한 예법에서도 명확히 드러난다. 이에 대해 『의례 · 사혼례』에서는 다음과 같이 서술하고 있다.

서자의 아내라면 사람을 시켜서 그녀에게 초례를 베풀어 주게 한다. 서자의 아내는 시부모에게 음식을 올리지 않는다.

庶婦, 則使人醮之. 婦不饋.

이 경문은 『의례 · 사혼례』에서 서자庶子의 혼례 예법에 대한 규정을 설명한 것이다.

서자의 아내는 시부모를 위해 식사 예절(進食之禮)을 행할 수 없다. 이는 예법 체계에서 적자와 서자의 경계가 엄격하게 구분되며, 모든 예식이 적자를 중심으로 이루어짐을 나타낸다. 즉, 이는 단순한 관습이 아니라, 예제禮制에서 혈연보다 명분名分이 더욱 중요하게 여겨지는 특성을 명확히 반영하는 원칙이라 할 수 있다.

이상 『의례』의 경문을 바탕으로 적자와 서자 간의 관계에 관한 주요 원칙을 정리하면 다음과 같다.

◆ 첫째, 적서嫡庶의 구분에서 혈연은 부차적이며, 가장 중요한 것은 명분名分의 확립이다.

명분이 확립된 이후에는 그에 상응하는 예법과 책임을 충실히 수행해야 하며, 해당 명분에 맞는 예법을 따라야 한다. 예컨대, 서자가 적장자를 대신하여 대종大宗을 계승하게 되면, 그는 생부生父를 위해 '자최부장기齊衰不杖期'의 복을 입고, 대종의 부친을 위해서는 '참최斬衰 삼년복'을 입어야 한다. 이는 예법이 혈연이 아닌 명분의 변화에 따라 결정된다는 『의례』의 근본 원칙을 보여주는 대표적인 사례이다.

◆ 둘째, 적서의 신분이 확립된 이후에는 적장자가 가문의 가장으로서 지위를 계승하게 된다.

부모가 모두 사망한 경우, 적장자는 자신뿐만 아니라 적계의 동생들(嫡弟)과 서자庶子까지 대표하여 가문의 대외적 의례를 주관할 수 있는 권한을 지닌다. 이는 『의례 · 사혼례』에서 적장자가 부모가 부재한 경우, 자신뿐만 아니라 적계 형제와 서자를 대신하여 여자의 집에 혼례 사자를 보낼 수 있도록 규정된 것에서도 확인할 수 있다. 다시 말해, 적장자는 종묘宗廟를 계승할 뿐 아니라, 가문 전체를 상징하고 대표하는 실질적 중심으로 자리매김한다.

- 셋째, 『의례』에서 적자와 서자의 예법을 비교해 보면, 적자는 예법이 중시되고(嫡子禮隆), 서자는 간략하게 적용된다(庶子禮略)는 원칙이 명확하게 드러난다.

이 원칙은 단순히 개별 적자와 서자의 관계에서만 적용되는 것이 아니라, 대종大宗과 소종小宗 간의 관계에서도 동일하게 적용된다. 즉, 적자는 가문을 대표하고 중요한 예법을 수행하는 역할을 담당하며, 서자는 그보다 간략한 예법이 적용되는 구조를 따른다.

결론적으로, 『의례』에서 규정하는 적서嫡庶의 관계는 단순한 혈통상의 차이가 아니라, 가문을 계승하고 유지하는 데 있어 각자가 감당해야 할 역할과 책임, 그리고 명분名分의 중대성에 근거하여 설정된 질서이다. 이러한 예법적 구별은 곧 가문의 존속과 질서를 유지하기 위한 구조적 장치로 기능하며, 적장자의 예법적 우위는 명분과 책무에 기초한 당연한 귀결임을 보여주는 것이다.

3. 장유長幼 관계

가족 내에서 혈연을 기준으로 한 장유長幼 관계는 적서嫡庶 관계가 확립된 이후에 고려된다. 즉, 가족 구성원의 위계를 정할 때, 먼저 적서嫡庶를 구분한 후, 그다음으로 연령에 따른 장유長幼의 질서를 논한다. 이는 유교적 예제禮制에서 위계를 정하는 기본 원칙으로, 연령보다 혈통과 신분이 우선적으로 고려됨을 의미한다.

예제禮制에서는 연령의 차이에 따라 기대되는 역할과 책임이 다르게 설정된다. 이에 따라, 『예기 · 소의少儀』에서는 위계를 정하는 방식이 먼저 존비尊卑를 구분한 후, 장유長幼를 따지는 것임을 명확히 서술하고 있으며, 연령에 따른 기대 역시 다르게 설정되어 있다. 이에 대해 다음과 같이 기록하고 있다.

> 국군國君에게 그 아들이 장성했는지 어린지를 물을 경우, 〈국군은 자기의 아들이〉 장성했으면 "〈제사, 軍旅 등의〉 사직의 일에 종사할 수 있다."라고 답하고, 어리면 "일을 주관하여 다스릴 수 있다."라고 답하거나 "일을 주관하여 다스릴 수 없다."라고 답한다. 대부에게 그 아들이 장성했는지 어린지를 물을 경우, 장성했으면 "〈大司樂이 樂의 德, 樂의 이론 등으로써 국자國子를 가르치는 것과 같은〉 악인樂人의 일에 종사할 수 있다."라고 답하고, 어리면 "악인에게 가르침을 받을 수 있다."라고 답하거나 "악인에게 가르침을 받을 수 없다."라고 답한다. 사士에게 그 아들이 장성했는지 어린지를 물을 경우, 장성했으면 "능히 밭을 갈 수 있다."라고 답하고, 어리면 "나무 섶을 질 수 있다."라고 답하거나 "나무 섶을 질 수 없다."라고 답한다.
>
> 問國君之子長幼, 長, 則曰 : 「能從社稷之事矣」 ; 幼, 則曰 : 「能御」, 「未能御[6]」. 問大夫之子長幼, 長, 則曰 : 「能從樂人之事矣」 ; 幼,

6) 「能御」, 「未能御」 : 진호의 주에 따르면 御는 〈禮 · 樂 · 射 · 御 · 書 · 數〉 六藝의 하나이다. 정현의 주에 따르면 御는 일을 주관하여 다스림을 이른다. 본 문에서

則曰：「能正於樂人」,「未能正於樂人」. 問士之子長幼, 長, 則曰：「能耕矣」; 幼, 則曰：「能負薪」·「未能負薪」.

『예기』의 경문經文에서는 먼저 군주國君, 대부大夫, 사士 등의 신분을 나누며, 이는 곧 존비尊卑의 차이를 구분하는 과정이다. 존비尊卑의 차이가 확립된 이후에야 비로소 장유長幼를 구분한다. 그에 따라, 신분과 연령에 따른 역할과 책임이 각기 다르게 설정된다. 예를 들어, 군주의 장자長子는 장차 국가를 계승해야 하므로, 그가 사직社稷의 일을 맡을 수 있는지를 묻는다. 반면, 군주의 유자幼子에게는 일을 주관하여 다스릴 수 있는지를 묻는다. 대부大夫의 장자에게는 음악을 다룰 수 있는지를 묻고, 유자에게는 음악을 바르게 연주할 수 있는지를 묻는다. 사士의 장자에게는 농사를 지을 수 있는지를 묻고, 유자에게는 땔나무를 나를 수 있는지를 묻는다. 이러한 『예기』의 예문을 통해, 신분과 연령에 따라 기대되는 역할이 서로 다름을 확인할 수 있다.

『의례』의 예법을 통해 가족 내 혈연을 중심으로 한 장유長幼 관계를 정리하면, 다음 두 가지 원칙으로 정리할 수 있다.

- 첫째, 장자는 예가 중시되고(長者禮隆), 유자는 예가 간략하게 적용된다(幼者禮略).

- 둘째, 일이 있을 때는 어린 사람이 노동을 담당한다.

첫 번째 원칙과 관련하여, 『의례 · 상복喪服』에서는 어린 자녀에게

는 정현의 주를 따라 번역하였다.

적용되는 예법이 보다 간략하게 규정되어 있음을 명확히 설명하고 있다. 이에 대해 다음과 같이 서술하고 있다.

> 상복. 아랫단을 꿰매지 않은 상의(衰)와 하의(裳)를 입고, 검은빛의 암마로 만든 수질과 요질을 두르고, 검은빛의 대나무 지팡이를 짚고, 검은 암마를 꼬아서 만든 허리띠를 차고, 숫마로 만든 끈을 단 관을 쓰고, 엄짚신을 신는 〈참최 3년복〉 경우는…….
>
> 喪服, 斬衰裳, 苴絰杖, 絞帶, 冠繩纓, 菅屨者. …….

> 전에 말하였다. "동자는 무엇 때문에 지팡이를 짚지 않는가? 병이 들지 않을 것이기 때문이다."
>
> 傳曰 :「童子何以不杖? 不能病也.」

이는 참최斬衰 복에서 상장喪杖에 관한 규정을 설명한 부분이다. 「전傳」에서는 어린아이(童子)가 상기喪期 동안 병이 들지 않을 것이기 때문에, 상장喪杖을 사용할 필요가 없다고 설명하고 있다. 따라서, 직접 '동자童子'라는 용어를 사용하여 상장을 사용하지 않는다고 명시함으로써, 이 규정이 어린이를 위한 특별한 예외 조항임을 나타낸다. 즉, 『의례 · 상복』의 예법은 어린 자녀에게 적용되는 규정을 완화하여, 연령에 따라 복제服制를 경감하는 특징을 보인다.

이러한 원칙은 『의례 · 상복』에서 미성년자인 남녀를 위해 보다 가벼운 상복을 따로 규정한 조항에서도 확인할 수 있다.

> 대공포로 만든 상의(衰)와 하의(裳)를 입고, 숫마로 만든 수질과 요질을 두르고, 수복受服이 없이 처음 입은 상복으로 상을 마치는 경우는,

장상長殤이나 중상中殤으로 죽은 아들 · 딸을 위해 대공으로 복을 한다.

大功布衰裳, 牡麻絰, 無受者 : 子 · 女子子之長殤 · 中殤.

정현 주 : 상殤이란 아들과 딸이 관례나 계례를 치르기 전에 죽어 애통해하는 경우를 말한다. 혼인을 허락한 딸의 경우에는 상이 되지 않는다.

鄭注 : 殤者, 男女未冠笄而死可傷者, 女子子許嫁不為殤也.

『의례 · 상복』의 관습에서는 친한 관계일수록, 연장자일수록, 지위가 높을수록 상복이 무겁게 적용되며, 반대로 어린 자녀에게는 상복이 간소화된다.

이 의문儀文에서는 대공大功의 상喪은 장상長殤과 중상中殤을 위해 설정된 것임을 규정하고 있다. 이에 대해 정현鄭玄은, "상殤이란, 남자는 관례冠禮를 치르기 전, 여자는 계례笄禮를 치르기 전의 상태를 의미한다."라고 설명하고 있다. 즉, 남자가 성년이 되기 전에 사망하거나, 여자가 계례를 올리기 전에 사망하면, 그에 대한 상례는 대공大功복으로 한정된다. 이를 통해 미성년자가 사망한 경우, 성인과 동일한 예법을 적용하지 않고, 보다 간소한 예법을 따른다는 점을 명확히 보여준다.

장자長子는 가문의 계승자로서 주된 의례를 담당하지만, 노동과 실무적인 역할은 연소자가 맡는 것이 예법의 기본 원칙이다. 이러한 원칙은 『의례』의 여러 경문經文에서 확인할 수 있으며, 특히 『의례 · 특생궤사례特牲饋食禮』에서 구체적으로 서술되어 있다.

형제 가운데 어린 사람이 술잔을 씻고, 조계의 동쪽에 진설된 술동이에서 술을 따라서, 조계 앞에서 북쪽을 향해 장형제에게 술잔(觶)을 들어 올리는데, 주인이 빈에게 수酬의 예를 행할 때와 동일한 절차로 한다.

兄弟弟子洗酌於東方之尊, 阼階前北面, 擧觶於長兄弟, 如主人酬賓儀.

이는 형제 중 가장 나이가 어린 사람이 술잔을 닦고, 이를 들어 가장 연장자인 형제에게 권하는 예법에 관한 규정이다. 이를 통해, '경장敬長'의 원칙이 강조됨을 확인할 수 있으며, 이는 단순한 형제 간의 의례가 아니라, 가족 내 연령 서열에 따른 위계를 반영하는 예법적 전통임을 보여준다.

이상 『의례』의 의문儀文을 종합하면, 가족 내 장유 관계는 '장자는 예법이 중시되고, 유자는 간략하게 적용된다(長者禮隆, 幼者禮略)'라는 원칙으로 설명할 수 있다. 이러한 원칙은 다음 두 가지 측면에서 확인된다.

◆ 미성년 남녀에 대한 예법의 간소화

『의례·상복』에서는 미성년 남녀에게 성인과 동일한 예법을 적용하지 않고, 보다 간소한 예법을 규정하고 있다. 예를 들어, 남자가 관례冠禮 이전, 여자가 계례笄禮 이전에 사망할 경우, 대공大功 복제를 적용하여 일반 성인과 차별화하였다.

◆ 연소자가 연장자를 섬기는 예법

『의례·특생궤사례』에서 연소자가 연장자를 위해 술을 권하는 절차를 명시한 것은, 가족 내 연령 서열에 따른 예법적 차이를 강조하는 부분이다. 이를 통해, 가족 내에서 연장자는 존중받고, 연소자는 실무적인 역할을 담당하는 구조가 확립됨을 확인할 수 있다.

이러한 원칙은 단순한 가정 내 예법을 넘어, 사회적 관계에서도 '장유유서長幼有序'의 원칙이 적용됨을 보여준다. 즉, 장자는 가문의 중심 역할을 담당하며, 유자는 실무적인 역할을 수행하는 구조가 예법적으로 확립되어 있다. 결론적으로, 『의례』에서 규정하는 장유長幼 관계는 단순한 연령 차이를 넘어, 예법적 위계를 확립하고 존중하는 구조로 구성되어 있음을 확인할 수 있다.

Ⅶ

상복 제도

고대의 상례喪禮는 상喪 · 장葬 · 제祭의 세 가지 요소를 중심으로 구성되어 있다. 일반적으로 「상」은 산자의 상기喪期 동안 준수해야 할 모든 행위규범을 규정한 것으로, 즉 상복喪服 제도를 의미한다. 「장」은 망자가 받게 될 예우를 정한 것으로, 대체로 장례葬禮 절차와 묘제墓制로 구분할 수 있다. 「제」는 상기喪期 동안 산자와 망자를 연결하는 의식을 규정한 것으로, 즉 상기 중에 행하는 제사를 포함한다.(상기가 끝난 후의 제사는 오례五禮 중 길례吉禮에 속하며, 여기서 논하는 제사는 상제喪祭를 의미한다) 이 세 가지 요소 가운데서도 「상」이 상례의 핵심을 이룬다.

상복이란 망자를 애도하기 위하여 착용하는 복식과 장식을 말한다. 상복 제도는 산자와 망자 사이의 관계, 즉 친소親疏, 원근遠近에 따라 세분된 엄격한 상장喪葬 등급 체계를 이루고 있다. 이는 중국 고대 신분제도의 축소판이라고 할 수 있으며 유가儒家 상례의 중요한 구성 요소 중 하나로 자리 잡았다.

1. 상복 제도의 기원과 변천

(1) 상복 제도의 기원

죽음은 예로부터 인류가 공통으로 직면해 온 본질적인 문제였다. 인간이 죽음을 받아들이고 처리하는 방식과 과정, 그리고 이에 대한 태도는 죽음에 대한 인식뿐만 아니라 생명에 대한 신앙과도 깊이 연결되어 있다. 따라서 인간이 죽음을 인지하는 순간, 그것이 놀람과 당혹감, 두려움, 혹은 깊은 슬픔과 고통이든 간에, 개인은 내적 · 외적 환경과의 균형을 찾기 위해 반드시 어떤 합리적인 대책을 마련하려 한다. 이렇듯 죽음과 망자를 대하는 풍속은 인류 문화 중에서도 가장 오래된 요소 중 하나이며, 사회 환경과 인류의 인식 수준, 신앙 태도의 변화에 따라 그 형태 또한 시대와 함께 변천해 왔다.[1)]

풍속의 형성은 지리적 환경의 영향을 크게 받는다. 각 지역의 지형과 자연적 요소가 생활 방식에 영향을 미치며, 인간은 자신과 환경의 조화를 이루기 위해 보다 적합한 방식을 모색하며 각기 다른 풍습을 형성하게 된다.[2)] 이는 원시시대 인류의 복상服喪 풍습 또한 예외가 아니다.

사회인류학자의 연구에 따르면, 원시시대에는 영혼불멸의 관념이

---

1) 林素英, 『喪服制度的文化意識』, 臺灣, 文津出版社, 2000년, p20.

2) 「風者, 天氣有寒暖, 地形有陰陽, 水泉有美惡, 草木有剛柔也. 俗者, 含血之流, 像之而生, 故言語歌謠異聲, 鼓舞動作殊形, 或直或邪, 或善或淫也.」. 『風俗通儀 · 序』 漢 · 應劭 撰, 王利器 注, 「風俗通儀校註」, 漢京文化事業有限公司, 1983년, p8.

강하게 자리 잡고 있었다. 당시 인류는 족장이나 가까운 친족이 사망하면, 망자의 영혼이 육체를 떠난 후에도 자유롭게 떠돌며 생자에게 복을 내리거나 재앙을 가져올 수 있다고 믿었다. 이들은 망자의 영혼이 생전의 거처를 떠나지 않고 어둠 속에서 가족과 후손의 삶을 지켜보며 그들의 행위에 따라 화禍와 복福을 내린다고 여겼다. 이러한 믿음은 자연스럽게 조상숭배祖上崇拜로 이어졌으며, 후손들이 조상을 공경하고 신성시하는 문화가 형성되는 계기가 되었다.[3]

한편, 임혜상林惠祥 역시 인류학의 관점에서 다음과 같이 말하고 있다.

망자를 숭배하는 문화에서 비롯하여 시신을 처리하는 과정에서도 다양한 의식이 등장하였다. 가족의 사망은 일상의 삶에 커다란 변화를 불러왔으며, 이를 반영하듯 특정한 애도의 행위가 나타났다. 예를 들면, 단발斷髮이나 문신文身, 혹은 특정한 복장을 착용하는 등의 관습이 있었다. 이러한 행위는 처음에는 기념의 목적보다는 망자를 두려워하는 심리에서 비롯되었을 가능성이 크다. 또한, 무덤에 명기明器를 함께 묻는 풍습도 널리 퍼져 있었으며, 무기는 망자가 저승에서 전쟁할 때 사용할 수 있도록, 생활 도구는 망자의 사후 세계에서 삶을 위해 제공되었다. 심지어 일부 사회에서는 노예나 종복을 순장하는 관습까지 존재하였다.[4]

이와 같이, 죽음에 대한 인간의 태도는 단순한 생물학적 현상을 넘어선 사회적 · 문화적 의미를 지니며, 시대와 환경에 따라 다양한 방식으로 발전해 왔다.

3) 章景明, 『先秦喪服制度考』 참고, 臺灣, 中華書局, 1971년, p1.

4) 林惠祥, 『文化人類學』, 臺灣, 商務印書館, 1968년, p307.

또한 장경명章景明 선생은 다음과 같이 말하고 있다.

「카포아족은 족장이 사망하면 마을의 모든 구성원이 일정 기간 몸을 씻지 않거나 머리도 깎지 않는 등의 행위를 통해 애도의 뜻을 표하였다. 이러한 사례를 바탕으로 일부 인류학자들은 상복喪服의 핵심적인 사상이 복상服喪 자의 '금기 상태'에 있다고 주장하였다. 상복은 본질적으로 일상의 복식과는 현저한 대조를 이루며, 일상과의 단절을 의미하는 상징적 요소를 포함하고 있다. 예를 들어, 원래 머리를 깎던 사람은 머리를 기르고, 머리를 묶던 사람은 머리를 풀어 늘어뜨렸다. 아의노족(Ainu)의 경우, 장례를 치를 때 옷을 뒤집어 입는 풍습이 있었다. 또한, 일부 지역에서는 복상 중인 친족이 평소 입던 옷과 장신구를 벗어 버리거나 문신을 새기는가 하면, 손가락 마디를 자르거나 몸을 칼로 그어 피를 흘려 무덤에 뿌리는 행위도 있었다. 이들은 장례가 끝날 때까지 단식하거나 최소한의 음식만 섭취하는 방식으로 자신을 통제하였으며, 집안에서 불을 피우지 않음으로써 불길한 일이 발생하는 것을 방지하려 하였다.」 이러한 자료들을 중국 고대의 상례와 비교해 보면, 일부 풍습이 매우 유사하거나 적어도 그 본질적 의미가 비슷하다는 점을 발견할 수 있다. 예컨대, 카포아족이 애도의 표시로 일정 기간 몸을 씻지 않는 것은 중국에서 거상居喪 중 목욕을 금지하는 관습과 일맥상통한다. 또한, 복상기간 동안 절식하거나, 상가喪家에서 불을 피우지 않는 것, 음식을 절제하는 풍속 역시 중국의 전통 상례와 닮았다. 이와 더불어, 장례식에서 옷을 뒤집어 입는 관습은 『의례·상복喪服·기記』에 기록된 '무릇 상의(衰)는 바깥쪽으로 폭을 줄인다, 하의(裳)는 안쪽으로 폭을 줄인다. 폭 마다 3개의 주름이 있다.(凡衰, 外削幅. 裳, 內削幅. 幅三袧)'는 내용과 유사하다. 이러한 사례들은 모두 상복이 일반적인 복식과 현저한 차이를 보이는 이유를 설명해 준다. 즉, 일상과의 단절을 통해 망자의 세계와 생자의 세계를 구별하려는 의도가 반영된 것이다. 나아가, 이러한 관습들은 단순한 애도의 표현을 넘어, 재앙을 방지하고자 하는 주술적 의미를 담고 있다. 이는 곧 망자의 혼령이 생자에게 해를 끼칠 수 있다는 공포심에서 비롯된 것이며, 동시에 조상숭배 사상의 기원과도 밀접한 관련이 있음을 시사한다.[5)]

앞서 논한 내용을 종합해 보면, 상복의 기원은 상례의 출현과 함께 조상숭배에서 비롯된 하나의 종교적 행위이며, 그 본래의 의미는 귀신에 대한 두려움에서 기인했다고 볼 수 있다. 따라서 단발斷髮, 문신文身 또는 특정한 의복을 착용하는 등의 일상과는 상반되는 행위들은 무속적 신앙을 바탕으로 귀신의 눈을 피하려는 목적에서 행해졌다. 이러한 의례적 행위들이 점차 정형화되면서 거상居喪 생활이 일상과 구별되었고, 이를 반영한 특수한 상복 제도가 형성되었다. 그러나 유가儒家는 인본주의人本主義를 중시하며, 귀신의 존재에 대해 회의적인 태도를 보였다. 즉, 귀신의 존재를 부정하지는 않지만, 그에 대해 깊이 논하지 않는 태도를 보였다. 이러한 태도는 『논어』에서도 잘 드러난다.

> 공자께서는 괴이함과, 힘센 것과, 패란의 일과, 귀신에 관한 것은 말씀하지 않으셨다.
>
> 子不語怪 · 力 · 亂 · 神.
>
> 『논어 · 술이述而』

5) 章景明, 『先秦喪服制度考』 참고. 臺灣, 中華書局, 1986년, p2~3.

제사에 임해서는 조상이 계시는 듯이 하고, 신에게 제사 지낼 때도 그 신이 있는 듯이 하였다.

祭如在, 祭神如神在. 『논어 · 팔일八佾』

귀신을 공경하나 그를 멀리하였다.

敬鬼神而遠之. 『논어 · 옹야雍也』

사람을 섬기지 못한다면 어찌 귀신을 섬길 수 있겠는가?

未能事人, 焉能事鬼? 『논어 · 선진先進』

이처럼 유가는 삶을 중시하며 현실적인 인간관계를 바탕으로 한 윤리 체계를 강조하였다.

공자는 상제喪制에 대한 태도에 종교적 의미는 포함하지 않았음을 알 수 있다. 즉, 그는 전통적인 상례喪禮를 존중하고 답습하면서도, 그것을 초자연적 신앙이나 주술적 요소가 아닌 인간의 감성적 작용과 윤리적 의미로 재해석하였다.

자식이 태어난 지 삼 년이 지난 연후에야 부모의 품에서 벗어날 수 있는 것이다.…… 재여는 과연 삼 년 동안 부모의 사랑을 받았는가?

子生三年, 然後免於父母之懷.……予也, 亦有三年之愛於其父母乎!
『논어 · 양화陽貨』

공자의 상제喪制 관은 단순한 감성적 표현을 넘어 보은報恩의 의미를 포함하고 있다. 즉, 부모의 은혜에 대한 보답으로서 상례를 행하는 것이며, 이는 곧 효孝 사상을 바탕으로 발전된 이론이라 할 수 있다.

유가儒家는 이러한 상례를 단순한 전통적 관습이 아니라, 인간의 도덕적 실천과 윤리적 의무를 담은 행위로 보았다. 부모가 살아 있을 때는 효를 다하고, 사후에는 정성을 다해 애도하며 예를 갖추어 장례를 치르는 것이야말로 효를 완성하는 과정이라 여겼다.

(2) 상복 제도의 변천

비록 중국은 구석기시대 말기부터 원시적 상장풍속이 존재하였지만, 상복의 출현은 상례 의식이 형성된 이후의 일이었다. 당시 인류가 망자를 애도하는 방식은 대체로 심상心喪, 즉 마음으로만 슬픔을 표하는 형태였다.[6)]

가공언賈公彦은 황제黃帝 시대의 인간 생활을 복희씨伏羲氏 시대의 원시적 생존방식과 연결 지어 설명하고 있다. 당시 인류는 여모음혈茹毛飮血, 즉 불을 사용할 줄 몰라 짐승을 생것으로 먹었고, 혈거야처穴居野處, 즉 동굴이나 황야에서 거주하는 원시적인 삶을 이어갔다. 그러나 성인聖人이 출현하면서 익힌 음식, 궁실宮室, 의복 등의 제도가 점차 정착되었다. 그럼에도 불구하고 죽은 이를 보내는 방식(送死)과 귀신을 섬기는 풍속은 여전히 원시적이고 소박한 형태를 유지하고 있었다.[7)] 따라서 고대에는 친인의 죽음에 대해서 종신토록 심상心喪을 행

6) 「黃帝之時, 朴略尙質, 行心喪之禮.」『儀禮 · 喪服』, 『十三經注疏』, 臺灣, 藝文印書館, 1985년, 賈公彦, 疏, p337.

7) 『禮記 · 禮運』: 「昔者先王未有宮室, 冬則居營窟, 夏則居橧巢. 未有火化, 食草

하였다. 이은『주역』에서 언급된 바와 같이 '옛사람들은 시신을 섶으로 두껍게 감싼 후 벌판에 장사하였으나, 무덤을 만들지 않았으며 나무도 심지 않았다'[8]라는 특징을 잘 나타내고 있다. 즉, 장기간에 걸쳐 이러한 소박한 장례 관습이 지속되었으며, 이를 통해 가장 원시적이고 순수한 심상예의心喪禮儀가 출현하게 된 것이다. 또한, 이와 같은 애도 방식은 인위적인 규정이 아니라 자연스러운 감정에서 비롯된 것이므로, 특정한 상기喪期에 대한 정해진 기준이 존재하지 않았다.[9]

현재의 문헌자료를 통해 살펴보면 상복에 대한 체계적인 예속은 대체로 춘추시대부터 시작된 것으로 보인다. 상례의 출현과 마찬가지로, 상복예속의 기원 또한 조상숭배와 관련된 일종의 종교적 행위에서 비롯되었으며, 그 원시적 의미는 여전히 귀신에 대한 두려움에서 기인한 것이었다.[10] 상고시대의 사람들은 친인의 죽음에 대해 상복을 입는 풍습이 없었으며, 단지 몹시 슬퍼하며 간단한 상장喪葬 의식만을 거행하는 것이 일반적이었다. 하夏 · 상商 시대의 상복에 대한 기록은 사서史書에도 전해지지 않는다. 서주西周 초기와 중기에 이르러서야 상례喪禮의 출현이 엿보이며, 상복에 대한 개념도 점차 형성되었을 것으로 추정되지만, 당시의 구체적인 상복 제도는 여전히 매우 모호하다. 이러한 정황은『상서 · 고명顧命』에 기록된 주周 성왕成王의 서거와 주 강왕康王의 즉위 장면을 통해 엿볼 수 있다. 즉, 서주西周 시대에는

木之實, 鳥獸之內, 飮其血, 茹其毛；未有麻絲, 衣其羽皮. 後聖有作, 然後脩火之利, 范金, 合土, 以爲臺榭 · 宮室 · 牖戶. 以炮以燔, 以享以炙, 以爲醴酪；治其麻絲, 以爲布帛. 以養生送死, 以事鬼神上帝, 皆從其朔.」

8)『易經 · 繫辭下』: 古之葬者, 厚衣之以薪, 葬之中野, 不封不樹.

9) 林素英,『喪服制度的文化意義』, 臺灣, 文津出版社, 2000년, p49.

10) 章景明,『先秦喪服制度考』, 臺灣, 中華書局, 1986년, p4.

왕실에서 일정한 상례가 존재했음을 확인할 수 있지만, 그것이 일반적인 상복예속으로 정착되었는지에 대한 명확한 근거는 부족하다. 이는 상복이 비교적 늦은 시기에 형성되었으며, 상례의 발전과 함께 점차 구체적인 제도로 정립되었음을 시사하는 것이다.

> 을축에 왕이 돌아가셨다. …… 태사가 천자의 책서를 들고 서쪽 계단을 통해 올라와 강왕康王을 영접하며 책명의 내용을 읽었다.
>
> 乙丑, 王崩. …… 太史秉書, 由賓階隮, 御王冊命.
>
> 『상서 · 고명顧命』

『상서』는 중국 상고시대의 역사 문헌과 일부 고대의 사적을 기술한 기록을 총망라한 저작이다. 특히 상商 · 주周 시대, 그중에서도 서주西周 초기의 중요한 사료를 비교적 온전한 형태로 보존하고 있다는 점에서 중요한 가치를 지닌다. 앞서 인용된 내용에서 볼 수 있듯이, 주 성왕의 상례와 관련된 기록을 살펴보면 당시에는 초혼招魂과 같은 의식이 존재하지 않았으며, 상복喪服과 관련된 구체적인 내용도 찾아볼 수 없다. 이후 거행된 주 강왕康王의 즉위 행사에서 강왕과 대신들이 착용한 복식 또한 예식에서 입는 길복吉服이었다. 이는 당시 상례와 관련된 의례적 장치가 아직 체계적으로 확립되지 않았음을 시사한다.

그러나 춘추시대에 접어들면서, 산자가 망자를 위해 행했던 복상服喪 의식이 점차 증가하는 경향을 보였으며 이와 함께 상복 제도 역시 더욱 정비되고 체계를 갖추어 가기 시작하였다. 춘추시대는 유가儒家 사상이 점진적으로 형성되던 시기로, 상례와 복상 의식 또한 효孝 사상의 영향을 받아 더욱 중요하게 다루어졌으며, 이 시기가 상복 제도의 기틀이 마련된 시점이라 할 수 있다.

> 선진先軫이 말하였다. 「진秦나라는 우리나라가 상을 당하고 있는데도 애도하지 않고 우리의 동성인 나라를 토벌하였습니다. 진秦나라가 이처럼 무례한데 과거의 은혜를 말할 게 뭐 있습니까? 내가 듣기로, 『하루에 적을 놓아주면, 몇 대代의 우환이 된다.』라고 하였습니다. 진秦나라를 치는 일은 자손을 위한 계책이니 돌아가신 군주께 할 말이 있습니다.」 진晉 양공襄公은 드디어 명을 내려 급히 강융姜戎의 군대를 일으켜 참전하게 하고, 子(襄公)는 검은 최질衰絰을 입고서 양홍梁弘을 어御로, 내구萊駒를 우右로 삼았다. 여름 사월 신사 일에 진후晉侯는 효산殽山에서 진군秦軍을 패배시키고서 백리맹명시, 서걸술, 백을병을 잡아 데리고 돌아왔다. 드디어 검은 상복을 입고서 문공文公을 장사 지냈으니, 진晉나라는 이때부터 비로소 검은 상복을 입기 시작하였다.
>
> 先軫曰 : 「秦不哀吾喪, 而伐吾同姓, 秦則無禮, 何施之爲? 吾聞之 : 『一日縱敵, 數世之患也.』 謀及子孫, 可謂死君乎!」 遂發命, 遽興姜戎. 子墨衰絰, 梁弘御戎, 萊駒爲右. 夏四月辛巳, 敗秦師于殽, 獲百里孟明視 · 西乞術 · 白乙丙以歸. 遂墨以葬文公, 晉於是始墨.
>
> 『좌전 · 희공僖公 33년』

진晉 문공이 사망하고 매장하기 전 진秦나라가 이미 진晉의 속국인 골滑을 멸망시켰다. 이에 진晉나라는 진秦나라가 자국의 순국열사들을 애도하지 않았을 뿐만 아니라 오히려 군대를 이끌고 자국과 동성인 속국을 공격한 것은 대단히 무례한 행위이며 반드시 토벌해야 한다고 판단하였다. 그러나 당시 문공의 장례는 끝나지도 않았고, 세자 역시 거상居喪 기간을 채우지 못한 상황이었다. 이러한 시점에서 흉복凶服

을 입고 출정하는 것은 불길할 뿐만 아니라 예법에 어긋난다고 여겨졌다. 이에 따라 「자묵최질子墨衰絰」의 방식이 채택되었는데, 이는 검은 상복喪服을 착용한 채 군대를 일으켜 진秦나라를 대파한 후, 다시 검은 상복을 입고 문공의 장례를 치르는 방식이었다. 이 전쟁에서 진晋나라가 처음으로 검은 옷을 상복으로 착용하고 출전하였으며, 승리를 거두면서 검은색이 일종의 신비한 능력을 지닌 색이라고 인식되었다. 이후 검은색이 공식적인 상복으로 채택되었으며, 문공의 장례에서도 검은 상복을 착용하는 것이 일반화되었다. 이를 계기로 진晋나라에서는 검은색이 보편적인 상징색으로 자리 잡게 되었다.

또한, 이 시기에 삼(麻)으로 머리를 묶는 상복 의식, 즉 상발喪髮 의식이 이미 존재하였던 것으로 보인다. 이는 장례와 복상服喪 문화가 보다 체계적으로 정착되는 과정에서 중요한 변화를 의미하며, 이후 유교적 예법 속에서도 지속적으로 계승되었다.

> 겨울 시월에, 주邾나라 사람과 거莒나라 사람이 회鄫나라를 쳤다. 그때 노나라의 장흘이 회나라를 구원하여 주나라를 침공했다가, 주나라의 호태에서 패했다. 그러자 노나라 여자들이 전사자를 맞이하러 나가면서 모두 머리를 삼끈으로 묶었다. 노나라는 이때 상을 당하여서는 머리를 삼(麻) 끈으로 묶기 시작하였다.
>
> 冬, 十月, 邾人·莒人伐鄫, 臧紇救鄫侵邾, 敗于狐駘. 國人逆喪者皆髽, 魯於是乎始髽.
>
> 『좌전·양공(襄公) 4년』

회나라는 노나라의 속국이었으나, 외부의 침략을 받게 되었다. 이에 노나라는 군대를 동원하여 회나라를 구원하고자 하였으나, 전쟁에서 크게 패배하였다. 이때 전쟁에서 전사한 병사들의 친족들은 모두 삼麻으로 머리를 묶고 상장喪葬 행렬을 맞이하였다. 이 사건을 계기로 노나라에서는 삼으로 머리를 묶는 것이 상복喪服 의식의 중요한 요소로 자리 잡게 되었다. 이러한 머리 처리 방식은 노나라에서만 국한되지 않았으며, 이후 상복 제도에서도 중요한 관습으로 정착되었다. 특히, 이는 부녀자들이 복상服喪 기간 동안 따라야 할 머리 형식으로 발전하였으며, 점차 상례喪禮의 한 요소로서 정식화되었다.

『예기 · 단궁상』에 따르면, 이러한 전통은 후대에도 지속적으로 계승되었으며, 복상 의례에서 머리단장의 의미가 중요한 요소로 작용했음을 보여준다.

> 남궁도의 아내가 시어머니의 상을 당했을 때, 공자가 삼끈으로 머리를 묶는 것을 가르치며 말하였다. 「너는 머리 쪽지는 것을 너무 높게 하지 말며 너무 넓게도 하지 말라. 대개 개암나무의 가지로 비녀를 삼는데 비녀의 길이는 한자이며 머리털은 검은 베로 싸매는데 그 길이는 여덟 치라야 한다.」
>
> 南宮縚之妻之姑之喪, 夫子誨之髽, 曰 : 「爾毋從從爾! 爾勿扈扈爾! 蓋榛以爲笄, 長尺而總八寸.」
>
> 『예기 · 단궁상檀弓上』

또 『좌전』에 다음과 같이 기록하고 있다.

> 제(齊)나라 안환자가 죽었는데, 그의 아들 안영은 굵은 삼베옷을 입고, 삼으로 꼰 띠를 머리와 허리에 두르며, 죽장을 짚고, 엄짚신을 신으며, 죽을 먹고, 상주가 몸 붙이는 움막에서 지내며, 거적 위에

잠자고, 풀 뭉치를 베개 삼아 상주 노릇을 했다. 그러자 노인들이 말하기를, 「그건 대부가 지킬 상례가 아니다」라고 하였다. 그러자 안영은 「경의 자리에 있는 사람만이 대부가 지킬 상례를 행하는 것이다.」라고 하였다.

齊晏桓子卒, 晏嬰麤縗斬, 苴絰帶, 杖, 菅屨, 食鬻, 居倚廬, 寢苫, 枕草. 其老曰 : 「非大夫之禮也.」 曰 : 「唯卿爲大夫.」

『좌전 · 양공襄公 17년』

이상에서 인용한 내용을 종합해 보면, 안영晏嬰의 상복과 거상居喪 상황은 이미 『의례 · 상복』에 기록된 내용과 대체로 일치함을 알 수 있다.[11] 이는 안영 시대에 이미 참최斬衰복이 「상복」의 기록과 거의 동일한 형식으로 정착되었음을 시사한다.

상술한 문헌자료에 따르면, 비록 상복예속의 변천 과정을 정확하게 파악하기는 어렵지만, 비교적 체계적인 상복 제도는 서주西周 이후에 본격적으로 형성되었음을 추론할 수 있다. 춘추전국春秋戰國 시기에 접어들면서 상복의 형식은 점차 복잡해지고 정교하게 발전하여, 전형적인 상복 제도가 확립되었다.

이와 더불어, 상례와 상복의 변화에는 통치 계층의 의식 변화도 중요한 역할을 하였다. 시간이 흐르면서, 효孝 사상이 점점 강조되었으며, 이는 단순한 가족 윤리를 넘어 국가 통치의 중요한 이념으로 자리 잡았다. 이에 따라 일부 선견지명이 있는 정치가들은 효를 통치의 가장 적절한 수단으로 인식하고, 상례와 상복 제도를 적극적으로 정비하였다. 특히, 유가儒家는 상복 제도의 정착과 발전에 중요한 역할을 담

11) 『儀禮 · 喪服』 참고. 『十三經注疏』, 臺灣, 藝文印書館, 1985년, p338~p339.

당하였다. 유가는 효孝 사상을 중심으로 한 예제禮制를 강조하며, 당대의 정치·사회적 환경과 조화를 이루는 방식으로 상복 제도를 정립해 나갔다. 이와 같은 유가의 적극적인 노력 속에서, 상복 제도는 단순한 애도의 표현을 넘어 사회 질서를 유지하는 중요한 요소로 자리매김하게 되었다.

2. 상복의 의의와 등차等差

상복은 상례가 일정한 규모로 발전한 이후, 복식이 지니는 상징적 의미를 반영하여 정착된 특수한 의복으로서, 복상服喪을 대표하는 중요한 요소이자, 상친喪親 자가 지닌 내면적 슬픔을 형상화한 제도라 할 수 있다.

이 제도가 점차 정비됨에 따라, 상복의 형식은 모든 복상 과정에서 일관되게 유지되었으며, 상례 중에서도 가장 정밀하고 세밀한 부분을 차지하게 되었다. 복제服制의 설계는 단순히 균일한 것이 아니라, 상호 관계의 친소親疏, 원근遠近, 정의 깊고 얕음(深淺), 그리고 후박厚薄에 따라 차등을 두고 규정되었다. 이에 따라 복식의 정교함과 경중輕重, 그리고 상기喪期 또한 차이를 보이게 되었다.[12)]

이처럼 유가 사상에서 귀천貴賤과 친소親疏의 구별이 윤리적·사회적 질서를 유지하는 중요한 원칙으로 작용하였다. 이러한 원칙은 『예기』에서 더욱 명확하게 표현되고 있으며, 유가 사회에서 상복 제도가

12) 林素英, 「先秦儒家的喪葬觀」, 『漢學研究』 제19권, 제2기, 2001년 12월, p97.

효孝 사상의 실천이자 사회적 규범으로 정착되는 과정과 깊은 연관이 있음을 시사한다.

> 무릇 예라는 것은 친소를 정하며, 혐의스러운 것을 결정하고, 같고 다른 것을 분별하며 시비를 밝히는 것이다.
>
> 夫禮者, 所以定親疏, 決嫌疑, 別同異, 明是非也.
>
> 『예기 · 곡례상曲禮上』

> 친친존존장장과 남녀유별은 인도의 가장 큰 것이다.
>
> 親親尊尊長長, 男女有別, 人道之大者也.
>
> 『예기 · 상복소기喪服小記』

이러한 관념은 상복 제도에 응용되어 상복 제도의 원칙과 이론적 토대로 발전되었다. 그렇다면 상복 등급의 근거 원칙과 기준은 무엇인가?

> 상복 제도에는 여섯 가지 기준이 있다. 즉 친친, 존존, 명, 출입, 장유, 그리고 종복이다.
>
> 服術有六, 一曰親親, 二曰尊尊, 三曰名, 四曰出入, 五曰長幼, 六曰從服.
>
> 『예기 · 대전大傳』

『예기』에서는 상복을 결정하는 여섯 가지 원칙(六術)을 제시하고 있다. 이 육술 중에서도 앞의 두 항목이 가장 중요하며, 이를 경經이라고 하고 나머지 네 항목은 부차적인 원칙으로서 위緯라고 한다. 이러한 구분을 통해, 친친親親과 존존尊尊이 상복 제도의 핵심이며, 모든 주례周禮의 정수精髓를 이루고 있음을 알 수 있다.[13] 따라서, 친친과 존존의 원칙은 단순한 개인의 감정을 표현하는 것에 그치지 않고, 가족과 사회 전체의 윤리 체계를 유지하는데 기여하는 상례喪禮의 본질적인 요소라 할 수 있다. 이는 유교적 전통 속에서 상복이 왜 그렇게 세밀하게 규정되었는지를 설명하는 중요한 개념이다.

(1) 친친親親

「친친」이란 인류가 지닌 가장 원시적이며 본능적인 감정을 의미한다. 이는 혈연을 기반으로 한 유대감에서 비롯된 것으로, 인간 사회에서 가장 자연스러운 애정의 표현이라 할 수 있다. 따라서 상복喪服 제도의 근본적인 의미는 혈통을 매개로 형성된 연대감의 차이에 따라 복제服制를 차등화하는 원칙에 기초한다. 즉, 가까운 친족일수록 더 엄중한 상복을 착용하고, 먼 친족일수록 간소한 복식을 갖추도록 하는 방식이다. 이러한 원칙은 단순히 복식의 차이를 넘어, 애도의 정도와 윤리적 의무의 크기를 반영하는 중요한 요소로 작용하였다.

「상복사제喪服四制」에 따르면, 친소親疏에 따라 상복의 등급이 엄격하게 구분되었으며, 이는 혈연관계를 반영한 윤리적 · 사회적 질서와 깊은 관련이 있다.

은혜가 두터운 사람은 그 복이 무겁다. 그러므로 〈은혜가 가장 두터

13) 康學偉, 『先秦孝道硏究』, 臺灣, 文津出版社, 1992년, p103.

운〉 아버지를 위하여 참최 3년의 복을 입으니, 은혜로써 제정한 것이다. 가문 안의 다스림은 〈은혜를 주장하기 때문에〉 은혜가 의義를 가리고, 가문 밖의 다스림은 〈의를 주장하기 때문에〉 의가 은혜를 끊는다.

其恩厚者, 其服重. 故爲父斬衰三年, 以恩制者也. 門內之治, 恩揜義 ; 門外之治, 義斷恩.

『예기 · 상복사제喪服四制』

「대전」에는 다음과 같이 말하고 있다.

인애의 도에 따르는 마음은 아버지로부터 시작하여 위로 올라가면서 선조에게 미친다고 하나 선조에 이르러서는 그 정이 점차로 멀어지는 것이니 이것을 가볍게 된다고 일컫고, 의리의 도리에 따르는 것은 선조로부터 순차적으로 내려오면서 아버지에 이르는데, 아버지에 이르러서는 그 존경하는 정도가 엷어지는 것이니 먼 선조에 이를수록 중重하게 된다고 일컫는다. 이와 같이 선조로 올라갈수록 한편 경輕하고, 한편 중한 것은 그 도리가 그러한 것이다.

自仁率親, 等而上之, 至于祖, 名曰輕 ; 自義率祖, 順而下之, 至于禰, 名曰重. 一輕一重, 其義然也.

『예기 · 대전大傳』

또한,

4대의 선조나 자손에게는 시마緦麻의 상복을 입는 것은 상복으로서는 가장 가벼운 것이고, 5대에는 윗옷을 벗어 어깨를 드러내고 문免하는 것으로 그만인 것은, 동성으로의 예를 줄이는 것이니, 6세가 되면 친족으로서의 연이 다하는 것이다.

四世而緦, 服之窮也 ; 五世袒免, 殺同姓也 ; 六世親屬竭矣.

『예기 · 대전(大傳)』[14]

「상복소기」에서는 다음과 같이 서술하고 있다.

친척을 친애하되 셋으로서 다섯이 되고 다섯으로서 아홉이 되니, 위로 올라갈수록 복을 줄여 입고 아래로 내려갈수록 복을 줄여 입고 옆으로 방계旁系 친족의 상에 복을 줄여 입어 친속이 다하는 것이다.

親親, 以三爲五, 以五爲九, 上殺 · 下殺 · 旁殺, 而親畢矣.

『예기 · 상복소기喪服小記』[15]

이러한 이론들을 통해 우리가 알 수 있는 것은, 오복 경중輕重 구별은 관계의 농담農談, 친소親疏, 정의 깊고 얕음(深淺), 후박厚薄에 따라 등급이 결정된다는 것이다. 즉, 자신을 중심으로 하여 상하좌우의 혈연관계에 따라 상복의 경중이 달라지며, 이는 친족 간의 관계를 시각적으로 표현하는 하나의 상징적 장치라 할 수 있다. 결국, 상복 제도는 혈연관계의 등급을 표현하기 위해 마련된 것이며, 본질적으로는 친친親親 사상의 산물이다. 이는 단순한 의례적 형식이 아니라, 사회적 · 윤리적 질서를 유지하고 감정을 정리하는 기능을 수행하는 제도적 장치이기도 하다.

14) 鄭注云 :「四世共高祖, 五世高祖昆弟, 六世以外親盡, 無屬名.」

15) 鄭注云 :「己上親父, 下親子, 三也. 以父親祖, 以子親孫, 五也. 以祖親高祖, 以孫親玄孫, 九也. 殺謂親益疏者, 服之則輕.」

상례 제도의 설정은 친족을 잃은 사람들에게 합리적인 애도 방식을 제공하고, 의례를 통해 슬픈 감정을 점진적으로 조절할 수 있도록 하기 위한 것이다. 즉, 애도의 과정 속에서 상실의 아픔을 감내하고, 슬픔에 익숙해지며, 궁극적으로는 그 감정을 친인親人에 대한 영원한 그리움으로 승화시키는 것이 상례의 중요한 역할이다.

뿐만 아니라, 이러한 그리움은 주변의 가족과 친인에 대한 관심으로 확장되며, 나아가 인간관계를 더욱 소중히 여기도록 만드는 역할을 한다. 이는 단순한 형식적 의례가 아니라, 애도의 감정을 사회적 유대와 도덕적 가치로 전이하는 과정이라 할 수 있다. 비록 부모를 위해서 3년 동안 복상하는 상기喪期가 현대적 관점에서는 긴 기간처럼 보일 수 있지만, 정신의학적 연구에 따르면, 사랑하는 사람을 잃은 후 슬픔을 극복하고 심리적 상처를 치유하는 데 평균적으로 2년 정도의 시간이 필요하다고 한다. 따라서 유가儒家의 상기 제도는 단순한 형식적 규범이 아니라, 심리적 치유 과정과도 일맥상통하는 면이 있다.[16)]

따라서 제례자制禮者, 즉 상례를 제정한 사람들은 친족 간의 강한 유대감을 바탕으로 상례 제도를 정비하였다. 이를 통해 슬픔을 정제된 방식으로 표현하게 함과 동시에, 인간의 온정溫情을 더욱 깊이 있게 만드는 역할을 수행하도록 하였다. 또한, 사회적 질서를 유지하고 공동체 내의 도덕적 가치를 확립하기 위해 복상의 규범을 면밀히 설계하였으며, 그 한계를 3년으로 정한 것도 이러한 깊은 고민의 결과라 할 수 있다. 즉, 상례와 복상의 절차는 단순한 애도의 형식을 넘어, 인간

16) 상세한 것은 윌리엄, 화아르던(J, William Worden) 저작, 이개민 옮김, 『슬픔에 대한 지도와 치료』, 참고. (Grief Counseling & Grief Therapy), 심리출판사, 1995년, p8~23.

의 감정을 치유하고 사회적 연대를 강화하며, 궁극적으로는 가족과 공동체를 하나로 묶는 중요한 역할을 담당하는 제도적 장치인 것이다.

(2) 존존尊尊

친친親親은 주로 혈연을 기초로 하여 혼인에 의해 확장된 친족관계까지 포함하는 개념으로, 자연스럽게 형성된 인간 본연의 유대관계라 할 수 있다. 그러나 사회가 원활하게 조직되고 발전하기 위해서는 단순한 혈연적 관계만으로는 충분하지 않으며, 반드시 군주君主가 지도자로서 사회 집단을 이끌어나가는 능력을 발휘해야 한다.

이와 관련하여 「존존尊尊」이란 신분과 지위의 존비귀천尊卑貴賤을 기준으로 하여 복상의 경중輕重을 결정하는 원칙을 의미한다. 다시 말해, 군주에 대한 복상이 가장 중요한 기준점이 되며, 이를 정점으로 정치적 신분 관계에 따라 복제服制가 결정되는 체계라 할 수 있다.

그러나 존존의 원칙이 단순히 정치적 위계에만 적용되는 것은 아니다. 이는 친족관계 내에서도 중요한 기준이 되며, 특히 직계直系와 방계傍系의 복제 적용 방식에서 차이를 보인다. 방계 친족 간의 복상服喪은 상호주의相互主義를 원칙으로 한다. 즉, 어느 한쪽이 복을 입으면 상대방도 동일한 복을 입는 방식이 적용된다. 그러나 직계의 경우, 존속尊屬이 비속卑屬을 위해 입는 복과 비속이 존속을 위해 입는 복에는 차등이 있다. 이는 가족 내에서도 신분적 위상이 다르기 때문이며, 이러한 차이를 결정하는 원칙 역시 존존에 기초한다.

따라서 존존의 원칙은 단순히 정치적 신분 관계에서만 작용하는 것이 아니라, 종족宗族 내에서도 신분적 위계를 확립하는 중요한 기준이 된다. 이 원칙은 우월과 종속의 관계 설정을 통해 복상의 등급을 결정하는 역할을 하며, 결국 유교적 예제禮制 속에서 질서와 위계를 유지하는 중요한 요소로 작용하였다.

> 아버지를 섬기는 도리로서 군주를 섬기는데 그것은 공경함이 같은 것이며, 귀한 이를 귀하게 여기고 높은 이를 높게 여기는 것은 의義 중에서 큰 것이다. 그러므로 군주를 위해서도 또한 참최 3년을 입는데, 그것은 의로써 마련한 것이다.
>
> 資於事父以事君而敬同. 貴貴・尊尊, 義之大者也, 故爲君亦斬衰三年, 以義制者也.
>
> 『예기・상복사제喪服四制』

이러한 이론을 통해 볼 때, 유가의 윤리는 부자 관계와 군신 관계를 동일시하며, 이를 고도로 중시했음을 알 수 있다. 이는 맹자가 말한바, 「안으로는 부자의 관계, 그리고 밖에서의 군신 관계가 인간의 큰 윤리이다.(內則父子, 外則君臣, 人之大論也)」라는 개념과 부합한다. 즉, 부자 관계와 군신 관계를 동일한 대륜大倫으로 간주함으로써 유교적 질서 속에서 존귀尊貴와 비천卑賤의 위계를 확립하고, 사회적 조화를 이루고자 하였다.

『의례・상복』의 기록에 따르면, 존자를 위해 착용하는 상복에는 여러 가지 등급이 있으며, 이는 정치적 성향과 사회적 신분에 따라 구체적으로 명문화되어 있다.

- 제후諸侯는 천자天子와 군주를 위해 상복을 입는다.
- 공公, 대부大夫, 사士 등의 중신들은 군주를 위해 상복을 입는다.

◆ 서인(庶人, 일반 백성) 또한 군주를 위해 일정한 규정에 따라 상복을 입는다.

◆ 대부는 종자(宗子, 종가의 후계자)를 위해 복상을 행한다.

즉, 유한한 친친親親의 정을 확대하여, 사회 전체의 존존尊尊 대의를 충분히 실현하려는 의도가 상복 제도에 반영되어 있다.

또한 상복의 등급은 경輕에서 중重으로 가중되는 경우가 있으며, 이는 존속尊屬의 위치와 관계의 중요도에 따라 결정된다. 예를 들면 『의례 · 상복 · 전傳』에서는 다음과 같이 기록 되어있다.

◆ 외친外親의 복은 모두 시마복緦麻服으로 한다.(外親之服, 皆緦也.)[17] 즉 외조부모를 위해서 원래 시복을 입지만, 「상복」의 경문에 따르면 외조부모를 위해서 소공복小功服을 입는다. 이에 대해 「전傳」에서 「어찌하여 소공복인가? 높은 것으로 보태는 것이다. (何以小功也？ 以尊可也.)」[18]라고 설명하고 있다.

◆ 서손庶孫은 대공복大功服을 입어야 한다. 복제 강쇄降殺의 등급에 따르면 서손은 조부모를 위해 대공복을 입어야 하지만, 조부모에 대한 존중의 의미로 자최부장기齊衰不杖朞를 입는다. 「전傳」에 따르면, 「어찌하여 기년인가? 지극히 높기 때문이다. (何以期也？ 至尊也)」라고 하였다.[19]

---

17) 『儀禮 · 喪服』, 『十三經注疏』, 臺灣, 藝文印書館, 1985년, p386.

18) 同前注.

19) 同前注. p355.

존자는 높은 지위를 가짐으로써 융복隆服의 대우를 받을 뿐만 아니라, 지위가 낮은 자에게는 상복의 등급을 내려도 된다. 예를 들면 「상복」 경문에서, 대부는 백부모, 숙부모, 아들, 형제, 그리고 형제의 아들이 사士가 된 자를 위하여 원래 모두 자최기齊衰朞를 적용해야 한다. 그러나 대부가 상복의 등급을 내려 대공구월大功九月복을 입는다. 『의례 · 상복喪服 · 전傳』에 따르면, 「어찌하여 대공인가? 높은 것이 동일하지 않은 것이다. 높은 것이 동일하면 그 친복(朞年)을 입게 되는 것이다. (何以大功也? 尊不同也. 尊同, 則得服其親服.)」[20]라고 하였다.

이상의 내용을 종합해 보면, 상복 제도의 중요한 원칙 중 하나는 바로 존귀尊貴와 비천卑賤, 그리고 신분의 고하高下에 따른 차등 적용이라 할 수 있다.

(3) 명名

이른바 「명」이란 본래 이성異姓의 여자가 남자에게 시집감으로써 모母 · 부父의 「명의名義」를 얻는 것을 의미한다. 즉, 혼인을 통해 특정한 신분과 명분이 부여되는 개념이다. 예를 들면, 백모伯母, 숙모叔母는 본래 직계 혈친이 아닌 이종異宗, 즉 다른 성씨에서 출생한 여성이지만, 백부伯父, 숙부叔父와 혼인함으로써 친족관계 내에서 특정한 지위와 역할을 가지게 된다. 다시 말해, 혼인을 통해 종족 내에서 획득한 신분과 그에 따른 명분 때문에 복상을 행하는 것이 원칙이라는 것이다. 이에 대해 정현은 주注에서 아래와 같이 설명하였다.

20) 『儀禮 · 喪服』, 『十三經注疏』, 臺灣, 藝文印書館, 1985년, p378.

명은 세모(백모)와 숙모 들이다.

名, 世母 · 叔母之屬也.[21)]

그리고 공영달은 소疏에서 다시 설명하였다.

명이라는 것은 백모, 숙모 및 자식의 아내와 아우의 아내, 그리고 형수들이다.

名者, 若伯叔母及子婦並弟婦 · 兄嫂之屬也.[22)]

이상의 내용을 통해 볼 때 명복名服은 부인의 복상 제도에 해당함을 알 수 있다.

백모, 숙모는 '모母'라는 명칭을 부여받음으로써 상례에서 어머니와 유사한 복제服制를 적용받는다. 따라서 『의례』 경문經文에서 백부와 숙부와 동일하게 자최기齊衰期로 규정하였다. 「상복 · 전傳」에 따르면,

백모와 숙모는 어찌하여 기년으로 복을 하는가? 명분(名) 때문에 복을 하는 것이다.

世母 · 叔母, 何以亦期也? 以名服也. 『의례 · 상복喪服 · 전傳』

장이기張爾岐는 이를 아래와 같이 설명하였다.

21) 『禮記 · 大傳』, 『十三經注疏』, 臺灣, 藝文印書館, 1985년, p619.
22) 『禮記 · 大傳』, 『十三經注疏』, 臺灣, 藝文印書館, 1985년, p620.

백모와 숙모를 명복名服이라고 하는 것은 두 사람은 본래 타인이나 백부와 숙부와 혼인하였기 때문에 모의 명칭을 가지게 되었으며 이 때문에 그들을 위해 복 한다. 즉 상술한 부부 일체를 이르는 것이다.

世·叔母曰:「以名服」者, 二母本是路人, 牉合於世·叔父, 故有母名, 因而服之. 卽上所云夫婦一體也.

『의례정주구독儀禮鄭注句讀』

본래 혈연관계가 아닌 백모와 숙모는 백부와 숙부의 아내이기 때문에 '모母'라는 명칭을 부여받으며, 이에 따라 동일한 대우를 받아 상복을 입는다.

즉, 혼인을 통해 백부와 숙부의 배우자가 된 여성은 단순한 혈연적 친족이 아니라, 상례喪禮에서 특정한 명분과 역할을 가지게 된다. 이에 따라 그들은 남편과 동일한 복제服制를 적용받아, 백부·숙부가 자최부장기齊衰不杖期로 복을 하기 때문에 백모·숙모도 같은 기간 동안 복을 한다.

이러한 원칙은 단순한 혈연적 친소親疏 구별을 넘어, 혼인을 통해 형성된 가족 관계도 친친親親의 원칙 안에서 수용하고 확장하려는 유교적 예제禮制의 특징을 보여준다. 즉, 친족관계는 혈통만이 아니라, 사회적·도덕적 명분名分에 의해 형성되고 유지되는 것임을 강조하는 개념이라 할 수 있다. 이러한 '친친 원칙의 확장'을 통해, 유교 사회에서는 혼인을 단순한 개인 간의 결합이 아니라 가족과 종족을 결속시키는 중요한 윤리적·사회적 제도로 인식하였으며, 상례喪禮에서도 이를 반영하여 복제服制를 설정하였다.

(4) 출입出入

「출입」이란 귀속되는 종宗에 인위적인 변화가 생김에 따라 친친의 원칙에 의해 정해진 본래의 복제를 변경하는 것을 의미한다. 즉 같은 종족宗族의 여성이 이미 결혼한 자인지, 미혼인지, 혹은 이혼하여 친정으로 돌아온 자 인지에 따라 상복의 경중輕重을 결정하는 원칙이다. 미혼 여성이거나 이혼하여 다시 집으로 돌아온 자는 동종同宗에 속하기 때문에 복을 무겁게(重) 적용한다. 반면, 결혼한 여성은 남편의 종宗에 귀속되므로, 본래의 종족宗族과의 관계가 상대적으로 약해져 복을 가볍게(輕) 적용한다. 이러한 원칙은 '존조경종(尊祖敬宗, 조상을 공경하고 종족을 존중하는 것)'의 정신과 부합되며, 존존尊尊 원칙을 확대한 것이라 할 수 있다. 즉, 유가儒家 사회에서 상복의 경중은 단순한 혈연적 거리뿐만 아니라, 종족의 귀속 관계에 따라 차등 적용되었음을 보여준다.

이에 대해, 정현은 『예기 · 대전』의 주注에서 다음과 같이 설명하고 있다.

> 출입은 여자가 출가를 한 자이거나, 집에 있는 자이다.
>
> 出入, 女子子嫁者, 及在室者.[23]

공영달은 소疏에서 다시 이를 설명하였다.

23) 『禮記 · 大傳』, 『十三經注疏』, 臺灣, 藝文印書館, 1985년, p619.

출입이라는 것은 만약 여자가 집에 있으면 입入이며, 출가하였으면 출出이 된다.

出入者, 若女子子在室爲入, 適人爲出.[24)]

『의례 · 상복』에서 동종同宗이면서 이미 출가한 여성은 '출出'이라고 한다. 예를 들면 고모, 자매, 등 출가한 여성인 경우이다. 고대에 여성들은 계례笄禮를 성인이 되는 기준으로 여겼다. 주대周代의 여성들은 허가許嫁인 경우 15살에 계례를 행하였다.

15세가 되면 비녀를 꽂고(계례를 행하고), 20세가 되면 시집을 가는데 사정이 있을 경우 23세에 시집을 간다.

十有五年而笄, 二十而嫁, 有故, 二十三年而嫁.

『예기 · 내칙內則』

만약 이미 성인이 되었고 약혼하였지만, 아직 결혼을 못 한 자는 「재실在室」이라고 한다. 재실은 부친의 종씨에 속해서 부친을 위해서 참최 삼 년의 복을 한다.

딸이 출가하지 않고 집에 있으면 아버지를 위하여 복을 입는다. 베로 머리를 묶고 대나무로 비녀를 꽂고 복머리를 하고 참최 3년을 하는 것이다.

女子子在室爲父, 布總, 箭笄, 髽, 衰, 三年.

『의례 · 상복喪服』

24) 同 前注, p620.

주대에는 여성이 23세가 되어도 결혼하지 못한 경우, 혹은 이혼하여 다시 친정으로 돌아온 여성을 「가반嫁反」이라고 하였다. 이러한 여성들은 「재실在室」이라고 부를 수는 없지만 상복喪服 제도에서는 재실 여성과 동일한 복제를 적용하였다.[25] 그 이유는 여자는 비록 시집을 갔었지만, 이혼으로 인해 친정으로 돌아온 경우 여전히 부종父宗에 속하기 때문이다. 따라서 그녀가 상복을 입는 방식도 결혼 이전과 동일하게 적용되었다. 이와 같은 원칙이 바로 「입入」, 즉 종족 내부로 다시 흡수되는 개념이다. 반면, 여성이 결혼하여 시집을 가면 「출자出者」, 즉 본래의 종족에서 벗어난 것으로 간주된다. 여성이 친정에 살면 부친을 위하여 자녀의 복을 입는다. 그러나 시집을 간 후에는 시댁의 종宗을 따르게 되므로, 남편을 위해 아내의 복을 입으며 참최斬衰 3년의 복상을 한다. 반대로, 친정의 부모를 위해서는 상복의 등급이 낮아져 자최기(齊衰朞, 1년 복)로 조정된다. 이러한 원칙이 바로 「출出」, 즉 종족을 떠난 여성의 복상 원칙이다.

이처럼 동종同宗의 여성이라 할지라도, 재실(在室, 미혼 혹은 이혼 후 친정으로 돌아온 여성)과 출가出嫁한 여성의 복제가 동일하지 않은 것은, 그녀들의 친족 관계가 변화했음을 반영하는 표현이다. 즉, 혼인을 통해 여성이 새로운 종족에 귀속되는 순간, 그녀의 상복 체계 또한 변화하며, 이는 유가儒家 사회에서 혈연뿐만 아니라 사회적 지위를 반영하여 복제를 설정하였음을 보여준다. 결과적으로, 상복 제도는 단순히 애도의 형식을 넘어, 친족관계의 변화와 사회적 위계를 반영하는 중요한 윤리적·제도적 장치로 기능하였다.

25) 『儀禮·喪服』:「子嫁反在父之室, 爲父三年.」

(5) 장유長幼

「장유」란 성인이 되기 전에 사망한 친족에 대해 본래의 복제服制을 낮추는 것을 의미한다. 이는 관례冠禮가 종족 내에서의 독립적 지위와 역할을 담당하는 중요한 의식임과 관련이 있다. 즉 성년이 되지 않은 이는 종족의 성원으로서 완전한 권리와 의무를 수행하지 못하였으므로, 이에 대한 복을 일정 부분 경감輕減하는 원칙이 적용된다. 다시 말해 성인과 미성년의 사망에 따른 복의 경중을 정한 원칙이다. 간단히 말하면, 성인이 사망한 경우, 복제는 무겁고(重), 미성년이 사망한 경우, 복제는 가볍고(輕)하다. 이러한 원칙은 친친 원칙에 부합하며 유가儒家 사회에서 연령에 따른 신분적 완성도를 고려하여 애도의 방식 또한 차등화했음을 보여준다. 예를 들면, 아들과 딸이 성인일 경우, 부모는 다음과 같은 복을 입는다.

- 적장자嫡長子 사망 시 : 참최(斬衰, 3년 복)
- 그 외 자녀 사망 시 : 자최기(齊衰朞, 1년 복)

반면, 미성년 사망자는 연령에 따라 복제가 낮아진다.

- 장상(長殤, 16~19세 사망) : 대공구월(大功九月, 9개월 복)
- 중상(中殤, 12~15세 사망) : 칠월복(七月, 7개월 복)
- 하상(下殤, 8~11세 사망) : 소공오월(小功五月, 5개월 복)

이처럼 유교 사회에서는 나이에 따른 사회적 역할과 지위를 복제服

制에 반영하였으며, 성인과 미성년자의 사망에 따른 애도의 정도를 차등화하였다.

결과적으로, '장유長幼의 원칙'은 상례喪禮에서 단순한 애도의 표현을 넘어, 종족宗族 내에서 개인이 담당하는 사회적 역할과 책임의 크기에 따라 복제의 경중輕重을 결정하는 중요한 기준으로 작용하였다. 이 원칙은 「상복」에 기록이 많다.

> 대공포로 만든 상의(衰)와 하의(裳)를 입고 숫마(牡麻)로 만든 수질首絰과 요질腰絰을 두르고, 수복受服이 없이 처음 입는 상복으로 상을 마치는 경우는 장상長殤이나 중상中殤으로 죽은 아들 · 딸을 위해 대공으로 복을 한다.
>
> 大功布衰裳, 牡麻絰, 無受者, 子 · 女子子之長殤 · 中殤.
>
> 『의례 · 상복喪服』

그리고 「상복 · 전」에서 아래와 같이 설명하였다.

> 왜 대공으로 복을 하는가? 성인이 되지 못하고 죽었기 때문이다. 왜 수복受服이 없는가? 성인으로 죽은 사람의 복상은 그 문식이 번다하지만, 성인이 되지 못하고 죽은 사람의 복상은 그 문식이 번다하지 않기 때문이다. 그러므로 상殤의 요질腰絰은 아래로 늘어뜨린 끈을 꼬지 않으니, 대개 성인이 되지 못하고 죽었기 때문이다. 나이 19세에서 16세 사이에 죽으면 장상長殤이라고 하고, 15세에서 12세 사이에 죽으면 중상中殤이라고 하고, 11세부터 8세 사이에 죽으면 하상下殤이라고 한다. 8세 미만에 죽으면 모두 무복無服의 상殤이라고 한다. 무복의 상은 태어난 후의 달수로 곡을 하는 날수를 정한다. 태어난 후의 달수로 곡을 하는 날수를 정하는 상殤의 경우에는 애통하게 곡

을 할 뿐 상복은 없다. 그러므로 자식이 태어나서 석 달이 되면 아버지는 그에게 이름을 지어 주고, 죽으면 곡을 한다. 아직 이름을 지어 주지 않았다면 곡을 하지 않는다.

何以大功也? 未成人也, 何以無受也? 喪成人者其文縟. 喪未成人者其文不縟. 故殤之絰不樛垂, 蓋未成人也. 年十九至十六爲長殤, 十五至十二爲中殤, 十一至八歲爲下殤, 不滿八歲以下皆爲無服之殤. 無服之殤以日易月. 以日易月之殤, 殤而無服. 故子生三月, 則父名之, 死則哭之 ; 未名則不哭也.

『의례 · 상복喪服 · 전傳』

미성년 자녀를 애도하는 방식에도 장상長殤부터 무복無服까지의 차등이 존재하며, 이는 부모와 자식이 함께 지낸 기간의 길이에 따라 구별되는 것이다. 즉, 자녀가 성장하여 부모와 더 오랜 시간을 함께한 경우, 그에 대한 애도의 표현도 더 깊고 엄중하게 이루어지지만, 유아기 또는 영아기에 사망한 경우에는 복제服制가 경감되거나 생략된다.

이러한 원칙은 유가儒家 사상이 단순히 형식적인 예제禮制를 강요하는 것이 아니라, 인간의 자연스러운 감정을 고려하여 상례喪禮를 설정했음을 보여준다. 즉, 부모와 자식 간의 유대감과 함께한 시간이 깊을수록, 애도의 방식도 더욱 강하게 표현되도록 하는 것이 유교적 복제服制의 원칙 중 하나였다. 이러한 관점에서 볼 때, 유가는 친소존비親疏尊卑의 질서를 단순한 위계 질서로만 규정한 것이 아니라, '칭정稱情', 즉 감정의 적절한 표현을 중요시하는 원칙을 반영하고 있었다. 즉, 상복의 경중輕重은 단순한 사회적 지위나 혈연관계뿐만 아니라, 생전에 맺은 정서적 유대와 관계 지속 기간에 따라 조정되는 구조를 가졌다. 이를 통해 상례는 단순한 형식적 의례를 넘어, 인간의 본능적인 감정과 사회적 질서를 조화롭게 결합한 체계로 기능하였다.

(6) 종복從服

「종복」이란 시복의 대상과 복상의 주체를 연결하는 제3의 관계를 통해 복상하는 것을 의미한다. 즉, 직접적인 친족관계나 군신君臣 관계가 없더라도, 복상의 원칙에 따라 특정한 대상과의 관계를 고려하여 상복을 입는 제도이다.

이는 자신과 망자 간의 관계가 직접적인 혈연이나 군신 관계에 해당하지 않더라도, 관계를 맺고 있는 인물을 따라 복상하는 원칙을 따른다. 다시 말하면 복상하는 대상이 모두 다른 이성異姓이며 혈친의 관계가 없다. 자신의 처 혹은 남편을 따라 복하는 것이다. 이러한 종복從服의 원칙은 복상의 개념이 단순한 혈연관계에 국한되지 않고, 혼인과 정치적 관계를 통해 확장될 수 있음을 의미한다. 결과적으로, 종복은 친친親親의 원칙을 더욱 확장한 개념이다.

> 종속관계로 입는 차등에는 6가지가 있다. 속종의 경우가 있고, 도종인 경우가 있고, 복을 입어야 하는 자를 따라 복을 입지 않는 경우가 있고, 복을 입지 않는 자를 따라 복을 입는 경우가 있고, 무거운 복을 따라 가벼운 복을 입는 경우가 있고, 가벼운 복을 따라 오히려 무거운 복을 입는 경우가 있다.
>
> 從服有六, 有屬從, 有徒從, 有從有服而無服, 有從無服而有服, 有從重而輕, 有從輕 而重.
>
> 『예기 · 대전大傳』

위의 내용을 근거로 보면 종복에는 총 6가지의 정황이 존재함을 알 수 있다.

이상 복상의 기본적 의의와 그 차등의 원칙을 서술하였다. 유가의 관념 속에서 귀천貴賤·친소親疏·남녀男女의 구별은 사회윤리의 질서를 확립하는 중요한 원칙으로 작용하며, 이러한 관념은 상복 제도에 적용되어 복상의 이론적 기초를 형성하였다.

이러한 상복 제도의 여섯 가지 원칙은 시복 대상에 대한 복을 결정하는 원칙이자, 주체와 시복 대상 사이의 다양한 관계를 고려하여 복제服制를 확정하는 원칙이기도 하다. 그러나 복을 결정하는 방식에 있어 여섯 가지 원칙은 성격이 조금씩 다르다.

◆ 출입出入은 혼인에 따른 친족관계의 변화를 반영하는 원칙이다.

기본적으로 친족관계에 의해 결정된 복제服制를 유지하되, 혼인이라는 인위적 관계 변화를 고려하여 복의 경중輕重을 조정한다. 이는 여성이 출가出嫁하거나, 이혼 후 친정으로 돌아오는 경우에 적용되는 원칙이다.

◆ 장유長幼는 연령年齡에 따른 복상의 차등을 규정하는 원칙이다.

성년이 된 사람과 미성년이 된 사람 사이의 차이를 반영하여, 연령이 어릴수록 복을 가볍게輕 하는 방식으로 애도의 방식을 차별화한다. 이는 출입의 원칙과 유사하게 연령에 따른 사회적 역할과 지위 변화를 반영한 것이다.

◆ 종복(從服)은 직접적인 혈연관계가 없는 대상에게도 복상의 의무

를 부여하는 원칙이다.

예를 들어, 군주의 친족, 혹은 자신의 배우자를 따라 복을 하는 경우가 이에 해당한다. 이는 인위적으로 혈연관계 속에 편입된 자에게 복상의 의무를 부과하는 방식이다.

- 명名은 혈연관계에 속하지 않던 자를 혈연적 관계 속에 편입시켜 복을 적용하는 원칙이다.

이는 종복과 유사하지만, 차이점은 종복은 단순한 관계 편입을 의미하는 반면, 명名의 원칙은 해당 인물이 종족 내에서 일정한 지위와 역할을 담당하는 것을 전제로 한다는 점이다.

예를 들어, 백모伯母·숙모叔母가 혈연관계가 없음에도 불구하고 '모母'의 명분을 부여받아 같은 복제를 적용받는 것이 이에 해당한다.

- 존존尊尊은 군신君臣 관계에서 작용하는 원칙으로, 신분 질서를 반영한다.

이 원칙이 친족관계에 적용될 경우, 친친親親의 원칙을 조정하는 변수로 작용한다. 즉, 군주나 종족 내에서 존귀한 인물에 대한 복제를 보다 무겁게 적용하는 방식이다.

- 친친親親은 가장 근본적인 원칙으로, 혈연적 친소親疏에 따라 복제를 결정하는 방식이다.

가장 가까운 혈족일수록 애도의 기간이 길고 복이 무거우며, 친족관계가 멀어질수록 복이 가벼워진다. 이는 효孝 사상을 근간으로 한 유교적 상복 제도의 핵심 원리라 할 수 있다.

이와 같이 여섯 가지 원칙은 순수한 혈연관계에 따른 복제와, 인위적으로 형성된 사회적 · 정치적 관계에 따른 복제를 조정하기 위해 마련된 체계적 기준이라 할 수 있다.26)

즉, 출입 · 장유는 친족 관계 내의 변화와 연령에 따른 복제 차이를 반영하는 원칙이며, 종복 · 명은 친족 외의 인물을 복제 체계 속으로 포함시키는 원칙이다. 존존 · 친친은 혈연과 사회적 질서의 균형을 조정하는 방식으로 적용된다.

이러한 복상의 원칙들은 유교적 사회 질서를 유지하는 중요한 도구로 기능하였으며, 상복 제도가 단순한 애도의 방식이 아니라, 혈연과 사회적 관계를 시각적으로 표현하고 강화하는 역할을 하였음을 보여준다.

3. 삼년지상三年之喪의 기원

삼년지상三年之喪은 유가에서 가장 중요시한 상기喪期이다. 『예기 · 삼년문三年問』에 다음과 같이 말하고 있다.

> 삼년지상은 사람의 도리에 지극히 완벽한 표현이니 이것을 일러 최고 엄숙한 것이라고 이른다. 이것은 역대 제왕들이 함께 준수한 것이며 고금이 한결같이 이어온 것으로 아직 그 유래를 아는 자는 있지 않다.

---

26) 『상복의 제도와 이념』, 김용천, 장동우 공저, 동과 서, 2007년 11월, p91~p95 참고.

三年之喪, 人道之至文者也. 夫是之謂至隆. 是百王之所同, 古今之所壹也, 未有知其所由來者也.

『논어』에 기록된 공자의 해석에 따르면, 「삼년지상」이란 부모가 돌아가신 후, 효자가 삼 년 동안 상복을 입고 애도를 표하는 제도를 의미한다. 또한 제왕이 서거하면 세자가 삼 년 동안 상복을 입고 애도하며, 이 기간 동안 정사政事에 관여하지 않고 대신 재상宰相들이 국정을 맡는 것으로 규정되어 있다.

삼년지상의 기원이 언제부터 시작되었으며, 언제 제도화되었는지는 지금까지도 학자들 사이에서 논쟁이 지속되고 있는 문제이다. 당요唐堯시기부터 존재하였다는 설이 있으며, 은상殷商 시대의 제도라는 설도 있고, 주대周代에 규정된 예법이라는 설도 있다. 그리고 춘추시대에 공자로부터 처음 개창된 것이라는 설 등 그 이론이 분분하다. 동주東周 이후, 삼년지상은 삼대(三代, 夏商周)의 제도 중 하나로 간주되었으며, 봉건사회에서 예서禮書의 최고 법전에 기록되었다. 『의례』와 『예기』에서도 삼년지상의 중요성이 강조되었으며, 이는 유교적 윤리와 정치 체제의 중요한 부분으로 자리 잡았다. 그러나 청말淸末 학자들은 공자가 기존의 체제를 변경했기 때문에, 삼년지상이 삼대의 제도라는 점을 부정하기도 하였다. 근래에는 삼년지상을 고대 중국의 전통적인 상례 제도의 일부로 보는 견해가 점점 늘어나고 있다.[27] 오늘날에 이르러 이천오백 년 전의 제도가 언제부터 시작되었는지를 정확히 규명하는 것은 매우 어려운 문제이다. 그러나 각종 설說의 진위를 따

27) 顧洪, 「試論[三年之喪]起源」, 『齊魯學刊』, 1989년, 제3기 참고.

지고, 그것이 갖는 의미와 역사적 맥락을 분석하는 것은 여전히 중요한 학문적 작업이다.

삼년지상은 단순한 상례喪禮를 넘어, 유교 사회에서 부모에 대한 효孝의 실천을 강조하는 핵심 원칙이자, 정치적 안정과 사회 윤리를 유지하는 중요한 제도적 장치로 기능해 왔다. 따라서 이 제도의 기원과 발전 과정을 연구하는 것은 유교적 사상과 중국 사회의 윤리적 구조를 이해하는 데 매우 의미 있는 작업이라 할 수 있다.

(1) 당요唐堯 설

공영달孔穎達은 『주역 · 계사하繫辭下』, '고대의 장례 방법은 섶으로 시신을 두껍게 싸서 벌판에 장례 지냈으나 무덤을 만들지 않았으며 나무도 심지 않았고 상기喪期도 없었다.'[28]라는 대목의 소疏에서 다음과 같이 말하고 있다.

> 『상서』에 요임금이 돌아가시자 백성들이 부모를 잃은 듯이 하여 3년 동안 온 나라에 음악을 금지하였다. 하니, 상기가 없는 것은 요임금 이전의 일이다.
>
> 案『書』稱堯崩, 百姓如喪考妣, 三載, 四海遏密八音. 則喪期無數在堯以前.

그는 또 『예기 · 삼년문三年問』 소疏에서 말하기를,

28) 「古之葬者, 厚衣之以薪, 葬之中野, 不封, 不樹, 喪期無數.」『周易 · 繫辭下』.

그러므로, 요임금이 돌아가시자 부모를 잃은 듯이 3년을 하였다. 하니, 요임금 이전에 부모 거상 3년이 이미 있었음을 알 수 있다.

故堯崩云如喪考妣三載, 則知堯以前喪考妣已三年.

가공언賈公彦은 『의례 · 상복』 서두 소疏에서 다음과 같이 말하였다.

그러므로 『우서』에 이르기를 '순임금이 섭정 28년에 제요가 돌아가시자 백성들이 부모가 돌아가신 듯이 하며 3년 동안 음악을 금지하였다.'라고 하니 이것은 심상 3년은 복제에 있지 않은 명확한 증거이다.

故『虞書』云 : 「二十八載帝乃殂落, 百姓如喪考妣. 三載, 四海遏密八音.」 是心喪三年未有服制之明驗也.

공영달孔穎達과 가공언賈公彦은 「삼년지상」이 요임금 시대부터 시작되었다고 주장하였다. 그들의 주요한 근거는 『상서』 중의 「요전堯典」과 「순전舜典」의 기록이다. 『상서』에 따르면 순임금이 섭정한 지 28년이 되었을 때, 요임금이 서거하자 백성들이 마치 부모를 잃은 것처럼 슬퍼하며 삼 년 동안 애통해했고, 이 기간에 전국에서 음악을 연주하지 않았다고 한다. 그러나 이러한 기록을 완전히 신뢰하기는 어렵다. 『상서』 각 편에 기록된 내용의 시대와 실제 기록된 시기가 일치하지 않을 가능성이 크다. 예를 들면 「요전」은 요 · 순의 사적을 기록하고 있지만, 이는 요순堯舜시대에 기록된 것이 아니라[29] 후대인

29) 屈萬理선생이 『尚書集釋』에서, 「요전은 공자 사후, 맹자 전으로, 대체로 전국초년에 만들어졌다. 하였다. (「堯典」之作當在孔子歿後, 孟子之前. 蓋戰國初年. 儒家者流, 據傳說而筆之於書者也.)

들이 고대의 이야기를 추리하여 기록한 것이며, 후인들이 이를 편집하고 첨삭한 것이다. 따라서 삼년지상이 요堯임금 시대부터 존재했다는 주장을 뒷받침하는 강력한 사료적 근거로 보기에는 부족하다.

만약 요임금 시기부터 이미 삼년지상이 실행되었다면, 순임금 또한 이를 그대로 답습했을 가능성이 크다. 그러나 이에 대한 명확한 기록이 남아 있지 않다는 점에서, 삼년지상이 요堯 시대부터 시작되었다는 주장은 여전히 확실한 증거가 부족한 상태이다. 그렇지만, 『예기 · 단궁상檀弓上』의 기록에는,

> 순을 창오의 들에 장사 지냈다.
>
> 舜葬於蒼梧之野.

정현鄭玄은 다음과 같이 해석하였다.

> 순이 유묘를 정벌하다가 죽었으므로 그곳에 장사 지냈다.
>
> 舜征有苗而死, 因留葬焉.

그리고 『주역 · 계사하繫辭下』의 내용을 보면,

> 고대의 장례 방법은 섶으로 시신을 두껍게 싸서 벌판에 장례 지냈으나 무덤을 만들지 않았으며 나무도 심지 않았고 상기도 없었다.
>
> 古之葬者, 厚衣之以薪, 葬之中野, 不封, 不樹, 喪期無數.

『예기』는 서한西漢 시기에 여러 기록을 모아 편집한 문헌이며, 「십

익十翼」은 공자가 서술한 것으로 전해진다.[30] 이러한 견해는 당唐 이전 학자들의 일치된 설이었으며, 이에 따라 공영달은 「십익」이 공자의 저작이라 여겼으며, 당시 선유先儒들 또한 이에 대해 별다른 이견이 없었다.[31] 그러나 근대 학자들의 연구에 따르면, 「십익」은 전국戰國 말기에서 한漢나라 초기 사이에 작성된 것으로 보인다.[32]

이러한 연구를 바탕으로 고대 문헌에 기록된 상장 풍속을 비교해 보면, 삼년지상이 요堯임금 시대부터 시작되었다는 주장은 더욱 신뢰하기 어려워진다. 고대 중국에서는 사망 시 논밭과 야산에 매장하고, 봉분封墳을 만들지 않았다. 나무를 심어 표지標識를 세우는 행위도 하지 않았으며, 상기喪期도 일정한 시간과 한계를 두지 않았다. 이러한 점을 고려하면, '삼년지상三年之喪'이라는 개념 자체가 존재하지 않았을 가능성이 높다. 따라서 『상서尙書』의 「요전堯典」에 기록된 내용이 사실이라고 확신하기는 어렵다. 이는 고대 문헌들이 후대에 편집 · 추가되었을 가능성이 크며, 요堯 시대의 실제 관습과 후대의 상례喪禮가

---

30) 이 견해는 사마천으로부터 시작되었다. 『사기 · 공자세가』에서, '孔子晩而喜『易』,「序」,「彖」,「繫」,「象」,「说卦」,「文言」.'이라고 했다. 그 후에 『漢書 · 藝文志』, 『隋書 · 經籍志』, 陸德明 『經典釋文』, 공영달 『周易正義 · 序』가 뒤를 이었다.

31) '以爲孔子所作, 先儒更無異論.' 『周易正義 · 序』

32) 이 견해를 주장하는 학자는 李鏡池, 馮友蘭, 郭沫若, 屈萬里等 등이 있다. 李鏡池의 견해는「關於周易的性質和它的思想」, 馮友蘭의 견해는 「易傳的哲學思想」에 나타나며, 郭沫若은 '「說卦傳」이하 세 편은 진나라 이전에 지어진 것이며 「彖辭」,「繫辭」,「文言」 세 편은 순자의 제자가 진나라 통치 시기에 지은 것이고, 「象辭」는 「彖辭」 후에 다른 유파가 지은 것이다.'라고 하였다. 상세한 것은 「周易的制作時代」를 참고. 屈萬里 선생님은 「雜掛傳」이 漢, 宣帝 시대에 지어진 것 이외에 나머지 6편은 전국 중기에서 말기 사이에 지어진 것이라고 하였다. 상세한 것은 「易損其一考」, 『漢石經周易殘字集證』 참고.

다를 수 있기 때문이다. 즉, '삼년지상'이 요임금 시대부터 시작되었다는 주장은 신뢰할 만한 근거가 부족하며, 후대의 유교적 상례 개념이 고대의 전통과 혼합되어 형성된 결과일 가능성이 크다.

(2) 은상殷商 설

청대淸代의 모기령毛奇齡, 초순焦循 및 현대의 부사년傅斯年, 호적胡適 등이 위주가 되어 이 견해를 주장하였다. 모기령의 『사서승언四書賸言』 권 3에 상세한 서술이 있다.[33]. 청대 초순은 『맹자 · 등문공상』의 「연우가 세자에게 복명하여 삼년지상으로, 하기로 결정하였다. (然友反命, 定爲三年之喪)」는 대목의 소(疎)에서 다음과 같이 말하고 있다.

> 비로소 맹자가 정한 삼년상을 깨닫고 「삼년불언」을 인용하여 표준으로 삼아 등문공이 봉행하였다. …… 이것은 모두 상나라 이전의 제도로서 결코 주나라의 제도는 아니다. 주공이 예를 제정하였으나 결코 이 제도는 있지 않다.
>
> 始悟孟子所定三年之喪, 引「三年不言」爲訓, 而滕文奉行……, 是皆商以前之制, 並非周制. 周公所制禮, 並未有此.[34]

현대 학자 부사년傅斯年과 호적胡適 또한 삼년지상이 요堯 시대부터 존재하지 않았다는 견해를 지지하고 있다. 부사년은 삼년지상이 본래

---

33) 毛奇齡은 삼년지상이 은상의 제도라고 주장하였다. 상세한 내용은 胡適, 『說儒』 참고. 遠流出版社, 1988년, p108.

34) 『孟子正義 · 滕文公上』, 『十三經注疏』, 臺灣, 藝文印書館, 1985년, p90.

은殷나라 사람들의 구습舊習에서 기원한 것이라고 주장하였다. 은殷나라가 주周나라에 멸망한 후에도, 은의 유민들은 기존의 장례 풍습을 그대로 유지하였으며 삼년지상을 실행하였다. 반면, 주周나라 백성들은 삼년지상을 시행하지 않았다. 하위계층은 은나라의 전통을 유지하며 삼년지상을 실행했지만, 상위계층은 이를 따르지 않았다.[35] 즉, 삼년지상은 요堯 · 순舜 시대부터 내려온 보편적인 제도가 아니라, 특정 문화권(즉, 은나라)에서 유지된 풍습이었으며, 주나라의 공식적인 제도는 아니었다는 것이다. 이러한 주장의 주요 근거는 『상서 · 무일無逸』 편 중의 한 내용이다.

> 고종 때, 그는(고종) 이전에 오랫동안 외부에서 노고를 겪으며 백성들과 함께 지냈다. 그가 왕위에 오른 후, 침묵하며 말하지 않았고, 삼 년 동안 함부로 말하지 않았다. 그가 말하지 않다가 한마디를 하면, 그 말이 특히 온화하고 이치에 맞았다.
>
> 其在高宗, 時舊勞於外, 爰曁小人. 作其卽位, 乃或亮陰, 三年不言, 其惟不言, 言乃雍.

이 내용에 관해 공자는 아래와 같이 해석하였다.

> 자장이 말하였다.
> "서書에 『고종이 諒陰(양암으로 읽음)으로 삼 년 동안 말하지 않았다.』라고 하였는데, 무슨 뜻입니까?"
> 공자가 이렇게 말하였다.

35) 상세한 내용은 郭沫若, 『靑銅時代 · 駁「說儒」』, 『郭沫若全集』, 「歷史篇」제1권 참고. 人民出版社, 1982년.

"하필 고종만이 그렇게 하였겠느냐? 옛날 사람들은 누구나 그렇게 하였다. 군주가 돌아가시면 온 관리들은 모두가 자신의 직무를 삼 년 동안 총재에게 듣고 처리하였다."

子張 曰 :「書云 :『高宗諒陰, 三年不言.』何謂也?」子曰 :「何必高宗, 古之人皆然. 君薨, 百官總己以聽於冢宰三年.」

『논어 · 헌문憲問』

이것은 바로 맹자와 후대 유학자들은 세자가 수상守喪 3년을 행하였다는 점을 삼년지상三年之喪의 근거로 삼았다. 공자의 학문을 계승한 경학자經學者들 또한 대부분 이 주장을 지지하였다. 예를 들어 『상서 · 대전大傳』에서, '고종은 여막에 기거하며 3년을 말하지 않았다(高宗居倚廬, 三年不言)'라고 하였고 정현鄭玄은 암陰을 여막(闇(卽陰), 謂廬也)으로 주석하였다. 또한 『예기 · 상복사제喪服四制』에서도 여를 여막에 기거하는 것(廬, 倚廬也.)으로 설명하였다. 그리고 『주례 · 궁정宮正』에서 의려는 흉려(倚廬卽凶廬)라고 하였으니 여는 수상守喪 하는 장소이다. 주희는 『논어집주』에서 '양암은 천자가 거상(수상)하는 곳이다(諒陰, 天子居喪之處.)'라고 하였다. 이러한 해석들은 공맹 시대부터 '高宗亮陰, 三年不言'을 인용하여 「삼년지상」의 근거로 활용됐음을 보여준다.

그러나 곽말약郭沫若은 이러한 해석을 철저한 고증을 통해 반박하였다. 그에 따르면, 諒陰(양암) 혹은 亮陰(양암)—또는 諒闇(양암) 혹은 亮闇(양암)이라고도 불리는—이 두 단어는 거상居喪이나 수제守制를 의미하는 것이 아니라고 주장하였다. 곽말약은 역사적 · 고고학적 자료 및 과학적 연구를 근거로 삼아, 수천 년 동안 이어져 온 이론이 잘못되었음을 입증하려고 하였다. 그는 『駁「說儒」』에서 다음과 같이 말하였다.

> 사람이 '삼년불어三年不言'를 지켜야 한다면, 그것이 일반적인 건강 상태에서 가능한지를 떠나, 강한 의지력으로 통제할 수 있다고 가정하더라도, 만약 '옛사람'이나 '옛 군주'들이 부모가 사망했을 때 모두 '삼년불어三年不言'의 '양암기亮陰期'를 가졌다면, 「무일편無逸篇」에서 언급된 은殷 왕들, 즉 중종中宗, 고종高宗, 조갑祖甲 또한 동일하게 이를 경험했을 것이다. 그렇다면 왜 이 일이 유독 고종高宗에 대해서만 기록되었는가?
>
> 一個人要 '三年不言', 不問在尋常的健康狀態下是否可能, 卽使說明堅强的意志力可以控制得來, 然而如在 '古之人'或 '古之爲人君者', 在父母死時都有 '三年不言'的 '亮陰'期, 那麽「無逸篇」裏所擧的殷王, 有中宗, 高宗, 祖甲, 應該是這三位殷王所同樣經歷過的通制. 何以獨把這件事情繫存於高宗項下呢?

곽말약郭沫若은 또한 발굴된 4편의 은허殷墟 복사卜辭를 증거로 들어 '은殷나라 왕실조차 삼년지상三年之喪을 실행하지 않았다.'라고 단언하였다.

현대 학자 이민(李民)은 『歷史硏究』(1987년 제2기)에서 「高宗 "亮陰" 與武丁之治」라는 논문을 발표하며 곽말약郭沫若과 다른 해석을 제시하였다. 그에 따르면 '亮(양)'은 곧 '諒(양)'이며 '信(신)'을 의미한다고 하였다. '陰'은 '暗(암)'이며, 묵(默, 침묵)을 의미한다. 따라서 '양암亮陰'은 단순히 '과묵하다寡言'는 뜻으로 해석할 수 있다. 즉, '삼년불언三年不言'이라는 표현이 실제로 삼 년 동안 말을 하지 않았다는 의미가 아니라, 단순히 '말수가 적었다'라는 뜻으로 볼 수 있다는 것이다. 이민은 이를 바탕으로, 은殷 고종高宗의 '양암亮陰'이란 하나의 정치 행위이며, 이는 '침묵 속에서 국정을 깊이 숙고하는 태도(沈默思政)' 혹은 '신중하게 정사를 처리하는 자세(愼重處事)'로 해석할 수 있다고 주장하였다. '삼년불어三年不言'은 '말수가 적다'라고 할 수 있고 여기서 '삼년'이라는 것은 실제로 삼 년을 말하는 것이 아니다. 따라서 「무일無逸」 편에 기재된 내용은, 「은殷 고종은 젊은 시절 백성들과 오랜 시간 동고동락했으며, 즉위한 후에는 신중하게 침묵 속에서 국정을 살폈으며, 명령을 내리는 경우가 매우 드물었다. 그러나 그가 한 번 명을 내리면 백성들이 이를 모두 옹호하였다.」라고 해석할 수 있다. 이러한 해석은 「무일」 편에서 주공周公이 성왕成王에게 너무 안락한 삶만 추구하지 말고 노력해서 정치를 해야 한다고 충고하는 주제와 일맥상통하며, 또한 중종中宗, 고종高宗, 조갑祖甲 등 세 명의 현명한 군주들이 분투하며 정치에 힘쓴 사적을 칭송하는 내용과도 일치한다. 즉, 고종高宗이 삼 년 동안 말을 하지 않았다는 해석보다는, 그가 신중한 태도로 정치를 했다는 해석이 훨씬 자연스럽고 합리적이라는 것이다.

결국, 곽말약과 이민, 두 학자의 연구를 종합하면 '삼년지상三年之喪'이 은나라 시대부터 존재했다는 주장의 근거가 사라진다. 곽말약은 발굴된 은허복사를 근거로 삼아, 은殷나라 왕실이 삼년지상을 시행하지 않았음을 증명하려 하였다. 이민은 '양암亮陰'이라는 용어가 삼년지상의 근거가 될 수 없음을 문헌적 분석을 통해 밝혀냈다. 따라서 '삼년지상은 은殷대부터 존재했다'라는 기존의 학설은 신뢰할 수 없으며, 삼년지상은 후대에 점진적으로 형성된 예제禮制일 가능성이 더욱 높아졌다.

(3) 주공周公 설

이 주장은 주희朱熹의 견해를 근거로 한다. 그는『맹자 · 등문공상滕文公上』편에서 이를 명백히 서술하였다.[36]. 또한, 청나라 말기 강유위康有爲는『논어 · 양화陽貨』주석에서 상기喪期에 관한 주장을「고대로부터 계승되어 주대周代에 정해졌다」라고 요약했다. 그러나 이 두 가지 주장에 대한 고증을 바탕으로 보면,「고대로부터 계승되었다.」라는 말은 명확하게 확신할 수는 없다. 그리고「주대에 정해졌다」라는 말 또한 잘못된 견해이다. 이에 대해 곽말약郭沫若은「삼년지상은 결코 은대 제도가 아니다(三年之喪並非殷制)」라는 글에서 '주대에 삼년지상 제도의 흔적이 전혀 없다'라고 주장하였다. 또한, 모기령毛奇齡도 삼년지상이 주대의 제도라는 견해를 극도로 부인하였다.[37]. 선진先秦의 문헌자료와 선대 학자들의 연구 결과를 고려할 때, 삼년지상이 주대周代에 정해졌다는 견해는 사실과 맞지 않는다고 할 수 있다.

첫째, 공자와 맹자가「삼년지상」에 대한 장려와 제창을 보면 주대에 이 제도가 없었다는 결론을 얻을 수 있다. 공자와 맹자는 모두 요임금과 순임금을 조술祖述 하며, 문왕과 무왕을 본받아 법으로 여긴(祖述堯舜, 憲章文武) 사람이며, 특히 서주西周 왕조의 선왕先王, 선공先公을

36) 『맹자 · 등문공상』 주자 주注 :「등나라는 노나라와 함께 모두가 문왕의 후손이며, 노나라 시조인 주공이 맏이이다. 형제가 이를 종주로 삼으므로 등나라가 노나라를 종국으로 부른 것이다. 그러나 두 나라가 삼년지상을 행하지 않는다고 말한 것은 그(주공)의 후세의 실책으로 주공의 법이 본래 그러하였던 것은 아니다.(滕與魯, 俱文王之後而魯祖周公, 爲長, 兄弟宗之. 故, 滕謂魯爲宗國也. 然, 謂二國不行三年之喪者, 乃其後世之失, 非周公之法本然也.)」

37) 상세한 것은 모기령毛奇齡의『喪禮吾說論』을 참고.

더욱 숭배하였다. 만약 문文·무武·주공周公이「삼년지상」제도로 정했다면 공자와 맹자는 이에 대한 명확한 근거를 두고 적극적으로 이를 장려하였을 것이다. 그러나 공자와 맹자는 서주의 제도를 그대로 옹호했음에도, 삼년지상을 주대周代의 법제로 언급한 적이 없다.『논어』에서 공자가 제자와 삼년지상에 관해 논했던 기록이 두 곳에 등장한다. 첫 번째 기록은, 자장子張이「高宗亮陰, 三年不言」에 대하여 의문을 제기했을 때, 공자는 구체적인 설명 없이 단순히 '옛사람들은 모두 그렇게 하였다'[38]라고 대답하였다. 여기서「옛사람들」이란 당연히 고종高宗 이전의 사람들을 가리키는 것이지, 그 후대를 의미하는 것이 아니다. 두 번째 기록은 재여宰予가 공자에게 삼년지상의 필요성에 관해 물었을 때이다.

> 재아가 여쭈었다.
> "삼 년 동안 상喪을 지켜야 하나 기년期年으로도 이미 너무 깁니다. 군자가 그 일로 삼 년 동안 예禮를 익히지 않으면 예는 틀림없이 무너지고 말 것이며, 삼 년 동안 악樂을 익히지 않으면 악도 틀림없이 무너지고 말 것입니다. 묵은 곡식은 이미 바닥나고 새 곡식은 이미 패어 오르며, 찬수鑽燧도 그 불을 바꾸어야 합니다. 그러니 일 년 정도로 그칠 만하다고 여깁니다."
> 공자가 이렇게 물었다.
> "무릇 쌀밥을 먹고 비단옷을 입으면 너는 편안하다고 여기느냐?"
> 재아가 대답하였다.
> "편안합니다."

---

38)『論語·憲文』, 子張曰 :「書云『高宗諒陰, 三年不言.』何謂也?」子曰 :「何必高宗, 古之人皆然. 君薨, 百官總己以聽於冢宰三年.」

"네가 편안하다니, 그러면 너 하고 싶은 대로 하려무나! 무릇 군자의 거상에는 맛있는 음식을 먹어도 달지 않으며, 음악을 들어도 즐겁지 않으며, 거처에도 편안을 느끼지 못하기 때문에 그러한 것은 하지 않는 것이다. 그런데 지금 너는 편안하다고 하니, 그렇다면 너 하고 싶은 대로 하려무나!"

재아가 나가자, 공자는 이렇게 말하였다.

"재아予는 어질지 못하구나! 자식은 태어난 지 삼 년이 지난 연후에야 부모의 품에서 벗어날 수 있는 것이다. 무릇 삼 년의 상기는 천하의 통상이다. 재여는 과연 삼 년 동안 부모의 사랑을 받은 자인가?"

宰我問 :「三年之喪, 期已久矣. 君子三年不爲禮, 禮必壞 ; 三年不爲樂, 樂必崩. 舊穀既沒, 新穀既升, 鑽燧改火, 期可已矣.」子曰 :「食夫稻, 衣夫錦, 於女安乎?」曰 :「安.」,「女安, 則爲之! 夫君子之居喪, 食旨不甘, 聞樂不樂, 居處不安, 故不爲也. 今女安, 則爲之!」宰我出. 子曰 :「予之不仁也! 子生三年, 然後免於父母之懷. 夫三年之喪, 天下之通喪也, 予也, 亦有三年之愛於其父母乎!」

『논어 · 양화陽貨』

이 대화는 제자 재아宰我가 삼 년 상기喪期에 대해 질문하며 공자와 논쟁한 기록이다. 공자는 "삼년지상은 모든 사람이 하는 상제喪制"라고 하였지만 사실 춘추 말기에 삼년지상이 일반적으로 통용되지 않았다. 이로 인해, 공자 문인 중에서도 삼년지상이 예禮에 맞지 않다고 여기며 이를 실행하기를 원치 않는 자들이 있었다. 또한, 공자는 삼년지상의 필요성을 설명하면서도 이를 설득할 만한 구체적인 사례를 들어 뒷받침하지 않았다.

맹자는 비록 구체적으로 "삼년상에 자소의 상복을 입고, 묽은 죽을 먹는 것은 천자로부터 서인에 이르기까지 삼대 이래로 공통적으로 시행에 왔던 것이다."[39]라고 지적하고 또 「만장상萬章上」 편에서, "요임금이 죽고 삼년상이 끝나자, …… 순임금이 죽자, 삼년상을 마치고, …… 우임금이 죽자, 삼년상을 마치고,……"[40]라고 지적했지만, 이러한 서술은 결국 공자의 '옛사람들은 모두 그렇게 하였다'라는 견해와 본질적으로 다르지 않다. 만약, 「옛사람」이라는 개념이 단지 요堯, 순舜, 우禹, 은殷 고종高宗 등에게만 한정된다면, 왜 주대의 선왕先王 선공先公, 그리고 주례周禮에 대한 언급은 빠져있는가? 이러한 점을 고려하면, 주례周禮에는 삼년지상에 대한 명확한 규정이 없었을 가능성이 높다는 결론을 유추할 수 있다.

둘째, 주周 왕실은 삼년지상을 실행하지 않았다. 『좌전 · 소공昭公 15년』에는 이에 대한 다음과 같은 기록이 남아 있다.

> 유월 을축 날에 주 천자의 태자 수壽가 죽었고, 가을 팔월 무인 날에 천자의 목후穆后가 붕어 하였다.……십이월에 진晉나라 순역荀躒이 주周나라에 가서 목후를 장사 지낼 때 적담籍談이 그의 부사로 따라갔다. 장례를 마친 뒤에 주왕은 상복을 벗고 문백(文伯=荀躒)과 연회를 열어 술을 마셨는데, 이때 노魯나라가 바친 호壺를 술동이로 썼다……적담이 돌아가서 이 일을 숙향叔向에게 고하니, 숙향이 다음과 같이 말하였다. "주왕周王은 아마도 수명壽命으로 죽지 못할 것이다. 내 듣건대 '즐기는 것이 있으면 반드시 그 즐기는 것으로 인해 죽게 된다.'라고 하였다. 그런데 지금 주왕은 근심을 즐기시니 만약 근심으로 인해 죽는다면 수명으로 죽었다고 할 수 없다. 왕은 1년 안에

39) 「三年之喪, 齊疏之服, 飦粥之食, 自天子達於庶人, 三代共之.」. 『孟子 · 滕文公上』.

40) 「堯崩, 三年之喪畢,……. 舜崩, 三年之喪畢,……. 禹崩, 三年之喪…….」. 『孟子 · 萬章上』.

삼년복三年服을 입을 상喪을 두 번 당하였으면서도 이런 때에 조상弔喪 온 빈객과 주연을 열고, 또 이기彝器를 요구하였으니, 근심을 즐기심이 심하고, 또 예에도 맞지 않는다. 이기彝器가 들어온 것은 공훈功勳을 아름답게 여겼기 때문이고 상사喪事 때문이 아니었다. 삼년상은 비록 귀한 천자라 해도 수복(遂服, 정해진 喪期를 채워 服喪함)하는 것이 예이다. 주왕이 비록 수복은 하지 않는다 하더라도 연회를 열어 즐긴 것은 너무 일렀으니 이 또한 예가 아니다.

六月, 乙丑, 王大子壽卒. 秋, 八月, 戊寅, 王穆后崩.…… 十二月, 晋荀躒如周葬穆后,籍談爲介. 旣葬除喪, 以文伯宴, 樽以魯壺.…… 籍談歸, 以告叔向, 叔向曰 :「王其不終乎? 吾聞之 : 所樂必卒焉, 今王樂憂, 若卒以憂, 不可謂終, 王一歲而有三年之喪二焉, 於是乎以喪賓宴, 又求彝器, 樂憂甚矣, 且非禮也. 彝器之來, 嘉功之由, 非由喪 也. 三年之喪雖貴遂服, 禮也. 王雖弗遂, 宴樂以早, 亦非禮也.」

이 기록은 주周대에 삼년지상三年之喪 제도가 존재했다는 점을 보여주지만, 동시에 주 왕실이 실제로 이를 실행하지 않았다는 사실 또한 증명한다. 즉, 삼년지상이 주나라 시대에 보편적으로 시행되지 않았음을 시사하는 것이다.

셋째, 각 제후국에서도 삼년지상이 일반적으로 시행되지 않았다. 『맹자 · 등문공상滕文公上』에 따르면, 등정공滕定公이 사망하였을 때, 맹자는 그의 아들인 등문공에게 삼년상을 권하며 삼년지상은 삼대(夏, 商, 周)가 함께한 제도라고 하였다. 그러나 등 나라의 부형과 백관들은 모두 반대하였으며 그 반대 이유를 다음과 같이 들었다.

"우리의 종주국인 노魯나라 선군先君들도 이렇게 한 적이 없고, 우리 등나라 선군도 역시 누구 하나 그렇게 한 적이 없습니다. 그런데 지금 세자의 시대에 이르러 이를 뒤집는 것은 불가합니다."

吾宗國魯先君莫之行, 吾先君亦莫之行也 ; 至於子之身而反之, 不可.
『맹자 · 등문공상滕文公上』

등滕 나라는 숙수叔繡의 후손으로, 노나라와 함께 주 문왕文王의 후예이지만 삼년지상을 실행하지 않았다. 이는 주周 왕실뿐만 아니라, 제후국에서도 삼년지상이 일반적인 예법으로 시행되지 않았음을 보여준다.

노魯, 송宋, 제齊, 진晉 등 국가에서도 마찬가지였다. 『춘추』의 기록을 근거로 보면 노 민공閔公도 복상服喪 기간이 삼 년이 되지 않는다. 노 장공莊公은 즉위한 지 32년째 되던 해 8월 계해癸亥 일에 사망하였다. 다음 해(민공 원년) 6월에 장공을 장례 지냈다. 그리고 같은 해 가을 8월에 제齊 나라 환공桓公과 제나라 낙고落姑에서 회맹하였다.[41] 또 다음 해 여름 5월에 민공이 바로 상기를 마치는 제사를 지냈다.[42] 즉, 민공은 삼년지상을 따르지 않았으며, 복상 기간이 2년을 넘지 않았다. 그 외에 노 문공文公이 복상했던 기간 역시 삼 년이 되지 않는다. 『춘추』에 따르면 희공僖公이 즉위 33년째 되던 해 12월에 사망하였고 문공 원년 여름 4월에 희공을 안장하였다. 다음 해 8월에 태묘에 큰제사를 지내고 희공을 선대 군주보다 높여 합사하였다.(大事于大廟, 躋僖公. 『좌전 · 문공文公 2년』) 또한, 같은 해 그는 자신을 위해 결혼할 배우자를 구했다. 그리고 이 외에 노 문공이 사망한 일 년 후, 선공宣公

41) 『左傳 · 閔公 · 元年』, 참고.

42) 同 前註.

이 즉위하고 결혼하였다. 『춘추』에 따르면 문공은 즉위 18년째 2월 정축丁丑 일에 사망하고, 6월에 장례 지냈다. 선공 원년의 기록에서,

> 정월에 선공宣公이 즉위하였다. 공자 수遂가 제齊 나라에 가서 선공의 부인이 될 제나라 여자를 맞이하였다. 삼월에 수가 부인 부강婦姜을 모시고 제나라에서 돌아왔다.
>
> 正月, 公卽位. 公子遂如齊逆女. 三月, 遂以夫人婦姜至自齊.
>
> 『좌전 · 선공宣公 원년』

불과 1년 2개월 후의 일이다. 노나라는 주례周禮의 전통이 가장 강하게 유지된 곳으로, '주례는 모두 노나라에 있다.'라고 일컬어질 정도였다. 그렇다면 만약 주공周公이 삼년지제三年之制를 정한 것이 사실이라면, 후대 노나라 군주들이 이를 당연히 따라야 했을 것이다. 그러나 노나라 역대 군왕들이 삼년지상을 실행한 기록은 존재하지 않는다. 이는 주 왕실에서도 삼년상을 결코 제도화하지 않았음을 증명하는 강력한 근거가 된다.

송宋 환공桓公이 사망한 해에 송 양공襄公은 즉시 정치 활동을 재개하여 제齊 환공桓公의 맹회盟會에 참여하였다. 이는 송나라 역시 군주가 서거한 후 삼년지상을 지키지 않았으며, 이른 시일 내에 국정을 정상화했음을 보여준다.

> 주왕 삼월 정축 날에 송 군주 어열御說이 세상을 떠났다. 여름에 희공이 대재인 주공과 제 · 송 · 위 · 정 · 허 · 조의 군주들과 계구에서 회합하였다.…… 구월 무진 날에 제후들이 계구에서 결맹하였다.

王三月, 丁丑, 宋公御說卒. 夏, 公會宰周公 · 齊侯 · 宋子 · 衛侯 · 鄭伯 · 許男 · 曹伯于葵丘…… 九月, 戊辰, 諸侯盟于葵丘.

『좌전 · 희공僖公 9년』

송 환공桓公 어열御說이 사망한 후 불과 몇 달 지나지 않아, 같은 해 여름, 그의 아들인 양공襄公이 즉시 제후 회맹에 참석하였다. 이는 송나라 역시 군주가 서거한 후 삼년지상을 지키지 않았으며, 이른 시일 내에 국정을 정상화했음을 보여주는 사례이다.

제나라 역시 삼년지상을 실행하지 않았다.『공양전 · 애공哀公 5년』에 다음과 같이 기록 되어있다.

가을 구월 계유 날에 제나라 군주 처구處臼가 사망하였다.

秋九月癸酉, 齊侯處臼卒.

제후 처구는 바로 제 경공景公이다.『공양전 · 애공 · 6년』의 기록을 보면,

가을 칠월 …… 경공의 상을 벗었다.

秋七月,…… 除景公之喪.

이것은 바로「기년지상期年之喪」, 즉 1년간의 복상服喪 기간 실례를 보여준다. 이는 삼년지상이 보편적으로 시행되지 않았음을 증명하는 또 다른 사례이다. 또한 제齊 나라 혜공惠公이 사망하였을 때 그의 후계자인 경공 역시 그해에 바로 즉위하고 외국을 방문하였다.[43] 이는 제나라 또한 삼년지상을 실행하지 않았음을 명확히 보여준다.

진晉나라 또한 삼년지상을 실행하지 않았다. 도공悼公이 사망한 지 불과 4개월 후 후계자인 평공平公이 상복喪服을 벗고 길복吉服으로 갈아입었다. 이후 관료들과 함께 증제(烝祭, 제사)를 지내고 연회를 베풀었다. 노 양공 15년 겨울에 진 도공이 사망하자 16년 정월에 도공을 장례 지냈다. 그해 3월, 제후들이 격양溴梁에서 만났다. 『좌전 · 양공襄公 16년』에 다음과 같이 기록되어 있다.

> 봄에 진 군주 도공을 장사 지냈다. 평공이 즉위하여……, 상복을 제복으로 갈아입고 재덕을 겸비한 관료를 뽑아 곡옥曲沃에서 증제를 지냈다. 국도를 경계해 지키게 하고서 하수河水를 따라 내려가 격양溴梁에서 제후들과 회합하여, 침탈한 땅을 돌려주라고 명하였다. ……. 진 군주가 제후들과 온溫에서 연회할 때 대부들에게 춤을 추게 하였다.
>
> 春, 葬晉悼公. 平公卽位, …… 改服修官, 烝于曲沃. 警守而下, 會于溴梁, 命歸侵田, …… 晉侯宴于溫, 使諸大夫舞.

개복改服은 상복을 벗고 길복吉服으로 갈아입은 것을 의미한다. 수관修官은 두예杜預의 주에 의하면 재덕을 겸비한 인사를 다시 선발한다는 뜻이다. 곡옥曲沃은 진晉나라 조묘祖廟가 있는 곳으로, 즉 진국의 종묘가 위치한 장소이자 제사를 지내는 성지였다. 진晉 평공平公은 선군(先君, 悼公)의 장례를 치른 후 불과 3개월 만에 상복을 벗고, 정령政令을 내리고, 조묘에서 제사를 올린 뒤, 제후들에게 연회를 베풀었다. 같은 해 여름에는 초楚나라와 허許나라를 정벌하는 군사를 일으켰다.

---

43) 『左前 · 宣公 · 十年』 참고.

그러나 겨울이 되자 노나라가 제나라에 침략을 당하자, 진晉나라에 지원을 요청하였다. 이에 대해 진晉나라는 "우리 군주는 아직 체 제사를 지내지 않았다(寡君之未禘祀)"라는 이유로 거절하였다.

이러한 기록을 통해 보면, 상기喪期는 국가의 각종 정치적 · 군사적 행사에 실질적인 영향을 미치지 않았으며, 심지어 길체(吉禘, 중요한 제사)의 시기조차 임의로 변경될 수 있었다. 더 나아가, 체제禘祭는 어떤 사안을 거절하는 데에도 변명거리로 사용될 수 있었으며, 엄격한 상기喪期 제도 자체가 존재하지 않았음을 시사한다.

이상의 사례들은 주周 왕실의 천자天子뿐만 아니라, 제후국의 군주들조차 삼년지상을 실행하지 않았음을 명확히 입증한다. 선군先君이 서거한 해 혹은 그다음 해에 곧바로 신군新君의 즉위식이 거행되었다. 즉위식뿐만 아니라, 연회宴會, 회맹會盟, 정벌征伐 등의 정치적 활동이 즉시 이루어졌다. 심지어 결혼을 추진하는 사례도 있었다. 복상服喪 기간이 가장 길었던 경우조차 21~22개월에 불과했다. 이러한 사례들은 삼년지상이 주대周代에 보편적으로 시행된 제도가 아니며, 주례周禮에도 명확히 규정되지 않았음을 증명하는 강력한 근거가 된다.

넷째, 묵자가 삼년지상을 반대하는 것은 삼년상 제도가 주례周禮에 규정되었다는 것을 부정하는 중요한 증거이다. 『묵자 · 공맹公孟』 편에 다음과 같이 말하고 있다.

> 공맹자가 묵자에게 말했다. "선생은 삼년상을 그릇되다 하는데, 그러면 선생의 삼일(월) 상도 비난받아야 마땅합니다." 묵자가 말했다. "그대가 삼 년의 상복으로 나의 삼일(월)의 상복을 비난하는 것은 마치 벌거벗은 자가 옷자락을 걷어 올린 자의 공손치 못함을 비난하는 것과 같습니다."

公孟子謂子墨子曰 :「子以三年之喪爲非, 子之三日(月)之喪亦非也.」子墨子曰 :「子以三年之喪非三日(月)之喪, 是猶倮謂撅者不恭也.」

유가儒家와 묵가墨家는 본래 상장喪葬 문제에 있어서 대립적인 입장을 취하고 있다. 유가는 「후장구상厚葬久喪」을 주장하는 반면 묵가는 「절장단상節葬短喪」을 주장한다. 묵자墨子는 삼년지상三年之喪의 불합리성을 강하게 비판하며, 유가의 상례喪禮 관념을 전면적으로 부정하였다. 이는 삼년상이 보편적인 제도였다는 유가의 주장을 반박하는 강력한 근거가 된다.

윗사람은 정사를 돌볼 수 없고 아랫사람은 일에 종사할 수 없을 것이다. 윗사람이 정사를 돌볼 수 없다면 법과 정치는 반드시 어지럽고, 아랫사람이 일을 할 수 없으면 먹고 입을 재물이 반드시 부족 할 것이다.

使爲上者行此, 則不能聽治 ; 使爲下者行此, 則不能從事. 上不聽治, 刑政必亂 ; 下不從事, 衣食之財必不足.

『묵자한고 · 절장하節葬下』

그리고 그 결과는 다음과 같이 말하고 있다.

국가는 반드시 가난해지고, 백성은 반드시 줄어들며, 법과 정치는 반드시 문란해질 것이다.

國家必貧, 人民必寡, 刑政必亂.

『묵자한고 · 절장하節葬下』

묵자墨子는 삼년지상三年之喪에 대해 단호하게 반대한 대표적인 인물로, 상기喪期를 짧게 유지하는 단상短喪을 주장하였다. 만약 삼년지상이 선왕先王과 선공先公의 전통이었거나, 주례周禮에 명확히 규정된 제도였다면, 묵자는 이를 적극적으로 반대하지 않았을 것이다. 특히 묵자는 요堯, 순舜, 우禹, 탕湯, 문왕文王, 무왕武王 등의 성군聖君들을 높이 평가하고 그들을 본받고자 하였다. 만약 삼년상이 이들에 의해 시행된 확립된 제도였다면, 묵자는 자신이 존숭하는 성군들의 가르침을 부정하며 격렬하게 반대하는 모순적인 태도를 보이지 않았을 것이다.

이러한 점을 고려할 때, 묵자의 삼년지상 반대는 삼년상 제도가 주례周禮에 규정된 것이 아니라는 점을 간접적으로 증명하는 중요한 논거가 된다. 즉, 삼년상이 유교적 전통 속에서 점진적으로 정착된 제도일 가능성이 높으며, 주대周代나 선왕先王 시대에 법제화된 보편적인 관행이 아니었음을 시사한다.

(4) 공자 창시설

이 주장의 대표적인 학자는 강유위康有爲, 곽말약郭沫若 등이 있다. 강유위는 『공자개제고孔子改制考』의 「제자문난고弟子問亂考」에서, 삼년지상三年之喪에 대해 의문을 제기하는 사람이 가장 많은 이유는, 삼년지상은 '공자가 새롭게 제정한 제도이며……, 맹자가 이를 계승하고 전파했기 때문이다.(爲孔子新改定之制……, 而孟子傳至易明矣)'라고 주장하였다. 또한 『논어 · 양화陽貨』 편의 주석에서도, 삼년지상이 공자 이후의 시대에 정착된 새로운 제도라는 점을 강조하였다.

삼년지상은 대체로 공자께서 제도를 고쳐 성대하게 하신 것이다.

三年之喪, 蓋孔子改制所加隆也.

곽말약은 『청동기시대 · 박 「설유」(駁「說儒」)』에서 다음과 같이 말하고 있다.

삼년상 제도는 본래 유가의 특징이며, 호적胡適은 과거 이를 공자께서 창제한 것으로 여겼다. 내가 지금까지 확인한 바에 따르면, 역시 그러하다.

三年喪制本是儒家的特徵, 胡適往年是認爲孔子的創制, 據我所見到的也是這樣.

『십비판서十批判書 · 공묵적비판孔墨的批判』에서 또 다음과 같이 말하였다.

이른바 「斟酌損益(손익을 헤아림)」이라는 일이 분명히 존재한다. 비록 공자는 「述而不作」이 라고 말하지만, 「三年之喪」은 그가 만들어낸 제도이다. 그것이 걸작인지 아닌지는 또 다른 문제이다…….

所謂「斟酌損益」的事情無疑是有的, 盡管他在說「述而不作」, 但如「三年之喪」便是他所作出來的東西, 是不是杰作是另外一個問題 …….

「삼년지상」은 공자가 처음으로 창시한 것이라는 주요 근거는 삼년지상에 대한 공자와 제자 자장과 재아의 대화 내용에서 비롯된다.

자장이 말하였다.
“서書에 『고종이 양암諒陰으로 삼 년 동안 말을 하지 않았다.』라고 하였는데, 무슨 뜻입니까?”
공자가 이렇게 말하였다.
“하필 고종만이 그렇게 하였겠느냐? 옛날 사람들은 누구나 그렇게 하였다. 군주가 돌아가시면 온 관리들은 모두가 자신의 직무를 삼 년 동안 총재에게 듣고 처리하였다.”

子張曰 :「書云 :『高宗諒陰, 三年不言.』何謂也?」子曰 :「何必高宗, 古之人皆然.君薨, 百官總己以聽於冢宰三年.」

『논어 · 헌문憲問』

재아가 여쭈었다.
“삼 년 동안 상을 지켜야 하나 기년期年으로도 이미 너무 깁니다. 군자가 그 일로 삼 년 동안 예禮를 익히지 않으면 예는 틀림없이 무너지고 말 것이며, 삼 년 동안 악樂을 익히지 않으면 악도 틀림없이 무너지고 말 것입니다. 묵은 곡식은 이미 바닥나고 새 곡식은 이미 패어 오르며, 찬수도 그 불을 바꾸어야 합니다. 그러니 일 년 정도로 그칠 만하다고 여깁니다.”
공자가 이렇게 물었다.
“무릇 쌀밥을 먹고 비단옷을 입으면 너는 편안하다고 여기느냐?”
재아가 대답하였다.
“편안합니다.”
“네가 편안하다니, 그러면 너 하고 싶은 대로 하려무나! 무릇 군자의 거상에는 맛있는 음식을 먹어도 달지 않으며, 음악을 들어도 즐겁지 않으며, 거처에도 편안을 느끼지 못하기 때문에 그러한 것은 하지 않는 것이다. 그런데 지금 너는 편안하다. 고 하니, 그렇다면 너 하고 싶은 대로 하려무나!”

재아가 나가자, 공자는 이렇게 말하였다.
"재아는 어질지 못하구나! 자식은 태어난 지 삼 년이 지난 연후에야 부모의 품에서 벗어날 수 있는 것이다. 무릇 삼 년의 상기는 천하의 통상通喪이다. 재여는 과연 삼 년 동안 부모의 사랑을 받은 자인가?"

宰我問 :「三年之喪, 期已久矣. 君子三年不爲禮, 禮必壞 ; 三年不爲樂, 樂必崩. 舊穀旣沒, 新穀旣升, 鑽燧改火, 期可已矣.」子曰 :「食夫稻, 衣夫錦, 於女安乎?」曰 :「安.」「女安, 則爲之! 夫君子之居喪, 食旨不甘, 聞樂不樂, 居處不安, 故不爲也. 今女安, 則爲之!」宰我出. 子曰 :「予之不仁也! 子生三年, 然後免於父母之懷. 夫三年之喪, 天下之通喪也, 予也, 亦有三年之愛於其父母乎!」

『논어 · 양화陽貨』

이 두 대화의 내용을 보면 공자가 처음으로 삼년지상을 제창하였다는 설이 비교적 설득력이 있다. 그러나 선진先秦의 문헌자료를 보면 삼년지상은 공자로부터 시작된 것이 아니라고 한다.[44)]

44) 상기喪期는 사회풍속으로 공자를 전후하여 3년, 1년, 3개월 등 다양한 주장이 있었다. 『좌전』에도 일부 기록이 있다. 예를 들면 소공 11년(BC 531년, 공자 21살) 5월에 소공의 모친이 사망하였는데 소공이 수상守喪을 하지 않고 오히려 사냥하였다. 진 대부 숙향이 말하기를 "군주가 큰 상을 당하고 있는데 나라가 군사 연습을 그만두지 않고, 삼년상을 지켜야 할 것인데 하루의 슬퍼함이 없다.(君有大喪, 國不廢蒐, 有三年之喪, 而無一日之慼)"라고 하였다. 그리고 또, 소공 15년 (BC 527년, 공자 25살) 6월에 주 경왕의 태자 수가 죽었다. 8월에 태자 수의 모친, 주 경왕의 부인 목호도 죽었다. 『좌전』에서 "천자는 한 해 동안에 삼년상을 두 차례나 당하고 있는데(王一歲而有三年之喪二焉.)"라고 했지만, 주 경왕은 상기喪期에 상복도 안 입고 상기도 지나지 않아 빈객을 초대하고 연회를 하였다. 『좌전』에서 또 "삼년지상은 비록 아무리 귀한 사람이라 할지라도 복服 입기를 끝까지 한다는 것이 예법인 것이다. 천자가 비록 삼년상을 다 지키지 않는다 하더라도 주연을 베풀어 즐기는 것은 너무 빠르니

공덕성孔德成45) 선생은 삼년지상이 동이東夷의 예라고 주장하였다.

공자께서 「소련과 대련은 거상을 잘하였다. 3일 동안 게을리하지 않고, 3개월 동안 해이하지 않았으며, 만 1년 동안 슬퍼하였고, 3년 동안 시름에 잠겼었으니, 이는 동이의 자식이었다.」라고 하였다.

孔子曰 : 「少連, 大連善居喪, 三日不怠, 三月不解, 期悲哀, 三年憂, 東夷之子也.」

『예기 · 잡기하雜記下』

또한 『좌전 · 양공襄公 17년』에 다음과 같은 기록이 있다.

제나라 안환자가 죽으니, 그의 아들 안영은 굵은 삼베옷을 입고 삼으로 만든 띠를 머리와 허리에 두르며, 죽장을 짚고, 엄짚신을 신으며, 죽을 먹고, 움막에서 지내며, 거적 위에 잠자고 풀을 베개 삼아 상주 노릇을 하였다. 그러자 집안 노인이 말하기를 「그건 대부의 예가 아

이 또한 예가 아니다.(三年之喪, 雖貴遂服, 禮也. 王雖弗遂, 宴樂以早, 亦非禮也.)"라고 하였다. 이상의 내용을 보면, 모두 공자의 청년 시기부터 이미 당시 사회에 「삼년지상」이란 말이 있었으며 그 당시의 예가 되었다는 증거이다. 「삼년지상」과 같은 예법은 어떠한 예서禮書에서나, 혹은 어느 왕이 규정한 것도 아니다. 대부분 사회풍속의 약속으로 형성된 것이며 또한 사람들에게 구속력이 있어서 당시에 사람을 평가하는 시비의 기준이 되기도 하였다. 따라서 사회의 약속으로 형성된 것이면 짧은 시간에 형성된 것이 아닐 것이며 반드시 긴 형성 과정이 있었을 것이다. 그러므로 「삼년지상」이란 말은 공자로부터 시작된 것이 아니다. 黃瑞琦, 「〈三年之喪〉 起源考證」 참고. 『齊魯學刊』, 1988년, 제2기.

45) 공덕성孔德成선생은 공자의 77대 적손이며 자는 達生이다. 이 시대 마지막 衍聖公이며 大成至聖先師奉祀官을 지냈으며 「三禮硏究」를 말년까지 강의하였다. 필자의 은사이기도 하다.

니다.」라고 하니, 안영이 말하기를, 「경의 자리에 있는 사람만이 대부가 지킬 예를 하는 것입니다.」 하였다.

齊晏桓子卒, 晏嬰麤縗, 苴絰帶, 杖, 菅屨, 食粥, 居倚廬, 寢苫枕草. 其家老曰 : 「非大夫之禮也.」 曰 : 「唯卿爲大夫」.

그리고 『사기 · 관안열전管晏列傳』의 기록을 보면,

안평중 영은 내萊 나라 이유 사람이다.

晏平仲嬰者, 萊之夷維人也.

이상의 기록을 보면, 소련少連, 대련大連, 안영晏嬰은 모두 동이東夷 사람이며, 따라서 그들이 행한 예禮 또한 동이의 전통 풍속에 기반했을 가능성이 크다. 만약 이 가설이 타당하다면, 삼년지상三年之喪 역시 동이족의 옛 풍속에서 유래했을 가능성이 높다. 곡부曲阜는 노魯나라의 수도이자, 동이족의 옛 터전이었다. 공자가 그곳에서 생활하면서 동이의 전통적인 풍속을 일부 수용하였을 가능성이 있으며, 이를 새로운 유교적 이론으로 정립하여 삼년지상의 개념을 발전시켰을 수도 있다.

즉, 삼년지상이 고대 중국 전역에서 보편적으로 시행된 제도가 아니라, 특정 지역의 전통에서 비롯되었으며, 공자에 의해 이론적 정당성을 부여받아 유교적 상례로 자리 잡았을 가능성이 크다. 예를 들면, 부모의 양육養育에 대한 보은報恩의 효孝 이론을 부여한 것이다.

자식이 태어난 지 삼 년이 지난 연후에야 부모의 품에서 벗어날 수 있는 것이다.…… 재아는 과연 삼 년 동안 부모의 사랑을 받은 자인가?

子生三年, 然後免於父母之懷,……予也有三年之愛於其父母乎?

『논어 · 양화陽貨』

공자가 삼년지상을 「모든 사람이 통용하는 상장 예이다.(天下之通喪. 『논어 · 양화』)」, 「옛날 사람이 다 그렇게 하였다.(古之人皆然. 『논어 · 양화』)」는 내용과 맹자의 「삼대가 함께 시행하였다(三代共之. 『맹자 · 등문공상』)」 등의 견해들은 사실상 공자와 맹자가 인친仁親 사상을 고취하고자 삼년지상을 강조한 것에 가깝다.[46] 이러한 견해는 역사적 사실과 비교적 일치한다고 볼 수 있다. 선진시대의 문헌을 살펴보면, 「삼년지상三年之喪」과 「기년지상期年之喪」 등 다양한 형식의 애도 기간이 존재했음을 알 수 있다.

『예기禮記』의 기록을 보면, 삼년상뿐만 아니라 1년 상(期年喪) 등 다양한 복상服喪 제도가 병존하였음을 보여준다. 즉, 삼년지상이 모든 시대와 지역에서 보편적으로 실행된 것은 아니며, 시대와 지역, 신분에 따라 상기喪期와 상례喪禮의 형식이 다양하게 운영되었을 가능성이 크다.

공자께서 말씀하셨다. "하후씨는 3년 상에 빈殯을 하고 나면 일을 내놓았고, 은나라 사람은 장례를 마치고 나면 일을 내놓았다."

孔子曰 : 夏后氏三年之喪, 旣殯而致事, 殷人旣葬而致事.

『예기 · 증자문曾子問』

46) 章景明, 『先秦喪服制度考』, 臺灣, 中華書局, 1986년, p17.

군자가 〈선조의 나라를 떠나 다른 나라에 살면서〉 예를 행할 때 자기 나라의 풍속을 바꾸려 하지 않으니, 제사 지내는 예와 거상居喪의 상복과 곡읍哭泣 하는 위치를 모두 자기 나라의 옛 풍속대로 하여 삼가 그 법도를 따라 살펴 행한다.

君子行禮, 不求變俗. 祭祀之禮, 居喪之服, 哭泣之位, 皆如其國之故, 謹脩其法而審行之.

『예기 · 곡례하曲禮下』

이러한 기록들은 선진先秦 시대의 상기喪期가 사람(人), 시기(時), 지역(地)에 따라 차이가 있었으며, 통일된 규정과 제한이 존재하지 않았음을 설명하고 있다. 즉, 삼년지상三年之喪이 보편적으로 시행된 제도가 아니라, 시대와 환경에 따라 다르게 운영되었음을 시사한다.

공자가 삼년지상을 강조한 것은 단순한 전통의 답습이 아니라, 당시의 심각한 사회적 변화를 바로잡기 위한 것이었다. 당시 사회는 대변혁기였으며, 「예붕악괴禮崩樂壞」, 즉 예禮가 무너지고 음악이 타락한 시대적 상황 속에 놓여 있었다. 주周 천자天子조차도 전통적인 예법을 철저히 지키지 않았으며, 심지어 주례周禮를 숭상하던 노魯나라의 군왕들조차 예禮를 경시하는 모습을 보였다. 이러한 시대적 배경 속에서, 사회 전반적으로 상기喪期에 대한 강한 논쟁이 존재하고 있었으며, 전통적인 예법이 점차 약화되는 상황이었다.

공자는 이러한 흐름을 바로잡고자 하였으며, 불효不孝의 근본 원인은 자애慈愛의 부족에서 비롯된다고 보았다. 자애롭지 못한 마음은 결국 상례喪禮와 제례祭禮를 이해하지 못하는 데서 비롯되며, 상례와 제례를 통해 사람들의 효孝 정신을 강화하는 것이 곧 사회를 안정시키는 길이라 여겼다. 왜냐하면 효孝는 인仁의 근본이자 근원이었기 때문이다. 따라서 공자는 다음과 같이 말했다.

> 부모가 돌아가신 후에는 그 자식 된 자가 어떠한 행동을 하는지 볼 것이니, 3년을 부모의 도를 바꾸지 않아야 효라고 할 수 있다.
>
> 父沒, 觀其行, 三年無改於父之道, 可謂孝矣.
>
> 『논어 · 학이學而』

그러나 삼년지상을 강력하게 주창했던 공자는 청년 시기에 역시 삼년지상의 규범을 지키지 않았다. 『사기』의 기록에 따르면,

> 공자는 어머니가 죽자, 오보의 네거리에 빈소를 차렸다. …… 공자가 아직 상복을 입고 있을 때 계씨가 명사들에게 연회를 베풀자, 공자도 참석하였다.
>
> 孔子母死, 乃殯五父之衢, …… 孔子要絰, 季氏饗士, 孔子與往.
>
> 『사기 · 공자세가孔子世家』

공자는 자신의 어머니가 돌아가셨을 때, 즉시 상복을 입었으나, 거상居喪의 제도를 철저히 준수하지는 않았다. 그는 거상 기간 상복을 입은 채로 향연饗宴에 참석하였으며, 전통적인 복상服喪 규범을 엄격히 지키지 않았다. 이러한 사실은, 공자조차도 삼년지상의 실행 여부에 대해 유연한 태도를 보였음을 시사한다.

앞서 논의한 내용을 종합하면, 삼년지상三年之喪은 선진先秦 시기에 보편적으로 시행된 예법이 아니었다. 삼년지상은 춘추春秋시대 후기에 이르러 공자와 같은 학자들이 제창하면서 점차 유학儒學의 일부

학파에서 실행되기 시작한 제도였다.[47] 이는 공자가 사회적 혼란과 예禮의 붕괴 속에서 효孝와 인仁을 강조하며 새로운 이론으로 발전시킨 개념일 가능성이 크다. 즉, 삼년지상은 고대부터 모든 국가와 계층에서 보편적으로 실행된 전통적인 예법이 아니라, 특정 시대와 특정 학파에서 강조된 상례喪禮였으며, 공자의 사상적 영향으로, 점진적으로 확립된 제도였다. 『묵자 · 비유非儒』 편의 기록을 보면,

> 유가들은 "친족을 친하게 여기는 것에도 차등이 있고 어진 사람을 높이는 데도 차등이 있어야 한다."라고 말했다. 이것은 친소, 존비의 차등이 있음을 말한다. 그들의 예법에 따르면 "죽은 이의 상례는 부모는 삼년상을 지내며, 처와 장자도 삼년상을 지낸다. ……"
>
> 儒者曰 : 「親親有術, 尊賢有等.」 言親疏尊卑之異也. 其禮曰 : 『喪父母三年, 妻, 後子三年 ·······.」

이러한 기록을 종합해 보면, 삼년지상三年之喪은 본래 유가儒家의 예제禮制로서 전국戰國 시기에 맹자 등 학자들에 의해 제창되었다. 그러나 전국 시대까지도 삼년지상은 보편적으로 시행되지 않았으며, 특정 유학 학파에서만 강조되던 제도였다.

삼년지상은 공자와 맹자 등의 유가 학자들에 의해 제창되었으나,

47) 예를 들면, 『사기 · 공자세가』에서 「孔子葬魯城北泗上, 弟子皆服三年. 三年心喪畢, 相訣而去 則哭, 各復盡哀 ; 或復留. 唯子貢廬於冢上, 凡六年, 然後去.」라고 기록되어 있다. 공자 사후 제자 다수가 그를 위하여 삼년상을 하였고, 심상心喪 3년을 마친 후 서로 떠났다. 그러나 자공은 공자의 무덤 곁에 여막을 짓고 계속해서 3년 동안 수상을 하였다. 그 외에 공자의 제자 고시高柴도 부모를 위해서 수상하며 3년 동안 피눈물을 흘렸다는 등의 내용들이 전한다.

당시 각국의 제후와 군주들이 보편적으로 시행한 제도는 아니었다. 이후 삼년지상은 한漢 왕조의 예제禮制로 자리 잡기 시작하였으며, 국가 차원의 제도로 점차 정착되었다. 이 시기부터 삼년지상이 보편적으로 시행되었으며, 국가 의례 체계의 일부로 편입되었다. 즉, 삼년지상은 유가의 학문적 논리로 시작되어 전국 시대를 거치면서 점진적으로 발전하였고, 서한西漢 말기에 이르러서야 비로소 국가의 공식적인 제도로 정립된 것이라 할 수 있다.

4. 오복도五服圖

예제禮制는 단순한 형식적 규범이 아니라, 인간의 생활과 사회 질서를 유지하기 위해 마련된 체계이다. 비록 인위적으로 정립된 것이지만, 그 근본은 인간의 본성과 사회적 필요에 깊이 뿌리를 두고 있다. 따라서 예제는 시대의 변화에 따라 조정되고 발전하면서도, 문명의 진보와 함께 새로운 사회적 요구에 부응할 수 있도록 정립되어야 한다.

특히, '예禮'란 단순한 의례儀禮나 외형적인 형식이 아니다. 그것은 사람의 내면적 덕성을 함양하고, 인간관계를 조화롭게 조정하며, 공동체가 원활하게 기능하도록 돕는 중요한 가치이다. 즉, 예는 단순히 개인의 수양을 위한 것이 아니라, 사회적 질서를 유지하고 인간관계를 조율하는 역할을 수행한다. 이를 통해 개인은 올바른 도덕적 자세를 확립할 수 있으며, 사회는 조화와 균형을 이루며 안정적인 구조를 형성하게 된다.

이러한 예제의 실천적 예시로, 상례喪禮는 중요한 역할과 의미를 가진다. 선진先秦 시대 상례는 친인의 사망(始死)에서 시작하여 상전喪奠, 우제虞祭, 길제회복吉祭回復에 이르는 일련의 과정을 포함한다. 이는 단순한 장례 절차를 넘어, 죽음과 삶의 순환을 받아들이는 철학적 의미를 내포하고 있다. 특히, 이러한 절차 속에서 우리는 '비상非常' 속에서도 '평상常'이 존재한다는 사실을 발견할 수 있다. 인간은 사랑하는 이의 죽음을 맞이할 때 크나큰 슬픔과 혼란에 빠지지만, 예제는 그러한 혼란 속에서도 항심恒心, 즉 변치 않는 마음을 유지하며 인간에게 안정감과 질서를 제공하는 역할을 한다. 상례를 비롯한 모든 예제는 단순한 의식의 반복이 아니라, 사회적 연대감과 공동체의 지속성을 보장하는 중요한 요소로 작용한다.

상례에서 중요한 절차 중 하나가 바로 '성복成服'이다. 성복이란 상복을 입는 것을 의미하며, 초종初終, 습襲, 소렴小殮, 대렴大殮이 끝난 후 이루어진다. 이 과정에서 유복자(有服者, 즉 상복을 입어야 하는 사람들)는 각기 망자와의 관계에 따라 적절한 상복을 입게 된다.

상복의 종류는 오복五服으로 나뉘며, 이는 참최斬衰, 자최齊衰, 대공大功, 소공小功, 시마緦麻의 다섯 가지로 구성된다. 이 오복제도五服制度는 단순히 망자를 기리는 예법이 아니라, 친족관계의 친소親疎와 존비尊卑, 장유長幼, 남녀유별男女有別 등의 신분과 관계를 명확히 구분하는 기준이 된다.

뿐만 아니라, 오복제도는 단순히 상장(喪裝, 상복을 입는 것)에 그치지 않고, 친족관계에서 이루어지는 행위의 효력과 법적 판단의 기준이 되기도 한다. 즉, 친족 간의 관계를 더욱 명확히 하고, 가족 간의 윤리적 의무를 정하는 중요한 역할을 한다. 이는 단순히 상례에만 국한된 그것이 아니라, 사회 전체의 도덕적 질서를 형성하는 하나의 원칙으로 작용한다는 점에서 깊은 의미가 있다.

결국, 예제禮制는 단순한 전통이나 관습이 아니다. 그것은 시대와 상황에 맞게 변화할 수 있는 유연성을 가지면서도, 인간의 도덕성과 공동체 의식을 지켜주는 중심축 역할을 한다. 이는 단순한 의례儀禮나 절차節次를 넘어, 사람이 어떻게 살아야 하며, 사회가 어떻게 운영되어야 하는지를 보여주는 지침이 된다.

상례와 오복제도는 단순한 형식이 아니라, 공동체 안에서 인간관계를 정립하고, 존중과 책임의 의미를 일깨우는 중요한 요소이다. 가족과 친족 간의 관계를 분명히 하고, 사회적 질서를 유지하는데 기여함으로써, 개인의 역할과 책임을 명확히 규정하는 기능을 수행한다. 따라서 우리가 예제를 이해하고 실천하는 것은 단순한 전통의 계승을 넘어, 올바른 인간관계를 형성하고 도덕적 가치를 지켜나가는 과정이라 할 수 있다.

다음으로 【본종오복도本宗五服圖】와 【본종구족표本宗九族表】를 소개한다. 그리고, 상복喪服 제도의 이해를 돕기 위해, 『의례 · 상복喪服』 편에 수록된 경문經文을 국문으로 번역하여 그 적용 대상과 의미를 쉽게 파악할 수 있도록 하였다. 또한 본종오복친속本宗五服親屬 관계를 표로 정리하여 한눈에 이해할 수 있도록 구성하였다. 이를 통해 상복 제도의 구조를 보다 직관적으로 파악하고, 나아가 그 속에 담긴 유가儒家적 윤리관과 인간관계의 의미를 깊이 있게 이해할 수 있을 것이라 기대한다.

一、本宗五服圖

				高祖母(齊衰三月)	高祖父(齊衰三月)				
			族曾祖母(緦)	曾祖母(齊衰三月)	曾祖父(齊衰三月)	族祖父(曾祖父之兄弟也)(緦)			
		族祖母(緦)	從祖祖母(小功服)	祖母(齊衰不杖期)	祖父(齊衰不杖期)	從祖祖父(祖之兄弟)(小功報)	族祖父(族曾祖父之子也)(緦)		
	族母(緦)	從祖母(小功服)	世叔母(齊衰不杖期)	母(父亡齊衰三年 父在杖期)	父(斬衰)	世叔父(齊衰不杖期)	從祖父(從祖祖父之子也)(小功報)	族父(族祖父之子也)(緦)	
族昆弟之妻	從祖昆弟之妻	從父昆弟之妻(緦)	昆弟婦(小功)	妻(齊衰杖期)	己	昆弟(齊衰不杖期)	從父昆弟(世叔父之子也)(大功)	從祖昆弟(從祖父之子也)(小功)	族昆弟(族父之子也)(緦)
	從祖昆弟之子婦	從父昆弟之子婦	昆弟子婦(小功)	婦(適大功 庶小功)	子(爲子斬衰 爲庶不杖期)	昆弟之子(齊衰不杖期)	從父昆弟之子(小功報)	從祖昆弟之子(緦)	
		從父昆弟之孫婦	兄弟之孫婦(緦報)	孫婦(適小功 庶緦)	孫(適不杖期 庶大功)	兄弟之孫(小功報)	從父昆弟之孫(緦)		
			兄弟曾孫婦	曾孫婦(無服)	曾孫(緦)	兄弟之曾孫(緦)			
				玄孫婦	玄孫(緦)				

姑姊妹女子子在室服並與男子同嫁反者適人無主者亦同

出處：《文淵閣四庫全書》一〇四冊二〇一頁
楊復《儀禮圖》卷十一

【本宗九族表】

旁殺 ← → 旁殺

上殺 ↑

				高祖母	**高祖父**				
			族曾祖母	曾祖母	**曾祖父**	族曾祖父			
		族祖母	從祖祖母	祖母	**祖父**	從祖祖父 從祖祖姑	族祖父		
	族母	從祖母	世叔母	母 庶母	**父**	世叔父 姑	從祖父 從祖姑	族父	
族昆第之妻	從祖昆弟之妻	從父昆弟之妻	昆弟婦	妻 妾	**己**	昆弟 姊妹	從父昆弟 從父姊妹	從祖昆弟 從祖姊妹	族昆第 族姊妹
	從祖昆弟之子婦	從父昆弟之子婦	昆弟之子婦	婦	**子** 女子子	昆弟之子 女子子	從父昆弟之子·女子子	從祖昆弟之子·女子子	
		從父昆弟之孫婦	昆弟之孫婦	孫婦	**孫** 孫女	昆弟之孫·孫女	從父昆弟之孫·孫女		
			昆弟之曾孫婦	曾孫婦	**曾孫** 曾孫女	昆弟之曾孫·孫女			
				玄孫婦	**玄孫** 玄孫女				

下殺 ↓

【『의례 · 상복』 경문經文】

상복 및 기간	의례 경문(대상)
참최斬衰[48] 3년	아버지를 위해, 군君을 위해, 아버지가 장자를 위해, 남의 후사後嗣가 된 자가 후사한 아버지를 위해, 첩이 군君을 위해, 딸이 아직 집에 있을 때(미혼 딸) 아버지를 위해, 이혼한 딸이 돌아와 아버지 집에 있을 때 아버지를 위해, 중신이 그 군君을 위해.
자최齊衰[49] 3년	아버지가 돌아가시면 어머니를 위해, 계모는 어머니와 같음, 자모慈母는 어머니와 같음, 어머니가 장자를 위해.
자최장기 齊衰杖期	아버지가 살아계신 경우 어머니를 위해, 아내를 위해, 이혼한 부인의 아들(후사後嗣가 된 아들 제외)이 어머니를 위해, 아버지가 돌아가시고 재혼한 계모를 따라간 아들이 계모를 위해.
자최부장기 齊衰不杖期	조부모를 위해, 백·숙부모를 위해, 대부의 적자가 아내를 위해, 곤제昆弟를 위해, 중자(衆子, 장자의 동생 및 첩의 아들)를 위해, 곤제의 아들과 딸을 위해, 대부의 서자가 적곤제(適昆弟, 父後者)를 위해, 적손을 위해, 다른 사람의 후사後嗣가 된 사람이 자기의 친부모를 위해, 시집간 딸이 친정 부모와 아버지의 후사가 된 곤제를 위해, 동거한 계부를 위해, 남편의 군주를 위해, 시집간 고모·손위 누이·손아래 누이·딸에게 제사를 주관할 사람이 없을 경우 그녀들을 위해, 군주의 부모·처·장자·조부모를 위해, 첩이 여군女君을 위해, 며느리가 시부모를 위해, 남편이 곤제의 아들과 딸들을 위해, 제후의 첩과 대부의 첩이 자신의 아들을 위해, 딸이 조부모를 위해, 대부의 아들이 세부모(世父母, 큰아버지·큰어머니)·숙부모·아들·곤제·곤제의 아들과 제주祭主가 없는 고모·손위 누이·손아래 누이·딸로서 대부나 명부命婦가 된 사람들을 위해, 대부가 사士인 조부모와 적손을 위해, 제후의 첩으로부터 사士의 첩에 이르기까지 친부모를 위해.
자최齊衰 3월	다른 나라에 의탁하고 있는 군주가 의탁하는 나라의 군주를 위해, 장부와 부인(아직 결혼하지 않은 여자 및 이혼한 여자)이 본종의 종자·종자의 어머니·처를 위해, 옛 주군과 주군의 어머니·처를 위해, 서인이 국군國君을 위해, 대부가 국외에 있을 경우 (본국에 남아 있는) 그의 처와 장자가 옛 나라의 군주를 위해, 동거하지 않는 계부를 위해, 증조부모를 위해, 대부가 종자를 위해, 대부가 구군舊君을 위해, 대부가 사士인 증조부모를 위해, 결혼한 딸이나 미혼의 딸이 증조부모를 위해.

상복 및 기간	의례 경문(대상)
상대공 殤大功[50] 7월에서 9월	장상·중상[51]으로 죽은 아들·딸을 위해, 장상·중상으로 죽은 숙부를 위해, 장상·중상으로 죽은 고모나 자매를 위해, 장상·중상으로 죽은 곤제를 위해, 장상·중상으로 죽은 남편 곤제의 아들·딸을 위해, 장상·중상으로 죽은 적손을 위해, 대부의 서자가 장상·중상으로 죽은 적곤제適昆弟를 위해, 제후가 장상·중상으로 죽은 적자를 위해, 대부가 장상·중상으로 죽은 적자를 위해. 장상으로 죽은 사람을 위해 모두 9개월 동안 복을 하는데, 수질首絰에 끈을 단다. 중상으로 죽은 사람을 위해 7개월 동안 복을 하는데, 수질에 끈을 달지 않는다.
대공 大功[52] 9월	결혼한 고모·손위 누이·손아래 누이·딸을 위해, 종부형제를 위해, 다른 사람의 후사가 된 사람이 친형제를 위해, 서손庶孫을 위해, 적자의 부인을 위해, 결혼한 딸이 여러 형제를 위해, 결혼한 고모가 남자 조카(丈夫)와 여자 조카(婦人)를 위해, 남편의 조부모·세부모·숙부모를 위해, 대부가 사士의 신분인 세부모·숙부모·서자庶子·형제·형제의 아들과 딸을 위해, 제후의 서곤제庶昆弟와 대부의 서자庶子가 어머니·처·곤제를 위해, 종부곤제從父昆弟로서 대부가 된 사람들 위해, 남편 곤제의 결혼한 딸을 위해, 대부의 첩이 남편의 서자를 위해, 결혼한 딸이나 미혼의 딸이 그 세부모·숙부모·고모·자매를 위해, 대부·대부의 아내·대부의 아들·제후의 곤제가 대부에게 시집간 고모·자매·딸을 위해, 군君[53]이 국군國君에게 시집간 고모·자매·딸을 위해.
세최繐衰[54] 7월	제후의 대부가 천자를 위해.
상소공 殤小功[55] 5월	하상下殤으로 죽은 숙부를 위해, 하상으로 죽은 적손을 위해, 하상으로 죽은 곤제를 위해, 대부의 서자가 하상으로 죽은 적곤제適昆弟를 위해, 하상으로 죽은 고모·자매·딸을 위해, 다른 사람의 후사가 된 자가 장상으로 죽은 친곤제를 위해, 일반 사람이 장상으로 죽은 종부곤제從父昆弟를 위해, 장상으로 죽은 남편의 숙부를 위해, 하상으로 죽은 곤제의 아들과 딸, 남편 곤제의 아들과 딸을 위해, (결혼한 고모와 할아버지가 각각) 장상으로 죽은 조카와 남녀 서손庶孫을 위해, 대부·제후의 곤제·대부의 아들이 장상으로 죽은 그의 곤제·서자·고모·자매·딸을 위해, 대부의 첩이 서자의 장상으로 죽은 서자를 위해.

상복 및 기간	의례 경문(대상)
소공 小功[56] 5월	(곤제의 손자와 종부곤제의 아들이 각각) 종조조부모從祖祖父母·종조부모를 위해, 종조곤제를 위해, (종부곤제가 결혼한) 종부자매를 위해, (할아버지가) 결혼한 손녀를 위해, 다른 사람의 후사가 된 사람이 결혼한 친자매를 위해, 외조부모를 위해, 이모를 위해, 이모도 남녀 외조카들에게 똑같은 복으로 갚는다. 남편의 고모·자매를 위해, 손아랫동서와 손윗동서를 위해, 대부·대부의 아들·제후의 곤제가 종부곤제·서손庶孫과 사士에 시집간 고모·자매·딸을 위해, 대부의 첩이 사士에게 시집간 남편의 서녀庶女를 위해, 시부모가 서부庶婦를 위해, 첩의 아들이 군모(君母, 아버지의 적처適妻)의 부모와 종모(從母, 군모의 자매)를 위해, 군자자(君子子, 대부 및 공자 적처의 아들)가 자기를 양육해 준 서모庶母를 위해.
시마 緦麻[57] 3월	족증조부모(族曾祖父母, 증조할아버지의 형제·증조할아버지 형제의 아내)·족조부모(族祖父母, 할아버지의 4촌 형제·할아버지 4촌 형제의 아내)·족부모(族父母, 아버지의 6촌 형제·아버지 6촌 형제의 아내)·족곤제(族昆弟, 자기의 8촌 형제)를 위해, 조부모가 서손庶孫의 부인을 위해, 중상中殤으로 죽은 서손을 위해, 결혼한 종조고(從祖姑, 할아버지 형제의 딸) 종조자매(할아버지 형제의 손녀)를 위해, 장상으로 죽은 종조부(할아버지 형제의 아들)·종조곤제(할아버지 형제의 손자)를 위해, 외손을 위해, 하상으로 죽은 종부곤제(4촌 형제)·조카와 중상·하상으로 죽은 남편의 작은아버지를 위해, 장상으로 죽은 이모를 위해, 서자(庶子, 첩의 아들)로서 아버지의 후사가 된 사람이 친어머니를 위해, 사士가 서모(庶母, 士인 아버지의 첩)를 위해, 귀신貴臣과 귀첩貴妾을 위해, 유모를 위해, 족부(族父, 7촌 재종숙)와 족모(族母, 7촌 재종숙모)가 종조곤제(從祖昆弟, 6촌 형제, 재종형제)의 아들들을 위해, 증손을 위해, 아버지의 고모를 위해, 이모의 아들을 위해, 조카를 위해, 사위를 위해, 처의 부모를 위해, 고모의 자식을 위해, 외삼촌을 위해, 외삼촌의 자식을 위해, 장상으로 죽은 남편의 고모·자매를 위해, 남편의 여러 조부모를 위해, 첩의 아들이 군모(君母, 아버지의 적처)의 곤제를 위해, 장상으로 죽은 종부곤제(從父昆弟, 4촌 형제)의 아들과 장상으로 죽은 곤제의 손자를 위해, 남편의 종부곤제의 처를 위해.

48) 아랫단을 꿰매지 않은 상의衰와 하의裳를 입고, 검은빛의 암마로 만든 수질과 요질을 두르고, 검은빛의 대나무 지팡이를 짚고, 검은 암마를 꼬아서 만든 허리띠를 차고, 숫마로 만든 끈을 단 관을 쓰고, 엄짚신을 신는 경우.

49) 아랫단을 꿰맨 거친 베로 만든 상의衰와 하의裳를 입고 숫마牡麻로 만든 수질과 요질을 두르고, 베로 만든 끈을 단 관冠布纓을 쓰고, 오동나무 지팡이를 짚고, 베로 만든 허리띠를 차고, 거친 짚신을 신는 경우.

50) 대공포大功布로 만든 상의衰와 하의裳를 입고, 숫마牡麻로 만든 수질首絰과 요질腰絰을 두르고, 수복受服이 없이 처음 입은 상복으로 상을 마치는 경우.

51) 상殤이란 아들과 딸이 관례冠禮나, 계례笄禮를 치르기 전에 죽어 애통해하는 경우를 말한다. 혼인을 허락한 딸의 경우에는 상殤이 되지 않는다. 나이 19세에서 16세 사이에 죽으면 장상長殤, 15세에서 12세 사이에 죽으면 중상中殤이라고 하고, 11세부터 8세 사이에 죽으면 하상下殤이라고 한다. 8세 미만에 죽으면 모두 무복無服의 상殤이라고 한다. 무복의 상은 태어난 후의 달수로 곡하는 날수를 정하는 상殤의 경우에는 애통하게 곡할 뿐 상복은 없다. 그러므로 자식이 태어나서 석 달이 되면 아버지는 그에게 이름을 지어 주고, 죽으면 곡한다. 아직 이름을 지어 주지 않았다면 곡하지 않는다.『의례 · 상복 · 대공상大功殤 · 전傳』.

52) 대공포大功布로 만든 상의衰와 하의裳를 입고, 숫마牡麻로 만든 수질首絰과 요질腰絰을 두르는데 그 수질에는 끈을 달고, 베로 만든 허리띠布帶를 차며, 3개월이 되면 소공의 상복으로 수복受服하고, 칡으로 만든 수질과 요질로 바꾸어 두르고 9개월을 채우는 경우.

53) 군君 : 마융과 호배휘는 '군'을 제후로 파악하였다.

54) 가늘고 성긴 베繐布로 만든 상의衰와 하의裳를 입고, 숫마牡麻로 만든 수질首絰과 요질腰絰을 두르고, 장례를 치른 후 곧바로 상복을 벗는 경우.

55) 소공포小功布로 만든 상의衰와 하의裳를 입고, 물로 씻어 낸 숫마澡麻로 만든 수질首絰과 요질腰絰을 두르고 5개월의 복을 하는 경우.

56) 소공포小功布로 만든 상의衰와 하의裳를 입고, 물로 씻어 낸 숫마牡麻로 만든 수질首絰과 요질腰絰을 두르고, 장례를 치른 후 숫마의 수질과 요질을 칡으로 만든 수질과 요질로 바꾸어 두르고 5개월을 채우는 경우.

57) 베로 만든 상의衰와 하의裳를 입고, 마麻로 만든 수질首絰과 요질腰絰을 두른다.

【본종오복친속本宗五服親屬 관계표】

<table>
<tr><td rowspan="3">아버지를 위해</td><td>참최斬衰</td><td>아버지를 위해
딸이 아직 집에 있을 때(미혼 딸) 아버지를 위해
이혼한 딸이 돌아와 아버지 집에 있을 때 아버지를 위해
남의 후사後嗣가 된 자가 후사한 아버지를 위해</td></tr>
<tr><td>부장기 不杖期</td><td>결혼한 딸이 그의 아버지를 위해
사士의 첩이 그의 아버지를 위해
동거하고 있는 계부繼父를 위해
다른 사람의 후사後嗣가 된 사람이 친 아버지를 위해</td></tr>
<tr><td>자최齊衰 3월</td><td>동거하고 있지 않은 계부繼父를 위해</td></tr>
<tr><td rowspan="4">어머니를 위해</td><td>자최齊衰 3년</td><td>아버지가 돌아가신 후 어머니를 위해
계모는 어머니와 같음
자모慈母는 어머니와 같음</td></tr>
<tr><td>장기杖期</td><td>아버지가 살아계신 경우 어머니를 위해
이혼한 부인의 아들(후사後嗣가 된 아들 제외)이 어머니를 위해
아버지가 돌아가시고 재혼한 계모를 따라간 아들이 계모를 위해</td></tr>
<tr><td>부장기 不杖期</td><td>결혼한 딸이 그 어머니를 위해
사士의 첩이 그 어머니를 위해
다른 사람의 후사後嗣가 된 사람이 자기의 어머니를 위해</td></tr>
<tr><td>시마緦麻</td><td>서자(庶子, 첩의 아들)로서 아버지의 후사가 된 사람이 친어머니를 위해
사士가 서모(庶母, 士인 아버지의 첩)를 위해</td></tr>
<tr><td rowspan="3">자녀 며느리婦 사위婿를 위해</td><td>참최斬衰</td><td>아버지가 장자를 위해</td></tr>
<tr><td>자최齊衰 3년</td><td>어머니가 장자를 위해</td></tr>
<tr><td>부장기 不杖期</td><td>중자(衆子, 장자의 동생 및 첩의 아들)를 위해
결혼한 딸에게 제사를 주관할 사람이 없을 경우</td></tr>
</table>

	상대공 殤大功	아들과 딸의 장상長殤·중상中殤인 경우
	대공大功	결혼한 딸을 위해 적자適子의 아내를 위해
	상소공 殤小功	하상下殤으로 죽은 딸을 위해
	소공小功	시부모가 후사後嗣 이외의 며느리들을 위해
	시마緦麻	사위를 위해
남편을 위해	참최斬衰	아내가 남편을 위해 첩妾이 남편을 위해
처·첩妻妾을 위해	장기杖期	아내를 위해
	시마緦麻	귀첩貴妾[58]을 위해
처첩이 남편 당黨을 위해	부장기 不杖期	며느리가 시부모를 위해 남편 형제의 아들을 위해
	상대공 殤大功	장상長殤과 중상中殤으로 죽은 남편 형제의 아들과 딸의 위해
	대공大功	남편의 조부모를 위해 남편의 세부모(世父母, 큰아버지, 큰어머니)와 숙부모叔父母를 위해 남편 형제의 결혼한 딸을 위해
	상소공 殤小功	장상長殤으로 죽은 남편 숙부를 위해 하상下殤으로 죽은 남편 형제의 아들과 딸을 위해
	소공小功	남편의 고모·자매, 손아랫동서와 손윗동서를 위해
	시마緦麻	중상中傷과 하상下殤으로 죽은 남편의 숙부를 위해 장상長殤으로 죽은 남편의 고모·자매를 위해 남편의 제조부모諸祖父母를 위해 남편 종부從父형제의 아내를 위해

첩이 처를 위해	부장기不杖期	첩이 여군(女君, 군주의 적처適妻)을 위해
제조부모諸祖父母를 위해	부장기不杖期	조부모를 위해 딸이 조부모를 위해
	자최齊衰 3월	증조부모를 위해 결혼하였거나 미혼인 딸이 증조부모를 위해
제손諸孫을 위해	부장기不杖期	적손을 위해
	상대공殤大功	장상長殤과 중상中殤으로 죽은 적손을 위해
	대공大功	서손庶孫을 위해
	상소공殤小功	하상下殤으로 죽은 적손을 위해 장상長殤으로 죽은 서손 장부 부인을 위해
	소공小功	결혼한 손녀를 위해
	시마緦麻	중상中殤으로 죽은 서손을 위해 증손을 위해 서손의 아내를 위해 외손을 위해
형제자매 및 그 자손을 위해	부장기不杖期	결혼한 딸이 아버지의 후사後嗣가 형제를 위해 형제를 위해 결혼한 자매 중 상주가 없는 이를 위해 형제의 아들을 위해
	상대공殤大功	장상長殤과 중상中殤으로 죽은 형제자매를 위해
	대공大功	남의 후사後嗣가 된 자가 친형제를 위해 결혼한 딸이 여러 형제를 위해 결혼한 고모가 남자 조카와 여자 조카를 위해 결혼한 자매를 위해 결혼하였거나 미혼인 딸이 자매를 위해

	상소공 殤小功	하상下殤으로 죽은 형제자매를 위해 하상下殤으로 죽은 형제의 아들·딸을 위해 (결혼한 고모와 할아버지가 각각) 장상長殤으로 죽은 조카와 남녀 서손庶孫을 위해
	소공小功	남의 후사後嗣가 된 사람이 결혼한 친자매를 위해
	시마緦麻	조카를 위해 하상下殤으로 죽은 종부곤제(4촌 형제)와 조카를 위해 장상長殤으로 죽은 곤제의 손자를 위해
세숙부모·고모 및 그 자손을 위해	부장기 不杖期	세부모(큰아버지, 큰어머니)와 숙부모를 위해 결혼한 고모가 상주가 없는 경우를 위해
	상대공 殤大功	장상長殤과 중상中殤으로 죽은 숙부와 고모를 위해 결혼한 고모를 위해
	대공大功	결혼하였거나 미혼인 딸이 세부모·숙부모·고모·종부곤제從父昆弟를 위해 종부곤제를 위해 하상下殤으로 죽은 숙부·고모를 위해 장상長殤으로 죽은 종부곤제를 위해
	소공小功	결혼한 종부자매를 위해
	시마緦麻	고모의 아들을 위해 하상下殤으로 죽은 종부곤제 장상長殤으로 죽은 종부곤제의 아들
종조조부모 및 그 자손을 위해	소공小功	종조조부모를 위해 종조부모를 위해
족증조부모 및 그 자손을 위해	시마緦麻	종조곤제를 위해 아버지의 고모를 위해 결혼한 종조고(從祖姑, 할아버지 형제의 딸)·종조자매(할아버지 형제의 손녀)를 위해 장상長殤으로 죽은 종조부·종조곤제를 위해 종조곤제의 아들을 위해

모계 외친을 위해	소공小功	외조부모를 위해 이모를 위해 이모가 낳녀 외조카들을 위해
	시마緦麻	족증조부모(族曾祖父母, 증조할아버지의 형제·증조할아버지 형제의 아내)를 위해 족조부모(族祖父母, 할아버지의 4촌 형제·할아버지 4촌 형제의 아내)를 위해 족부모(族父母, 아버지의 6촌 형제·아버지 6촌 형제의 아내) 족곤제(族昆弟, 자기의 8촌 형제)를 위해 외삼촌을 위해 외삼촌의 아들을 위해 장상長殤으로 죽은 이모를 위해 이모의 아들을 위해
대종大宗을 위해	자최齊衰 3월	장부와 부인婦人[59]이 종자宗子[60]·종자의 어머니·처를 위해
처계妻系	시마緦麻	아내의 부모를 위해

58) 귀첩 : 질제姪娣이다. 질은 처의 언니의 딸이고, 제는 처의 동생으로, 모두 처를 따라와서 첩이 된 자이다.

59) 여기에서 부인婦人은 미혼인 여자와 이혼한 여자를 말한다.

60) 종자는 별자別子의 후사後嗣로서 백세가 지나도 옮기지 않는 종이니, 대종大宗을 의미한다.

저자약력

공병석孔炳奭

경남 창원에서 태어나 성장하였다.
대구한의대학교 한문학과를 졸업한 후, 성균관대학교 교육대학원과 민족문화추진회(현 한국고전번역원)에서 학문적 기반을 다졌으며, 이후 대만 사립 동오대학東吳大學 중문연구소에서 중문학 석사학위를, 국립 대만사범대학교臺灣師範大學 국문(중문)연구소에서 왕관사王關仕 선생과 달생達生 공덕성孔德成 선생의 지도로 중문학 박사학위를 취득하였다.
현재 계명대학교 타블라 라사 칼리지 교수로 재직 중이며, 성균관의례정립위원회 위원으로도 활동하고 있다. 주요 연구 분야는 경학經學과 예학禮學이며, 『공자예학 연구』, 『예기와 묵자 상장사상 비교연구』, 『예기 상례의 인문관』, 『예학강의—공자편』, 『예학강의—주례편』 등 다수의 저서를 집필하였다.
또한 「『예기』 상장관의 인문의식」, 「『묵자』의 상장관」, 「상례의 이론적 의의와 그 기능—『예기』를 중심으로」, 「『예기』를 통해 본 중국 고대 교육제도와 교학이론」, 「『의례』의 상복오등喪服五等 예제」, 「『예기』와 『묵자』의 효도관—상장관을 중심으로」 등 예학 관련 논문을 지속적으로 발표하며 학문적 깊이를 더해가고 있다.

예학禮學강의 – 『의례(儀禮)』편

초판 인쇄 2025년 5월 20일
초판 발행 2025년 5월 30일

지 은 이 | 공 병 석
펴 낸 이 | 하 운 근
펴 낸 곳 | 學古房

주　　소 | 경기도 고양시 덕양구 통일로 140 삼송테크노밸리 A동 B224
전　　화 | (02)353-9908 편집부(02)356-9903
팩　　스 | (02)6959-8234
홈페이지 | http://hakgobang.co.kr
전자우편 | hakgobang@naver.com
등록번호 | 제311-1994-000001호

ISBN 979-11-6995-682-6 94150
979-11-6586-384-5 (세트)

값 : 32,000원

■ 파본은 교환해 드립니다.